기독교와 정의

기독교와 정의

안계정 지음

하나님은 공평한가?
기독교는 정의로운 종교인가?

이담
Books

공평한 저울과 공평한 추와 공평한 에바와 공평한 힌을 사용하라

- 레위기 19:36

머리말

브루너(Emil Brunner)는 1954~1955년 일본국제기독교대학에서 했던 강연 "정의와 자유(Justice and Freedom)"에서 다음과 같이 단적으로 주장한다.

> 정의의 관념은 15세기에서 17세기 동안 기독교세계를 지배해온 것인 만큼 기독교의 개념임에 틀림없으며, 기독교 신앙이 상실되게 되면 정의의 관념도 따라서 서서히 사라져버릴 수밖에 없습니다. 정의가 신적 창조의 질서라면 정의는 이 신적 창조의 질서에 대한 신앙이 없어질 때 그 의의를 상실하기 시작한다는 것이지요.

정의는 기독교의 관념이며 기독교 신앙이 사라지면 정의 관념도 사라질 것이라는 브루너의 대담한 주장에 지금 우리 시대에 얼마나 많은 사람이 동의할 것인가? 비슷한 맥락에서 헬무트 틸리케(Helmut Thielicke) 역시 서구가 가지고 있는 정의에 대한 생각은 오로지 그리스-로마의 자연법적 전통으로만 소급되지 않으며, 기독교를 빼버리고 정의에 대해 생각할 수 없다고 주장한다. 그렇다면 기독교는 정의에 대해 어떤 생각을 가지고 있으며 또 이러한 정의 관념이 발달하는 데 어떤 역할을 했는가? 이 책은 근본적으로 이러한 물음에서 출발한다.

필자가 '기독교와 정의'라는 테마에 대한 연구서를 낼 생각을 처음

했을 때는 필자의 박사학위논문이 거의 마칠 무렵인 2009년 초이다. 당시 지도교수께서 정의에 대한 문제는 신학과 기독교윤리가 반드시 책임 있게 대결해야 할 과제이므로 박사논문이 끝나는 대로 깊이 있는 연구를 해보라고 권유하셨다. 그리고 2010년 귀국해서 기본적인 구상을 마치고 2011년 후반기부터 본격적인 집필 작업에 돌입하였다.

2013년 2월 원고를 출판사에 넘기기까지 많은 일이 있었다. 2010년에는 뜻하지 않게 마이클 샌델의 책 『정의란 무엇인가』가 돌풍을 일으켰고, 그 후 정의담론이 한국사회를 강타하기 시작했다. 곳곳에서 정의와 공정을 주제로 한 세미나, 강연 등이 봇물을 이루었다. 2011년 여름에는 무상급식 문제가 한국사회를 뜨겁게 달구었고, 2012년은 대선의 해로서 경제민주화, 양극화 및 비정규직 문제 등이 핵심적인 이슈로 등장했다. 그리고 2013년 2월 25일에는 대한민국 헌정사상 첫 여성으로 박근혜 대통령이 취임했다. 취임 연설에서 그녀는 경제민주화를 역설했고, 국민행복을 강조하며 비정규직 문제 해결에 최선을 다하겠다고 약속했다.

세상은 이처럼 빠르게 변화하고, 새로운 시대정신과 아이콘이 혜성처럼 등장하는데, 교회와 신학은 이러한 변화와 도전에 올바른 대응을 제대로 하지 못하고 있다. 오히려 세상의 빛이 그 빛을 잃어가고 세상의 소금이 그 맛을 잃어가고 있다. 사회에 공분을 자아내는 일부 대형교회의 불법적인 세습 문제, 교회의 재정을 마치 자기 돈처럼 마음대로 유용하는 횡령사건, 각종 선거에서 무차별적으로 돈을 뿌리는 금권타락 선거, 거기에 목회자의 성적인 타락 등등. 물론 이런 것들은 단지 '일부'이다. 대한민국의 모든 목사가 교회 재정을 자기 마음대로 횡령하지는 않으며 모든 목사가 파렴치한 성범죄자가 아니다. 오히려 많은 목회자들이 돈과 명예를 따르지 않고 자신의 사명에 최선을 다한다. 그러나 일부의 부분적 타락은 전체를 휘청거리게 만든다.

교회사적으로 보자면 19세기 말 몰락해가던 봉건왕조가 조선에 처음 뿌리를 내렸던 기독교와 기독교의 현실적 존재양식으로서의 교회는 조선 민중에게 희망과 미래로 보였다. 백정이 사대부를 제치고 장로로 선출됨으로써 봉건적 신분제가 전복되었다. 여자와 아이들이 그들의 신분에 상관없이 학교에서 교육을 받았다. 1919년 식민지 조선에서 삼일운동이 전국적으로 일어났을 때 저항운동의 핵심역량이 교회였다는 사실에 조선총독부는 경악을 금치 못했다. 단적으로 말하자면 한국의 초대교회는 최소한 정의의 편에 섰다.

이 책은 신학적 현실인식에서 비롯되는 것이지만 그렇다고 교회사를 서술하려는 것이 아니다. 굳이 학문적 '족보'를 밝히자면 이 연구는 '기독교윤리'라는 학문분과에 속한다. 윤리이기에 '사실'보다는 '당위'에 초점이 맞추어진다. 그러나 그렇다고 해서 현실을 무시하지는 않는다. 예를 들면 '하나님의 정의'는 당위이자 요청이다. 주전 8세기의 예언자 아모스는 "오직 정의를 물같이, 공의를 마르지 않는 강같이" 흐르게 하라고 선포한다. 여기서 하나님의 정의는 정의롭지 못한 현실을 심판하는 당위이자 요청이다. 그렇다고 해서 이 책이 과거 민중신학이 시도했던 것처럼 어떤 또 하나의 혁명적 이론을 제시하려는 것도 아니다. 필자에게는 그런 능력도 없을뿐더러 그것이 저술의 근본적 동인도 아니다.

이 책은 정의에 대해 기독교는 어떠한 생각들과 입장을 가지고 있는지를 서술하려는 것이다. 그 출발은 "눈에는 눈, 이에는 이"라는 복수의 관념이다. 정의에 대한 관념을 찾고자 성경을 처음 펼치면 플라톤의 이상적인 덕에 대한 이야기 혹은 아리스토텔레스의 세련된 분배 정의에 대한 이론이 나오지 않는다. 눈에는 눈, 이에는 이라는 복수의 이야기가 나온다. 이를 보고 성서는 매우 '원시적'이라고 불평할 필요는 없다. 독일의 철학자 니체(Friedrich Nietzsche)가 간파한 대로 복수와 정의는 매우 밀접하게 관련되어 있다. 성경을 통해 우리가 알게 되는 것은 정의란 가해자와 피해자 사이의 문제를 어떻게 풀 것인가라는 과정과 관련된다는 것이다. 탈리오의 법과 모세율법은 근본적으로 이러한 문제에 대한 접근을 보여주고 있다. 여기서 근대 사법적 정의의 원천인 응보적 정의 개념이 나온다.

성서는 이와 더불어 현대인들에게 매우 익숙한 "분배적 정의"의 개념을 가지고 있다. 모세율법은 오로지 공정한 처벌만을 말하지 않는다. "고아와 객과 과부"로 통칭되는 사회적 약자와의 연대를 명령한다. 구약의 율법에 의하면 하나님의 정의는 어떤 추상적 관념이나 이념이 아니라 약하고 소외된 이들과의 연대에서 구체적으로 실현된다.

마지막으로 "회복적 정의"는 기독교와 정의라는 테마를 탐구해온 이 책의 결론이라 할 수 있다. 기독교 복음의 본질은 십자가 사건이다. 십자가는 '정'과 '반'이라는 변증법적 대립을 통해 화해를 제시한다. 십자가는 한편으로 극단적인 '가해자'의 폭력이다. 나사렛 예수의 대적자들(바리새인, 사두개인, 장로들)은 무죄한 예수에게 무자비한 폭력을 행사한다. 예수는 희생양이다. 그러나 한편으로 이 무죄한 자에 대한 무자비한 폭력은 반역적인 인간과 세상을 향한 하나님의 화해행위이다. 폭력과 희생, 용서와 화해가 십자가에서 변증법적으로 교차한다. 여기에 회복적 정의의 기독교적 기초가 놓여 있다.

이렇게 기독교적 정의는 '본질상' 회복적 정의에 있다. 성경은 법을 통한 처벌, 공평한 분배를 정의의 중요한 표지로 간주한다. 그러나 본질은 화해, 곧 회복에 있다. 복음은 복수와 처벌의 소식이 아니라 용서와 화해의 소식이다. 복음은 단지 공정하게 재화를 분배하라는 요구가 아니라 가난하고 소외된 이웃을 보호하며 그들과 함께하라는 요청이다. 여기에 기독교적 정의의 본질이 들어 있다.

우리 역사에서 선덕여왕 이후 첫 여성 최고 지도자를 만나는 것은 매우 새로운 일임에 분명하다. 또 '보수'로 알려진 그녀의 입에서 재벌을 규제할 것이며, 비정규직 문제를 해결해서 힘없고 가난한 사람도 행복하게 살 수 있는 사회를 만들겠다는 약속을 듣는 것은 매우 충격적이다. 이러한 약속들이 결국엔 권력자의 '사탕발림'으로 끝난다 할지라도 의미는 충분히 있다. 왜냐하면 그 길이 정의로운 것임을 그 약속들은 말해주고 있기 때문이다.

끝으로 졸저에 기꺼이 추천의 글을 써주신 필자의 스승 김영한 박사, 안양대학교 총장 이은규 박사, 기독교사회윤리학회 회장을 역임하신 문시영 박사께 진정한 고마움을 전한다.

또한 이 책이 나오기까지 교정하는 데 많은 도움을 준 대신총회신학교의 한유림, 박만규, 양해경, 윤원갑, 손미희, 최기성 전도사님 그리고 안양대학교 신학대학원의 김정훈, 맹용주, 복기홍, 전규상, 신원섭, 황병선 전도사님께도 심심한 감사의 말을……

2013년 대한민국 제18대 대통령 취임식을 보고 나서
경기도 광주에서
안계정

추천사

김영한 박사

(기독교학술원장/숭실대학교 기독교학대학원 설립원장)

독일에서 조직신학과 기독교윤리를 연구해 박사학위를 받은 안계정 박사가 그간의 연구를 바탕으로 해서 『기독교와 정의』를 출판하였다. 이 책의 출판은 한국교회와 한국사회에 매우 의미 있는 일이다.

사회적으로 보자면 지금 한국사회는 정의의 문제에 갈급해하고 있다. 무엇보다 2013년 새롭게 출범한 박근혜 정부는 그 시작부터 '경제민주화'라든지 '비정규직 문제 해소'와 같은 기존의 '보수' 진영에서 다소 소극적으로 다루던 문제를 매우 적극적인 방식으로 접근하고 있다. 이러한 문제의 기저에는 결국 정의의 문제가 있는 것이다.

교회적으로 보자면 지금 한국교회는 매우 큰 위기에 직면해 있다. 사실 한국의 초대교회는 민족의 희망이요, 마지막 보루였다. 이는 1919년 삼일운동에서 여실히 드러났다. 민족대표 33인 중 절반이 교회의 목사요, 장로였으며 전국에 있는 교회는 독립운동의 근거지 역할을 하였다.

그러나 21세기에 들어서서 한국교회는 세상의 빛과 소금의 역할을 제대로 해내고 있지 못하다. 백 년 전에는 뜻있는 사람들이 교회에 모여 국가와 민족을 위해 염려하며 기도했는데, 지금은 반대로 많은 사람이 교회를 걱정하고 있는 지경이 되었다. 이는 무엇보다 한국교회가 사회적 책임, 곧 정의의 문제를 올바르게 다루지 않았기 때문이다.

이러한 가운데서 안계정 박사는 기독교 신학의 관점에서 정의의 문제를 다루는 연구를 진행하였고 약 2년의 연구를 통해 소중한 열매를 내놓게 되었다. 안 박사의 연구에서 가장 눈에 띄는 점은 그가 철저하게 개혁신학의 전통 위에서 정의의 문제를 다루고 있다는 점이다.

토마스 쿤의 등장 이후 모든 학문분야에서 "패러다임"은 매우 중요한 의미를 갖게 되었다. 모든 연구자는 비록 실험실에서 엄밀한 실험을 한다 해도 자신을 둘러싸고 있는 패러다임 안에 있는 것이다. 정의에 대한 접근도 마찬가지이다. 결국 정의에 대한 논의도 어떤 패러다임에서 바라보고 접근하는가가 중요하다.

안 박사는 플라톤과 아리스토텔레스에서 시원한 그리스-로마적 패러다임이 아니라 기독교의 성경과 신학에서 출발하는 개혁신학의 패러다임에서 정의의 문제를 다루고 있다. 물론 그렇다고 해서 철학적 패러다임을 거부하거나 부정하지는 않는다.

그래서 안 박사의 정의 연구는 플라톤의 '이데아 이론' 혹은 아리스토텔레스의 '덕의 이론'이 아닌, "눈에는 눈, 이에는 이"라는 구약성경의 초기 율법에서 시작한다. 이것은 그동안의 신학이 간과했던 점이기도 하다. 즉, 성경을 통해서 우리가 얻게 되는 사실은 정의라는 관념은 복수의 문제, 곧 가해자와 피해자의 문제를 어떻게 해결할 것인가에서 시작한다는 것이다. 물론 이는 일반 역사에서도 충분히 토론해볼 문제일 것이다.

안 박사는 계속해서 응보적 정의, 분배적 정의 그리고 마지막에 회복적 정의에 대해 분석하고 연구한다. 이러한 주제를 다루면서 지나치게 이론에만 치우치지 않고 매우 현실적인 이슈들과 씨름하는 것은 매우 좋은 시도이다. 응보적 정의를 다루면서 사형 제도 문제를 토론하고, 분배적 정의를 다루면서 무상급식 문제를 분석하는 것은 좋은 예이다. 그러면서 결론적으로 이 책은 회복적 정의를 기독교적 정의의 중심으로 제시하고 있다.

공정하게 악은 벌하고 선은 포상하라는 응보적 정의, 각자의 기여에 따라 몫을 공평하게 분배하라는 분배적 정의를 물론 기독교의 복음은 포함하고 있다. 그러나 복음이 제시하는 정의는 이러한 것을 넘어선다는 것이다. 그래서 궁극적으로 단절되고 파괴된 관계를 다시 회복시키는 것이 정의이다. 이러한 안 박사의 연구는 20세기 신학에서 정의의 문제를 진지하게 다루었던 에밀 브루너, 라인홀드 니부어, 폴 틸리히, 헬무트 틸리케의 입장에서 한 걸음 더 나간 것으로 보인다.

한국의 신학 역사를 살필 때 전통적 개혁신학의 입장에서 기독교와 정의의 문제를 정면으로 다룬 연구서가 흔치는 않았다. 과거 민중신학이 경제적 불평등과 사회적 민주화를 신학적 테마로 삼기는 했으나 전통적 입장에서 지나치게 멀리 나갔다는 비판을 들었다. 이러한 가운데서 안계정 박사가 전통적 개혁신학의 입장에서 기독교와 정의의 문제를 정면으로 깊이 있게 다룬 것은 매우 의미 있는 일이다.

아무쪼록 이 책이 정의에 대한 지속적인 관심을 한국교회와 한국사회에 계속 불러일으키기를 희망한다.

2013년 3월 15일

추천사

이은규 박사
(안양대학교 총장, 기독교교육학 박사)

이 책은 한국에서 개혁신학의 관점에서 기독교와 정의의 관계를 학문적으로 해명한 최초의 시도이자 동시에 성과이다. 특히 교단의 역사가 비교적 짧은 대신교단의 신진 학자가 이러한 열매를 내오게 된 것은 뜻 깊은 일이 아닐 수 없다.

지난 2011년 미국의 철학자 마이클 샌델의 책 『정의란 무엇인가』가 한국사회에 큰 돌풍과 반향을 불러일으켰었다. 그 후 곳곳에서 정의와 공정에 대한 토론회, 세미나 등이 개최되었고 많은 사람들이 여기에 큰 관심을 나타냈다. 아쉬운 것이 있었다면 교회와 신학의 영역에서 정의의 문제를 집중적으로 다룬 연구서가 없었다는 점이었는데, 이러한 상황 속에서 안계정 박사의 연구서가 나오게 된 것은 큰 의미가 있다.

성경의 하나님은 사랑과 정의의 존재이시다. 하나님은 사랑이시다. 그는 이 세상을 너무나 사랑하셔서 그의 독생자마저 아낌없이 인류를 위해 주신 분이시다. 하나님은 자신을 반역해서 집을 나간 자식이 돌아오기를 기다리는 아버지이시며, 아버지는 반역적인 아들이 돌아왔을 때 그의 목을 껴안고 입을 맞추신다.

동시에 하나님은 정의로운 분이시다. 그는 죄를 싫어하시고 악을 심판하신다. 그는 타락한 인류 가운데서 한 민족을 선택하시고 그들에게 율법을 주신다. 율법이 요구하는 것은 하나님을 사랑하고 이웃을 사랑하는 것이다. 고아와 객과 과부를 돌보며 이방인을 압제하지 않는 것, 그것이 성경이 말하는 정의이다.

안계정 박사는 철저하게 성경과 신학의 바탕위에서 하나님의 정의와 인간의 정의 사이의 관계를 연구하고 있다. 그래서 정의를 연구하기 위해 성경을 펼치면 플라톤의 세련된 덕에 대한 이론이 아니라 복수와 보복의 문제가 먼저 나온다는 관찰은 매우 인상적이고 또한 매우 중요하다고 여겨진다. 그러면서 모세율법, 십계명, 산상수훈이 요구하는 정의가 무엇인가를 매우 성실하게 분석하고 진단한다.

마지막으로 저자는 기독교적 정의론의 결론으로서 회복적 정의를 제시한다. 물론 이것은 전혀 새로운 것은 아니다. 그러나 그렇다고 그렇게 진부한 것도 아니다. 저자는 회복적 정의가 처벌적 정의, 분배적 정의를 넘어 왜 기독교적 정의론의 결론이어야 하는지를 학문적으로 밝히는데, 바로 여기에 이 책의 중요한 학문적 기여가 있다고 하겠다.

또한 눈에 띄는 것은 조직신학과 윤리를 전공한 안 박사가 아리스토텔레스(Aristoteles), 칸트(Immanuel Kant), 롤즈(John Rawls) 같은 고대와 근대와 현대의 중요한 철학자들과도 비판적인 대화를 시도하고 있다는 점이다. 이를 바탕으로 교회의 담을 넘어 사형제도, 목회자의 납세문제, 무상급식 같은 사회적 이슈로 뛰어드는 저자의 시도는 - 물론 몇몇 이슈에 대해서 저자의 의견에 전적으로 동의하지는 않지만 - 매우 신선하지 않을 수 없다.

이 책은 기독교인뿐 아니라 비-기독교인들에게도 유익하다. 왜냐하면 이 책은 기독교인들은 정의에 대해 어떤 생각을 가지고 있는지 그

궁금증을 풀어주려 시도하기 때문이다. 이 책은 신학을 전공한 사람뿐 아니라 기독교적 정의론에 관심이 있는 평신도들에게도 유익하다. 왜냐하면 최대한 쉽게 소통하고자 하는 저자의 의도가 곳곳에 있기 때문이다.

아무쪼록 이 책이 한국교회와 사회에 유익한 영향을 미쳐서 이 땅에 하나님의 정의가 하수처럼, 공의가 강물처럼 흐르기를 기도하며, 한국교회와 사회에 이 책을 기쁘게 추천한다.

안양대학교 총장실에서
이은규

추천사

문시영 박사

(새세대 교회윤리연구소장, 남서울대학교 교수)

정의(justice)는 정의롭지 못한(unjust) 인간현실의 반영인 동시에 대안의 모색이라는 점에서, 모두의 고민이자 윤리적 비전임에 틀림없다. 수많은 버전의 사회정의론이 제안되어 왔지만, 우리는 여전히 정의를 말해야 하는 현실을 살고 있기에 사회정의에 대한 바른 이해와 대안의 모색은 더욱 절실하다. 특별히 기독교는 사회의 정의를 위해 무엇을 말할 수 있으며 어떤 일을 해야 하는가의 문제는 사회정의를 곱씹어보아야 할 시대의 신앙인들에게 꼭 필요한 질문이라 하겠다. 안계정 박사의 저서는 이러한 문제의식을 제대로 소화해낸 명저가 되리라는 기대를 품게 한다.

특히 '눈에는 눈, 이에는 이'라고 말했던 모세율법에 나타난 탈리오의 법(lex talionis)이 '응보적 정의(retributive justice)'를 강조하는 것과는 대조적으로, 산상수훈을 기점으로 새로워진 기독교의 관점이 화해와 평화의 '회복적 정의'를 말하고 있다는 사실을 일깨워준 점은 무척이나 적확하고도 독특한 통찰이라 하겠다. 최근 우리 사회에서 유난히 관심을 받았던 샌델의 정의에 대한 문제제기를 비롯하여 사회윤리학의 근본주제로서의 정의에 대한 저자의 종합적인 안목이 잘 드러나는 책이라는 점에서 그 학술적 가치 또한 충분하다. 무엇보다도 기독교가 '부도덕한 종교'로, 교회는 '비리집단'으로 매도당하는 현실에서 진정한 기독교의 기독교 됨을 위한 변증적 모색이라는 점에 의의가 있다.

■ 일러두기

1. 세 가지 크기의 글이 사용되었다. ① 10.3**포인트**는 본문(本文)으로서 책의 주된 내용을 전달한다. ② 9.3**포인트**는 본문에 대한 예화, 부연 등이다. ③ 9**포인트**는 다른 책에 대한 직접인용이다.
2. 개념을 강조할 때는 **진하게** 표시했고, 한 문장 이상을 강조할 때는 *기울임*으로 표시했다.
3. 기독교 신앙이 없는 독자를 위해 하나님, 예수님, 성경 대신 신, 예수, 성서라는 중립적인 표현을 사용하기도 했다.
4. 성서인용은 개역개정판을 사용했다.
5. 외국의 인명, 지명, 저서는 학계의 전통적인 관례를 따른다.
   예) 포이어바흐, 키르케고르 등등.

■ 약어표

EG I : Helmut Thielicke, *Der evangelische Glaube*. Bd. I. Tübingen: JCB Mohr, 1968.

EG II : _____, *Der evangelische Glaube*. Bd. II. Tübingen: JCB Mohr, 1973.

EG III : _____, Der evangelische Glaube. Bd. III. Tübingen: JCB Mohr, 1978.

Inst : 장 칼뱅, 『기독교강요』. 서울: 생명의 말씀사, 2000.

KD : Karl Barth, *Die Kirchliche Dogmatik*. 4 Bändde in 13 Teilen und ein Registerband. Zollikon-Zürich, 1932 ff.

KLP : *Kleines Lexkon der Poltitik*. Hg. v. Dieter Nolen und Florian Grotz. München: C. H. Beck, 2007.

ThE I : Helmut Thielicke, *Theologische Ethik*. Bd. I. Tübingen: JCB Mohr 1951.

ThE II/1 : _____, *Theologische Ethik*. Bd. II/1. Tübingen: JCB Mohr, 1953.

ThE II/2 : _____, *Theologische Ethik*. Bd. II/2. Tübingen: JCB Mohr 1958.

ThE III : _____, *Theologische Ethik*. Bd. III. Tübingen: JCB Mohr, 1964.

TRE : *Theologische Realenzyklopädie*. Hg. v. Gerhard Müller, Horst Balz, Gerhard Krause. 36 vols. De Gruyter, Berlin 1976–2004.

contents

제1장 눈에는 눈, 이에는 이

- 복수와 정의

김수현(이병헌): 어때 두려워? 네가 지금까지 무슨 짓을 했는지 알겠어?
장경철(최민식): 지금까지 네가 날 데리고 논 것 같지? 천만에……, 난
　　　　　　　고통 같은 거 몰라. 두려움? 난 그런 것 없어. 네가
　　　　　　　나한테 얻을 수 있는 건 아무것도 없어. 그러니까 이
　　　　　　　미 넌 진 거야.
[중략]
김수현: 나는 네가 죽은 다음에도 고통받았으면 좋겠어.

　　　　　－ 김지운 감독의 영화 <나는 악마를 보았다> 중에서

김지운 감독의 영화 <나는 악마를 보았다>(2010)는 보기에 매우 불편한 영화다. 결코 다른 사람에게 추천하고 싶은 그런 영화는 아니다. 그러나 신학적이고 철학적인 관점에서는, 다시 말해 인간 안에 숨어 있는 본성적인 악과 복수에 대해 생각해보고자 한다면 반드시 감상할 것을 추천하고 싶다. 이 영화는 극도로 잔혹하다. 인간이 상상할 수 있는 혹은 저지를 수 있는 모든 악이 거의 다 나온다. 이 영화에서 살인은 아예 점잖은 축에 속한다. 인육을 먹고, 산 사람의 신체를 절단하고, 강간해서 죽이고, 고통 속에서 죽어가는 것을 즐기고……, 그 어디에도 도덕, 이성, 자비, 용서는 없다.

이야기를 끌고 가는 근본 힘은 '복수'이다. 받은 대로 되갚아주는 끝없는 복수의 이야기다. 국정원, 경찰, 법 같은 현실에서는 무소불위의 힘을 발휘하는 권력기관은 여기서 아무런 역할을 하지 못한다. 사이코패스 살인마도(장경철), 국정원의 엘리트 요원도(김수현) 오로지 '눈에는 눈, 이에는 이'라는 보복의 원칙에 충실할 따름이다. 내가 받은 고통 그대로를 상대방에게 돌려준다. 그리고 그 고통을 즐긴다. 인간에게 마지막 남은 도덕성을 상징하는 베테랑 형사의 외침은 그래서 공허하게 들린다. "짐승을 잡으려고 사람이 짐승이 되면 되겠어!" 이 도덕과 정의의 요구는 복수 앞에서 아무런 역할을 하지 못한다.

'기독교와 정의'라는 책을 쓰면서 보기에 심히 거북한 '호러무비'를 먼저 소개하는 것은 이 영화의 무게감 때문이다. 그것은 단지 이런 복수 잔혹극이 우리 주변에서 실제로 일어난다는 '리얼리티'에만 있지 않다. 당신의 마음 깊은 곳에서도 이런 원초적인 복수감정이 늘 도사리고 있지 않은가?

1.1 받은 대로 돌려주라

아이들이 신나게 눈싸움을 하고 있다. 너무 재미있어 시간 가는 줄 모른다. 그러다가 영희는 그만 철수가 던진 눈에 정통으로 얼굴을 맞았다. 영희는 펑펑 운다. 얼굴이 아파서도 울겠지만 맞은 게 억울해서도 울 것이다. 그때 상호가 이 상황을 중재하려고 시도한다. 상호는 주먹만 한 눈덩이를 영희에게 주며 철수에게 똑같이 던지라고 한다. 당한 대로 갚으라는 것이다. 영희는 곧 철수에게 눈덩이를 던지고, 철수는 아무런 저항 없이 맞는다. 아이들은 다시 재미있게 눈싸움을 한다.

위의 이야기는 실제로 일어난 일이고 아이들 놀이에서 어렵지 않게 관찰될 수 있는 일일 게다. 우리는 여기서 단순한 것 같지만 정의(justice)개념의 가장 오래되고, 가장 단순하면서도 가장 확실한 한 단면을 본다. 아직 정교하고 체계적인 교육을 받지 않은 아이들에게서 우리는 종종 복잡하고 심원한 철학적 혹은 종교적 개념의 순수한 형태를 보게 되는 것이다.

위의 이야기를 보면서 흥미로운 질문이 생긴다. 왜 상호는 영희에게 받은 대로 똑같이 돌려주라고 했을까? 왜 영희는 그것을 받아들여 철수에게 눈덩이를 던졌고, 왜 철수는 아무런 항의나 저항 없이 순수하게 맞았을까? 어떻게 아이들은 이러한 합의점을 도출했을까?

피해자와 가해자

아직 도덕이나 규범에 대해 체계적으로 교육을 받지 않은 아이들이지만 놀이 과정에서 피해자와 가해자가 발생한다는 사실을 그리 어렵지 않게 발견한다. 눈싸움은 재미있는 놀이이지만 다른 아이에게 무언가를 행해서 그 아이를 울게 한 것은 잘못된 것이다. 아이들은 즉시 한 아이를 울게 만든 장본인, 곧 '가해자'와 어떤 행동을 통해 울게 된 아이, 곧 '피해자'를 구분한다. 인간의 능력은 참으로 놀랍지 않은가? 도덕이나 법에 대해 배우지 않았는데도 호모사피엔스는 직관적으로 이 복잡한 관념의 기초를 파악한다.[1]

가해자와 피해자가 있다는 것은 어떤 행동이 바르지 못하다는 것이다. 왜냐하면 한 아이가 울고 있기 때문이다. 물론 이 상황에 관심 없이 자기의 놀이에만 열중하는 아이도 있을 수 있다. 그러나 대체로 놀이에 참여한 아이들은 우는 아이에게 즉각적으로 관심을 갖는다. 어떻게 해서든 잘못된 상황을 고쳐보려고 시도한다. 그러면 어떻게 이 상황을 아이들은 바꿀 수 있을까? 몇 가지 가능한 선택이 있다.

하나는 선생님이나 어른을 부르는 것이다. 아마도 아이들에게 이것은 문제를 해결하는 가장 확실한 방법일 수 있다. 선생님을 부르면 선생님이 가해자에게는 어떤 제재를, 피해자에게는 어떤 보상을 준다는 것을 아이들은 경험을 통해 안다. 단순하게 보이지만 여기에 인간이 만든 사법제도와 그것의 기초인 사법적 정의의 기본골격이 있다. '원고'와 '피고'와 '판사'가 있으며, 이러한 것들의 근본목적은 '감시와 처벌'이다.[2]

또 다른 하나는 피해를 당한 아이가 즉각적으로 '보복'을 하는 것이다. 눈싸움 놀이를 하다가 한 대 맞으면 곧바로 달려가 당한 대로 되갚

---

1) 비교: 프리드리히 니체, 『도덕의 계보』, 니체전집 14, 김정현 옮김(서울: 책세상, 2005), 403.
2) 비교: 미셸 푸코, 『감시와 처벌』, 오생근 옮김(서울: 나남출판사, 2003), 35.

아주는 것이다. 대개 많은 아이들은 이러한 즉각적 보복의 행동유형을 따르는 것 같다. 이러한 유형에는 몇 가지 장점이 있다. 선생님이라는 다소 거추장스러운 '권위'를 빌릴 필요도 없고, 즉각 똑같이 갚아주면 피해자의 분노, 가해자의 미안함은 곧 소멸된다. 그런데 문제는 가해자와 피해자의 '조건'이 다를 경우이다. 만일 가해자가 신체적으로 월등히 크고, 피해자는 매우 왜소하다면 어떻게 될까? 피해자는 보복하는 행동이 더 위험하다는 것을 본능적으로 안다. 힘이 센 가해자와 힘이 약한 피해자, 그리고 이들을 보고 있는 아이들, 이것은 우리가 일상에서 늘 경험하는 우리의 현존 아닌가? 아이들은 이 공평하지 못한 현실을 어떻게 타개하는가?

앞의 이야기에서 우리가 관찰한 대로 아이들은 즉시 하나의 '규칙'을 발견한다. 아무리 힘이 세어도 다른 아이를 울게 했다면 거기에 합당한 벌을 받아야 하며, 그것은 약한 아이가 받은 그대로 갚아주는 것이다. 힘이 센 아이는 그것을 수용하고, 약한 아이가 던지는 눈덩이를 그대로 맞는다. 문제는 '자율적'으로 해결되고 다시 평화와 즐거움이 찾아온다. 단순해 보이지만 이 이야기는 '정의'라는 매우 복잡하고 추상적인 개념이 왜 필요하고 어디서 출발해야 하는가에 대한 아주 또렷한 그림을 보여준다.

해결은 요청(要請)인가, 필요(必要)인가?

앞의 이야기를 좀 더 살펴보자. 남자이고 힘이 센 철수가 여자이고 약한 영희를 ─비록 고의는 아니지만─ 눈으로 맞혀 영희는 울고 있다. 철수는 가해자이고 영희는 피해자이다. 그런데 다른 아이들은 이 상황이 잘못된 것임을 안다. 울고 있는 영희에게 관심을 갖고 그 문제를 해결하려고 한다. 왜 영희의 문제를 다른 사람이 해결해주어야 하나? 그냥 둘이 알아서 적당히 처리하라고 하면 되지 않을까? 영희가 울고불고하든지, 철수는 모른 체하며 계속 놀이에 열중하든지 다른 아이들은 자기 일이 아니니 그냥 계속하던 대로 놀면 되는 것이 아닌가? 당연히 이런 경우도 매우 많이 있으며, 그것은 현대의 다양한 이기주의의 원초적 모습이다. 내 일이 아니니 굳이 신경 쓰지 않겠다는 태도이다. 그런데 아이들은 문제를 해결하려고 한다. 왜 꼭 해결해야 할까?

첫 번째 대답은 그것이 '필요하기' 때문이다. 영희가 울면 놀이는 중단되고 한마디로 '놀 맛'이 안 난다. 그래서 모든 참가자가 계속 재미있게 놀기 위해 영희의 울음을 그치게 해야 할 필요성이 생긴다. 철수의 행동이 바르지 않다거나 영희가 억울한 일을 당했다는 것은 그리 중요하지 않다. 일단 재미있게 모두가 놀아야 한다. 이것이 가장 큰 필요이다. 그래서 선생님을 부르든지 아니면 영희에게 사탕을 준다든지 하는 조치가 필요한 것이다. 윤리학 교과서를 한 번이라도 제대로 읽은 사람이라면 이것이 **공리주의**(utilitarianism)의 입장임을 눈치챌 것이다.[3] 여기서는 전체의 즐거움이 개인의 문제를 압도한다. **밀**(John Stuart Mill, 1806~1873)의 다음과 같은 말은 이러한 입장을 대표한다.

> 정의라는 말은 행동 규칙과 그 규칙에 강제력을 불어넣어 주는 감정, 이 둘을 상정하고 있다. 첫 번째 것은 모든 사람에게 공통적으로 적용되며, 그들의 이익을 위해 존재한다고 상정되지 않으면 안 된다. 두 번째 것(감정)은 규칙을 위반하는 사람은 처벌을 받아야 한다는 마음의 상태를 의미한다. [중략] 나는 정의감이라는 것이 어떤 사람 또는 그 사람이 동정하는 다른 사람들 [중략]에 대한 공격이나 손해를 물리치거나 보복하고자 하는 동물적 욕구와 같다고 생각한다.[4]

다른 대답은 **벤담**(Jeremy Bentham, 1748~1832)이 개척하고 밀이 대중화시킨 첫 번째 입장과는 매우 다르다. 계속 재미있게 놀아야 한다는

---

3) Christofer Frey, Peter Dabrock, Stephanie Knauf, *Repetitorim der Ethik*, 3. Aufl.(Waltrop: Spenner, 1997), 63.
4) 존 S. 밀, 『공리주의』, 서병훈 옮김(서울: 책세상, 2007), 107-108.

필요성 혹은 즐거움보다는 철수의 행위 자체에 관심을 집중한다. 철수의 행위는 옳지 않다. 단순하게 말하자면, 영희에게 눈덩이를 던져 울게 했기 때문이다. 혹은 약간 철학적으로 말하자면, 타인의 자유와 권리에 침해를 가했기 때문이다. 행위 자체에 문제가 있기에 같이 즐겁게 노는 것보다는 이 문제를 먼저 해결해야 한다. 그것은 필요성이 아니라 '요청'이다. 유익(utility)의 관점에서만 보면 영희의 문제에 모두가 다 관심을 기울일 필요까지는 없다. 그냥 무시하고 계속 노는 편이 더 유익할 수도 있다. 그러나 철수와 영희의 문제는 놀이의 즐거움을 잠시 중단시켜서라도 해결해야 하는 중요한 문제이다. 이것은 필요가 아니라 요청이다. 눈치 빠른 독자라면 이것이 **의무론적 윤리**(deontological ethics)의 입장임을 알아차릴 것이다.[5] **칸트**(Immanuel Kant, 1724~ 1804)가 이러한 입장의 대표자인데, 그는 좋거나 나쁘다는 '감정'에서 도덕성이 나올 수 없다고 단호하게 주장한다.

> **복**이나 **화**는 언제나 우리의 유쾌함이나 불쾌함, 곧 즐거움과 괴로움의 상태에 대한 관계만을 의미한다. 그렇기 때문에 우리가 만약 한 객관을 욕구하거나 혐오한다면 그것은 오로지 그 객관이 우리 감성과 그리고 그것이 야기한 쾌·불쾌의 감정과 관계 맺어지는 한에서만 일어나는 것이다. 그러나 **선**이나 **악**은 항상, 의지가 **이성** 법칙에 의해 어떤 것을 그의 객관으로 삼게끔 규정하는 한에서의 이 의지의 관계를 의미한다. [중략] 선이나 악은 그러므로 본래 **인격의 행위들**과 관계되는 것이지, 인격의 감정 상태와 관계되는 것이 아니다.[6]

당연히 현실에서는 두 입장이 적당히 섞이게 마련이다. 어디까지가 공리주의적이고, 어디까지가 의무론적인지 무 자르듯 단번에 자를 수 없는 경우가 허다하다. 또 지나치게 한 이론에 치중해 어떤 문제를 한 가지 관점으로만 바라보고 판단하는 것도 위험할 수 있다. 더욱이 벤담

---

5) 로버트 L. 애링턴, 『서양윤리학사』, 김성호 옮김(파주: 서광사, 2003), 456.

6) 임마누엘 칸트, 『실천이성비판』, 백종현 옮김, 대우고전총서 05(서울: 아카넷, 2003), 144(O16).

이나 칸트의 도덕이론 혹은 플레처(Joseph Fletcher)의 상황윤리를 소개하는 것이 이 책의 목적은 아니다. 그것이 '필요'할 수는 있지만 '요청'되는 것은 아니다.

여기서 중요한 것은 '받은 대로 돌려주라'는 매우 단순하고 때로는 야만스러워 보이는 이 원칙이 생각보다 매우 강력하다는 것이다. 아이들은 배우지 않았는데도 놀이과정에서 직관적으로 이 원리를 발견해낸다. 그래서 힘이 센 아이도 어떤 항의나 저항 없이 이를 받아들인다.

'호모 루덴스(homo ludens)', 곧 놀이하는 인간은 두말할 필요 없이 인간됨의 근본 조건이다. 아이들은 놀이를 통해 타자와 세계를 파악하고 비로소 자아를 인식하게 된다.[7] 그리고 여기서 허용과 금지 사이의 기초적인 관계를 파악하게 된다. 이것이 고등한 유인원의 놀이와 인간의 놀이 사이의 근본적인 차이일 것이다. 유인원은 놀이를 통해 집단 내에서의 서열을 익히고 먹이습득의 기술을 배운다. 이것은 '본능'의 영역이다. 태초의 질서이며 '창조의 질서'이다. 그러나 인간의 놀이는 생존기술을 익히려는 본능의 세계 그 이상으로 나간다. 놀이를 통해 타자성과 주체성을 파악하는 것이 단순한 호르몬 작용의 결과는 아닐 것이다.

복수와 합의, 그리고 정의

다시 아이들의 눈싸움 이야기로 가보자. 여기서 결정적인 것은 아이들이 '합의'를 도출했다는 것이다. 아이들은 외부의 어떤 개입 없이 피해자는 가해자에게 자기가 받은 것과 똑같이 되갚을 수 있다는 규칙을 발견했다. 가해자는 비록 그가 피해자보다 힘이 세지만 이 규칙을 받아들여야만 한다. 왜냐하면 그것이 '옳은 것(right)'이기 때문이다. 그리고 가해자는 이를 받아들인다. 똑같은 복수이지만 합의를 발견하고 이 합

---

7) 요한 하위징아, 『호모 루덴스』, 이종인 옮김(서울: 연암서가, 2010), 49.

의를 통해서 문제를 해결했다는 점에서 아이들의 '눈싸움의 복수극'은 <나는 악마를 보았다>의 김수현-장경철의 복수극과는 질적으로 다르다. "합의"에 대한 베버(Max Weber)의 정의도 이런 맥락과 상통한다.

> 설령 어떤 명시적 동의가 이루어지지 않았다 하더라도 타자의 행위에 대한 (우리의) 기대를 타자가 자신의 행위에 대해 유의미하게 '타당한' 기대로서 실제적으로 받아들일 객관적 개연성이 있기 때문에 그 기대가 충족되었다고 볼 수 있는 경험적으로 '타당한' 기회가 주어지는 상황이 곧 합의이다.[8]

앞에서 본 두 복수 이야기는 앞으로 우리가 살피게 될 '눈에는 눈, 이에는 이'라는 **탈리오의 법**(lex talionis)의 서막이다. 기독교와 정의라는 주제를 탐구하면서 왜 하필 먼저 탈리오의 법을 살펴야 하는가? 거두절미해서 답하자면, 성경의 정의개념은 이 탈리오의 법에서 시작하기 때문이다.[9] 탈리오의 원칙은 물론 구약성경에서만 발견되는 것은 아니다. 이 원칙은 고대 오리엔트 세계에서 일반적으로 통용되었고, 그것은 그 시대의 정의였다. 그렇다면 탈리오의 원칙은 오로지 고대 오리엔트의 시대에서만 통용되었으므로 지금 우리 시대에는 아무런 의미와 효력이 없는가? '문명화'된 우리 시대는 아직 문명화되지 못했던 시대의 '야만적 복수원칙'을 폐기처분했는가?

그렇다면 살인자에게 사형을 집행하는 우리 시대의 사형 제도는 무엇일까? 그것은 '눈에는 눈, 이에는 이'라는 잔혹하고 야만스럽다고 말하는 고대 세계의 원칙이 단순히 우리의 본원적 복수 심리에서만이 아니라 실정법의 영역에서도 여전히 실행되고 있음을 보여주고 있지는 않은가? 예컨대 우리나라의 헌법재판소는 사형이 "죽음에 대한 인간의

---

8) M. Weber, Über einige Kategorien der verstehenden Soziologie, in: *Methodologische Schriften*, Frankfurt am Main, 1968, 196.

9) 데이비드 존스턴, 『정의의 역사』, 정명진 옮김(서울: 부글, 2011), 41.

본능적 공포심과 범죄에 대한 응보욕구가 서로 맞물려 고안된 '필요악'"이라고 규정하면서 사형 제도를 정당하다고 판결했다.[10] 사형 제도는 분명 '눈에는 눈, 이에는 이'라는 탈리오의 원칙 위에 서 있고, 우리는 정의의 이름으로 사형수를 처형한다.

우리는 기독교와 정의에 대해 숙고함에 있어 근본적으로 성서로 돌아가려고 한다. 물론 이러한 우리의 출발이 어떤 편견에 사로잡혀 있다고 비판하는 목소리도 있을 것이다. 그러나 중요한 사실을 먼저 알아야 한다. 종교적 배경 없이, 그리고 이 종교를 뿌리 삼아 성장한 문화의 배경 없이 정의라는 담론을 말하는 것은 가능할 수는 있겠지만 바람직하지는 않다는 것이다. 그래서 "미국의 법은 미국인의 도덕을 체계화한 것인데, 이 도덕은 유대-기독교 전통에서 왔다"는 미국 대통령 오바마(Barak Obama)의 솔직하고 직설적인 화법은 여느 철학자나 사회학자의 복잡한 이론보다 훨씬 공명이 크다.[11] 이제 구약성경의 탈리오의 법과 그것이 표상하고 있는 정의개념으로 가보자.

---

10) http://www.deathpenalty.or.kr/downloads/?&uboard={viewPoint,downloads,body,21,10}
11) 마이클 샌델, 『정의란 무엇인가?』, 이창신 옮김(서울: 김영사, 2010), 183.

1.2 탈리오의 법(lex talionis)

> 그러나 다른 해가 있으면 갚되 생명은 생명으로,
> 눈은 눈으로, 이는 이로, 손은 손으로, 발은 발로,
> 덴 것은 덴 것으로, 상하게 한 것은 상함으로, 때린 것은 때림으로 갚
> 을지니라(출 21:23～25).

이 성경 말씀을 읽으면서 많은 그리스도인은 어떤 거부감을 느낀다. 매우
잔인하고 원시적으로, 그래서 야만적으로 보여서 그러하다면 설득력은 있지만
성경을 단지 현대인의 도덕관념과 관습에 따라 읽는 것이다. 이렇게 되면 소위
'비신화화(Entmythologisierung)' 작업의 필요성이 생긴다. 독일의 신약학자 불
트만(Rudolf Bultmann, 1884～1976)은 성경의 세계관이 매우 '원시적'이고 '신
화적'이어서 지금 현대인의 세계상과 어울리지 않으므로 이 원시적인 신화의
틀을 제거하자고 주장했다.[12] 물론 한국의 많은 보수적인 그리스도인들은 이
러한 도발적인 주장에 동조하지 않을 것이다.

'제자훈련'을 한 번이라도 체계적으로 받은 그리스도인이라면 매우 다른 이
유에서 거부감을 느낄 것이다. 예수님은 산상수훈에서 율법적인 이 동해보복
(同害報復)법을 금지하고 '원수를 사랑하라'는 사랑의 계명을 제시했다. 그러므
로 그리스도인은 동해보복의 '율법'이 아닌 사랑의 '복음'을 지켜야 한다고 이
들은 주장할 것이다. 매우 훌륭한 해석이 아닐 수 없다. 그러나 문제는 여전히
남는다. 그렇다면 구약의 율법은 현대의 그리스도인들에게 '정경(canon)'이라
는 종교적 권위 외에 아무런 의미가 없다는 것인가? 생각해보자. 현대의 그리
스도인들 가운데 모세율법을 문자적으로 지키는 사람은 거의 없다. 그런데 십
계명은 지켜야 한다고 주장한다. 십계명은 '율법'이 아닌가?

---

12) Rudolf Bultmann, *Jesus Christus und die Mythologie: Das Neue Testament im Licht der Bibelkritik*(Hamburg: Furche, 1964), 18.

좀 더 일반적인 경우를 생각해보자. 현대의 많은 '민주적 국가' 가운데서 '눈에는 눈, 이에는 이'라는 고대 세계의 이 섬뜩한 보복의 원칙을 실제로 적용해 도둑질을 했다고 손을 자르거나 간음했다고 사람을 돌로 쳐 죽이는 나라는 없다. 왜냐하면 이러한 처벌은 무엇보다 개인의 존엄과 인권을 심각하게 침해하기 때문이다. 그러면 사형 제도는 어떠한가? 사형 제도는 전형적인 탈리오의 원칙 아닌가?

폭력과 성스러움

프랑스의 철학자 **지라르**(Rene Girard)가 예리하게 관찰한 대로 성서에는 형제실인, 깅간, 보복 실해, 아이들까지 죽이는 집단학살 등등 다양한 종류의 폭력이 나오며, 이 폭력은 "희생양"으로서 예수의 죽음에서 클라이맥스를 이룬다.[13] 물론 그렇다고 해서 성서는 폭력을 조장하며 따라서 기독교는 '폭력적인 종교'라고 호도해서는 안 된다. 기독교 신앙의 결정체로서 예수의 십자가 사건이 보여주는 것은 집단광기와 폭력에 의한 한 의로운 자의 희생과 죽음이다. 그래서 십자군 전쟁보다는 미국의 흑인 인권 운동가 킹(Martin Luther King, 1929~1968) 목사의 무저항운동이 기독교의 본질에 가깝게 보인다.

서구의 신학은 성서에 나오는 폭력의 문제를 애써 외면해온 경향이 있다. 플라톤과 아리스토텔레스의 이성 중심의 철학적 영향과 무관하지 않은 서구신학은 살인, 강간, 집단학살 등의 폭력현상을 인간의 타락으로 인한 죄악으로 간주하였고 거기에서 그 이상의 어떤 신학적 테마를 형성하지 않았다. 물론 이러한 전통적 이해가 잘못되었다고 말할 사람은 아무도 없을 것이다.[14] 그러나 서구신학의 주지주의(主知主義)적

---

13) 르네 지라르, 『나는 사탄이 번개처럼 떨어지는 것을 본다』, 김진식 옮김(서울: 문학과지성사, 2004), 19.

14) 애링턴, 『서양 윤리학사』, 570.

경향은 저러한 폭력행위의 근본동기가 되는 질투, 욕망, 지배욕구 같은 인간성의 심층적 차원을 간과하였다. 그래서 이브가 금지된 실과를 먹음으로써 '원죄'가 형성되었다는 도그마는 확립되고 계속 강조되었지만, 그녀의 마음 깊은 곳에 "먹음직도 하고 보암직도 하고 지혜롭게 할 만큼 탐스럽기도(창 3:6)" 하는 강렬한 욕구를 발생시키는 욕망은 경시되거나 무시되었다. 그것은 모든 수단을 동원해 제거되어야만 하는 '사악한 감정'이었다.

그러나 성서를 심층적으로, 입체적으로 읽어보면 모든 폭력의 배후에는 욕망이 있음을 발견하게 된다. 가인은 질투심으로 동생 아벨을 죽였는데, 질투란 결국 타자를 지배하고자 하는 자아의 지배욕구이다. 라멕은 마치 수사자가 다른 무리의 수사자를 죽이고 그 새끼들마저 죽인 다음 암컷을 차지하듯이 한 남자와 소년을 죽이고 여자들을 취하면서 이렇게 노래한다. "나의 상처로 말미암아 내가 사람을 죽였고 나의 상함으로 말미암아 소년을 죽였도다(창 4:23)." 그리고 라멕은 스스로 그의 폭력에 대한 보응으로서 벌을 자청한다. "가인을 위하여는 벌이 칠 배일진대 라멕을 위하여는 벌이 칠십칠 배이리로다 하였더라(창 4:24)." 이처럼 창세기 초반부에서 그려지고 있는 세계는 '타락 이후의 세계(post lapsum)'로서 거의 동물적인 폭력과 복수의 세계이며, 이는─칸트가 생각했듯이─아마도 인류의 매우 초기 모습의 반영일 것이다.[15] 물론 아브라함이 등장하면서 새로운 역사, 곧 구원의 역사가 시작되고 있음을 우리는 잊지 말아야 할 것이다.

우리는 여기서 대단히 중요한 경향 하나를 발견할 수 있다. 성서에서 정의의 문제는 **복수와 폭력의 문제**와 함께 시작된다는 것이다. 기독교와 정의의 문제를 고민함에 있어서 모세가 시내산에서 하나님으로부터 '율법'을 받은 사건은 매우 의미 있는 출발점이다. 율법에 내포된

---

15) 오트프리트 회페, 『임마누엘 칸트』, 이상헌 옮김(서울: 문예출판사, 1998), 288.

정신은 다음과 같은 말에서 분명하게 드러난다. "너는 가난한 자의 송사라고 정의를 굽게 하지 말며 거짓 일을 멀리하며 무죄한 자와 의로운 자를 죽이지 말라 나는 악인을 의롭다 하지 아니하겠노라(출 23:6~7)." 이렇게 율법의 수여는 개인 혹은 집단이 당한 피해를 직접적인 방식으로 무제한적으로 되갚아주는 복수에서 법과 제도를 통한 간접적이고 제한적인 보응으로 넘어갔음을 뜻하는 것이다. 이런 의미에서 니체(Friedrich Nietzsche, 1844~1900)는 형벌을 "복수의 자연 상태와 타협하는 것"으로 규정한다.[16] 율법이 드러내고 있는 정의란 복수와 폭력, 피해자와 가해자의 문제를 어떻게 정당하게 해결할 것인가의 문제와 관련되기 있다. 따라서 성서에서 정의란 먼저 피해자와 가해자를 구별해내고 가해자를 율법에 따라 처벌함으로써 피해자의 원한을 해결해주는 과정에서 시작된다. 이는 두말할 필요 없이 '사법적 정의'를 의미한다. 일반적인 시각에서 볼 때도 정의라는 관념은 폭력과 피해의 문제를 해결하고자 하는 과정에서 발달했을 것이다.[17]

현대신학에서 기독교적인 관점에서 정의의 문제를 해명하려는 여러 시도가 있었다. 그런데 한 가지 아쉬운 점은 대개의 경우 구약성서에 나오는 폭력과 정의의 함수관계를 충분히 살피지 않은 채 너무 성급하게 혹은 습관적으로 아리스토텔레스에게로 간다는 점이다. **브루너**(Emil Brunner, 1889~1966)가 이러한 성급함을 보여주는데, 물론 이것은 브루너 혼자만의 문제도 아니고 신학만의 문제만도 아닐 것이다. **바르트**(Karl Barth, 1886~1968)와 함께 20세기의 변증법적 신학의 길을 개척한 학자로 유명한 브루너는 기본적으로 아리스토텔레스가 제시했던 분배적 정의의 개념을 기본 토대로 해서 여기에 성서가 제시하는 사랑의

---

16) 니체, 『도덕의 계보』, 426.

17) 참조: 니체, 『도덕의 계보』, 417. "복수를 정의의 이름으로 신성시하려는 모든 시도 ― 마치 정의란 근본적으로 피해 감정이 발전한 것에 불과한 것처럼 ― 와 복수와 더불어 반동적 감정을 일반적으로 모두 포괄해 추후에 존중하려는 시도가 다시 나타나는 것을 보는 것은 그리 놀라운 일이 아니다."

계명을 결합시킴으로써 기독교적 정의의 구조를 세우고자 한다.[18] 브루너는 사랑과 율법을 대립시킨다. 그 결과 율법이 표상하고 있는 정의의 중요한 한 측면은 간과되고 만다. 특히 눈에는 눈, 이에는 이라는 탈리오의 법은 매우 부정적으로 받아들여진다. 그러나 탈리오의 법과 율법적 정의에 대한 이해 없이 십자가에 나타난 사랑의 심층적 차원은 제대로 파악될 수 없음은 자명하다. 이런 면에서 스토트(John Stott, 1921~2011)의 십자가 이해는 브루너의 그것에 비해 보다 심층적이다.[19]

함무라비와 모세

많은 그리스도인은 동해보복을 명하는 탈리오의 법이 오직 구약성경, 특히 모세율법에만 나올 것이라고 예상한다. 그러나 이 법은 고대 바벨론의 제왕 함무라비의 법전에도 나온다. **함무라비**(Hammurabi)는 모세보다 약 200여 년 전의 인물이므로 상식적으로 모세율법이 함무라비법전의 영향을 받았다고 봐야 할 것이다. 거룩한 성경말씀이 세속법전의 영향을 받았다는 것을 '신성모독'으로 느낄 필요는 없다. 초월적 '계시'가 '말씀'이라는 문화적이고 역사적인 형식을 입는 것은 기독교 신학의 근본 전제 가운데 하나이다. 말씀이 주변 문화에 영향을 받고 영향을 끼친다는 사실은 성경의 권위에 아무런 영향을 주지 못한다. 사도바울이 당시 그레코-로만 사회의 정보교환 수단인 편지를 이용해 복음을 전했다고 해서 어느 누구도 바울서신의 권위와 정경성을 의심하지 않는다.[20]

함무라비법전에서 제법 유명한 것이 "눈에는 눈, 이에는 이"라는 동해보복법일 것이다. 만일 어떤 사람이 타인의 눈에 상처를 냈다면 받은 만큼 똑같이 상대의 눈에 상처를 내라는 원칙이다(약간 부드럽게 표현

---

18) 에밀 브루너, 『정의와 사회질서』, 전택부 옮김(서울: 대한기독교서회, 2003), 45.

19) 존 스토트, 『그리스도의 십자가』, 황영철·정옥배 옮김(서울: IVP, 1992), 168.

20) 비교: 에두아르트 로제, 『신약성서 배경사』, 박창건 옮김(서울: 대한기독교출판사, 1995), 87.

했다). 물론 우리 현대인의 눈에 이러한 보복행위는 매우 잔인하고 비인간적으로 보인다. 그러나 고대 오리엔트 세계에서는 사회를 유지하는 가장 근본적인 법이었다.[21] 모든 법은—고대의 법이든 현대의 법이든—반드시 모든 사회구성원이 동의하고 있는 어떤 일반적인 공통의 생각을 전제한다. 함무라비 법은 고대 바벨론의 정신을, 로마법은 로마의 정신을, 고조선 법은 고조선 시대의 일반적인 정신을 반영한다. 그렇다면 탈리오의 법은 어떤 정신을 반영하고 있는가?

물론 답은 그리 어렵지 않다. 받은 만큼 똑같이 돌려주라는 것이다. 이것은 인류가 찾아낸 가장 기초적인 정의에 대한 생각임에 틀림없다.[22] 탈리오의 법에서 일단 행위의 동기는 그리 중요한 것으로 보이지 않는다. 행동의 결과가 중요하다. 타인을 죽였다는 것, 타인의 눈에 상해를 가했다는 것, 타인의 이를 부러뜨렸다는 눈에 보이는 결과가 중요하다. 왜 그런 행동을 했는지 그 동기와 의도는 일단 중요하게 보이지 않는다. 이를 통해 해를 당한 사람은 자기가 당한 것과 똑같이 갚을 권리가 생기는 것이다. 우리는 이 원칙이 얼마나 강력하게 인류의 의식 속에 살아남았는가를 앞의 아이들의 이야기를 통해 추적해보지 않았던가?

모세는 약간의 논란이 있지만 고대 바벨론의 제왕 함무라비보다 약 200여 년 후의 인물이다. 많은 사람들—기독교인이든 아니든—모세를 드라마틱한 출애굽 사건의 주인공으로 기억한다. 지금은 전설이 된 영화 <십계>에서 최근에 제법 히트한 애니메이션 <이집트 왕자>에 이르기까지 대중에게 모세는 홍해를 가른 출애굽 사건의 '히어로'이다. 그런데 성경의 역사가들에게 모세는 그가 홍해를 갈랐다는 사실보다는 신으로부터 율법을 받았다는 사실 때문에 훨씬 중요했다. 그래서 구약

---

21) 이종근, 『메소포타미아의 법사상』(삼육대학교출판부, 2003), 133.

22) 비교: 르네 지라르, 『폭력과 성스러움』, 김진식·박무호 옮김(서울: 민음사, 1995), 30.

의 율법은 '모세율법'으로 고정화되었으며, 예수시대의 유대교는 모세율법을 성전과 함께 민족적 순수성과 정체성의 근본토대로 여겼다.[23] 신약성경도—물론 전혀 다른 의도이지만—모세와 율법을 동일시한다. "율법은 모세로 말미암아 주신 것이요 은혜와 진리는 예수 그리스도로 말미암아 온 것이라(요 1:17)." 이처럼 성경의 저자들은 모세가 하나님 으로부터 율법을 받았다는 사실을 매우 중요하게 생각했다. 모세는 고 대 이스라엘에 함무라비 같은 의미를 지니고 있었던 것이다.

이 사실은 성경과 정의라는 주제를 탐구하려는 우리에게 아주 중요 한 관점을 제공한다. 성경의 정의 개념은 먼저 '율법'에서 출발한다는 것이다. 다소 무리가 있겠지만 도식적으로 말한다면, 구약적 맥락에서 정의란 모세율법을 온 마음을 다해 지키는 것이고(신 30:16, 시 45:7, 암 5:24) 신약적 맥락에서 정의는 모세율법으로부터의 해방과 관련된 다(롬 1:17, 3:21).[24]

야곱의 딸 디나의 강간사건(창 34)

모세율법에 반영된 동해보복의 의미를 살피는 데 있어 야곱의 딸 디 나가 하몰의 아들 세겜에게 강간당해 야곱의 아들들이 이를 복수한 사 건은 우리에게 많은 시사점을 던져준다. 이 사건에는 고대의 동해보복 원칙과 고대 셈족의 명예살인의 관습이 섞여 있다.

디나는 야곱의 유일한 딸이다. 디나는 가나안의 여인들을 구경하러 나갔다 가 그만 그 땅의 추장인 세겜에게 강간을 당하고 만다. 세겜은 곧 디나의 아버 지 야곱에게 청혼한다. 당연히 야곱과 그의 아들들은 격노했다. 혈기왕성한 아

23) 로제, 『신약성서 배경사』, 206.

24) Jens Schröter, "Ein Neutestamentliches Votum", in: *Gerechtigkeit als Thema bilbischer Theologie* (Berlin: Humboldt Universität zu Berlin, 2010), 45-70.

들들은 이방인 세겜이 이스라엘에 "부끄러운 일 곧 행하지 못할 일(창 34:7)"을 저질렀다고 판단하고 복수를 결의한다. 이들은 세겜에게 할례를 받아야 혼인이 성사될 수 있음을 말했고, 사랑에 불타는 세겜은 리더의 냉정함을 잃어버려 자신뿐 아니라 성읍의 모든 남자까지 할례받게 했다. 자신의 의지와 상관없이 포경수술을 받은 남자들의 전투력은 당연히 현저하게 떨어졌고, 이 기회를 이용해 야곱의 아들들은 세겜 가문뿐 아니라 성읍의 모든 남자를 죽인다. 그리고는 성읍의 모든 가축과 재산을 약탈하고 남아있는 여자들과 아이들을 노예로 삼아버렸다. 야곱은 일이 커진 것을 알고 후회했지만 이미 엎질러진 물을 다시 담을 수는 없는 노릇이었다. 복수는 또 다른 복수를 낳는 법이다. 결국 야곱은 모든 가족과 소유를 이끌고 이웃한 도시 벧엘로 피하게 된다.

창세기 34장에 기록된 이 이야기는 현대인의 도덕적 관념에서 보자면 피비린내가 진동하는 매우 잔혹한 이야기이겠지만 동해보복법과 그것이 반영하고 있는 고대 세계의 정의관에서 보자면 매우 독특한 것이다. 함무라비법전은 129조에서 강간죄에 대해 이렇게 규정한다. "친가에 살고 있는 약혼녀를 강간한 자는 사형에 처하나 그 여자는 벌을 받지 않는다."[25] 모세율법 또한 함무라비법전과 비슷하다. 한 남자가 어떤 약혼한 처녀를 강간하였으면 남자만 사형을 당하고, 여자는 죄가 없다(신 22:25). 그런데 약혼하지 않은 처녀를 강간했을 경우 남자는 은 오십 세겔을 주고 그 여자를 아내로 삼아야 한다(신 22:28). 강간 사건에 있어 피해자가 약혼했느냐 아니냐에 따라 사형과 벌금형으로 처벌이 달라진다. 물론 모세보다 몇백 년 앞선 야곱의 시대에 모세율법을 소급적용하는 게 무리이지만 그래도 굳이 적용해본다면, 디나는 아직 약혼 상태가 아니므로 세겜은 야곱에게 지참금을 주고 디나를 아내로 맞을 수 있을 것이다.

아직도 고대 셈족의 전통이 살아 있는 이슬람 세계의 '명예살인' 관

---

25) 이종근, 같은 책, 111.

습을 보면 처녀를 강간한 사건에 대해 고대 세계의 가문이 어떤 태도를 취했는가를 어느 정도 짐작할 수 있다. 만일 한 가족의 처녀가 밖에서 '부끄러운 일'을 당했으면 이 가족의 남자들은 욕을 보인 상대방이 아닌 그들의 누이나 여동생을 살해한다. 이슬람 율법은 이를 명예스러운 일이라 규정하며, 지금도 일부 이슬람 국가에서는 여전히 시행되고 있다. 이들에게는—물론 우리에게는 당혹스러운 것이지만—자신들의 가족을 죽이는 것이 명예롭고 정의로운 일이다.

그런데 야곱의 아들들은 명예살인도 동해보복의 원칙도 따르지 않는다. 동해보복의 원칙대로라면 세겜 가문의 어떤 치녀를 강간했다거나—물론 이런 규정은 발견되지 않지만—아니면 가해자인 세겜만 죽이면 됐을 것이다. 그러나 야곱의 아들들은 무차별적인 복수를 감행한다. 세겜뿐 아니라 그 성읍의 모든 남자를 학살하고 모든 소유를 약탈했다. 야곱의 아들들의 복수는 동해보복의 범위를 넘어선 무차별적 복수였고, 야곱은 더 큰 보복을 피해 거주지를 옮겨야만 했다.

우리는 이 이야기를 통해 동해보복이 고대 세계에서 무차별적인 피의 보복의 악순환을 방지하는 아주 최소한의 긍정적인 기능을 하고 있음을 알 수 있다. 디나의 강간사건과 여기에 대한 야곱 아들들의 가혹하고 대대적인 복수사건은 눈에는 눈, 이에는 이라는 **제한적 보복의 원칙**이 왜 필요했는가를 보여주는 한 사례일 것이다.[26] 여기서 다시 한 번 강조하고 싶은 것은 오늘날 우리의 현대적 도덕관념을 가지고 고대 오리엔트 세계와 그 속에 있는 구약성서의 문화와 관습을 너무 간단하게 재단해서는 안 된다는 것이다.

---

26) 존스턴, 『정의의 역사』, 53.

가인과 아벨

우리는 앞에서 '현대의 도덕관념'에 대해 말했다. 이 말은 논리적으로 '고대의 도덕관념'이 있다는 것을 전제한다. 우리는 설사 그 사실을 부인한다 해도 필연적으로 우리 시대의 도덕관념의 지배를 받고 있다. 물론 그것의 실체가 무엇인가라는 것은 매우 복잡하고 어려운 문제이다. 그러나 확실한 것은 우리가 탈리오의 법에 거부감 내지는 적대감을 가지고 있다는 사실이다. 왜냐하면 타인에게 상해를 가한 것은 물론 범죄이지만 그렇다고 눈을 뽑고, 팔을 자르는 것은 가혹할 뿐 아니라 '인권유린'에 해당하기 때문이다. 그렇다면 고대 세계에, 즉 함무라비가 통치하던 시대나 모세가 율법을 받은 시대에 사람들은 도덕을 몰랐다는 것인가? 이 책은 도덕발전의 역사를 연구하려는 것이 아니고 기독교와 정의에 대해 성찰하는 책이므로 여기에 대한 간략한 신학적인 접근을 시도해보자.

가인과 아벨의 이야기는 기독교에 관심이 없는 사람이라도 한번쯤은 들어봤을 것이다. 이 이야기는 천지창조, 에덴동산, 아담과 하와의 추방 다음에 나온다. 다시 말해 아주 엄청나게 오래전 시대를 반영하고 있다는 것이다. 가인과 아벨의 사건은 선(善)과 정의의 문제를 신학적으로 제기하는데, 히브리 성서를 아람어로 번역했던 탈굼(Targum)의 한 저자는 이에 대해 다음과 같이 말한다.

> 나는 세계가 자비를 통해 창조되지 않았으며 세계는 선한 행위의 열매를 통해 운행되지 않고 단지 부분적인 정의만이 존재하고 있음을 보고 있다. [중략] 심판도 없고 재판관도 없으며 피안도 없고 의인을 위한 선한 행위의 보복도 없고 악인에 대한 처벌도 없다.[27]

---

27) 인용: Makkus Witte, "Ein Altestamentliches Votum", in: *Gerechtigkeit als Thema bilbischer Theologie* (Berlin: Humboldt Universität zu Berlin, 2010), 7-42.

농부인 형 가인은 농산물로 제사를 드렸고, 목동인 동생 아벨은 양을 제물로 드렸다. 그런데 신은 아벨의 제물만 받는다. 형 가인은 몹시 분개한다. 아마도 똑같이 제물을 드렸는데 자신의 것은 거부되고 동생의 것만 받아들여졌다는 것이 공평하지 못하다고 가인은 여겼을 것이다. 물론 이것은 현대의 우리도 충분히 공감하는 바이다. 그런데 하나님은 가인의 이런 모습을 보고 왜 네가 분을 내냐고 묻는다. 그리고 다음과 같이 말씀한다. "네가 선을 행하면 어찌 낯을 들지 못하겠느냐 선을 행하지 아니하면 죄가 문에 엎드려 있느니라 죄가 너를 원하나 너는 죄를 다스릴지니라(창 4:7)." 여기 나오는 선, 선을 행함, 죄(罪), 죄를 원함, 죄를 다스림은 윤리학에서 아주 중요한 근본개념이다. 성경은 물론 아리스토텔레스의 『니코마코스 윤리학』이나 공자의 『논어』처럼 선과 도덕에 대해 체계적으로 논하는 그런 류의 윤리학 저서는 아니다. 그러나 도덕과 윤리의 본질적인 문제를 결코 가볍게 여기지 않는다. 성경을 열자마자 나오는 "선과 악을 알게 하는 나무(창 2:17)"는 성경이 윤리적인 문제를 어떻게 다루고 있는가를 잘 보여주고 있다.

구원사의 초점은 아벨에게로 향하지만, **도덕과 정의의 문제**는 가인에게서 보다 분명하게 드러난다. 신이 '선인' 아벨이 아닌 '악인' 가인에게 선과 악의 문제를 제기한다는 게 중요하다. 가인의 분노의 원천은 시기와 질투라는 감정이라고 추론할 수 있다. 시기와 질투는 나보다 다른 사람이 잘되고 성공했을 때 보통 일어난다. 시기와 분노는 질투로 바뀌고, 질투는 살인이라는 극단적인 악을 선택하게 한다. 가인의 분노의 근본원인은 결국 하나님이 아니냐고 질문할 수도 있지만 그것은 이 이야기의 본질에서 벗어나는 것이다. 신은 분노 가운데 있는 가인에게 선과 악 가운데 선을 행하라고 충고한다. 죄가 너를 원하고 있지만 죄를 다스리라고 말씀한다. 이 의미는 이런 것이다. 가인은 분노에 사로잡혀 동생을 죽이려 한다. 통제할 수 없는 충동 가운데 있는 것이다.

그럼에도 가인은 그 살인적 충동을 다스리고 선을 택해야 한다.

문학적 형식과 논리전개는 다르지만 칸트의 도덕이론과 놀랍도록 흡사하다. 칸트에 의하면 선이란 그 자체로 선한 것이다. "이 세계에서 또는 도대체 이 세계 밖에서까지라도 아무런 제한 없이 선하다고 생각될 수 있을 것은 오로지 선의지뿐이다."[28] 도덕적 행위란 그 행동의 결과에 상관없이 이 선을 선택하고 실행하는 것이다. 여기서 독일의 이 난해한 철학자가 강조하는 것은 이성적 존재로서 인간의 자율적인 선택능력이다. 이성적 존재는 질투심이나 분노에 사로잡히지 않고 그것을 다스릴 수 있는 능력을 가지고 있다. 가인의 경우를 칸트식으로 번역해보자. 가인은 이성적 존재로서 질투심과 분노라는 충동적 경향을 **정언명령**(der kategorische Imperativ)의 힘을 통해 극복하고 아벨을 목적 자체로서 인간으로 봐야 한다. 이는 다시 신학적인 언어로도 번역될 수 있다. 가인은 신의 형상대로 지음 받은 존재로서 죄의 성향을 신의 명령을 통해 극복하고 아벨을 마찬가지로 고귀한 신의 형상이 있는 존귀한 존재로 봐야 한다. 사용된 언어와 전제는 다르지만 성서는-칸트와 마찬가지로-도덕과 윤리에 대해 깊이 있는 성찰을 하고 있다.

그러나 가인은 선이 아닌 악을 선택했다. 동생을 죽이고 만다. 인류 최초의 형제살인이라 할 것이다. 신은 살인자에게 '저주'라는 심판을 내린다. 그런데 가인은 신의 저주보다 사람들의 보복을 더 두려워한다. "무릇 나를 만나는 자마다 나를 죽이겠나이다(창 4:14)." 누가, 왜 보복을 하는지는 분명하지는 않다. 그러나 놀라운 것은 신이 이러한 보복을 금지한다는 점이다! "가인에게 표를 주사 그를 만나는 모든 사람에게서 죽임을 면하게 하시니라(15절)." 이것은 보복이 하나님이 궁극적으로 원하는 것이 아니라는 것에 대한 강력한 암시가 아닐까?

---

28) Immanuel Kant, *Grundlegung zur Metaphysik der Sitten*(Frankfurt am Main: Suhrkamp, 1974), B1.

복수와 정의

'눈에는 눈, 이에는 이'라는 탈리오의 법은 분명하게 복수를 목표로 한다. 내가 당한 그대로 상대방에게 되돌려주는 것이다. 바로 이 '되돌려 주다'는 뜻을 가진 라틴어 'retributio'에서 근대의 **사법적 정의**(juridical justice)의 기초가 되는 '응보주의(retributism)'의 어근이 유래하였다.[29] 이처럼 현대의 우리에게는 매우 잔인하게 보이는 탈리오의 법이 표상하고 있는 정신은 죄인에게 그에 합당한 형벌을 내리는 사법적 정의의 근간이 된다.

이런 맥락에서 정의의 문제는 원초적으로 **복수의 문제**에서 비롯된다고 말할 수 있다. 구약성서를 보면 "고아와 객과 과부"를 돌보라는 '분배적 정의'의 문제는 모세가 시내산에서 율법을 받은 이후에 비로소 등장하며, 후에 왕정시대에 예언자들은 율법이 명시하는 분배적 정의의 실현을 강력하게 요구하였다. 반면, 탈리오의 원칙은 모세율법 안에서 성문화되지만 그 이전 시기에도 관습적으로 행해졌을 가능성이 크다. 다시 말해 폭력과 복수의 문제에서 정의와 공평에 대한 기초적 관념이 싹트기 시작한 것으로 보인다. 그리하여 모세율법이 반영하는 탈리오의 법에서 우리는 성서적 정의 관념의 근원적인 두 가지 원천을 발견할 수 있다.

첫째, 탈리오의 법은 무제한적인 복수를 금지한다. 아우 아벨을 죽인 가인은 무제한적인 보복을 두려워한다(창 4:14). 여인을 취하기 위해 그녀의 남편과 아들을 죽인 라멕의 노래 "가인을 위하여는 벌이 칠 배일진대 라멕을 위하여는 벌이 칠십칠 배이리로다"에서 우리는 무제한적인 복수의 모습을 발견한다(창 4:24). 야곱의 딸 디나가 강간당한 것에 대한 야곱의 아들들의 복수는 무차별적이고 무제한적이었다(창 34).

---

29) Joycelyn M. Pollock, *Ethical Dilemmas & Decisions in criminal Justice*(Belmont: Wadsworth, 2010), 59.

그러나 모세율법이 규정하는 동해보복의 원칙은 이러한 무제한적이고 무분별한 복수를 '성문법'으로 금한다. 복수감정에 사로잡혀 앙갚음과 되갚음의 악순환을 되풀이하지 않도록 오로지 당한 만큼만 되갚아주라는 것이다. 가해자와 피해자 사이의 문제는 이렇게 가해자에게 똑같은 형태의 상해를 줌으로써 해결된다. 이것이 '공평하다'는 개념의 원초적 모습이다. 의심의 여지없이 이러한 과정에서 '재판'이라는 사법적 개념과 제도가 발달했다. 다음과 같은 푸코의 재기발랄한 지적에서 우리는 복수와 사법과 도덕의 함수관계에 대한 의미 있는 통찰을 얻게 된다.

> 근대적인 사법당국과 재판에 종사하는 사람들에게는 처벌하는 행위에 대한 치욕감이 있다. 물론 그 치욕감이 열의를 배제하는 것은 아니지만 여하간 그 느낌은 끊임없이 늘어가고 있다. 이 마음의 상처가 원인이 되어 심리학자가 판을 치고 도덕적 정형외과 성격의 소인배 관리들이 몰려들고 있다.[30]

둘째, 관습으로 행해졌을 가능성이 큰 탈리오의 원칙이 법이 되었다는 것은 '좋음(good)'과 '나쁨(bad)', '해도 됨(may)'과 '해서는 안 됨(should not)' 이라는 근원적인 도덕관념이 정립되었음을 의미하는 것이다. 무제한적인 복수는 본능의 영역이다. 야곱의 아들들이 여동생을 강간했던 다른 부족의 한 남성만이 아니라 그 부족 전체를 말살한 것은 복수감정을 충족시킨 것이다. 그것은 도덕의 영역도 아니고 그렇다고 법의 영역도 아니다. 그러나 무제한적인 복수 대신에 정해진 법률에 따라 제한적인 복수를 해야 한다는 것은 전자는 '나쁜 것'이고 후자는 '좋은 것'이라는 관념이 일반화됐음을 뜻하는 것이다. 무제한적인 복수는 공동체의 질서와 평화를 순식간에 무너뜨릴 위험성이 있으므로 그것은 '나쁜 것'이다. 대신에 정해진 규칙에 따른 제한적인 복수는 공동체 전체의 질서에 덜 위협적이기에 그것은 '좋은 것'이다. 이렇게 도덕, 곧 선과 악에

---

30) 푸코, 『감시와 처벌』, 33.

대한 구별과 판단에서 법이 비롯되었고, 법은 모름지기 정의 관념을 필요로 한다.

전망: 도덕과 관습과 법

기독교윤리의 관점에서 보면 구약성서는 **선과 악에 대한 문제**로 시작된다. 이제 다음 장에서 살피게 될 에덴동산의 '선악과'는 이러한 사실을 가장 잘 보여준다. 여기서 동산의 모든 실과는 먹어도 좋다는 '자유'의 문제, 그러나 선악을 알게 하는 나무의 실과는 먹지 말라는 '당위적 명령'의 문제, 금지된 실과를 먹음으로써 신과 인간의 관계가 단절되어 타락과 죄가 발생한다는 '악'의 문제 등이 중심적인 주제이다. 그 후에 출애굽과 율법의 수여를 통해 **공동체의 정의**의 문제가 중심으로 등장한다. 그리고 이 둘 사이에 **탈리오의 법**이 존재한다. 이러한 '도식'은 물론 해석의 결과이며, 모든 해석은 특정한 '전제' 위에 있기 마련이다. 따라서 여러 비판이 제기될 수 있을 것이며, 그러한 비판은 물론 우리의 논의를 더욱 활성화시킬 것이다.

〈구약성서 초반부에서 도덕과 관습과 법〉

	선악과	탈리오의 법	율법수여
시간적 배경	에덴동산	타락 이후 시대	출애굽 직후
중심 테마	허용과 금지	복수와 공평	공동체와 정의
형태	도덕(률)	관습	법

'순수하게' 윤리학적인 맥락에서 성서의 이러한 구조는 관습과 법에 도덕이 원리적으로나 형식적으로 앞서고 있음을 보여준다. 창세기 2장을 소위 '야훼 문서'로 지칭해 그 역사적 자리를 주전 10세기 이스라엘의 다윗 왕국으로 삼는다 해도 결과는 크게 달라지지 않는다.[31] 성서

는 우주창조와 파라다이스의 역사로 시작한다. 파라다이스에서 신의 형상대로 지음 받은 인간은 절대적인 창조주와 인격적인 관계에서 살고 있다(창 2:8). 신은 아담에게 자유를 허용한다. 아담은 에덴동산의 모든 나무의 열매를 먹을 수 있다(2:16). 그것은 '허용된 자유'이다. 그런데 이 자유에는 분명한 한계가 있다. '선악을 알게 하는 나무'의 열매는 먹어서는 안 된다(2:17). 그것은 금지이자 한계이다. 인간에게 '먹지 말라(du sollst nicht essen)'는 당위적 명령이 주어진다. 그런데 이 명령 자체에 이미 악의 가능성이 숨겨져 있다. 그것은 신의 현실성이 아니라, 호모사피엔스의 현실성이다. 아담에게 주어진 선택의 자유는 선악과를 **먹지 않을 수도**(posse non peccare), **먹을 수도**(non posse non peccare) 있다. 그러나 인간의 자유의지는 신의 금지명령을 어기는 쪽을 택한다. 이를 통해 가능성의 악이 실재성으로 바뀌고, 인간의 세상에 살해와 복수, 반항과 심판이 들어선다. 이러한 성서의 윤리적 기본골격은 칸트의 윤리학과 유사한 구조를 보인다―그러나 이 말은 성서의 윤리와 칸트의 윤리가 같다는 것을 의미하지 않는다. 칸트는 윤리성의 원천을 자연의 질서나 공동체의 질서 혹은 도덕적 감정 등에서 찾지 않았다. 칸트에게 도덕의 원천은 "자율, 즉 의지의 자기 입법성"에 있다.[32] 그래서 그의 도덕철학은 경험이나 타율에 근거하지 않는 윤리성의 근원을 정초하는 것에서 출발해 법과 국가라는 공동체의 윤리성 문제로 향한다. 물론 공동체적 윤리의 기초는 정의이다.

그렇다면 정의의 자리는 어디일까? 정의는 도덕이나 법과 사실상 같은 것인가? 갈릴레이(Galileo Galilei, 1564~1642)의 재판을 생각해보자. 갈릴레이는 지동설을 주장했다는 이유로 당시 권력을 쥐고 있던 로마교황청으로 기소되어 종교재판을 받았다. 갈릴레이는 자신의 주장을

31) 비교: 클라우스 베스터만, 『구약성서의 맥』, 김윤옥·손규태 공역(서울: 한국신학연구소, 1983), 13.
32) 회페, 같은 책, 201.

철회함으로써 사형을 피하게 된다. 이 갈릴레이의 재판은 당시의 법과 관습에는 합당한 것이었다. 그러나 지금 우리 중 어느 누구도 이 재판이 정의롭다고 말하지 않는다. 또 갈릴레이의 과학적 견해를 죽음으로 위협해 철회하게 한 것을 윤리적이라고 말하지도 않는다.

 이제 우리는 먼저 정의의 기초이자 출발점인 도덕의 문제를 다루고자 한다. 무엇보다 구약성서의 윤리적 구조와 형식이 이를 요구하고 있기 때문이다. 그런데 도덕과 정의에 대한 사고는 구체적인 현실을 떠나서는 공허한 사변으로 빠지기 쉽다. 따라서 먼저 그리스도인의 다양한 갈등상황을 표본적으로 살펴본 후에 기독교적 도덕성의 정초 문제로 나가는 것이 보다 효과적일 것이다.

제2장 선악을 알게 하는 나무
- 정의의 기초로서 도덕관념

심술궂은 수염을 한 질투하는 신……
동족을 돌로 쳐 죽이는 모세……
죄지은 손을 도끼로 찍고 죄지은 눈을 파내라는 섬뜩한 도덕관……
계시록 끝 부분의 엽기적인 수사법……
가족들을 다 죽여버린 다음 교육은 끝났으니 다시 똑같은 수의 가족
을 주는 것으로 보상이 끝났다고 보는 하나님……
무엇보다 너무나 아름다운 시편 137:9 "네 어린 것을 바위에 내어 치
는 자에게 축복이 있으리라"

— 어느 '안티 기독교' 카페에서 퍼온 글

기독교를 '개독교'라 부르고 성경을 '개독경', 목사를 '먹사'라 조롱하는 소위 '안티 기독교'를 부르짖는 사이트를 보다가 쉽게 묵살해버릴 수만은 없는 글을 찾았다. 위의 안티 기독교의 선지자는 성경이 비도덕적이라는 사실을 보여주려 애쓴다. 구약의 야훼는 질투하는 신이며, 모세는 동족의 살인자이고, 예수의 산상수훈은 잔혹한 도덕률이며, 계시록의 종말묘사는 엽기적이고 가학적이라고 주장한다. 이 정도면 성경을 그래도 세심하게 매우 잘 읽은 것 아닌가? 이 안티 선지자는 여기서 다음과 같은 결론을 내린다. 성경 자체가 이렇게 폭력과 광기로 가득 찼기에 여기에 근거하는 기독교 역시 폭력과 광기로 얼룩질 수밖에 없다. 한국 개신교의 타락상과 목회자들이 보여주는 각종 비리와 부패의 시리즈는 그러므로 당연한 귀결이다.

경건한 그리스도인이라면 이러한 주장을 듣고 당연히 펄쩍 뛸 것이고 분노에 치를 떨 수도 있다. 혹은 쓴웃음을 지으며 아예 상대하지 않는 편이 낫다고 고개를 돌릴 수도 있다. 그러나 중요한 것은 이러한 소위 안티의 주장들이 인터넷에 익숙한 젊은 세대에게 영향을 주고 있으며, 이로 인해 기독교는 '부도덕한 종교', 교회는 '비리집단'으로 매도당하고 있다는 현실이다. 한반도에 전래된 불교, 유교, 도교 같은 종교들 역시 사회적으로 문제와 물의를 일으킨 적이 있었지만 그렇다고 조직적인 안티를 만들지는 않았다. 그렇다면 왜 한국의 개신교는 이러한 '열혈 안티세력'을 키우고 말았을까? 단순히 이들을 '사탄의 장난' 정도로 치부하기에는 이들의 영향력은 결코 적지 않다.

이번 장에서는 기독교와 도덕의 문제를 다루려고 한다. 물론 기독교를 비도덕적인 암적인 비리집단으로 매도하는 열혈 안티의 공격은 이 문제를 다루려고 하는 이유의 필연적인 조건은 아니다. 정의는 도덕과 불가분의 관계에 있다는 것이 보다 근본적인 이유이다. 먼저 그리스도인이 현실에서 부딪히게 되는 구체적인 갈등상황을 검토해보고(2.1) 다음으로 기독교적 도덕의 근본원리를 연구할 것이다(2.2).

2.1 그리스도인과 갈등상황

> 기독교윤리의 과제는 무엇을 해야만 하는가(was sollen wir tun)의 문제
> 를 해명하는 것이 아니다. 그것은 "세계 안의 존재(In-der-Welt-Sein)"라는
> 그리스도인의 실존의
> 의미를 해석하고 해명하는 것이다. 그리스도인인 우리는 이 세계 안
> 에서 행동해야 하기 때문이다.
>
> — 헬무트 틸리케(Helmut Thielicke)

대웅전 안으로 몇몇 젊은 사람들이 들어왔다. 이들은 불상 앞에서 무릎을
꿇고 두 손을 들고 기도하기 시작했다. 두말할 필요도 없이 기독교인임에 분명
하다. 불교에는 하늘을 향해 두 손을 들고 기도하는 방식은 없으니까. 왜 기독
교인들이 하필 절에서 기도를 할까? 기도할 장소가 없어서일까? 다른 이들은
절의 기둥에 두 손을 얹고 기도한다. 그 모습이 사뭇 진지하다. 서로 손을 잡고
'합심기도'하는 모습도 보인다. 전형적인 기독교의 기도 모습이다. 불교에는
서로 손을 잡고 기도하는 합심기도의 전통은 없다. 인터뷰 내용도 나온다. 대
웅전에서 합심기도를 한 어떤 젊은이는 이렇게 말한다. "쓸데없는 우상이 너무
많아 가슴이 아프다." 다른 이는 또 이렇게 한탄한다. "주님을 믿어야할 자리
에 거대한 절이 있다는 게 가슴이 아프다."

속칭 "봉은사 땅 밟기"로 알려진 이 동영상은 한국사회에 큰 파장을
몰고 왔다. 이들의 정체는 '찬양인도자학교' 학생들로 밝혀졌고, 파문
이 커지가 이 학교의 대표와 학생들은 봉은사를 찾아가 무릎을 굻고
사죄함으로써 이 사건은 일단 마무리되었다. 그러나 그 후유증은 결코
작지 않다. 소위 '안티'는 곳곳에서 '개독 타파'를 외치고, 한국교회는

또 한 번 사회 앞에 고개를 숙여야 했다. 도대체 왜 이들은 봉은사에서 기독교 전통에도 전혀 생소한 '땅 밟기'를 했을까?

우상숭배 금지와 타인에 대한 존중

'봉은사 땅 밟기' 사건은 기독교적 도덕과 규범이 사회의 일반적인 도덕과 규범과 어떻게 충돌하고 있는지를 극명하게 보여준다. 거기서 '우상숭배 금지'라는 기독교적 규범과 '타인에 대한 존중'이라는 보다 일반적인 도덕이 충돌하고 있다. 불교계가 경악하고 사회의 많은 사람이 우려하고 있는 것은 한국 개신교의 배타성과 공격성이다. 우상숭배 금지라는 기독교의 근본적인 교리는 한국에서 종종 타 종교에 대한 공격성으로 드러난다. 그래서―물론 대단히 일부 개신교에 의해서―단군상의 목을 자른다든지 절을 훼손하는 등의 사회에 충격을 주는 사건이 심심치 않게 발생한다. 또 이런 사건이 터질 때마다 개신교는 '도매급'으로 사회와 언론으로부터 뭇매를 당하기 일쑤이다.[1]

우리는 여기서 한 가지 중요한 질문을 던질 수밖에 없다. 그렇다면 '타인에 대한 존중'이라는 가치는 기독교에 아예 없단 말인가? 상대방을 인정하고 존중하라는 가르침이 없어서 기독교인은 절에 가서 우상타파를 외치고 단군상의 목을 자르는가? 아니다! 성경은 아주 분명하게, 그것도 여러 곳에서 타인을 존중하고 배려하라고 가르친다. 아니, 타인에 대한 배려와 존중을 넘어 원수조차도 사랑하라고 명하며(마 5:44), 예수는 십자가에서 달려 죽으며 자신을 못 박는 병사들을 위해 '주여, 저들의 죄를 용서하여 주소서'라고 기도하지 않았던가(눅 23:34).

기독교에는 "황금률(golden rule)"로 불리는 기초적인 도덕률이 있다. "그러므로 무엇이든지 남에게 대접을 받고자 하는 대로 너희도 남을

---

1) 참조: 강영안, 『십계명 강의』(서울: IVP, 2009), 23.

대접하라 이것이 율법이요 선지자니라(마 7:12)." 교회는 전통적으로 예수의 이 가르침을 그리스도인이 일반적인 생활에서 지녀야 할 가장 기초적인 덕목으로 생각하고 이를 실천해왔다.[2] 이 예수의 황금률은 기독교의 영향을 크게 받은 서구인들의 도덕과 윤리에 당연히 지대한 영향을 끼쳤다. 18세기 계몽주의 시대의 프랑스 철학자 볼테르(Voltaire)는 기독교를 '미신적(superstitious)'이라며 매우 혹독하게 비판한 것으로 유명하다. 그러나 기독교를 무척이나 혐오했던 이 무신론적 철학자도 예수가 가르친 저 도덕원칙만큼은 비난하지 못했고 오히려 여기서 "참된 종교(true religion)"의 원형을 보았다. 볼테르는 이 황금률의 원칙을 말하면서 근대적인 관용(tolerance)의 필요성을 역설했다.

> 크리스천들이 다른 사람을 관용해야만 한다는 것을 증명하기 위해 그렇게 엄청난 노력을 기울이거나 고상한 훈련을 할 필요는 없다. 그러나 나는 한 걸음 더 나아가 이렇게 주장한다. 우리는 모든 사람을 우리의 형제로 생각해야만 한다. 정말? 터키인 혹은 중국인이 나의 형제란 말인가? 유대인 혹은 흑인도 나의 형제란 말인가? 물론이다. 우리는 모두 한 하나님으로부터 지음 받은 같은 아버지의 자녀들 아닌가?[3]

'남에게 대접을 받고자 하는 대로 남을 대접하라'는 이 황금률의 원칙은 비단 그리스도인뿐 아니라 건전한 이성과 판단력을 가지고 있는 사람이라면 모두가 동의할 수 있는 보편적 행동 원칙임에 분명하다. 왜냐하면 거의 모든 문화권에서 황금률과 유사한 행동의 원칙이 발견되기 때문이다. 그 가운데 아마도 "네가 싫어하는 것을 다른 사람에게 행하지 마라"는 후기 유대교의 경전 토비트(Tobit)서에 나오는 말이 가장 대표적일 것이다.

특히 전통적으로 체면과 위신을 목숨처럼 여겨온 우리 민족은 다른

---

2) Christofer Frey, *Theologische Ethik*(Neukriche: N. V, 1990), 188.
3) 볼테르, 『관용론』, 송기형 옮김(서울: 한길사, 2001), 161.

사람에게 폐를 끼치는 행위를 대단히 꺼려했다. 그래서 대다수의 한국인들은 굶어 죽으면 죽었지 어디 가서 무언가를 꾸어달라는 소리를 잘 못 한다고 한다. '다른 사람에게 폐를 끼치지 마라'는 아마도 한국인이라면 어려서부터 집에서 귀에 못이 박히도록 들어온 생활의 지침일 것이다. 물론 산업화되고 도시화되고 이제는 정보화되면서 한국의 이러한 전통적 도덕이 뿌리부터 붕괴되고 있는 것은 부인할 수 없는 사실이지만, 그래도 한국 사람들이라면 자녀들에게 여전히 이 원칙을 가르친다.

그렇다면 '봉은사 기도특공대'의 의문은 더욱 증폭된다. 집에서는 부모로부터 '다른 사람에게 폐를 끼치는 행동은 하지 마라'고 교육을 받고, 교회에서는—성경을 제대로 배웠다면—'남에게 대접을 받고자 하는 대로 남을 대접하라'는 그리스도의 '명령'을 알았을 것인데 왜 저들은 봉은사에서 우상숭배를 타파하자는 '합심기도'를 함으로써 봉은사뿐만 아니라 한국교회에도 크나큰 폐를 끼치고 말았을까? 교육을 받기는 받았는데, 받는 사람이 불성실해서인가? 아니면 교육 자체에 문제가 있기 때문인가? 혹은 기도특공대의 본래 성향이 공격적인 것은 아닌가?

순수하게 신학적인 관점에서 보자면 기도특공대는 두 가지 원칙 가운데 하나를 선택한 것이다. 이 둘이란 첫째는 우상숭배 금지의 원칙이고, 둘째는 타인에 대한 존중이라는 원칙이다. 이 두 가지는 기독교에서 매우 중요한 교리이며 윤리이다. 그런데 기도특공대는 이 두 가지 중 우상숭배 금지라는 원칙을 선택했고 그것을 실행에 옮겼다. 이유는 간단할 것이다. 그것이 더 중요한 가치이기 때문이다. 다시 말해 우상숭배 금지는 타인에 대한 존중이라는 예수의 가르침보다 훨씬 중요한 원칙이며 다른 모든 것을 희생하면서라도 지켜야 할 '명령'이다. 이렇게 우상숭배 금지는 가장 중요한 행동의 '규범'이 된다. 이렇게 추론하지 않고서는 봉은사 기도특공대의 행동을 이해할 수 없다.

그러므로 우리는 여기서 매우 중요한 관점을 포착한다. 찬양인도자학교 학생들의 기습적인 '봉은사 습격사건'에 대한 불교계와 언론의 비난은 일단 접어두자. 왜냐하면 이들은 우상숭배 금지라는 기독교의 계명을 이해하지 못하니까. 고민은 기독교윤리 자체에 있다. 우상숭배 금지라는 십계명의 제1계명과 예수의 황금률 중 과연 어떤 계명이 더 우위에 있는가? 좀 더 일반적인 언어로 말해보자. 기독교인에게 타인을 배려하고 존중하는 것은 '선'인가, '악'인가? 또는 우상을 타파하는 것은 기독교인에게 '선'인가, 아니면 '악'인가?

우상숭배와 신사참배

우상숭배를 금하는 기독교 십계명의 제1계명이 타 종교에 대한 공격이라는 부정적인 결과만을 내오는 것은 아니다. 일제 강점기에 한국교회는 신사참배를 강요하는 일제에 맞서 단호한 신사참배 거부운동을 전개했고 이 과정에서 많은 성도가 일경의 잔혹한 고문으로 순교의 잔을 마시고 말았다.

1931년 만주를 침략한 일제는 조선을 대륙침략의 병참기지로 활용하는 정책을 강행하기 시작하는데, 제국주의적 수탈을 강화하기 위해 천황숭배와 내선일체(內鮮一體)라는 이데올로기를 전면에 내세운다. 1937년 중일전쟁이 발발하면서 일제는 모든 조선인에게 신사참배를 강요했다. 신사참배를 우상숭배라고 여긴 교회는 애초부터 강하게 반발했으나, 일제는 갖은 방법을 동원해 교회를 굴복시키려 했다. 1938년 9월 9일 조선예수교 장로회 제27차 총회에서 총 대원들은 결국 일제의 강압에 굴복해 신사참배를 결의하고 만다. 이날은 아마도 한국 장로교 역사상 가장 수치스러운 날로 기억될 것이다. 총회의 신사참배 결의문은 다음과 같다.

我等은 神社는 宗敎가 아니고 基督敎敎理에 違反하지 않는 本意를 理解하고 神社參拜가 愛國的 國家儀式임을 自覺하고 써 이에 神社參拜를 率先 遵行하고 追而 國民精神 總動員에 參加하여 非常時局 下에서 銃後 皇國臣民으로서 赤誠을 다하기로 期함.[4]

그러나 조선의 모든 그리스도인이 신사참배를 "애국적 국가의식"으로 자각했던 것은 아니다. 물론 여기서 '애국'이란 일제식민통치에 적극 협조하겠다는 뜻이다. 곳곳에서 신사참배 거부 운동이 일어났다. 그 결과 평양신학교는 폐교당했고, 2백여 교회가 문을 닫았으며, 2천여 성도가 투옥되었고 그 가운데 50여 명의 교역자들이 잔혹한 고문으로 목숨을 잃었다. 이 가운데서 '한국의 본회퍼'로 불리는 주기철 목사의 순교는 가장 순수한 저항적 신앙의 모습을 보여준다.[5]

주기철 목사를 대표로 하는 한국교회 성도들의 목숨을 건 신사참배 거부운동은 그 동기에 있어 정치 지향적이지 않았다. 이들은 조선의 독립을 위해 일제에 목숨을 바쳐 저항한 것이 아니라, 기독교의 제1계명, 곧 우상숭배 금지 계명을 준수하기 위해 투옥과 모진 고문과 죽음을 두려워하지 않았다. 그러나 전체 역사의 차원에서 보자면 신사참배 거부운동은 정치적 결과와 의미를 가질 수밖에 없다. 조선장로교 총회의 신사참배 가결은 '친일'이요, '매국'이다. 그러나 신앙의 절개를 위해 목숨을 걸고 벌였던 신사참배 거부운동은 결과적으로 '항일'이요, '애국'이 되었다.

---

4) 민경배, 『한국 기독교회사』(서울: 대한기독교서회, 1973), 348.

5) 안계정, 「봉은사 땅밟기 사건을 통해 본 기독교적 정체성과 타자성의 문제」, 『개혁주의이론과 실천』, 개혁주의이론실천학회 편(서울: 2011), 252. 주기철 목사가 일제에 마지막으로 체포되어 순교의 잔을 마시기 전에 산정현 교회에서 행한 <일사각오>의 설교의 끝부분은 우상숭배와 매국이라는 진흙탕 속에서 피어난 한 송이 아름다운 백합과도 같다. "부활의 복음이 우리에게 이르기까지 피로서 전지 우전하여 나려오는 것이다. 로마제국의 박해하에 오십만 성도의 피가 흐르고 참 복음을 위하여 로마교 법왕 악형하에 백만 신자의 피가 흘렀다. 바디칸 궁중에 봉쇄된 성경을 개방하여 만민의 성경이 되기 위하여는 위크리프의 백골이 불에 타지고 틴달의 몸이 재가 되지 않았는가? 신학생 여러분, 제군의 읽는 성경은 피의 기록! 피의 전달이다. 신학을 말하므로 제군의 사명이 다 되는 것인가. 피로써 전하여 온 부활의 복음을 우리 또한 지키고 피로 전하사이다. 일사각오 도마는 부활의 복음을 위하여 인도 도상에 피를 뿌리었소. 오! 오늘 우리에게도 부활의 복음을 위한 일사각오!"

우리는 여기서 매우 중요한 원칙을 발견하게 된다. 우상숭배 거절이라는 기독교의 제1계명은—당연히 다른 계명도 마찬가지이다—주어진 역사적 조건과 사회적 맥락에 따라 전혀 다른 결과를 초래한다는 것이다. 우상타파를 외치며 찬양인도자학교의 기도특공대가 벌였던 '봉은사 침투 사건'은 결과적으로 사회로부터 큰 비난과 비판을 불러일으켰다. 기도특공대는 봉은사에 가서 무릎을 꿇고 사죄하고 말았다. 그러나 주기철 목사의 목숨을 건 신사참배 거부운동은 반일운동이라는 정치적 의미를 지니며, 어느 누구도 이 행위를 비난하지 못한다. 이처럼 그리스도인의 행위는 그것이 아무리 순수한 신앙의 동기에 의해 행해졌다고 해도 반드시 사회적인 결과를 산출하기 마련이며, 기독교윤리는 이러한 관계에 대한 반성이다.[6]

종교적 신념에 의한 집총거부

행위에 있어 동기와 결과의 문제는 모든 윤리학의 기본적인 출발점이다. 기독교윤리도 예외는 아니다. 동기적인 차원에서 우상숭배 거절은 선이다. 왜냐하면 그것은 '계명', 곧 신적인 명령이기 때문이다. 그러나 선한 동기가 반드시 선한 결과를 산출하는 것이 아니다. 그러면 다른 경우를 생각해보자. 종교적인 이유로 병역의 의무를 거부하는 경우는 어떤가?

27세의 백 모 씨는 2011년 1월 사법연수원을 졸업했다. 그 힘들다는 사법고시를 패스하고 사법연수원을 졸업했으니 법조인으로서 백 씨의 인생은 탄탄대로였다 할 수 있을 것이다. 그런데 그는 훈련소에 입대하라는 국가의 명령을 결국 거부했고 아마도 1년 6개월간 감옥에서 지내야 하는 처지에 놓이게 될 것이다. 백 씨가 병역을 거부한 이유는 그의 종교적 신념 때문이다. 그가 속한

---

6) Frey, 같은 책, 134.

기독교의 한 종파는 일체의 집총을 거부하는 교리를 가지고 있다. 물론 그 근거는 성경에 있다. 모병제를 택하고 있는 나라에서야 약간의 눈총만 받으면 될 뿐 집총거부는 큰 문제가 되지 않겠지만 우리나라처럼 국민개병(國民皆兵) 제도, 즉 일정한 연령에 달한 남자는 무조건 군대에 가야만 하는 의무병제도를 유지하고 있는 나라에서는 매우 큰 문제가 된다. 여기서도 상황은 약간 다르지만 우상숭배 금지의 경우와 비슷한 딜레마가 있다.

여호와의 증인은 한국교회엔 '이단'이다. 가장 큰 이유는 교리적인 것으로 이들이 삼위일체교리를 인정하지 않기 때문이다. 이들은 성부, 성자, 성령의 '삼위'와 이 삼위의 본질적 통일이라는 '일체'를 인정하지 않는다. 삼위일체를 인정하지 않는 이상 이단의 혐의에서 벗어날 수는 없을 것이다. 이들이 삼위일체를 믿지 않는 이유는 생각보다 간단하다. 성경에 '일체'라는 말이 없다는 것인데, 사실 성경에 직접적으로 성부, 성자, 성령의 삼위가 하나라는 문장은 나오지 않는다. 그러나 그렇다고 해서 그리스도인은 삼위일체를 부인해야 하는가? 결코 그렇지 않다! 여기에 **축자적이고 문자적인 성경해석**의 오류와 위험성이 있다. 여호와의 증인의 성경해석방법은 '해석'이라기보다는 '무조건 적용'에 가깝다. 즉, 성경본문에 대한 문법적이고 역사적인 배경연구 없이 문자 그대로 받아들여 적용하려는 강한 축자적 해석의 경향을 보인다.

여호와의 증인은 집총을 거부하는 성서적 근거가 "새 계명을 너희에게 주노니 서로 사랑하라"는 요한복음 13:34의 말씀이라고 한다. 그리스도께서 사랑의 계명을 명했으므로 군대에 가서 총을 사용하는 행위는 이 계명을 정면으로 부정한다는 것이다. 똑같은 원리에서 이들은 수혈도 거부한다. 이들은 성경이 피를 멀리하라고 가르친다고 생각한다.

> 여호와의 증인 환자의 경우에는, 선택의 문제를 떠나서, 양심이 대두된다. 의사의 양심만 생각할 수는 없다. 환자의 양심은 어떠한가? 여호와의 증인은 생명을 피로 대표되는 하나님의 선물로 간주한다. 증

인은 그리스도인들이 '피를 멀리해야 한다'는 성서의 명령을 믿는다 (행 15:28, 29). 따라서 의사가 권한을 앞세워 그러한 환자가 오래 간 직해온 깊은 종교적 신념에 위배되게 행한다면 그 결과는 비극적일 수 있다. 누군가를 강요해서 그의 양심을 범하게 하는 것은 인간의 존엄성에 가장 고통스러운 타격을 가하는 것이다.[7]

위에서 인용한 성경구절에서 어떻게 '피를 멀리하라'는 행동원칙을 끌어냈는지 이해할 수 없지만, 인간의 존엄성과 양심의 자유를 주장하는 것은 설득력이 있어 보인다. 그러나 근본적인 문제는 여호와의 증인의 성경해석이 매우 축자적이며 따라서 그 적용이 자의적이라는 것이다. 이 책의 목적이 여호와의 증인의 교리를 반박하는 것은 아니지만 여기서 교리적인 문제와 윤리적인 문제를 숙고해볼 필요는 있다.

첫째, **신학적인 면**에서 집총과 수혈에 대한 여호와의 증인의 입장은 매우 큰 문제를 지니고 있다. 대다수 한국의 개신교는 하나님의 '명령'이라고 하면서 집총과 수혈을 거부하라고 가르치지 않는다. 남자들이 군대에 가서 총을 잡고 군사훈련을 하는 것과 피를 나누어주는 것은 성경의 가르침과 아무런 충돌을 일으키지 않는다. '우상의 제물과 피를 멀리하라'는 사도행전의 말씀은 수혈을 거부하라는 의미가 아니라 당시 그리스-로마 시대의 이교도적이고 우상숭배적인 행위를 멀리하라는 뜻이다. '서로 사랑하라'는 말씀 혹은 '악에 대항하지 말라'는 산상수훈의 구절을 직접적으로 집총거부와 연결시키는 것은 성서본문의 역사적 맥락과 의도를 무시하는 **축자적 성경해석**의 전형이다. 만일 성서를 오로지 문자적으로만 적용해야 한다면 '무당은 살려두지 말라(출 22:18)'는 구절을 여호와의 증인은 왜 그냥 넘어가는지 모를 일이다. 오히려 병역은-물론 헌혈과는 약간 다른 차원이지만-넓은 의미에서 자기 가족과 나라를 지키기 위해 몇 년 동안 고립된 생활을 하면서 국방의 의무를 다하는 것이기에 일종의 '희생'이자 '헌신'으로 봐야 한다.

---

7) 여호와의 증인 사이트 http://www.jwnews.kr/

자신에게 소중한 피를 아무 조건 없이 타인에게 나누어주고 위급 시에 그것을 받는 것은 **참된 이웃사랑** 아닌가?

둘째, **윤리적인 측면**에서도 집총과 수혈을 거부하는 여호와의 증인의 입장은 큰 논란을 불러일으킨다. **국가의 관점**에서 보자면 집총거부는 국가방어와 병역제도의 근간에 대한 도전이다. 징집된 군인이 집총을 거부하는 것은 상관의 명령에 불복종하는 것이고 이는 국민의 생명과 재산을 보호해야 하는 군대에서는 상상조차 할 수 없는 일이다. **사회적으로** 보자면 모든 젊은이가 어떤 예외 없이 모두 군대에 가야 하는데, 종교적인 신념으로 병역의 의무에 어떤 예외를 허용한다면 이는 당연히 **형평성의 원칙**에 어긋난다. 물론 여호와의 증인의 경우는 권력과 돈을 이용해 교묘하게 병역을 기피하는 것과는 차이가 있다. 또 수혈을 거부함으로써 위급한 환자를 죽게 방치하는 것은 의사의 의료윤리와 정면으로 충돌한다. 이렇게 종교적으로는 선이라고 생각되고 주장되지만, 사회적으로는 악덕에 가까운 결과가 발생될 수 있다.

교회와 목회자의 납세문제

목회자의 납세문제도 교회가 사회 속에서 겪게 되는 갈등상황을 대표적으로 보여준다. 이 문제는 소위 '안티 기독교'에서 가장 목소리를 높이는 사안 가운데 하나이다. 많은 사람이 목사도 대한민국 국민의 한 사람이므로 당연히 남들과 똑같이 세금을 내야 한다고 주장한다. <기독교윤리실천운동>이 2004년 목회자 세금납부 문제에 대해 토론회를 개최했는데, 여기서 한 목회자는 다음과 같이 목회자의 세금납부를 촉구한다.

사회에서 목회자에 대해 갖는 불만 중 하나가 바로 목회자들이 세금을 내지 않는다는 것이다. 목회자 납세거부의 이유는 간단하다. 첫째로 목회자 사례는 헌금(기부금) 중에서 목회자들에게 사용되는 교회지출이므로 세금을 낼 수 없다는 것이다. 또 목회자의 봉사는 영리를 목적으로 하는 상품이나 서비스를 주고받는 영업행위가 아니기 때문에 세금납부의 대상이 아니라는 것이다. 그러나 목회가 영리를 목적으로 한 노동행위가 아닌 것은 사실이지만 영리를 목적으로 하지 않는 모든 직종이 세금을 내지 않는 것은 아니다. 분명한 것은 현실적으로 사례비가 목회자들의 노동행위에 대한 급여의 성격이 분명하다. 분명히 그것은 인건비이며, 그런 면에서 사회의 월급체계를 그대로 따르고 있다. 또 하나는 목회자의 사례비는 성도들이 헌금을 드릴 때 이미 세금이 공제된 상태이므로, 또다시 사례에 세금을 매긴다면 이중과세라는 밀도 있다. 물론 이 말은 어느 정도 일리가 있다. 그러나 순수한 수익의 측면에서만 본다면 목회자도 새로운 수익이 생기는 것이므로 당연히 그 수익에 대한 세금을 내는 것이 옳은 일이다.[8]

이 주장은 먼저 국민들의 일반적인 '정서'에 호소한다. 일하는 모든 사람이 세금을 내기 때문에 목사도 당연히 세금을 내야 한다. 비록 목사가 사업가처럼 영업활동을 하는 직업은 아니지만 그래도 교회에서 노동을 하고 그 대가로 '사례비'라는 이름의 월급을 받으니 당연히 소득세를 내야 한다는 것이다. 발제자는 이것으로는 근거가 부족했는지 목회자 세금납부에 대한 성경적 근거를 제시하고자 시도한다.

더 중요한 것은 교회가 사회에 모범이 될지언정 불필요한 오해를 만들지 말아야 한다. 마태복음 17:24~27을 보면, 성전세(종교세인 것이 분명하지만 정교일치 사회이므로 세금으로 보아도 무방하다)를 받는 사람들이 베드로에게 "너희 선생님은 성전세를 내지 않느냐"고 묻는다. 그저 말로만 "내신다"고 대답하는 베드로의 태도가 미흡하셨던지 예수님은 직접 행동으로 보여주시며 이렇게 가르치신다. "세상 임금들이 자기 아들에게서가 아니라 백성들에게서 세금을 거두듯이 본래는 성전의 주인인 나는 성전세를 낼 필요가 없다(26절)." "그러나 우리가 저희로 오해케 하지 않기 위하여…… 돈 한 세겔을 얻을

8) 방인성, 「올바른 목회자 사례의 원칙과 총액제(연봉제) 도입의 필요성」, 『기독교윤리실천운동 목회자 세금납부 관련 자료집』(2006. 5)

것이니 가져다가 나와 너를 위하여 주라(27절)." 어쩌면 목회자들이 세금을 내지 않으려는 것도 이해할 수 있다. 그러나 세상 사람들의 오해를 막기 위해서라도 세금을 내는 것이 옳다고 생각한다. 목회자들의 납세문제는 논리의 문제이기 이전에 일반인들의 정서의 문제다. 선교의 문제요, 형평성의 문제다.

위와 같이 마태복음 17:24~27의 성경구절을 가지고 한국사회의 목사들도 세금을 내야 한다는 당위성을 주장하기에는 무언가 빈약해 보인다. 예수님도 성전세를 냈으니 지금 목사들도 소득세를 내야 한다는 논리는 예수님이 샌들을 신고 다녔으므로 지금 우리도 샌들을 신어야 한다는 논리와 다를 바가 없다. 한마디로 여기에는 신학적·윤리적 성찰이 부족하다.

반면에 목회자의 세금납부에 대해 반대하는 목소리도 적지 않다. 여기에 대한 가장 큰 근거는 앞의 발제에서도 나왔듯이 **이중과세**의 문제이다. 교회는 이윤추구를 목적으로 하는 '기업'이 아니고 신앙을 가지고 있는 신자들이 모인 '종교단체'이다. 교인들은 사회의 구성원으로서 소득의 일부를 이미 국세로 납부한다. 따라서 이들은 국가의 '시민'으로서 납세의 의무를 다했으므로 '신도'로서 교회에 내는 헌금은 사회적 차원에서 보자면 일종의 '기부금'이다. 이런 이유로 교회에 세금을 부과하는 것은 조세형평의 원칙에 어긋나며 당연히 이는 이중과세가 아닐 수 없다. 교회에 대한 세금징수가 원천적으로 불가하다면 이 교회에서 '사역'하는 목회자에 대한 세금징수 역시 불가하다.[9] 이처럼 교회와 목사에 대해 국가가 세금을 부과하지 않는 것은 국가가 교회의 압력에 굴복했기 때문이 아니라—대개 대다수의 '기독교 안티'들은 이렇게 생각한다—다음과 같은 '국세 기본법' 18조의 **조세형평의 원칙** 때문이다. "세법의 해석과 적용에 과세의 형평과 당해 조항의 합목적성에 비추어 납세자의 재산권이 부당히 침해되지 아니하도록 하여야 한

---

9) "대형 종교법인, 감사받고 재무정보 공개해야", 《한국일보》 칼럼, 2011. 4. 22.

다."[10] 이중과세는 납세자의 재산권을 부당하게 침해한다.

　　교회와 목회자에 대한 세금부과를 반대한다고 해서 교회와 목회자에게 어떤 특권이나 특혜를 인정해주자는 것이 아니다. 교회는 성경에 근거하는 **기독교적 양심**과 **교회의 법**에 따라 사회에 대한 책임을 다해야 한다. 국가가 세금을 부과하지 않는다고 속으로 한없이 기뻐하는 교회 지도자들이 있다면 이들은 '자격'도 '개념'도 없는 사람들이다. *우리 그리스도인에게는 국가의 법보다 더 근본적으로 우리의 양심을 뒤흔드는 '그리스도의 법'이 있다.*[11] 결론적으로 말한다면 교회와 목회자는 세상의 세법이 아닌 그리스도의 법에 따라 '세금'을 납부해야만 한다. 국가에 세금 내는 것을 아깝다고 생각하는 목회자가 있다면 다음의 사실을 알아야만 할 것이다. 차라리 국가에 세금을 내는 편이 훨씬 '싸게' 먹힐 것이다. 왜냐하면 사유재산과 개인의 자유를 존중하는 민주국가는 당신에게 '당신의 재산을 다 팔아 가난한 자에게 주시오'라고 하지는 않기 때문이다. 그러나 그리스도는 단호하게 이것을 요구한다(눅 18:22). 물론 우리는 이 계명을 해석 없이 축자적으로 일반화시켜서는 안 된다. 많은 그리스도인, 특히 돈이 많은 그리스도인들이 애써 외면하겠지만 예수는 아주 분명하게 가난을 칭찬한다. 가난한 자가 복이 있다!(눅 6:20)

　　여기서 우리는 아주 중요한 사실 하나를 발견하게 된다. 국가가 법으로 부과하지 않는 것 중에 많은 것을 교회는 자신의 양심과 법에 따라 행해야 할 의무와 책임이 있다는 것이다. 대표적인 것이 지금 우리가 살펴본 교회의 납세문제이다. 비록 실정법은 지금 교회에 세금을 부과하지 않지만 이것은 결코 '특혜'가 아니다. 국가는 종교권력에 굴복해서 징세권을 포기하는 것이 아니라 이중과세 금지라는 조세형평의

---

10) http://terms.naver.com/item.nhn?dirId=3501&docId=1336

11) Inst IV.20.1. 참조: WC 20.2.

원칙에 따라 그렇게 하는 것이다. 교회의 입장에서 보자면 그것은 어떤 '면제'가 아니다. 국가는 조세형평의 원칙에 따라 교회에 세금을 부과하지 않지만, 교회는 자신의 양심과 법에 따라 사회에 '기부'와 '봉사'의 형식으로 '세금'을 납부해야 한다. 이웃사랑과 구제는 그것이 성경의 '명령(imperative)'인 한 그리스도인의 마땅한 의무이다. 교회는 국가가 세금을 부과하지 않는다고 속으로 쾌재를 부를 것이 아니라 주님의 명령에 따라 이웃사랑과 구제에 전체 재정의 합당한 부분을 지출해야 할 것인데, 우리는 다음의 5장에서 이러한 '기독교적 분배정의'의 문제를 살펴볼 것이다. 참으로 정직하게 성경의 요구에 귀를 기울이고 그 요구를 '계명'으로서 지킨다면 아마도 그 액수는 국가가 부과하는 세금의 양보다 훨씬 많을 것이다.

종합: 기독교적으로 선과 악은 무엇인가?

우리는 이상에서 그리스도인과 교회가 사회에서 직면하게 되는 갈등 상황을 몇몇 대표적인 사례를 통해 살펴보았다. 이 갈등상황의 중심에는 무엇이 선이고 악인가라는 근본적인 물음이 있다. "유티프론의 문제(Euthyphro Problem)"에 따라 질문해보자. "하나님이 원하셨기 때문에 선인가, 선이기 때문에 하나님이 원하셨는가?"[12]

1) 우상숭배는 교회의 입장에서는 '악'이다. 그것은 그리스도인에게는 **정체성의 문제**, 곧 *나는 누구인가*라는 질문과 관련된다. 그리스도인이란 여러 신을 경배하는 사람이 아니라 야훼 하나님과 그의 아들 예수 그리스도를 경배하는 사람들이다. 그런데 그렇다고 해서 그리스도인이 다른 종교를 믿는 사람들에게 어떤 해를 끼친다면 그것은 사회적으로 악덕이며, 국가적으로는 범죄에 해당한다(봉은사 땅밟기 사건). 기독교 윤리적으로도 저러한 행동은 *네 이웃을 사랑하라*는 기독교 최

---

12) 강영안, 같은 책, 378.

상위의 윤리적 규범에도 합치하지 않는다. 반면에 우상숭배거절의 행동은 정치적으로 정당한 결과를 내오기도 한다(주기철 목사의 신사참배 거부운동). 이를 통해 분명해지는 것은 같은 동기(motive)에서 나오는 행동이라도 특정한 사회적·문화적 조건 속에서 그 행동은 매우 다른 **결과**(consequence)를 내올 수 있다는 점이다. *행위에 있어 동기와 결과를 세심히 고려하는 것은 모든 윤리의 기본적인 관심이다.*[13)]

2) 한편 어떤 소수의 그리스도인들은 성경의 명령과 양심의 자유를 근거로 집총과 수혈을 거부한다. 그러나 이러한 입장은 정통교회에서 봤을 때 **성경해석의 오류**에 근거하고 있다. 아울러 국가의 영역에서 집총거부는 **병역법 위반**이며, 사회의 영역에서 수혈거부는 의사의 **의료윤리**와 상충된다. 아무리 인격을 존중하고 개인의 양심과 권리를 옹호한다 해도 그것이 사회의 일반적인 규범 및 법에 위반된다면 그것은 제한되어야 마땅하다.

3) 교회와 목회자의 납세는 미묘하다. 교회가 세금을 내지 않는 것은 국가 차원에서 '범죄'는 아니다. 지금 우리 사회에서 국세청이 교회가 세금을 내지 않았다고 세무조사를 집행하지는 않는다. 그러나 사회적 차원에서는 미묘한 저항을 야기하기도 한다. 그러나 교회는 이러한 법적이고 관습적인 판단에 상관없이 하나님의 말씀과 그리스도의 법에 따라 **이웃사랑과 구제**의 형태로 사회에 대한 책임을 다해야 한다.

〈교회와 국가 사이의 선악 갈등〉

	교회에서		국가에서	
	선/악	근거	선/악	근거
우상거부	선	신앙의 의무	악	타인의 권리 침해
			선	정당한 정치적 저항
수혈거부	악	성경해석의 오류	악	의료윤리와 상충
구제와 봉사	선	이웃사랑과 구제 의무	선	기부를 통한 분배정의

---

13) Frey, 같은 책, 14.

이러한 결과들은 우리로 하여금 기독교적으로 무엇이 선이고 무엇이 악인가라는 근본적인 물음으로 돌아가게 한다. 물론 이것은 기독교에만 국한된 상황은 아니다. 복잡한 이해관계가 얽혀 있어 늘 요동치는 현실 한가운데서 다양한 갈등상황 혹은 충돌상황에서 오는 도덕적 딜레마는 언제나 선과 악에 대한 근본적인 성찰로 돌아가게 한다.[14] 물론 그렇다고 해서 이러한 성찰이 우리가 원하는 답을 무슨 '족집게 강사'처럼 명쾌하게 제시해주지는 못할 수도 있다. 그러나 문제를 인식하고 거기에서 어떤 가치들이 서로 갈등하고 있는지를 알았다면 우리는 이미 문제해결을 위한 한 중요한 발걸음을 떼기 시작한 것이다.

특히 한국의 상황에서 교회와 신학이 정의문제에 관심을 기울여야 하는 이유는 *교회 역시 사회를 구성하는 한 부분이고 따라서 사회의 일반적인 합의과정에 참여해야 한다는 현실성에 있다.*[15] 이 합의과정을 교회가 외면한다면 교회는 사회에서 동떨어진 고립무원의 섬으로 존재하게 될 것이다. 사회 또한 교회의 현실성을 외면하고 공공적 논의과정에 교회의 참여를 의도적이든 그렇지 않든 막는다면 평등의 원칙을 스스로 무너뜨리는 결과를 초래할 것이다. 그리스도인에게 세상이란 사악한 악마들이 들끓고 있는 '지옥의 그림자'가 아니라 하나님이 자신의 외아들을 주면서까지 사랑하는 신적 사랑의 대상이다(요 3:16).[16] 사회에도 교회란 부정할 수 없는 객관적·공공적 현실이다. 그러므로 다음과 같은 스토트의 제안은 다원화된 다종교 사회 속에 살고 있는 한국의 그리스도인들에게 대단히 중요한 전망을 열어주고 있다.

> 우리는 사회활동에서도 머뭇거리는 대중에게 기독교적 기준들을 억지로 강요하지도, 눈앞에 벌어지는 사태 앞에서 침묵을 유지하지도,

---

14) 샌델, 『정의란 무엇인가?』, 67.
15) 위르겐 하버마스, 『사실성과 타당성』, 한상진·박영도 옮김(서울: 나남, 2007), 479.
16) EG Ⅰ, 325.

성경적 가치관을 교조적으로 주장하는 일에만 의지하지도 말고, 그보다는 이성적인 논증에 의해 사람들에게 하나님의 율법을 권하면서 기독교윤리의 유익에 대해 그들과 변론해야 한다.[17]

---

17) 존 스토트, 『현대사회문제와 그리스도인의 책임』, 정옥배 옮김(서울: IVP, 2005), 95.

2.2 선과 악

정의로운 사회는 단순히 공리를 극대화하거나 선택의 자유를 확보하
는 것만으로 만들 수 없다. 좋은 삶의 의미를 함께 고민하고, 으레 생
기기 마련인 이견을 기꺼이 받아들이는 문화를 가꾸어야 한다.
― 마이클 샌델

마이클 샌델(Michael J. Sandel)의 책 『정의란 무엇인가』는 위와 같은 말로
결론을 맺고 있다. 로크(J. Locke)와 롤즈(J. Rawls)에 길들여진 사람들에게 이
결론은 매우 충격적일 것 같다. 하버드 대학의 유명한 이 교수는 개인의 선입
관적이고 주관적인 견해를 배제하고 선과 정의에 대한 하나의 일반적인 이론
을 세우려는 자유주의적인 시도를 넘어서고자 한다. 그런데 샌델은 여기서 한
걸음 더 나아간다. 그는 미국인의 도덕관념의 뿌리를 제공한 "유대─기독교적
전통"을 진지하게 받아들이자는 미국 대통령 오바마의 제안을 높게 평가한다.
자, 그리스도인이라면 여기서 당연히 질문을 던져야 한다. 미국 대통령 오바마
와 하버드의 철학자 샌델이 포착한 미국인의 도덕과 법에 기초를 제공하고 있
다는 이 "유대─기독교적" 도덕관념은 대체 무엇인가?

이번 강의의 목표는 바로 이 질문에 대한 답을 찾으려는 것이다. 먼저 "선악
을 알게 하는 나무", 선악과로 돌아가 보자. 선악과는 오바마가 언급했던 유대─
기독교적 도덕관념이 출발하는 시작점이다. 여기서 성경은 추상적이고 철학적
인 개념을 논리적으로 전개시켜서 선과 악에 대해 말해주지 않는다는 사실이
중요하다. 대신 풍부한 상징과 은유를 동반하는 '이야기(story)'를 통해 그 작업
을 수행한다.

창세기 1~3장을 세심하게 읽어볼 것을 권하고 싶다. 특별한 신앙이 없는
사람에게 여기 나오는 이야기는 '신화'처럼 들릴 것이고, 교회에서 성경공부를
잘 받은 그리스도라면 인간의 창조, 타락, 구속의 약속이라는 매우 전통적인

‘교리’를 확인할 것이다. 그런데 기독교윤리의 관점에서, 다시 말해 선과 악에 대한 기독교적인 반성의 관점에서 이 텍스트를 읽게 되면 지금까지의 해석과는 약간 다른 해석의 전망을 얻게 된다.

"하나님의 형상": 인간의 존엄과 가치

첫 번째 포인트는 "하나님이 자기 형상, 곧 하나님의 형상대로" 사람을 창조했다는 것이다(창 1:28). ‘이마고 데이(imago Dei)’이라는 라틴어 번역으로 더 유명한 ‘하나님의 형상’은 서양의 정신사에 매우 깊은 영향을 끼쳤다. 다른 피조물과 달리 오로지 인간만이 신의 형상에 의해 지음 받았다는 이러한 특별한 자의식은 중세시대도 아닌 매우 세속화된 오늘날 독일의 연방헌법 전문에도 여전히 나온다.

> 독일 국민은 **신과 인간 앞에서 자신의 책임의 자의식** 속에서 통합된 유럽의 평등한 지체로서의 의지로부터 세계의 평화에 봉사하기 위해 그의 헌법수여의 힘에 따라 자신에게 이 기본법을 주었다.[18]
> Im Bewusstsein seiner Verantwortung vor Gott und den Menschen, von dem Willen beseelt, als gleichberechtigtes Glied in einem vereinten Europa dem Frieden der Welt zu dienen, hat sich das Deutsche Volk kraft seiner verfassungsgebenden Gewalt dieses Grundgesetz gegeben.

첫눈에 봐도 성경과 칸트가 느껴진다. 나치시절에 유대인 600만 명을 처형했던 역사상 가장 끔찍했던 범죄의 당사자였던 독일은 인간의 존엄성을 헌법 제1조에서 명문화한다. "인간의 존엄성은 침해되어서는 안 된다. 인간의 존엄성을 존중하고 보호하는 것이 모든 공권력의 의무이다."[19] 홀로코스트에 대한 뼈저린 반성이 단어 하나하나에 배어 있는 것 같다. 여기서 질문이 생긴다. "신과 인간 앞에서의 책임"이라는

---

18) 독일정부 사이트 http://bundesrecht.juris.de/gg/pr_ambel.html
19) 독일정부 사이트 http://bundesrecht.juris.de/gg/art_1.html

인간의 이 도덕적 자의식은 도대체 어디에서 오는가? 왜 인간의 존엄성이 존재하며, 왜 이 존엄성을 존중하고 보호하는 것이 "모든 공권력의 의무"인가?

여기에 대한 대답은 먼저 독일의 철학자 칸트에게서 들을 수 있다. 칸트에 의하면 모든 것은 "가격(Preis)"을 갖거나 "존엄성(Würde)"을 갖는다. 가격을 갖는 것은 "같은 가격을 갖는 다른 것"으로 대체될 수 있다. "이에 반해 모든 가격을 뛰어넘는, 그러니까 같은 가격을 갖기를 허용하지 않는 것은 **존엄성**을 갖는다."[20] 가치와는 다른 존엄성은 오로지 이성적 존재로서 인간만이 갖는다. 칸트에 의하면 인간이 존엄성을 갖는 것은 도덕성 때문이다.

> 무릇 도덕성(Moralität)은 그 아래에서만 이성적 존재가 목적 그 자체일 수 있는 조건이다. 왜냐하면 그를 통해서만 목적들의 나라에서 법칙수립적인 성원이 존재할 수 있기 때문이다. 그러므로 윤리성(Sittlichkeit)과 윤리적일 수 있는 한에서의 인간성(Menschheit)만이 존엄성을 가지는 것이다.[21]

칸트의 이러한 도덕철학은 계몽주의 이후 서양의 정신사에 지울 수 없는 흔적을 남겼다. 독일헌법의 전문은 스스로에게 법을 수여하고 이 법을 의무로서 준수하는 시장가격으로 대체될 수 없는 이성적이고 도덕적인 존재로서 존엄한 인간에 대한 칸트의 이념을 구현하고 있다. 비단 독일뿐인가? 존엄한 존재로서 인간의 자유와 평등이라는 이념은 서구 헌법의 근본정신이다.

그렇다면 인간의 존엄과 가치는 오로지 칸트의 도덕철학에 의해서만 정초되는가? 그렇지 않다. 성경은 그 시작부터 다른 피조물과 질적으로 구별되는 인간존재의 독특성을 "신의 형상"이라는 표상을 통해

---

20) Kant, *Grundlegung zur Metaphysik der Sitten*, BA 77.
21) 같은 곳.

증언하고 있다. 히브리 성경뿐 아니라 다른 문화권에서도 신에 의한 인간의 창조라는 표상은 대단히 일반적이다. 우리의 단군신화 역시 우리 민족이 최고의 신인 '환인'의 자손들이라는 생각을 보여주는데, 학자들은 '환인'이라는 한자어가 우리말 '하느님'을 표음한 것으로 생각한다.[22]

　　결코 적지 않은 구약 학자들이, 특히 벨하우젠(Julius Welhausen)은 창세기에 나오는 창조기사가 고대 메소포타미아 지역의 창조신화의 '이스라엘 버전'이라고 간주한다.[23] 이들은 그 증거로 1849년 발견된 고대 메소포타미아의 창조설화 "에누마 엘리쉬(Enuma Elish)"를 든다. 그러나 창세기의 창조기사와 에누마 엘리쉬 이야기는 유사성보다는 차이성을 더 극명하게 보여줄 뿐이다.

　　에누마 엘리쉬에 의하면 인간은 신들의 피비린내 나는 혈투의 과정에서 창조되었다. 신 마르둑(Marduk)은 경쟁자인 여신 티아맛(Tiamat)과 전투를 벌여 결국 그녀를 사로잡는 데 성공한다. 마르둑은 티아맛의 해골을 곤봉으로 짓이기고 피는 바람에 날려버린다. 마르둑은 티아맛의 몸을 둘로 쪼개 절반은 땅을, 절반은 하늘을 만드는 데 사용한다. 잔인한 이야기는 계속된다. 승리감에 도취된 마르둑은 이번엔 인간을 만들기로 작정한다. 그는 티아맛의 동료 킹구의 목을 베서 그 피로 인간을 만든다. 신화는 인간의 창조를 이렇게 말한다.

> 마르둑은 그에게 공모죄를 선언하였으니,
> 에아는 킹구에게 참수형을 집행하였다.
> 에아는 킹구의 피로 최초인을 빚었고
> 마르둑은 최초인들에게 일하도록 하였다.
> 에아는 신들을 놓아주었고
> 지혜로운 자는 최초인들을 창조하였다.

---

22) 유동식, 『풍류도와 한국의 종교사상』(서울: 연세대출판부, 1997), 110.

23) 비교: 폰 라트, 『구약성서신학 I. 이스라엘의 역사적 전승의 신학』, 허혁 옮김(서울: 분도출판사, 1990), 150.

마르둑은 최초인들을 창조하여
신들을 자유롭게 하였다.[24]

이에 반해 창세기 기자는 인간이 살해된 신의 피가 아닌 하나님의
형상대로 창조되었다고 말한다. 창조의 목적도 분명하게 대조된다. 신
화는 신들을 자유롭게 하기 위해 종으로서 인간을 만들었다고 하지만,
성경은 하나님의 "너(you)"로서 창조되었으며, 하나님은 창조된 인간에
게 땅에 충만하라고 복을 주며 이 모든 것이 보기에 "심히 좋았다"고
말한다(창 1:31).

그렇다면 '하나님의 형상'으로 창조된 인간은 과연 무엇을 의미할
까? 여기에 대해 오래전부터 기독교신학자들은 무수히 많은 토론을 했
고 다양한 의견을 피력했다. 그 가운데서도 공통적인 것은 신의 형상
으로 지음 받은 인간이란 '이성적이고 도덕적인 존재'라는 것이다. 아
우구스티누스, 아퀴나스, 루터, 칼뱅 같은 고대교회와 중세교회, 종교
개혁시대의 대표적인 학자들이 이러한 견해를 피력한 사실은 물론 플
라톤과 아리스토텔레스에서 시작되는 그리스철학의 영향과 무관하다
고 볼 수는 없을 것이다. 예컨대 기독교신학의 기초와 뼈대를 만들었
던 아우구스티누스는 플라톤에 대해 아낌없는 찬사를 보냈다. "플라톤
의 권위가 참으로 사람들에게 큰 비중을 가지며 그가 주장한 말 몇 마
디나 글귀 몇 구절만 바꾸어놓으면 그리스도교적인 것이 될 수 있는
것들이라 하겠다."[25] 그러므로 서구 신학자들이 '신의 형상'이라는 표
상 속에서 이성과 도덕을 먼저 떠올렸던 것은 그리 놀랄 만한 것도 아
니리라.

중요한 것은 인간존재의 독특성과 존엄성에 대한 인정이다. 인간이
신의 형상으로 창조되었다는 것은 모든 인간이 신과 같이 존귀한 존재

---

24) 노세영, 『고대근동의 역사와 종교』(서울: 대한기독교서회, 2000), 290.

25) Aurelius Augustinus, *De vera religione*, 4.7.

라는 뜻이다. 그래서 시편기자는 이렇게 노래한다.

> 사람이 무엇이기에 주께서 그를 생각하시며
> 인자가 무엇이기에 주께서 그를 돌보시나이까
> 그를 하나님보다 조금 못하게 하시고
> 영화와 존귀로 관을 씌우셨나이다(시 8:4~5)

패배한 신의 시체에서 신들의 노동을 대신해줄 노예가 필요해 사람
을 만들었다는 생각과 자신의 모습에 따라 자신을 대신해 피조세계를
관리할 '주체'로서 사람을 창조했다는 생각 사이는 질적인 차이가 존
재한다. 전자에서 인간은 신이 부리는 노예이지만, 후자에 그는 '신의
형상'대로 지음 받았고 '천사보다 조금 못한' 존재이며, 신이 '영화와
존귀'의 관을 수여하는 귀한 존재이다. 그러므로 신의 형상대로 지음
받은 인간이라는 성경의 '교리'는 윤리적 차원에서는 다음과 같은 원
리를 제시한다. *인간은 다른 모든 것에서 질적으로 구분되는 **존엄과 가
치를 갖는다.*** 아마도 20세기의 신학자 가운데 헬무트 틸리케만큼 이를
분명하게 강조한 사람도 없을 것이다.

> 인간의 존엄은 이성이나 양심 같은 '내적 속성(Eigenschaft)'에만 있지
> 않다. 그의 존엄은 오히려 외적 속성(Außenschaft)에 있는 것이다. 다
> 시 말해 인간을 창조하고 인간과 대화하며 부르고 그에게 목적을 주
> 는 그러한 관계 말이다. 그러므로 우리는 인간 존재의 내적인 속성에 근
> 거하는 존엄이 아니라—루터의 개념에서—"낯선 존엄(fremde Würde)"에
> 대해 말한다. 인간은 신의 형상이다. 그를 건드리는 자는 신 그 자신
> 을 건드리는 것과 같다. 인간의 존엄은 신적 생명으로의 이러한 참여
> 에 근거한다.[26]

---

26) Thielicke, *Der Menschsein-Mensch Werden*(München: Pipper, 1976), 102-103.

"동산 각종 나무의 열매는 네가 임의로 먹되": 인간의 자유

두 번째 포인트는 인간의 자유에 관한 것이다. 인간의 존엄과 자유에 대해 말한다고 해서 불편을 느끼는 그리스도인도 있을 것이다. 특히 칼뱅주의는 인간의 전전타락과 부패를 가르치는데, 인간의 존엄과 자유를 말하는 것은 이러한 교리에 위배되는 것은 아닌가라고 질문하는 사람들도 없지 않아 있을 것이다. 그러나 칼뱅 자신이 '타락 전 인간'의 상태와 '타락 후 인간'의 상태, 그리고 의롭게 되어 성화과정 가운데 있는 인간을 세심하게 구분하고 있다는 사실을 우리는 정확히 알아야 한다. 이 제네바의 개혁자는 타락했음에도 여전히 인간 안에서 희미하지만 밝게 빛나는 일반은총(gratia generalis)으로서의 이성과 도덕의 가치를 그 누구보다 높게 평가한다.[27] 그리고 이러한 사상은 19세기 네덜란드의 저명한 칼뱅주의자 카이퍼(Abraham Kuyper)가 수상에 당선됨으로써 부분적으로 실현된다.

이제 그 유명한 에덴동산의 이야기로 가보자. 신의 형상대로 지음받은 인간은 최초의 파라다이스 에덴동산에서 일종의 '관리자'로서 지낸다. 신은 '사람(אדם)'이라는 뜻의 아담에게 찾아와 다음과 같은 명령을 내린다. "동산 나무의 열매는 네가 자유롭게 먹어도 좋다(창 2:16)." 우리말은 "임의로 먹되"라고 번역했으나, 킹 제임스 영어성경(KJV)은 "네가 자유롭게 먹어도 좋다(you mayest freely eat)"라고 원문의 의미를 제대로 살려서 번역하고 있다. 여기서 우리가 주목해야 할 단어가 바로 '자유롭게'와 '먹어도 좋다'이다. 창조주는 인간에게 자유롭게 먹어도 좋다고 허용하고 있다.

인간은 동산의 모든 나무의 과일을 먹을 수 있는 '자유'가 있다. 어느 누구도 아담에게 이런 과일을 먹으라고 혹은 저런 과일을 먹으라고

---

27) Inst Ⅱ.2.17.

강요하지 않는다. 그는 사과를 선택할 수도 있고 오렌지를 선택할 수도 있다. 자유란 따라서 일반적으로 어떤 강요 없이 자신의 원하는 바를 선택할 수 있는 상태라고 말할 수 있겠다. 그러나 신학적으로 중요한 것이 있으니, 이 자유는 창조주로부터 '허용'되었다는 것이다. 허용이란 기본적으로 타인의 동의와 허락을 구하는 것이다.

가장 기초적인 한 영어문장을 살펴보자. "You may stay home." 너는 집에 머물러도 좋다. 이 문장은 주도권을 가지고 있는 사람과 그렇지 못한 사람이 있음을 나타낸다. 누군가에게 너는 내 집에 머물러도 좋다고 말할 수 있는 사람은 그 집을 소유했거나 아니면 최소한 임차할 수 있는 권리를 부여 받은 사람이다. 그 집에 대한 소유권이 없는 사람이 누군가를 그 집에 머물라고 할 수는 없다. 창조주가 아담에게 "너는 동산의 모든 열매를 자유롭게 먹어도 좋다"고 했을 때 이 말 속에는 아담의 자유는 그 자신의 것이 아니라 창조주에게서 빌려온 것이라는 뜻이 담겨 있다. 창조주는 아담에게 자유라는 자신의 것을 빌려주기로 허용한 것이다. 그러므로 인간의 자유는 '허용된 자유'이며 '부여된 자유'이다.

이처럼 **허용된 자유**는 아우구스티누스 이래 기독교적 자유개념의 가장 근원적인 것이 되었고, 서양철학에서는 라이프니츠(Gottfried W. Leibnitz)가 고전적으로 이러한 개념을 옹호했다.[28] 그런데 많은 사람은 이러한 기독교적 자유개념이 인간의 본래적이고 천성적인 자유를 부정한다면서 강한 비판을 제기할 수도 있을 것이다. 왜냐하면 허용된 자유라는 개념에는 자유가 본래 인간의 것이 아니라는 생각이 깔려 있기 때문이다. 자유는 과연 처음부터 인간의 것인가? 허용된 자유라는 개념은 인간을 자유의 진정한 주체로 보지 않는 것은 아닌가?

그러므로 두 번째 포인트에서 가장 핵심적인 것은 두 가지이다. *첫*

---

28) 빌헬름 라이프니츠, 『형이상학 논고』, 윤선구 옮김, 대우고전총서 027(서울: 아카넷, 2010), 116.

째, 인간은 **자유의지**를 가지고 있는 존재이다. 자유란 외부의 강요 없이 스스로 선택할 수 있는 의지의 자유이다. *둘째, 인간에게 있는 이 자유는 그러나 허용된 자유이다.* 인간의 자유의 진정한 원천은 인간 자신에게 있는 것이 아니라 **인간 밖에**(extra homino) 있다. 그러므로 신학에서 자유의 본질은 경험적으로(empirical) 정초되지 않고 **초월적**으로(transcendental) 정초된다. 바로 이것이 "동산 나무의 실과는 네가 자유롭게 먹어도 좋다"라는 말씀의 깊은 의미이다.

아우구스티누스와 칸트: 인과율과 자유의지

'인간에게 허용된 자유'라는 개념에 대해 체계적인 성찰을 했던 최초의 신학자는 아마 아우구스티누스일 것이다. 기독교 신학의 중요한 사상은 기본적으로 히포(Hippo)의 이 교부에게 올라가야 한다는 점에서 그는 가장 위대한 기독교 사상가일 것이다. 아우구스티누스는 자유를 성찰함에 있어 먼저 원인과 결과라는 인과율(因果律)을 검토한다. 사실들의 순서가 확실하다면 원인들의 순서도 확실해야 한다. 원인이 없다면 아무것도 발생할 수 없고, 모든 것이 원인의 순서대로 발생한다면 그것은 운명과도 같다. "그렇게 되면 우리의 능력으로 해결할 것은 아무것도 없고 자유의지도 무의미해지고 만다."[29]

아우구스티누스의 이러한 통찰은 대단히 예리하다. "아니 땐 굴뚝에 연기 나랴"는 우리의 속담도 있는데, 원인 없는 결과는 없다는 뜻이다. 약 1400년 후에 쾨니히베르크의 철학자 칸트는 좀 더 엄밀하고 근본적으로 인과율의 문제를 검토한다. '신이 우리와 함께한다(임마누엘)'는 매우 경건한 이름을 가진 이 철학자는 인과율의 법칙을 자연세계뿐 아니라 인간의 정신세계에까지 확장시킨다. 18세기에 물리학과 천문학은

---

29) 아우렐리우스 아우구스티누스, 『신국론』, 문시영 옮김(서울: 지만지고전출판, 2008), 46.

자연이 그 자체의 법칙에 따라 필연적으로 운행한다는 사실을 증명해냈다. 그 덕분에 18세기의 사람들은 중세시대처럼 어떤 악마나 마녀가 자연의 재앙을 불러일으킨다고 더 이상 생각하지 않게 되었다. 칸트는 이러한 자연의 필연적 인과율을 인간의 정신세계에까지 확장시켰다. 그래서 그는 **감성세계**(mundus sensibilis)와 **오성세계**(mundus intelligibilis)를 구분했다.[30] 이 구분에 의하면 감성세계는 자연에서처럼 필연적인 인과율이 지배하는 세계이다. 왜냐하면 인간의 정신 안에서 일어나는 감각, 감정, 경향은 모두 외부의 자극에 의해서 발생되기 때문이다. 그래서 칸트는 이렇게 말한다. "쾌적한 것은 오로지 이런저런 감관에만 타당한, 한낱 주관적인 원인들로부터 말미암은 감각에 의해서만 의지에 영향을 주는 것으로 모든 사람에게 타당한 이성의 원리인 것이 아니다."[31] 예컨대 내가 사과와 토마토 중에 사과를 선택한 것은 현상적으로는 나의 자유로 보이지만 사실상 그것은 나의 감각이 그전부터 사과 맛이라는 외부의 자극이라는 '원인'에 길들여져 있기 때문이다. 그렇다면 도대체 **자유로운 의지** 혹은 **자유**는 어디에서, 어떻게 존재하는가?

신학자로서 히포의 주교 아우구스티누스는 역설적으로 신의 **예지**(豫智, praescientia)에서 진정한 의지의 자유를 찾는다. 예지란 전지전능이라는 신의 속성에서 나오는 개념으로서 신은 모든 것을 미리 알고 있다는 것이다. "기독교에서는 인간의 자유의지와 하나님의 예지를 둘 다 인정한다. 모든 것의 원인을 예지하는 하나님은 그 원인들 속에 자유의지도 포함된다는 것을 알고 계신다."[32] 모든 현상이 인과율이라는 법칙에 의해 지배를 받고 있다는 것은 부인할 수 없는 사실이다. 그러나 이 원인들 가운데 '자유의지'라는 다른 모든 원인과 본질적으로 구별되는 원인이 있다. 왜냐하면 이 원인은 이 세계의 창조주인 신에게서

---

30) Kant, 같은 책, BA 107.

31) 위의 책, BA 38.

32) 아우구스티누스, 『신국론』, 46.

나오기 때문이며, 따라서 이 원인에 의해 행동할 때 거기에 진정한 자유가 있다는 것이 아우구스티누스 논리의 핵심이다. 신이 인간의 존엄성의 초월적 근거이듯이 자유 또한 신이라는 초월적 근거를 필요로 한다.

이렇게 될 때 비로소 악의 문제가 해결된다고 아우구스티누스는 생각한다. 만일 자유의지가 없이 모든 것이 다 인과율에 의해 결정되는 것이라면, 예를 들어 우리는 히틀러를 비난할 수 없을 것이다. 왜냐하면 히틀러가 무고한 600만 명의 유대인을 죽인 원인은 그가 특별히 유대인을 지독하게 혐오했기 때문이고, 이 비정상적 감정은 히틀러가 유대인 매춘부 때문에 매독에 걸렸기 때문이라는 식의 아주 지루한 거꾸로 가는 도미노게임을 해야 하기 때문이다. 동일한 논리가 ─ 마이클 샌델이 매우 예리하게 지적했듯이 ─ 2008년 전 세계를 지독한 불황의 구덩이로 처넣었던 금융위기에 적용될 수 있다. 이 파괴적인 금융위기의 원인이 단지 호황과 불황을 반복하는 자본주의 경제 시스템에만 있다면 우리는 뉴욕 월가의 은행가들을 비난할 아무런 근거가 없을 것이다.[33] 또한 선악과를 따 먹은 아담의 행위 역시 '죄'가 될 수 없다. 왜냐하면 이미 신이 그에게 그렇게 하도록 프로그램을 장치했기 때문이다. 악의 근본적 원인은 아담이 아니라 신이다. 그러나 아우구스티누스는 매우 효과적인 논리로 이러한 주장을 반박한다.

> 악한 행위의 원인은 도무지 행위자 자신의 선택 외에 다른 곳에서는 찾을 수 없다. 어떤 외부의 작용이 행위자의 의지를 악하게 만드는 것이 아니라는 뜻이다. 행위를 악하게 만드는 것은 행위자의 의지 그 자체이다. 다시 말해 악한 행위의 원인은 악한 의지라고 할 수 있다. 악한 의지 그 자체에는 또 다른 외적 원인이 있을 수 없다.[34]

칸트는 아우구스티누스의 논리에서 '신'의 자리에 '이성'을 올려놓는

33) 샌델, 『정의란 무엇인가』, 27.
34) 아우구스티누스, 『신국론』, 47.

다. 물론 그렇다고 해서 칸트를 비난해서는 안 된다. 왜냐하면 그는 신학자가 아니라 철학자이기 때문이다. 칸트는 신에게 호소하지 않는 방식으로 자유의지를 규명하고자 한다. "이성은 외부의 영향에서 독립적으로 그 자신을 그의 원리들의 창시자로 간주해야만 한다."35) 오로지 이러한 "자유의 이념(Idee der Freiheit)" 아래서만 이성적 존재자의 의지는 자신의 의지, 곧 자유의지가 될 수 있다. 칸트는 자유를 증명하려고 하지 않는다. 그것은 불가능에 가깝다. 그런 한에서 자유는 '이념'이다. 그러나 이 자유의 이념은 '환상'이 아니라 실제 인간의 도덕성을 규정하고 있는 '현실성(Wirklichkeit)'이다. 다음과 같은 칸트의 말에서 우리는 신의 도움 없이 인간의 자유를 규명하고자 하는 철학자의 깊은 고뇌를 보게 된다.

> 그 때문에 이성적 존재자는 자신을 **예지자로서** 감성세계에 속하는 것으로 보아서는 안 되고, 오성세계에 속하는 것으로 보아야만 한다. [중략] 즉, 그는 **첫째로는** 감성세계에 속해 있는 한에서 자연의 법칙들(타율) 아래 있고, **둘째로는** 예지세계에 속하는 것으로서 자연에 독립적으로, 경험적이지 않고, 순전히 이성에 기초하는 법칙들 아래에 있는 것이다.36)

이처럼 아우구스티누스와 칸트는 자유에 대한 두 가지 관점을 — 물론 자유에 대해서는 이보다 더 다양한 관점들이 존재한다 — 보여준다. 그리스도인으로 우리는 물론 인간의 자유의 근거를 이성적 존재자에게 선험적으로 규정되는 자유라는 '이념(칸트)'이 아닌 하나님의 존재(아우구스티누스)에서 찾는다. 그렇다고 해서 칸트 혹은 다른 종교의 견해를 비난하거나 완전히 배제하지 않는다. 기독교윤리의 최종적 목표는 기독교적 견해를 "공공성의 장(Öffentlichkeit)"에 내놓음으로써 공동의

---

35) 칸트, 같은 책, BA 101.
36) 위의 책, BA 109.

합의(Konsensus)에 이를 수 있는가를 검토하는 것이다.[37] *그리하여 우리는 창조주 하나님에 대한 신앙으로부터 인간의 존엄과 자유를 주장한다. 동시에 이러한 신앙 없이도 존엄과 자유를 주장할 수 있음을 인정한다.*

"선악을 알게 하는 나무의 실과는 먹지 말라": 명령과 당위

세 번째 포인트는 당위와 명령에 관한 것이다. 하나님은 파라다이스에서 아담에게 최종적으로 말씀한다. "선악을 알게 하는 나무의 실과는 먹지 말라 네가 먹는 날에는 정녕 죽으리라(창 2:17)." 나무의 이름 자체가 먼저 우리의 관심을 끈다. 왜 하필 '선악을 알게 하는 나무'일까? '영생을 알게 하는 나무' 혹은 '축복을 내려주는 나무'가 더 '기독교적'이지는 않을까? 왜 신은 선과 악을 아는 것을 금지했을까? 선과 악을 아는 것이 인간의 기본적인 조건 아닌가?

아담은 "너는 자유롭게 먹어도 좋다"는 허용과 자유의 말이 아닌 이제 "너는 먹어서는 안 된다(du sollst nicht essen)"라는 강한 금지의 명령을 듣게 된다. 여기서 사용된 독일어 조동사 'Sollen'은 '당위'를 의미한다. 당위(當爲)란 마땅히 해야만 할 것이다.

'Sollen'은 또 다른 독일어 조동사 'Müssen'과 다르다. 우리말로는 둘 다 '해야만 하다'로 번역되지만, 후자는 어떤 외부의 작용에 의해서 어쩔 수 없이 해야만 하는 경우이다. 예를 들면 비가 오기 때문에 나는 우산을 쓰고 외출해야만 한다(I must take my umbrella, for it is raining). 그러나 '너는 거짓말해서는 안 된다(You should not lie)'의 경우는 비가 와서 우산을 가지고 가야만 하는 상황과는 분명하게 다르다. 어떠한 경우를 막론하고 인간으로서 마땅히 해야만 하는 것을 당위라고 하며, 당위는 도덕성의 기초이다.

---

37) 이재성, 『열림과 소통의 문화생태학』(대구: 계명대학교출판부, 2008), 47.

철학자들, 심리학자들, 사회학자들은 저마다의 방식으로 인간에게 주어지는 당위에 대해 관심을 갖고 연구한다. 도대체 이 당위는 무엇인가? 왜 그러한 것이 생겼나? 어떤 학자들, 예컨대 홉스(Thomas Hobbes) 같은 사상가는 당위가 인간의 사회성에서 왔다고 생각한다. 만일 인간이 혼자 살았다면 당위라든가 도덕은 존재하지 않았을 것이라 추정한다. 인간이 다른 사람들과 함께 모여 사회를 형성하며 함께 살게 되면서 개인의 본능적인 이기심을 통제해야 하는 사회적 필요성에 의해 도덕이 발생했고 이것이 당위로 인정되게 되었다는 설명이다.[38] 이렇게 도덕과 윤리는 사회적 필요성에 의한 '실용적 합의'로 환원된다. 예컨대 거짓말하지 마라는 도덕적 명령의 배후에는 거짓말하면 사회적 관계가 흔들리고 그것이 계속 확대되면 사회 자체가 붕괴되리라는 두려움이 있는 것이다. 결국 도덕적 명령은 실제로 어떤 명령이 아니라 **사회적 합의**라는 것이다. 뒤르켐(Emil Durkheim)은 홉스의 착상을 종교로까지 확대시킨다. 종교 역시 사회의 산물일 뿐이다.[39]

그리스도인으로서 도덕적 당위가 사회의 합의일 뿐이라는 주장에 동의하는 사람은 매우 드물 것이다. 기독교 신앙에서 인간의 도덕적 의무와 책임은 막연한 사회적 합의에서가 아니라, **신과의 관계**에서 나온다. 내가 지금 신 앞에 현존한다는 '코람데오(coram Deo)'의 특별한 자의식은 데카르트의 '코기토(cogito)'라기보다는 부버(Martin Buber)의 '나와 너(Ich und Du)'에 가깝다. 신과의 관계는 유아독존이 아니라 대화적 관계이다. 하나님은 나를 부르고, 나는 응답한다. 결정적으로 코람데오의 자아는 신의 말씀인 성경을 통해서 신의 요구와 명령을 인식한다. 물론 이러한 자의식과 여기서 발생하는 도덕의식은 일반적이지 않다. 대한민

---

38) 애링턴, 『서양윤리학사』, 256.

39) Emil Durkheim, "Contirbution to Morality without God", in *Selected Writings on Education*, ed., by W. S. F. Pickering(Abingdon: Routledge, 2006), 47. 비교: 김광기, 『사회는 무엇으로 사는가? 뒤르켐 & 베버』, 지식인마을-19(파주: 김영사, 2007), 75.

국의 국민 모두가 다 이런 식의 의식과 도덕을 가지고 있지 않다. 그것은 그리스도인에게만 독특한 것이다. 일반적이지 않고 특수하다고 해서 기독교적 자의식과 도덕을 평가절하하거나 배제해야 하는가? '극렬 안티'를 제외하고 이러한 것을 주장하는 사람은 아마도 매우 적을 것이다.

일단 사회적 합의에서 도덕의 근거를 찾는 것이 타당하다고 인정해 보자. 그렇다고 해서 기독교적 도덕을 패배자로 간주해 추방시켜 버리는 것은 지독한 자가당착이다. 왜냐하면 기독교인 역시 사회의 한 일원으로서 그 '사회적 합의'에 이론적으로 동의해주었기 때문이다. 기독교인들이 합의를 해주지도 않았는데 사회적 합의를 운운하는 것은 위선이며 자기기만이다. 사회적 '합의' 내지는 '동의'라는 이론 자체가 이미 각 구성원의 동등한 참여를 전제로서 요구한다.[40] 과거 교회가 사회에서 정치적 힘이 있을 때 소수의 의견이나 다른 의견을 힘으로 눌렀던 것이 잘못이라면 지금 새로운 권력이 기독교적 자의식과 도덕을 일반적이지 않다고 해서 배제하고 추방하려 하는 것 역시 똑같은 잘못이요, 해악이다.

다시 본래의 맥락으로 돌아와 보자. 확실하게 증명할 수는 없지만, 칸트의 도덕철학과 기독교윤리학은 여러 면에서 비슷하다는 강력한 느낌이 있다. 칸트는 명령을 다음과 같이 정의한다. "객관적인 원리의 표상은 그것이 의지에 대해 강요적인 한에서, (이성의) 지시명령(Gebot)이라 일컬으며, 이 지시명령의 정식(Formel)을 일컬어 명령(Imperativ)이라 한다."[41] 칸트에 의하면 모든 명령은 당위, 곧 '해야만 한다'로 표현된다. 명령들은 어떤 것을 하거나 하지 않는 것이 선한 것이라고 고지한다. 이처럼 칸트는 도덕적 당위와 명령을 인간 경험의 실용적 경향성에서 나오는 사회적 합의로 환원시키려는 모든 시도에 대해 강력하게 저항하고 있다. 바로 이 대목에서 기독교윤리는 매우 충직한 우군을 만

---

40) 마이클 샌델, 『왜 도덕인가?』, 안진환 · 이수경 옮김(서울: 한국경제신문, 2010), 191.
41) Kant, 같은 책, BA 37.

난 느낌을 받는다. 칸트가 사용한 독일어 명사 'Gebot'는 기독교 전통에서는 '계명'을 뜻한다. 물론 칸트는 기독교윤리와의 혼동을 피하기 위해 'Imperativ'라는 보다 일반적인 용어를 중심적으로 사용하고 있지만, 그래도 독일 프로이센의 전통적 경건주의의 영향을 완전히 숨기지는 못한다. 그래서 인간은 항상 수단이 아닌 목적으로 취급되어야 한다는 칸트의 격률은 그 근원에 있어 종교적이라는 니부어(Reinhold Niebuhr)의 통찰은 과장이 아닌 듯싶다. "오히려 이 격률은 칸트 자신의 경건주의에 입각한 종교적 세계관에서 나온 종교적 이상이다."[42]

계명이란 신의 명령과 요구를 법조문의 형식을 빌려 정식화한 것이다. 계명의 전제는 **'신'과 '나'라는 인격적인 관계**이다. 이러한 관계가 없는 곳에서 명령은 아무런 의미가 없다. '선악을 알게 하는 나무의 실과는 먹지 말라'는 신의 명령은 창조주와 아담 사이의 인격적 관계에서 의미를 갖는다. 계명의 또 다른 전제는 자유이다. 신은 금지 명령을 먼저 아담에게 주지 않았다. '너는 자유롭게 동산의 모든 실과를 먹어도 좋다'는 자유와 허용이 먼저 나온다. 명령과 계명은 자유 가운데서 의미가 있다. 자유 없이 명령만 있다면 그것은 노예적인 굴종만을 강요하는 것이다. 이러한 자유와 계명과의 관계는 십계명에서 더욱 분명해진다. 이스라엘 백성들이 이집트의 노예로 있을 때 십계명과 율법이 주어지지 않았다. 특히 고대사회의 노예들에게 법은 아무런 의미가 없다. 노예는 인간이 아니라 그저 '말하는 도구'였을 뿐이다. 이스라엘 백성들이 이집트의 노예생활에서 탈출해 비로소 자유의 몸이 되었을 때에 모세는 신으로부터 율법과 십계명을 받는다. *계명은 오로지 인격적 자유인에게 의미와 타당성을 갖는다.*[43]

최초의 인간은 신의 명령을 지켰는가? 그렇지 못했다. 그는 결국 금

---

42) 라인홀드 니부어, 『도덕적 인간과 비도덕적 사회』, 남한우 옮김(서울: 문예출판사, 2004), 74.
43) 강영안, 『십계명 강의』, 40.

지된 열매를 먹고 말았다. 해서는 안 되는 것, 하지 말아야 할 것, 금지된 것, 허용되지 않은 것, 넘지 말아야 할 한계를 범하고 만다. 여기서 먹을 것을 뻔히 알면서 왜 신은 선악과를 만들었냐는 당혹스러운 질문은 문제의 핵심을 빗나가는 것이다. *본질적인 것은 "먹지 말라"는 명령과 "먹고 싶다"는 욕망 사이의 끝없는 대립이다.* 이런 차원에서 성경의 선악과는 도덕적 이성주의를 넘어선다. 칸트는 욕망을 부정하지는 않지만 철저하게 무시한다. 스스로에게 법을 수여하는 이성의 자율성에 영광스러운 왕관을 수여했다. 그러나 하와의 마음에서 꿈틀대고 있는 "먹음직도 하고 보암직도 하고 지혜롭게 할 만큼 탐스럽기도(창 3:6)" 하다는 그 욕망과 그것의 근원적 힘을 칸트는 보지 못한 것일까, 아니면 봤으면서도 모른 체한 것일까? 그와 비슷한 시대를 살았던 흄(D. Hume)의 이성비판을 이 섬세한 철학자가 몰랐을 리는 없을 것이다. "이성은 정념의 노예이고 노예여만 하며 이성은 정념에 봉사하고 복종하는 일 외에 감히 다른 임무를 주장해서는 결코 안 된다."[44]

"하나님같이 되어": 악과 욕망

이제 우리는 마지막 네 번째 포인트에 도달했다. 그것은 명령과 늘 대립 가운데 있는 욕망이라는 '괴물'이다. 아담의 아내 하와는 사탄의 원형인 뱀으로부터 다음과 같은 말을 듣는다. "당신이 그 나무를 먹으면 눈이 밝아져 하나님처럼 되어서 선과 악을 알 것이다(창 3:5)." '하나님처럼 될 것(sicut Deus)'이라는 뱀의 달콤한 말은 호모사피엔스에게 치명적인 유혹이 된다. 숨겨져 있던 혹은 억압되어 있던 먹고 싶음, 보고 싶음, 지혜롭고 싶음이라는 '욕망'이 꿈틀거리더니 이 괴물은 '먹지 말라'는 금지의 명령을 파괴하고 만다. 이로써 자유와 명령, 허용과 한

---

44) David Hume, *A Treaty of human Nature: An Attempt to introduce the experimental Methode of Reasoning into Moral Subject*(London: Edinburge, 1817), 106.

계의 미학적 대칭은 깨졌고, 선과 악의 구별이 없던 파라다이스는 폐쇄된다. 대신 악과 죄라는 새로운 현실이 인간을 엄습한다.

여기에서 기독교 신학의 역사에 있어 최고의 난제 가운데 하나인 문제가 발생한다. 바로 **악의 기원과 본질**에 대한 것이다. 그래서 중세 스콜라 신학자들은 이렇게 스스로에게 질문했는데, 이것은 악의 문제에 대한 유신론의 깊은 고민을 보여준다. "만일 신이 정의롭다면 도대체 악은 어디서 오는가?(si deus iustus, unde malum)" 만일 신이 악을 제어하기를 원하더라도 그럴 능력이 없다면 그는 선하지만 전능하지 않다. 만일 신이 악을 제어할 능력이 있더라도 그렇게 하지 않는다면 그는 전능하지만 선하지 않다.[45] 안티 기독교의 교묘한 공격처럼 들리겠지만, 이 난해한 질문은 구약의 선지자들부터 시작해서 5세기의 아우구스티누스, 16세기의 종교 개혁자들, 20세기의 바르트와 몰트만 등 진지하고 사려 깊은 모든 신학자가 평생을 두고 고민했던 문제이다.

이러한 맥락에서 프랑스의 철학자 리쾨르(Paul Ricoeur)의 악에 대한 입장은 우리에게 한 중요한 관점을 제시해준다. 그의 사고는 다음과 같은 질문에서 시작된다. "**악의 가능성**이 어떻게 해서 **악의 현실성**으로 될까? 잘못을 저지를 수 있다는 가능성이 어떤 방식으로 잘못된 현실 행위로 되는 것일까?"[46] 리쾨르는 성서의 텍스트를 매우 진지하게 다루는 현대에 몇 안 되는 철학자에 속하는데, 그는 성서 텍스트를 통해 악이란 먼저 무(無)라는 해석적 통찰을 제시한다. 그는 이렇게 말한다. "예언자들에게 있어서 우상은 '만들어진 상' 이상의 무엇이다. 우상은 대표적인 '무' 곧 헛것이다."[47] 따라서 하나님은 '무엇을 생기게 하는' 말씀일 뿐 아니라 악인과 우상과 모든 헛것을 없애버리는 부정의 말씀이기도 하다. 동시에 리쾨르는 악의 실체성을 부정하지 않는다.

45) Bruno Forte, *The Essence of Christianity*(Grand Rapids: Eerdmanns, 2003), 49.
46) 폴 리쾨르, 『악의 상징』, 양명수 옮김(서울: 문학과지성사, 1994), 17.
47) 리쾨르, 같은 책, 85.

신학적인 맥락에서 율법과 복음을 통해 지시된 신의 명령을 지키는 것이 선이라면, 악이란 당연히 그 반대이다. 그래서 성서는 '악'이라는 추상적인 명사보다는—리쾨르가 올바르게 지적한 대로—'죄'라는 보다 관계적이고 구체적인 용어를 선호한다. 이 죄의 근원은 그 무엇도 아닌 호모사피엔스의 **자유의지 그 자체**이다. 여기서 모든 책임을 인간에게 자유의지를 준 신에게로 돌려버리는 것 혹은 선한 신 외에 악한 신을 고안하는 것은 신학적으로 용납되지 않을뿐더러 실천적으로도 아무런 도움이 되지 못한다.[48]

　인간이 자신의 존재론적 한계를 부정하고 스스로를 신적 존재로 만들려는 본원적 욕망 속에 죄의 기원이 있다. '신처럼 될 것(sicut Deus)'이라는 뱀의 유혹은 타자에 대한 지배의 최고 형태를 말해준다. 인간은 타인을 지배하고 다스리려는 강렬한 욕망을 가지고 있다. 고대 세계의 제왕들은 그래서 스스로를 신의 자리에 올려놓았다. 그래서 피지배자들에게 요구되는 것은 '복종'이 아니라 '경배'였다. 신에 대한 예배와 제왕에 대한 경배는 하나였다. 그렇다면 타자에 대한 절대적 지배는 오로지 과거의 절대적인 황제들과 제왕들에게서만 발견되는가? 오늘날의 복잡한 정치적·경제적 통제 시스템은 타자에 대한 지배와 감시를 보여주는 것이지 타자에 대한 섬김과 봉사를 보여주는 것은 결코 아니다.[49] *인간을 지배한 인간에게 마지막 남은 것은 신을 지배하는 것이다.* 신을 지배하는 곳에서 타자에 대한 인간의 지배욕망은 최고점을 이룬다. 신성이 인간성의 확대가 아니라 인간성의 부정이라면, 신을 지배하는 것은 결국 비극적인 인간성의 부정이 된다.

---

48) 비교: 리쾨르, 『악의 상징』, 66. 여기서 리쾨르는 주전 8세기 북이스라엘 왕국에서 예언했던 선지자 아모스의 예를 들어 죄의 근원문제를 다룬다. "아모스가 법과 정의를 선포한 것은 분개와 고발을 통해서이다. 그 두 개념은 잘못을 하나하나 나열하는 것보다 더 근본적인 요청을 직시하고 있다. 여러 가지 열거된 사항들은—전쟁 지도자들의 잔학함, 상류층의 사치, 노예 매매, 하류층에 대한 가혹한 처사—하나의 중심된 악의 표시들에 지나지 않았다. 예언자가 겨냥한 것은 모든 죄악의 근원인 악한 마음이었다. <중략> 결국 요청이 무한하다는 것은 인간의 죄악이 그만큼 뿌리 깊다는 것을 말해준다."
49) 푸코, 『감시와 처벌』, 333.

결론: 기독교적 에토스와 정의담론

기독교적인 관점에서 정의에 대해 논하기에 앞서 **기독교적 에토스**(ethos), 곧 기독교라는 종교를 통해 형성된 **도덕체계와 삶의 양식**을 먼저 살피는 것은 단순한 '서론' 이상의 의미를 갖는다. 왜냐하면 정의에 대한 생각은 도덕관념과 떼려야 뗄 수 없으며, 도덕관념은 종교와 문화에 깊이 뿌리박고 있기 때문이다.[50) 우리가 이번 강의를 통해 밝힌 것은 저 기독교적 에토스의 내용들이다. 그것은 인간의 존엄과 자유, 당위와 한계, 죄와 욕망이라는 주제들이다. 여기에 **희생과 구속**이라는 테마가 결합된다. 물론 이러한 내용들이 기독교적 에토스의 전부라고 단적으로 주장하지 않는다. 그러나 아무리 시야를 넓힌다 해도 여기에 추가될 수 있는 것들은 그리 많지는 않을 것이다.

1) **인간의 존엄과 자유**라는 생각은 그 실질적인 역사가 그리 길지 않다. 인간의 존엄성에 기초한 '인권'이라는 이념은 1948년 12월 10일 파리에서 개최되었던 국제연합(United Nations) 총회에서 비로소 일반적이고 보편적인 가치로서 결의되었다. 그것은 20세기에 들어서면서 발발했던 두 번의 참혹한 세계전쟁과 그 속에서 벌어진 야만, 독재, 집단학살이라는 악마적 경험에 대한 자기비판과 자성에서 비롯되었다. 특히 나치와 아우슈비츠는 그동안 서양세계가 은근히 자랑하던 이성, 도덕, 정의, 과학기술이라는 낭만적 천년왕국의 비참한 침몰이었다. 제1차 세계대전의 포화와 참상 속에서 "서양의 몰락(Der Untergang des Abendlandes)"이라는 묵시적 비전을 보았던 오스발트 슈펭글러(Oswald Spengler)는 그래서 차라리 역사가라기보다는 예언자에 가깝게 보인다.[51)

왜 인간은 존엄하며 개인의 인권은 보장되어야 하는지에 대해 여전

---

50) Paul Tillich, *Liebe Macht Gerechtigkeit*(Berlin: De Gruyter, 1996), 87.

51) Oswald Spengler, *Der Untergang des Abendlandes*(München: CH Beck, 1998), 20.

히 철학자들, 법학자들, 사회학자들은 고민한다. 이 질문에 대해 기독교는 분명한 답을 제시한다. 그렇게 인간의 존엄과 자유를 부르짖는 기독교가 실제 역사 속에서는 가장 잔혹한 범죄를 저질렀다는 사실은 불편하지만 진실이다. 그러나 사실이 당위를 해체하지는 못한다. 인간의 존엄과 자유는 모든 불편한 진실 속에서도 여전히 기독교적 에토스의 토대를 이루고 있다.[52]

2) **당위와 한계**는 가장 근원적인 도덕관념의 내용이다. 창세기의 선악과가 보여주는 것은 '해야만 함'과 '해서는 안 됨' 사이의 대칭적 구조이다. 우리는 언제나 이러한 구조 속에서 판단을 내린다. 우리가 누군가를 칭찬하는 이유는 그 사람이 '해야만 함'에 가까운 행동을 했기 때문이며, 반대로 누군가를 비난하는 이유는 그 사람이 '해서는 안 됨'에 가까운 행동을 했기 때문이다. 이러한 도덕적 판단은 때때로 법적인 판단보다 더 급진적이다.

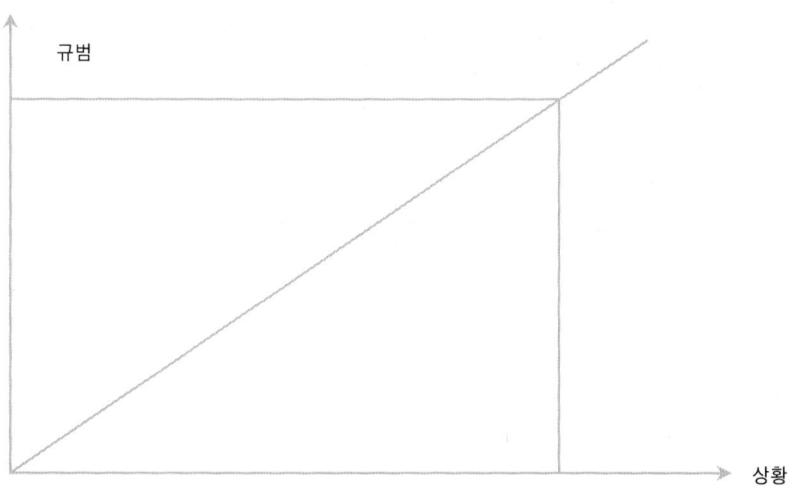

52) Ulrich Körtner, *Evangelische Sozialethik*(Göttingen: V&R, 1999), 146.

기독교윤리의 과제는 당위와 한계를 이론적으로 근거 지우는 것보다는 '계명'의 형식으로 주어진 기독교적 에토스의 규범적 요소들을 구체적이고 복잡한 현실 속에서 재해석하는 작업이다. 이 세심한 작업은 '원리'와 '상황'이라는 두 축 위에서 접점을 찾는 일종의 방정식을 푸는 것이다. 여기서 원리의 축만을 보고 상황이라는 축을 보지 못하면 냉정한 교조주의의 독단으로 빠질 수 있으며—기독교의 경우에는 교리적 '독선주의' 혹은 '율법주의'—반면, 상황의 축만을 보고 원리의 축을 보지 않으면 '상황윤리'라는 위험에—기독교의 경우 규범에 대한 반성 없이 사랑만을 최고의 원칙으로 제시하는 것—빠지게 된다.[53]

3) **죄와 욕망**은 악의 문제와 관련된다. 욕망 자체가 악은 아니지만 주어진 한계를 넘을 때 악과 죄로 구체화된다. 기독교적 에토스에서 악의 문제는 **죄와 처벌과 속죄의 관계**로 나타난다. 여기서 죄는 본래적인 관계가 깨지는 경우이고, 처벌은 깨진 행위의 책임을 묻는 것이며, 속죄는 단절된 이 관계가 다시 본래 상태로 회복되는 것이다. 기독교에서 속죄는 예수 그리스도의 십자가라는 초월적 사건을 통해 발생한다. 바로 여기서 기독교적 정의 관념의 가장 원초적이고 기초적인 차원이 드러난다. 그것은 바로 처벌(retribution)과 회복(restoration)이고, 이러한 개념의 도움으로 우리는 **처벌적 정의**와 **회복적 정의**에 대해 말한다. 이것이 다음 장에서 우리가 계속 살피게 될 내용이다.[54]

---

53) Frey, *Ethik*, 256.
54) Körtner, 같은 책, 131.

제3장 나는 악인을 의롭다 하지
아니하겠노라
− 율법과 응보적 정의

죄에 합당한 벌을 주라(noxiae poena par esto)

— 키케로(Cicero)

한국의 대법원 앞에 새겨져 있는 자유, 평등, 정의의 세 글씨, 과연 저 단어들은 우리에게 무엇을 의미하는 것일까? 왜 대법원은 이 세상에 많고 많은 말 가운데서 하필 자유와 평등과 정의라는 세 단어를 정면에 새겨 넣었을까? 우리에게 과연 자유와 평등과 정의는 존재하고 있는 것일까? 기독교는 여기에 대해 무엇을 말할 수 있고 말해야만 할까?

기독교와 정의의 문제를 연구하기 위해 성서를 들추면 가장 먼저 아리스토텔레스가 나오는 것이 아니라 '눈에는 눈, 이에는 이'라는 탈리오의 법이 들어 있는 모세율법이다. 물론 탈리오의 원칙이 모세율법 정신의 모든 것은 아니다. 그러나 악과 죄를 처벌하는 것이 율법의 일차적인 사명임에는 틀림없다. 모세율법의 이러한 일차적 요구를 우리는 **응보적 정의**(retributive justice)라고 부른다.

　이에 따라 사람을 죽인 자는 반드시 죽여야 하며(출 21:12), 소나 양을 도둑질하여 팔았다면 이 사람은 소 한 마리당 다섯 마리의 소로 배상해야 한다(출 22:1). 여기서 야훼 하나님은 최고의 공정한 재판장으로 소개된다. "나는 악인을 의롭다 하지 아니하겠노라(출 23:7)." 야훼는 선한 일을 한 자에게는 보상을 주고, 악한 일을 한 자에게는 벌을 주는 공정한 재판장이다(시 7:11, 딤후 4:8). 그의 판결은 절대적으로 공정하다(시 119:137).

　이번 장의 목표는 기독교적 정의의 첫 번째 차원으로서 율법에 나타난 응보적 정의를 살펴보는 것이다. 왜냐하면 성서를 통해 우리가 처음 만나게 되는 정의 관념은 *선한 자에게는 상을 주고 악한 자에게는 벌을 주라*는 응보적 정의이기 때문이다. 이 관념은 또한 지금의 현대세계가 가지고 있는 사법적 정의(juridical justice)의 기초이다.[1]

---

1) 장영익, 「범죄, 형벌 그리고 인권」, 『법과 사회정의』(서울: 이화여대출판부 2000), 129.

3.1 사형 제도와 응보적 정의
– 사형은 기독교적인가, 반(反)기독교적인가?

> 인간의 생명을 부정하는 등의 범죄행위에 대한 불법적 효과로서 지극히 한정적인 경우에만 부과되는 사형은 죽음에 대한 인간의 본능적 공포심과 범죄에 대한 응보욕구가 서로 맞물려 고안된 "필요악"으로서 불가피하게 선택된 것이며 지금도 여전히 제 기능을 하고 있다는 점에서 정당화될 수 있다.
>
> — 한국 헌법재판소 판결문(1996)

이번 강의의 목표는 사형 제도를 통하여 응보적 정의에 대해 살펴보는 것이다. 죄수의 생명을 앗아가는 형벌인 사형은 '공평한 보응'이라는 생각 위에 서 있다. 의도적으로 타인을 살해한 자는 법정에서 사형을 언도받고 일정 시간이 지나면 형장에서 '처형'된다. 이것은 두말할 필요 없이 '눈에는 눈, 이에는 이'라는 탈리오의 원칙이다. 다른 사람을 죽인 자는 죽어 마땅하며 그것이 정의라는 관념은 오래전부터 인간을 지배해왔다.

모세율법 또한 고대 세계의 다른 법들처럼 분명하게 사형을 명한다(출 21:12, 15, 18, 19). 기독교인은 성경의 요구를 최고의 규범으로 생각한다. 그렇다면 모든 그리스도인은 이구동성으로 사형을 찬성해야만 하는가? 그리스도인으로서 사형 제도에 찬성하지 않는 것은 성경의 권위에 도전하고 하나님의 말씀을 거역하는 것인가?

그러나 문제는 그렇게 단순해 보이지 않는다. 기독교는 유대교가 아니며, 그리스도인은 유대인이 아니라는 사실이 무엇보다 중요하다. 그리스도인은 모세를 추종하는 사람들이 아니라 그리스도를 믿고 따르는 사람들이다. "율법"은 모세에게서 왔지만 "은혜와 진리"는 예수 그리스도에게서 왔다(요 1:17). 그렇다면 그리스도인은 간음한 여인에게 돌을 던지라는 모세율법을 따라야 할까, 아니면 그 여인을 용서해준 예수를 따라야 할까?

사형: 정의의 최후 '보루'인가, 없어져야 할 마지막 '야만성'인가?

사형 제도를 찬성하는 측의 핵심적이고 전통적인 논거는 "눈에는 눈, 이에는 이"라는 탈리오의 법이다. 사람을 죽였으니 죽어 마땅하다는 논리이다. 모세율법에 의하면 원고, 즉 살인을 통해 피해를 당한 사람은 피고, 즉 살인자를 직접 죽이도록 규정한다(민 35:19). 예컨대 누가 만일 내 형제를 죽였다면 내가 직접 그 살인자를 죽임으로 복수하는 것이다. 시간이 지나고 어느 정도 정치체제가 완성되어 사법제도가 형성됨으로써 이러한 원초적인 개인의 직접적인 보복 살해는 '국가의 살해'라는 간접적이 방식으로 대체되었고, 이는 지금도 여전히 많은 국가에서 실행되고 있다.

1996년 11월 28일 우리나라의 헌법재판소는 사형제를 합헌으로 결정하면서 다음과 같은 주문을 발표했다.

> 모든 인간의 생명은 자연적 존재로서 동등한 가치를 갖는다고 할 것이나 그 동등한 가치가 서로 충돌하게 되거나 생명의 침해에 못지아니한 중대한 공익을 침해하는 등의 경우에는 국민의 생명·재산 등을 보호할 책임이 있는 국가는 어떠한 생명 또는 법익이 보호되어야 할 것인지 그 규준을 제시할 수 있는 것이다. 인간의 생명을 부정하는 등의 범죄행위에 대한 불법적 효과로서 지극히 한정적인 경우에만 부과되는 사형은 죽음에 대한 인간의 본능적 공포심과 범죄에 대한 응보욕구가 서로 맞물려 고안된 "필요악"으로서 불가피하게 선택된 것이며 지금도 여전히 제 기능을 하고 있다는 점에서 정당화될 수 있다. 따라서 사형은 이러한 측면에서 헌법상의 비례의 원칙에 반하지 아니한다 할 것이고, 적어도 우리의 현행 헌법이 스스로 예상하고 있는 형벌의 한 종류이기도 하므로 아직은 우리의 헌법질서에 반하는 것으로 판단되지 아니한다.[2]

---

2) http://www.deathpenalty.or.kr/downloads/?&uboard={viewPoint,downloads,body,21,10}

우리는 위의 주문에서 사형을 정당한 것으로 주장하는 세 가지 근거를 보게 되는데, 다음에서 우리는 이러한 근거들을 신학적인 관점에서 비판적으로 조명할 것이다.

첫째, 사형은 범죄에 대한 응보욕구를 만족시킨다. 다시 말해 피해자의 원한을 해소한다는 것이다. 사랑하는 가족이 살해되었다면 누구나 슬퍼할 것이고 당연히 원한과 복수의 감정을 갖게 된다. 과거에는 이를 탈리오의 원칙을 통해 직접적인 방식으로 해소했다. 살인자를 죽임으로써, 즉 복수함으로써 피해자의 원한의 문제는 해결된다. 이러한 복수의 감정이 얼마나 강력한지 시편의 기자들은 하나님을 "복수하시는 하나님"이라고까지 부른다(시 94:1).

둘째, 사형은 "비례의 원칙"과 모순되지 않는다. 다시 말해 위법한 행동에 비례하는 처벌을 주었으므로 이는 공정한 것이고 정의를 실현한다는 것이다. 그래서 국가는 법의 공정함과 엄정함의 이름으로 살인자를 사형에 처함으로써 사회정의를 구현한다.

셋째, 아울러 국가는 국민들이 사형집행을 통해 공포감을 느끼기에 살인죄의 비율이 현격히 줄어들 것이라고 기대한다. 물론 극소수의 예외가 있기는 하지만, 현대의 국가는 과거처럼 공개적인 장소에서 사람들이 보는 가운데 죄수를 처형하지는 않는다. 그러나 사형집행을 공지하는 간접적인 방식으로 이러한 효과를 노린다.[3]

이처럼 사형 제도를 지지하는 측은 대체로 사형이 "인과응보"를 통해 정의를 실현하고 살인죄 비율을 저하시키는 효과가 있다고 주장한다. 물론 살인자를 종신형에 처했을 때 들어가는 비용보다 즉각 죽이는 것이 돈이 덜 든다는 매우 천박해 보이지만, 납세자들에게는 호소력이 있을 수 있는 근거를 제시하기도 한다.

한편 사형 제도를 폐지하자는 측은 살인자를 죽인다고 해서 과연 피

---

3) 참조: 푸코, 『감시와 처벌』, 36. 푸코는 권력이 죄수를 광장에서 공개적으로 고문하는 것을 대중에게 보여줌으로써 어떻게 지배권을 확고히 하고자 하는가를 분석한다.

해자의 원한의 문제가 풀리고, 사회정의가 실현되며, 살인죄의 비율이 현저히 줄어들 수 있을는지 의문을 표시한다. 강력한 사형 제도를 실행하고 있는 중국의 살인죄 비율이 사형 제도를 폐지한 독일의 그것보다 현저히 낮다는 객관적인 증거는 아직 없다. 정치적인 관점에서, '인권의 전도사'로 자처하는 미국 정부가 자국의 죄수를 처형하면서 중국이나 북한의 인권상황에 대해 이래라 저래라 할 자격이 있는가라고 묻기도 한다. 철학적인 관점에서, 죄수를 공개적으로 처형해서 얻는 사회정의가 과연 진정한 의미에서의 정의인가 질문이 제기된다.

역시 사형제 폐지의 가장 강력한 이유는 '국가에 의한 살해'가 과연 정당화될 수 있는가이다. 오심의 가능성은 차치하고서라도 국가가 대신 살인자를 처형하는 것은 마지막 남은 '야만적' 탈리오의 법이라는 것이다. 살인자를 처형하는 것과 도둑질하는 사람의 손을 자르는 게 다를 것이 없다는 주장이다. 그래서 국제 인권단체인 엠네스티(Amnesty)는 사형을 "인간의 기본권인 생명권을 침해하고, 잔인하고 비인간적이며 굴욕적인 처벌(the ultimate cruel, inhuman and degrading punishment)이라고 주장한다.[4]

자, 이제 우리의 상황으로 돌아와 보자. 그리스도인으로서 우리는 사형 제도를 어떻게 봐야 하나? 교회는 사형 제도를 반대해야 하는가, 아니면 찬성해야 하는가? 한국교회 내에서도 입장은 분명하게 엇갈린다. 보수적 성향의 한국기독교총연합(한기총)은 '성경적' 근거를 내세워 사형을 찬성한다. 반면, '진보적' 성향의 한국기독교협의회(KNCC) 또한 '성경적' 근거를 들며 사형을 반대한다. 그러면 도대체 무엇이 성경적 입장인가? 가장 먼저 사형에 대한 성경의 입장이 과연 무엇인지 검토해보자.

---

4) http://www.amnesty.or.kr/b_news/b0202_view.htm?method=boardView&boardid=b0202& boardno=218&threadno=13000

사형 제도는 '성경적'인가?

의심의 여지없이 구약성경, 특히 모세율법은 특정한 죄에 대해 사형을 명한다. 대표적으로 사람을 죽인 죄(출 21:12), 부모를 구타하거나 저주하는 죄(출 21:15), 무당 및 짐승과 행음하는 죄(출 22:18~19), 다른 신을 경배하는 죄(출 22:20), 간음죄(신 22:25) 등에 대해 모세율법은 사형을 명한다. 결코 적지 않은 그리스도인들이 이 구절을 '문자 그대로' 혹은 '일점일획도 변함없이' 21세기의 지금 상황에 적용시키려 한다. 그것이 믿음이 좋은 것이며 성경을 진심으로 사랑한다고 생각한다. 말씀에 대한 신실성은 물론 칭찬할 만한 것이지만 이러한 근본주의적 태도는 매우 심각한 문제를 발생시킨다. 첫째는 **성경해석의 문제**, 즉 신학적인 문제이고, 둘째는 **윤리적인 문제**이다.

윤리적인 문제부터 생각해보자. 21세기의 한국에 사는 그리스도인은 실제로(de facto) 어떤 법의 지배를 받고 있는가? 수천 년 전의 모세율법인가, 아니면 대한민국의 헌법인가? 어떤 교회의 성도 자녀가 아버지를 구타했다면 이 교회는 그 자녀를 소환해 모세율법에 따라 죽여야 하는가? 모세율법이 무당을 죽이라 했으므로 신실한 그리스도인은 손에 칼을 들고 무당을 찾아 전국을 헤매고 다녀야만 하는가? 이것이 하나님이 그리스도인에게 정말로 원하는 것이고 그리스도인이 성경을 진정으로 사랑하는 방식일까? 그런데 우리 가운데 어떤 그리스도인도 그렇게 하지는 않는다. 왜 그러한가? 성경이 그렇게 하라고 하는데 왜 그리스도인은 그렇게 하고 있지 않는가?

우리는 사실적으로 대한민국의 헌법의 지배를 받고 있다. 성경과 교회의 권위는 **영적인 힘**에 근거한다. 하나님의 말씀은 **영적으로** 우리를 지배한다. 서양에서는 16세기에 종교개혁을 거치면서 정치와 종교, 국가와 교회가 분리되었다. 정치적이고 법적인 통치권은 "그리스도의 왕국"인 교회가 아닌 "세상의 왕국"인 국가에 있다.[5] 그러므로 그리스도인은 두 왕국의 시민이다. 그리스도인은 한 국가의 시민으로서 그 국가의 법을 지키며, 그 법은 그리스도인에게 강제력과 함께 외적으로 작용한다. 동시에 그리스도인은 교회의 성도로서 교회의 법을 지킨다. 그러나 교회의 법은 그리스도인의 양심과 내면을 지배하고, 그리스도인은 자발적으로 순종함으로써 그 법을 받아들인다.

단적인 예를 들어보자. 국세를 내지 않으면 그리스도인은 세법에 의해 처벌을 받는다. 그러나 교회에 십일조를 내지 않았다고 해서 교회가 그 사람에게 벌금을 물리거나 사설감옥에 집어넣을 수는 없다. 현재 한국의 대다수 장로교회가 기본적인 신조로 채택하고 있는 <웨스트민스터 신조>는 **세상 정부에 대한 그리스도인의 의무**에 대해 다음과 같이 말한다.

> 공직자를 위하여 기도하고 저를 존중하고 세금이나 그 외의 다른 의무들을 수행하며 저들의 합법적인 요구에 복종하면서 저들의 권위에 순종하는 것은 사람들의 의무이다. 양심상 신앙이 없거나 종교가 다르다고 할지라도 공직자가 공의와 합법적인 권위로 하는 일은 피할 길이 없고 공직자에 대한 국민의 당연한 복종이 면제되는 것도 아니며 이러한 일에 교직자가 예외적으로 취급될 수도 없는 일이다(WC 23.4).

요컨대 그리스도인은 한 국가의 시민으로서 그 국가의 권위를 존중하고 법을 지키는 의무를 갖는다. 그러나 그리스도인의 이 시민적 의무는 하나님의 법과 상충되지 않는다. 왜냐하면 시민법은 그리스도인의 외적인 생활을 규정하는 반면, 하나님의 법은 내적이고 영적인 생활을 명령하기 때문이다.[6]

---

5) Martin Luther, "Von weltlicher Obrigkeit, wie weit man ihr Gehorsam schuldig sei"(1523), in *WA* 11, 251.
6) Luther, 같은 책, 256. Calvin, Inst IV.20.17.

사형에 대한 성경해석의 문제

　다음으로 **성경해석의 문제**, 곧 신학적인 문제도 생각해보자. 모세율법은 무당을 죽이라고 명한다(출 22:18). 어떻게 해석할 것인가? 가장 손쉬운 방법은 아무 고민 없이 '아멘' 하고 그대로 하면 된다. 그러나 이것이 올바른 해석일까? 성경해석은 매우 전문적인 작업이고 성서를 올바로 해석하기 위해서는 오랜 시간의 훈련과 연습이 필요하다. 만일 성경을 문자 그대로만 받아들여 적용하는 게 옳은 것이라면 대한미국에 있는 그 많은 신학대학과 신학교는 문을 닫아야 할 것이다. 해석 없이 문자 그대로 받기만 하면 되는데, 뭐 하러 시간과 돈을 투자해 '신학'을 배우겠는가? 그러나 이렇게 생각하는 사람은 다행히도 매우 극소수이다.

　구약성경에 대한 축자적 해석은 **구약과 신약의 동질성과 차이성**이라는 매우 복잡하고 미묘한 신학적 문제에 부딪히게 된다. 우리에게는 구약만 있는 게 아니라 신약이 있다. 신약성경은 구약성경과의 연속성 가운데 있다. 구약을 모르면 신약을 당연히 제대로 이해할 수 없다. 그러나 신약은 구약과는 다른 차원의 것을 우리에게 요구한다. 전문적인 신학교육을 받지 않은 사람이라도 구약은 '그림자'이지만 신약은 '실체'이고, 구약이 '약속'이라면 신약은 '성취'라는 말은 들어보았을 것이다. 결론적으로 매우 압축적으로 말한다면 모든 성경은 '예수 그리스도 중심으로' 해석되어야 한다. 왜냐하면 구약의 예언은 본질적으로 그리스도를 향하기 때문이다(눅 24:27). 그러므로 **그리스도의 사건과 말씀**이 성경해석의 최종적 권위이며, 이에 따라 *구약의 율법과 예언은 그리스도의 복음의 빛 가운데서 해석되고 적용되어야 한다.*[7] 그래서 <웨스트민스터 신조> 제20장 "그리스도인의 자유와 양심의 자유(Of Christian liberty and liberty of conscience)"는 다음과 같이 천명한다.

---

7) Inst Ⅱ.11.4

……그리스도인의 자유는 율법 아래에서 유대교회가 예속되었던 의식적 율법의 멍에로부터 그들이 자유롭게 되고, 더욱 담대하게 은혜의 보좌에 나아가며, 신자들이 율법 아래에서 일상적으로 함께하였던 것보다 더욱더 자유롭게 하나님의 영과 온전한 대화를 갖는 데까지 이르게 되었다.

여기서 유대교인과 그리스도교인의 차이가 분명해진다. 그리스도인은 모세율법을 따르는 사람들이 아니라 그리스도의 말씀과 계명을 따르는 사람들이다. 그리스도인들은 "의식적 율법의 멍에"에서 해방되어 자유를 얻었다(롬 7:6, 8:1~2). 그들은 새로운 생명과 새로운 삶을 선물 받은 자들이다(고후 5:17). 따라서 모세율법의 조항을 문자 그대로, 축자적으로 해석하는 것은 바울이 애타게 호소한 대로 그리스도의 죽음을 헛되게 만드는 것이며(갈 4:11) 결국에는 이단 사이비와 다를 바 없다. 그러므로 모세율법 조항을 근거로 사형 제도가 성경적이라고 주장하는 사람들은 기독교보다는 유대교에 가깝다고 할 수 있다.[8] 왜냐하면 예수는 간음하다 현장에서 체포된 여인에게 율법에 따라 투석형이 아닌 용서를 해주고 있기 때문이다(요 8:5~7).

이제 이러한 신학적 기초 위에서 사형과 응보적 정의의 문제를 심층적으로 검토해보자. 앞에서 우리는 사형 제도가 적어도 세 가지 목표를 갖고 있다고 말했다. 그것들은 첫째로 피해자의 피해와 원한을 **보상**해주는 것이고, 둘째로 가해자를 처벌함으로써 **사회정의**를 실현하는 것이며, 셋째로 공포심을 유발시켜 살인죄의 계속적인 **재발**을 방지하는 것이다. 이제 응보욕구와 사회정의의 실현과 범죄의 재발 방지라는 이러한 쟁점들을 살펴보자.

8) 참조: 이승구, 『광장의 신학』(서울: 합신대학원출판부, 2011), 122.

쟁점-1: 살인자를 죽이면 응보욕구가 만족되는가?

사형제를 찬성하는 측은 응보적 정의를 내세운다. 타인의 존귀한 생명을 빼앗았으니 그 살인자의 생명을 빼앗는 것은 공평하다. 이를 통해 피해자의 복수심은 충족된다. 이것이 정의라는 것이다. 피해자는 보복을 해야 하고, 가해자는 합당한 벌을 받아야 한다. 이 책의 서두에서 우리는 도덕과 법에 대해 아직 체계적인 교육을 받지 않은 아이들이 문제가 생겼을 때 어떻게 피해자와 가해자를 구분해 그 문제를 해결하려 하는지를 살펴보았다. 도덕적이고 법적인 딜레마의 중심에는 늘 당사자, 즉 피해자와 가해자가 있기 마련이며, 정의란 이 문제를 어떻게 풀 것인가라는 과정 가운데 있다.[9]

살인의 경우 피해자는 대개 사랑하는 가족을 상실했다는 매우 큰 슬픔에 빠지며, 살인자에 대한 분노와 복수의 감정을 갖는다. 만일 살해당한 사람이 가장이라면 이 가족은 경제적으로도 엄청난 위기에 직면하게 될 것이다. 살인을 통해 발생한 피해자의 이러한 심리적·경제적·사회적 피해는 보상되어야만 한다. 모세율법은 가장 원초적이고 확실한 방법, 곧 피해자가 살인자를 직접 '처단'하게 함으로써 이 문제를 해결하게 한다. 그리고 여기서 하나님은 이러한 해결의 정당성의 근원이다. "나는 악인을 의롭다 여기지 아니하겠노라(출 23:7)." 그런데 만일 어떤 사람이 사랑하는 나의 가족을 살해했는데도 처벌은커녕 오히려 떵떵거리며 잘 살고 있다면 어떻게 될까? 당연히 피해자들은 심한 좌절과 분노를 느낄 것이며, 사람들은 정의가 땅에 떨어졌다고 한탄할 것이다. 그러므로 살인자를 잡아서 처형하는 사형은 '필요악'이라는 주장이 설득력을 얻게 되는 것이다. 정말 그러한가?

---

9) 지라르, 『폭력과 성스러움』, 29. "복수는 스스로 다른 복수를 청하며 모든 복수는 새로운 복수를 부른다. 복수가 벌하는 그 죄악은 거의 항상 자신을 첫 번째 죄악으로 여기지 않고, 자신을 더 원초적인 죄악에 대한 복수로 여기고 있다."

바로 이 질문에서 우리는 성경적이고 신학적인 정의개념의 새로운 차원이 열린다는 사실을 보게 된다. 그것은 **응보적 정의**(retributive justice) 를 넘어서는 **회복적 정의**(restorative justice)이다. 결론부터 말하자면 기독교의 본질은 '눈에는 눈, 이에는 이'라는 동해보복과는 다른 차원에 있어야 한다. 기독교의 본질은 '복음'이다. 복음이란 그리스도께서 모든 사람의 죄를 대신 지고 십자가에서 죽으시고 다시 살아나심으로써 하나님이 죄인인 인간, 패역한 세상과 화해하셨다는 '기쁜 소식'이다 (고후 5:18~19). 하나님은 우리에게 **보복**(Vergeltung)이 아닌 **화해** (Versöhnung)를 명하시며, 기독교의 복음은 본질적으로 '보복의 소식' 이 아니라 **화해의 소식**이다.[10] 세상에 화해의 소식을 전하는 게 우리의 사명이다. 살인자를 잡아서 처형하는 게 기독교적 정의의 전부일까? 만일 진정 그러하다면 복음과 형법은 결국 같은 것이 아닌가?

복수가 아닌 화해가 복음의 본질이라면 교회는 먼저 피해자와 가해자 사이의 **화해문제**에 근본적인 관심을 쏟아야 한다. 타고난 살인마라도 그 역시 그리스도의 복음이 필요한 '잃어버린 양'이요, '불쌍한 죄인'이다. 몇몇 극소수의 정신질환자를 제외하고 살인을 취미나 심심풀이로 하는 사람은 거의 없을 것이다. 대개 복잡한 인간관계가 얽히고설켜서 결국 살인이라는 극단적인 행동까지 가기 마련이다. 살인자를 죽인다고 해서 이 복잡한 관계가 모두 해소되는 것은 아니다. 이러한 맥락에서 복수와 처벌에 주된 관심을 두는 응보적 정의보다는 피해자와 가해자 사이의 관계회복에 근본적인 관심을 두는 회복적 정의가 기독교의 본질적인 정의 관념에 가깝다고 할 수 있다.[11] 물론 그렇다고 해서 이것이 죄를 처벌하는 응보적 정의의 폐기를 주장하는 것은 아니다.

---

10) KD IV/1, 25. 비교: 스토트, 『그리스도의 십자가』, 79.
11) 하워드 제어, 『회복적 정의란 무엇인가』, 손진 옮김(서울: KAP, 2010), 21.

쟁점-2: 살인자를 죽이면 '사회정의'가 실현되는가?

　사형 제도에 대한 찬반논쟁에 있어 두 번째 쟁점은 '사회정의 실현'의 문제이다. 눈에는 눈, 이에는 이의 원칙에 따라 살인자를 죽이지 않으면 사회정의가 땅에 떨어진다는 논리는 물론 틀린 말은 아니다. 이것은 인간에게 거의 생득적인 인과응보(因果應報)의 생각이다. 이것은 잘한 사람에게는 상을 주고, 잘못을 저지른 사람에게는 벌을 주는 권선징악(勸善懲惡)의 오래된 관념에 기초한다. 기본적으로 응보적 정의는 이 위에 서 있다.12) 의인이 고난을 당하고 반대로 악인이 띵띵거리며 사는 것을 옳다고 말할 사람은 아무도 없을 것이다. 그런데 실제 우리의 삶에서 이러한 일은 심심치 않게 일어난다.

　'고난당하는 의로운 자'는 성경의 중요한 테마 가운데 하나이다. 특히 주전 7세기 남유다의 선지자 하박국은 이 주제를 정면으로 다룬다. 선지자는 신에게 처음부터 도전적인 질문을 던진다. "여호와여 내가 부르짖어도 주께서 듣지 아니하시니 어느 때까지리이까 내가 강포로 말미암아 외쳐도 주께서 구원하지 아니하시나이다(합 1:2)." 지금 예루살렘은 심각한 위기 가운데 있다. 무시무시한 바벨론의 군대가 예루살렘을 포위하기 위해 진군해오고 있다. 이 군대의 군마는 "표범보다 빠르고 저녁 이리보다 사나우며" 그들의 마병은 "마치 먹이를 움키려 하는 독수리의 날음"과 같다(1:8). 이러한 절망적인 정치적 상황 속에서 경건한 선지자는 하나님께 호소하지만 아무 소용이 없다. 예루살렘은 극도의 공포와 혼란과 무질서에 사로잡혔다. 결국 선지자는 절망적인 음성으로 탄식한다. "이러므로 율법이 해이하고 정의가 전혀 시행되지 못하오니 이는 악인이 의인을 에워쌌으므로 정의가 굽게 행하여짐이니이다(1:4)." 선지자 하박국은 일단 이러한 위기가 이스라엘의 내부적인

---

12) Pollock, *Ethical Dilemmas & Decisions in criminal Justice*, 123.

죄에서 왔으며 바벨론은 이러한 죄를 심판하는 야훼의 도구임을 인정한다. 그러나 그렇다고 해서 지금의 이 불의한 상황이 다 납득되는 것은 아니다. 선지자는 계속 항변한다. "주께서는 눈이 정결하시므로 악을 차마 보지 못하시며 패역을 차마 보지 못하시거늘 어찌하여 거짓된 자들을 방관하시며 악이 자기보다 의로운 사람을 삼키는데도 잠잠하시나이까(1:13)." 바로 이것이 하박국의 항변의 요지이다.

하나님은 정의로운데 왜 세상에는 불의와 악이 일어나 무죄한 자들이 고통을 당하는가? 우리는 이를 **신정론**(神正論, theodicy)이라고 부른다. 신정론의 두 축은 **신의 정의**와 **악의 실체성**이다.[13] 하박국은 현실 세계에서 일어나고 있는 불의와 악을 신에게 고발한다. 불의가 정의를 이기고, 악한 자들이 선한 자들을 압제하고 있는데 신은 왜 방관하며 침묵하고 있는가? 신정론이 전제하고 있는 생각은 *의인은 상을 받아야 하며, 악인은 벌을 받아야 마땅하다*는 것이다.

분명 악이 처벌받지 못하는 사회는 정의로운 사회가 아니다. 1980년 5월 광주민주화운동을 생각해보자. 광주시민들은 민주화를 외치며 시위를 벌이다가 당시 권력을 쥐고 있던 신군부 세력에 의해 많은 시민이 무참히 학살당하고 만다. 계엄군과 공수부대가 저지른 만행은 차마 눈 뜨고 볼 수 없는 참혹함 그 자체였다. 광주시민을 무참히 살육한 권력이 정당성도, 정통성도 없는 정부를 출범시키면서 내건 구호가 '정의사회 구현'이었다는 게 참으로 아이러니하다.

늦은 감이 있었지만 1996년 한국 검찰은 전두환, 노태우 두 전직 대통령을 포함해 16명을 기소했는데, 1997년 대법원은 이들에게 "반란수괴·반란모의참여·반란중요임무종사·불법진퇴·지휘관계엄지역수소이탈·상관살해·상관살해미수·초병살해·내란수괴·내란모의참여·내란중요임무종사·내란목적살인·특정범죄가중처벌 등에 관한 법률(뇌물) 위반"이라는—읽기도 힘든—죄목을 들어 사형을 확정하였다.[14] 처음에 "성공한 쿠데타는 처벌할 수 없다"던 듣도

---

13) Peter H. Erdmann, *Theodizee. Eine allgemeine Einführung*(Nordstadt: Grin, 2004), 3.

14) http://glaw.scourt.go.kr/jbsonw/jbsonc08r01.do?docID=35129A9B850E40EAE0438C013

보도 못하던 입장에서 매우 진일보한 것이며, 명백한 악을 법정에 세워 처벌했다는 점에서 정의는－형식적으로－실현되었다고 말할 수 있겠다.

그러나 법정에서 사형을 구형했다고 해서, 악인을 형식적으로 벌주었다고 해서 피해자의 모든 감정적·도덕적·경제적 문제가 다 해결되는 것일까? '시민학살의 가해자'로 사형을 언도받은 이들이 얼마 후 모두 풀려나 여전히 기득권과 특권을 누리며 살고 있다는 사실은 어떻게 받아들여야 하나? 더욱이 1997년 사형수 23명에 대한 형이 집행되었는데, 이것은 현재까지는 한국에서의 마지막 사형 집행이다. 여기서 당연히 문제가 불거진다. 모두 법원에서 사형을 언도받았는데, 누구는 곧 풀려나고 누구는 형이 집행되는 것이 과연 공평한 사법적 정의인가? 처벌과 보상이 과연 피해자들이 원하는 것의 전부일까? 그래서 1980년 5월 광주의 비극은 여전히 현재 진행형으로 보인다.

악은 처벌받아야 마땅하며 범죄자는 그에 합당한 형벌을 받아야 한다. 성경은 "하나님은 의로운 재판장"이라고 분명하게 말한다(시 7:11). 의로운 재판장 하나님은 '공정'하다. 악인에게는 벌을, 의인에게는 보상을 주신다. 따라서 사형제를 반대한다는 것은 악을 처벌하자는 것 자체를 반대하는 것이 아니다.[15] 사형이라는 형벌방법, 곧 인간의 생명을 법의 이름으로 죽이는 형벌은 '인간의 한계'를 넘어선다. 우리는 성경적 입장에서 다음과 같이 말할 수 있다. 아무리 극악무도한 살인자라해도 인간으로 태어난 이상 인간은 인간에게 죽음을 선고할 권리가 없다. *왜냐하면 생명의 주인은 인간이 아니라 하나님이기 때문이다.* 이러한 신학적 원칙에 따라 그리스도인은 인간의 생명을 인위적으로 끊는 모든 행위, 곧 사형, 안락사, 낙태에 대해 분명한 반대를 표명해야 한다.[16] 법은 죄인에게 형벌을 선고할 수 있으며 선고해야만 한다. 그것

98240EA&courtName=&caseNum=96도3376&pageid=#

15) 이승구, 『광장의 신학』, 128

은 "신적인 질서"의 한 부분임을 우리는 인정한다. 그러나 인간에게는 인간에게 죽음을 선언할 권리는 없다. 그것은 인간의 한계를 넘어서 신의 영역에 도전하는 것과 다를 바 없다.[17]

쟁점-3: 사형집행은 살인죄의 비율을 감소시키는가?

마지막으로 생각할 문제는 사형 제도의 '실용적 효과'에 관한 것이다. 많은 사람은 사형이 사람들에게 공포심을 유발시켜 살인죄의 비율이 줄어들 것이라고 생각하며, 이것은 사형제 유지에 대한 정당성의 중요한 근거이다. 그러나 과연 정말 사형집행이 살인죄의 비율을 감소시키는가? 여기에 대해 대한민국 국가인권위원회는 다음과 같이 반박하고 있다.

> 그러나 사형의 존재 및 집행이 그 주된 정책적인 목적인 범죄억제(일반예방)의 효과를 발휘하는지의 여부에 관하여는 확실하게 검증된 바가 없다. 실제로 UN은 1988년과 2002년도에 사형의 범죄예방효과에 대하여 조사한 결과 사형 제도가 살인억제력을 가진다는 가설을 수용하는 것은 신중하지 못하며, 사형 제도를 폐지하더라도 범죄율 등과 관련하여 사회에 급작스럽고 심각한 변화가 일어나지는 않을 것이라고 결론지은 바 있다(Roger Hood, The Death Penalty: Worldwide Perspective, Oxford University Press, 3rd ed., 2002, 214면). 이와 같은 결과는 우리나라에서도 마찬가지이다. 정부는 1997년에 살인사건이 789건이나 발생하자 이에 대한 예방의 차원에서 23명의 사형수를 처형하였다. 그럼에도 불구하고 우리 사회에서 살인사건 발생은 억제되지 않아 그다음 해인 1998년에는 살인사건 발생건수가 오히려 전년도보다 177건이나 증가한 966건에 달했다. 이와 같이 확실하게 검증되지 않는 추측만으로 인간의 생명을 박탈하는 것은 인간의 존엄과 가치를 최고의 규범으로 하고 있는 현행 「헌법」의 취지에 부합되지 않는다.[18]

---

16) 강영안, 『십계명 강의』, 219.

17) H. Thielicke, *Wer darf sterben?*(Freiburg: Herder, 1979), 58.

18) 국가인권위원회, "사형 제도에 대한 위헌법률심판제청사건(2008헌가23)에 관한 의견제출서"(2009. 7.

아직까지 위와 같은 국가인권위원회의 주장을 뒤집을 자료는 발견되지 않고 있다. 사형집행이 실제로 별 실효가 없다는 계산적인 생각 보다 더 근본적인 것은 사람들에게 공포심을 준다는 발상이다. 죽음은 인간이 갖는 가장 극심한 공포심이다. 어느 누구도 죽음의 공포에서 자유로울 수 없을 것이다. 죽고 싶지 않은 것, 살고 싶은 것은 도덕이나 윤리가 아니라 본능이다. 인간의 원초적이고 동물적인 본능을 이용해 국가가 어떤 목적을 이루려 한다는 발상이 21세기의 지금 '민주적 법치국가'에서 과연 정당성을 얻을 수 있는가?[19]

로베스피에르(Robespierre)가 대표하는 공포정치는 역사적으로 보자면 정당성이 취약한 정권이 즐겨 사용하는 통치방법이다. 공포와 폭력이 아니면 더 이상 국민을 통치할 방법이 없기 때문이다. 이 방법은 지금도 여러 독재국가에서 즐겨 사용된다. 성경에 나오는 솔로몬왕의 아들 르호보암의 경우를 살펴보자.

역사상 가장 지혜로운 왕으로 유명한 솔로몬은 아버지 다윗의 정치적 성과를 효과적으로 계승해서 팔레스타인에 강력한 이스라엘 왕국을 건설하였다. 그러나 무리한 건축사업과 무분별한 종교적 혼합정책은 솔로몬 말기에 정치적이고 종교적인 위기를 촉발시키고 말았다. 마침내 모순은 그의 죽음과 함께 폭발했고, 이스라엘의 민중은 솔로몬을 이어 왕이 된 르호보암에게 과다한 노역과 세금의 감면을 요구했다(왕상 12:4). 아직 정치적 경험이 일천한 르호보암은 연륜이 풍부한 부왕의 자문위원들에게 도움을 청하자 이들은 이렇게 충고한다. "왕이 만일 오늘 이 백성을 섬기는 자가 되어 그들을 섬기고 좋은 말로 대답하여 이르시면 그들이 영원히 왕의 종이 되리라(7절)." 그러나 호화로운 궁중에서 자라난 철부지 귀족의 자제들은 어린 왕에게 이렇게 대답하라고 충고한다. "내 아버지는 채찍으로 너희를 징계하였으나 나는 전갈 채찍으로 너희를 징계하리라(11절)." '섬김'과 '채찍' 사이에서 솔로몬시대의 찬란한 영화 속

6), 11-12.

19) 참조: 위르겐 하버마스, 『사실성과 타당성』, 한상진·박영도 옮김(서울: 나남, 2007), 195.

에서 자라난 르호보암은 채찍을 선택했고, 결국 지중해의 강력했던 이스라엘 왕국은 두 국가로 분열되어 나중에 모두 지리멸렬하는 운명에 처하게 된다. 그래서 성경의 역사가는 솔로몬이 아닌 다윗을 이상적인 통치자로 평가한다. 왜냐하면 다윗은 백성을 채찍과 전갈이 아닌 "정의와 공의(צדקה ומשפט)"로 다스렸기 때문이다(삼하 8:15).[20]

국민들에게 공포를 주어 무언가를 얻으려 한다는 발상은 국가와 통치의 도덕적 정당성, 곧 정의의 원칙을 스스로 포기했다는 것과 별반 다르지 않다. 굶주린 주민을 통제하기 위해 시장에서 죄수를 공개 총살하는 북한정권과 사형집행을 통해—물론 형 집행을 공개하지는 않지만—죽음에 대한 공포심을 일으켜 살인죄의 비율을 하락시키겠다는 발상 사이에 무슨 차이가 있을까?

전환: 누구든지 죄 없는 자가 돌로 치라

이제 우리는 여기서 한 가지 질문을 던짐으로써 토론의 전환을 시도하고자 한다. 그렇다면 인과응보에 따라 처벌하는 것만이 정의를 실현하는 길일까? 반드시 살인자를 죽여야만 피해자의 응보욕구가 해소되는 것일까? 우리는 요한복음 8장에 나오는 간음한 여인에 대한 예수의 태도에서 문제해결의 한 실마리를 발견한다.

유대인들이 간음한 여자를 끌고 예수 앞으로 데려온다. 살기등등한 이들은 이렇게 주장한다. "이 여자는 간음하다가 현장에서 우리에게 붙잡혔소. 모세율법에 의하면 간음한 여자는 돌로 쳐 죽이라 되어 있소. 당신도 이를 모르지는 않을 것이오. 물론 우리 모두가 이 범죄의 증인이오. 당신도 이를 반대하지는 못할 것이오." 이들의 주장은 칸트식으로 말하자면 '적법'하다. 간음한 여자를

---

20) M. Witte, *Ein Altestamentliches Votum*, 17.

돌로 쳐 죽이는 것은 유대의 관습에도 맞는 것이고 실정법에도 합치한다. 그런데 예수는 이들의 예상과는 전혀 다른 해법을 내놓는다. "당신들 가운데 죄 없는 사람이 있다면 그 사람이 돌을 들어 이 여자를 치시오." 살기등등하던 이들은 서로 눈치를 보다가 결국 도망치듯 자리를 뜨고 만다(요 8:9).

이 일화는 형식적인 모세율법을 능가하는 예수의 '사랑의 법'의 우위성을 말해주는 이야기로 종종 칭송받는다.[21] 이것은 물론 대단히 전통적이면서도 아름다운 해석임에 틀림없다. 그리스도인은 예수의 가르침에 마땅히 순종해 다른 사람을 정죄하기보다는 용서하고 사랑해야 한다. 그런데 결코 가볍게 넘길 수 없는 문제가 한 가지 있다. 이러한 원리를 지금 우리의 상황에 직접, 문자적으로 적용해 죄를 지은 모든 사람을 다 정죄하지 않고 용서해야만 한다고 주장할 수 있는가? 그렇다면 정의는 어떻게 되는가? 무엇 때문에 우리는 법을 지켜야 하는가? 여기서 또다시 축자적 성경해석의 곤란한 문제가 드러난다.

실마리는 예수의 마지막 말씀에서 발견된다. 예수는 간음한 여인에게 다음과 같이 말한다. "당신을 정죄하던 사람들은 모두 떠났소. 나도 당신을 정죄하지 않을 것이오. 그러니 당신은 다시는 죄를 범하지 마시오." 많은 해석자들이 이 부분을 쉽게 놓친다. 예수의 참된 의도는 죄를 범한 여인으로 하여금 다시는 죄를 짓지 않게 하는 것이다. 정죄하지 않고 죄를 용서하는 목적은 죄를 덮어두자는 것이 아니라 또다시 그 죄를 짓지 않게 하기 위함이다. 물론 성경에는 그다음 이야기가 없지만, 아마도 이 여인은 두 가지 가운데 하나의 행동을 했을 것이다. 처벌을 모면해 목숨을 건졌다는 안도감에서 계속 죄를 지었을 수도 있고 혹은 돌에 맞아 죽어야 하는데 그 죄를 용서해주었다는 감격에 넘쳐 다시는 죄를 짓지 않았을 가능성이다.

중요한 것은 이것이다. 처벌과 용서는 죄에 대한 태도 및 그것을 다

---

21) Joseph Fletcher, *Situations Ethics. New Morality*(Philadelphia: WM Press, 1996), 69.

루는 방식에서는 하늘과 땅만큼의 차이이지만 그 궁극적 목표는 동일하다고 볼 수 있다. 어떤 행위를 법과 원칙에 따라 강력하게 처벌하는 것은 거기에 대해 어떤 물리적이고 경제적인 해를 가함으로써 그 행위가 계속 재발되는 것을 막자는 것이다.[22] 예컨대 살인자를 법과 정의의 이름으로 사형에 처하는 것은 사람들에게 공포심을 유발시켜 살인죄의 계속적인 재발을 막고자 함이다.

그런데 예수는 간음한 여인을 모세율법에 따라 정죄하지 않는다. 그러나 그의 요구는 분명하다. 다시는 죄를 짓지 말라는 것이다. 모세율법은 죄를 고발하고 죄인에게 돌을 던짐으로써 죄의 문제를 해결하려고 한다. 그러나 예수는 그 여인의 근원적인 양심과 도덕성에 호소함으로써 죄의 문제를 해결하고자 한다. 이것은 '죄를 저질러서 처벌하는 것이 아니라 죄를 저지르지 않도록 하기 위해 처벌한다'는 플라톤의 역설적 발상과는 다른 것이다.[23] 율법은 '죽임'을 통해 죄의 처벌과 억제를 노리지만, 예수는 '살림'을 통해 죄의 처벌과 억제를 가져오려고 한다. *용서와 화해 역시 정의를 세우는 하나의 방식임을 우리는 배워야 한다.*

종합과 전망: 율법과 응보적 정의

율법에 따라 선은 포상하고, 악은 처벌한다는 응보적 정의의 원칙은 물론 성경적 정의 관념의 한 중요한 요소이다. 그러나 그것이 전부는 아니다. 그것은 '결론'이 아니라 어디까지나 '출발점'이다. 고민과 반성의 시작이다. 이제 구약의 '응보적' 혹은 '율법적' 정의 관념의 의미와

---

22) Pollock, *Ethical Dilemmas & Decisions in criminal Justice*, 154. "가장 엄격한 보응주의(retributivism)는 그것의 도덕적 규칙(moral rules)을 모든 상황의 각 개인에게 적용되는 분명하고 절대적인 명령(mandates)으로 본다. 그러한 도덕규칙은 형법 그 자체에 의해 규정된 명령들뿐 아니라 다음과 같은 토론을 포함할 것이다. 곧, 도덕적 의무란 벌을 받아야 마땅한 모든 사람을 처벌하는 것이다. 이러한 견해는 선험적인 위임(a priori moral commitments)에 뿌리박고 있고, 그래서 종종 의무론적(deontological) 이해라고 불린다. 여기서 명령은 각 개인의 행위에 적용된다."
23) 육종수·김효진, 『법학 기초론』(서울: 박영사, 2010), 299.

한계에 대해 살펴보자.

첫째, 악한 자에게는 벌을, 선한 자에게는 상을 내리는 응보적 정의는 기독교적 정의 관념의 중요한 출발점이다.[24] 여기서 하나님은 최고의, 그리고 최종적인 **공정한 재판관**이다. 기독교적인 관점에서 정의를 논함에 있어 율법은 긍정적이고 적극적인 의미에서든, 부정적이고 소극적인 의미에서든 늘 중심적인 위치와 의미를 갖게 된다. 앞에서 압축적으로 말했듯이 구약적 의미에서 정의는 율법의 준수와 관련되고, 신약적 의미에서 정의는 율법으로부터의 해방과 관련된다.

구약성경에서 정의는 '차다카(צדיקה)'와 '미쉬파트(משפט)'의 두 단어가 번갈아가면서 사용되고 있는데, 이 중 미쉬파트는 재판에서의 선고(judgement)를 의미한다. 선지자 이사야는 이렇게 선포한다. "대저 여호와는 우리 재판장이시요 여호와는 우리에게 율법을 세우신 자시요 여호와는 우리의 왕이시니 우리를 구원하실 것임이니라(사 33:22)." 신약시대에 바울 역시 종말론적 의미에서 하나님을 "의로우신 재판장(δίκαιος κριτής)"이라고 고백한다(딤후 4:8). 하나님이 의로우신 재판장이라는 것은 그가 율법의 수여자라는 뜻이다. 따라서 *고대 이스라엘에서 율법과 재판은 야훼의 정의로움의 가시적 형태이며, 율법이 준수되고 이 율법에 따라 재판이 공정히 이루어질 때 정의는 실현된다.*[25] 이처럼 "눈에는 눈, 이에는 이"라는 원초적이고 사적인 보응의 원칙은 시간이 지나면서 사법적 정의 형태로 구체화되고 발전된다.

둘째, 구약성서의 율법은 그러나 엄격한 보응주의만을 표방하지 않는다. *율법은 이러한 처벌원칙과 별개로 희생제의를 말하고 있다.* 죄와 악을 처벌하면 그만이지 왜 율법은 희생을 통한 속죄를 말하는가? 그

---

24) 존스턴, 『정의의 역사』, 51. 비교: Tillich, *Liebe Macht Gerechtigkeit*, 179.

25) 폰 라트, 『구약성서신학 I』, 370. 이것을 헤겔의 용어로 진술해본다면, 야훼라는 '절대정신'이 '율법'이라는 제도로서 현실화되는 것을 의미한다. 비교: G. F. 헤겔, 『믿음과 지식』, 황성중 옮김, 대우고전총서 07(서울: 아카넷, 2003), 15.

것은 모세율법이 엄격한 보응을 통한 정의실현에만 모든 관심을 두고 있지 않다는 사실을 보여준다. 레위기의 복잡한 희생제도는 죄와 악의 '처벌(punishment)'이 아닌 그것의 '속죄(atonement)'를 말한다. 여기서 현상적으로 복수의 폭력은 사람이 아닌 희생제물에 돌려진다.26) 이것은 기독교적 정의에 있어서 엄격한 응보주의가 전부는 아니라는 사실의 강력한 암시이다.

마지막으로 율법의 응보적 정의가 지금 우리에게는 어떤 전망을 열어주고 있는가에 대해 생각해야 한다. 지금 우리 한국의 그리스도인들은 다원화된 사회 속에 살고 있다. 우리 사회에는 기독교만 있는 것이 아니라 불교, 유교, 이슬람교 등 다양한 종교들이 있다. 또한 한국이 선진국으로 진입하기 시작하면서 외국에서 많은 이민자들이 들어와 한국은 이제 다문화, 다인종 사회가 되었다. 이러한 다양성과 다원성의 사회 속에서 기독교의 도덕과 가치는 보편성과 일반성의 요구에 부딪히게 된다. *그러므로 기독교적 정의에 대해 생각하고 고민하는 것은 다원화된 사회 속에서 종교와 인종과 가치관이 다른 여러 구성원도 함께 동의할 수 있는 공통의 규범과 가치를 찾는 것이다.*

---

26) 지라르, 같은 책, 42.

3.2 신의 정의와 인간의 정의
- 궁극적 재판관으로서 하나님

악을 처벌하지 않는 곳에 정의는 없다.

— 칸트(Immanuel Kant)

우리의 전통 동화인 『콩쥐 팥쥐』와 서양의 유명한 동화 『신데렐라』는 '소름 끼칠' 정도로 비슷한 플롯과 스토리와 결말을 공유한다. 착한 소녀가 있고, 이 소녀를 괴롭히는 나쁜 계모와 그녀의 딸이 등장한다. 착한 소녀는 모든 괴로움을 묵묵히 이겨내고 마침내 멋진 남자와 결혼하는 행복에 도달한다. 그러나 나쁜 계모와 그녀의 딸은 어떤 '벌'을 받게 된다. 이 두 동화가 언제, 어떻게 만들어졌는지 정확히 알 수는 없지만, 동양과 서양이라는 거대한 지리적·역사적·문화적 차이를 넘어 선은 보상을 받고 악은 처벌을 받는다는 공통의 교훈을 전달한다.

여기서 중요한 것은 역경을 이겨내고 멋진 남자와 결혼한다는 '신데렐라 콤플렉스'가 아니라 선은 악을 통해 고난을 당하지만 마지막에는 결국 악을 이긴다는 종말론적 윤리관이다. 왜 현실에서 선은 악을 통해 고난을 당해야만 할까? 왜 악의 처벌은 마지막에 등장해야만 할까? 이는 단지 이야기의 흥미를 돋우기 위한 문학적 장치일 뿐일까?

종말론적 윤리는 성서를 처음부터 끝까지 관통한다. 구약성서의 주인공인 히브리 민족은 다윗과 솔로몬 시대의 잠깐의 영화를 제외하고는 늘 다른 거대한 정치세력의 지배와 압제 가운데 있었다. 신약의 주인공인 교회 역시 역사의 현실적인 지배가 아니라 소수의 피지배 집단이었다. 여기서 하나님은 역사의 궁극적이고 최종적인 재판관으로 고백되고 선포된다. 비록 현실은 악과 불법으로 가득 차 있지만 역사의 마지막에 정의는 악을 이기고 승리할 것이라는 믿음이다. 따라서 본 강의에서는 '종말론적 심판주로서 하나님'이라는 표상과 인간의 정의개념 사이의 연관성을 살펴볼 것이다.

인격적 개념으로서 '차다카'

구약성서에서 하나님이 '공정한 재판관'으로 고백되는 것은 출애굽 사건 이후이며, 특히 시내산에서 모세를 통해 율법을 받으면서부터이다. 이스라엘 백성을 이집트의 파라오의 압제에서 구출하고 이들에게 율법을 수여한 야훼는 다음과 같이 엄숙하게 선언한다. "**공평한** 저울과 **공평한** 추와 **공평한** 에바와 **공평한** 힌을 사용하라 나는 너희를 인도하여 애굽 땅에서 나오게 한 너희의 하나님 여호와이니라(레 19:36)." '공평하다(צדק)'는 형용사가 계속 강조된다. 저울과 추는 무게를 달고, 에바와 힌은 부피를 재는 기구로서 장사에 사용되는 기구이지만 신학적으로는 재판에서의 공정함을 상징한다. 노예상태에서 벗어나 이제 자유인으로서 율법을 받은 이스라엘 공동체는 경제생활뿐 아니라 법적인 생활에서도 공정함을 유지해야 한다. 그것은 어떤 자연법적인 요구가 아니라 이스라엘 공동체를 이집트의 노예생활에서 구원한 야훼 하나님의 요구이다. 이처럼 **하나님의 정의**와 **인간의 정의**는 긴밀하게 결합된다.[27]

출애굽 사건 이전에 하나님은 우주만물의 창조주이며(창 1:1), 대홍수의 재앙 속에서 노아와 그의 가족을 보존하시는 자이고(창 9:11), 아브라함을 부르시고 그와 계약을 맺음으로써 한 민족을 선택한 자이다(창 12:2). 그래서 그는 성서 시대를 넘어 역사 속에서 종종 "아브라함과 이삭과 야곱의 하나님"으로 선포된다. 특히 아브라함과의 계약은 신학적으로, 윤리적으로 매우 중요하다.

아브람은 75세에 고향을 떠나 생면부지의 땅인 가나안으로 이주한다. 요즘 같은 시대야 사람과 물자의 이동이 용이하지만 청동기시대에 이러한 이주는 목숨마저 위태로운 모험이 아닐 수 없다. 아브라함을 부른 신은 "내가 너로 큰

---

27) Witte, "Ein Altestamentliches Votum", 39.

민족을 이루고 네게 복을 주어 네 이름을 창대하게 하리라"는 약속을 한다(창 12:2). 그러나 현실에서 아브라함은 자신의 자식이 없었고 그와 그의 아내는 이미 고령이었다. 여전히 신의 약속을 반신반의하는 아브라함을 하나님은 밖으로 데리고 나와 하늘의 무수한 별을 보여주며 이렇게 말씀한다. "네 자손이 이와 같으리라(창 15:5)." 계속해서 신은 고대 근동의 계약관습에 따라 정식으로 계약을 체결하고 아브라함에게 '애굽 강에서부터 그 큰 강 유브라데까지 네 자손에게 줄 것이라'고 약속한다(창 15:18).[28]

이 대목에서 교회사뿐 아니라 세계사의 한 획을 결정적으로 긋게 만든 유명한 말씀이 나온다. "아브람이 여호와를 믿으니 여호와께서 이를 그의 의로 여기시고(창 15:6)." 이것은 "오직 의인은 믿음으로 말미암아 살리라"는 구절과 함께 프로테스탄트 교회를 탄생시킨 말씀이다. 약 천오백 년 후에 바울은 이 말씀을 근거로 로마서에서 '믿음을 통한 의'라는 **칭의 신학**을 전면에 내세웠고, 그로부터 또 한 번의 천오백 년이 지난 후에 비텐베르크의 수도사 마르틴 루터는 오직 믿음, 오직 성경, 오직 은총을 부르짖으며 종교개혁이라는 세계사적 사건의 거대한 전환을 이루었다.

우리가 사용하는 '정의'에 해당하는 히브리어는 일반적으로 '차다카'이다. 저명한 구약학자 폰 라트에 의하면 이 차다카는 "구약성서에서는 최고의 생활 가치로서, 모든 삶이 질서를 가질 때 근거를 가지는 것으로서 서슴지 않게 표시될 수 있었다."[29] 그러나 구약의 차다카(צדק)는 아리스토텔레스의 '디카이오쉬네(δικαιοσνη)'와는 다른 차원을 가지고 있다. 고대 그리스의 정의는 '각자에게 그의 것(suum quique)'을 나누어주는 분배적 정의가 중심을 이루었다. 여기서는 몫을 정당하게 나누는 이성의 합리성이 중요했으며, 이러한 사고의 전통은 서양의 역사

---

28) 노세영, 『고대근동의 역사와 종교』, 399.
29) 폰 라트, 『구약신학 I』, 375.

에서 지금까지 계속 이어지고 있다. 반면, 차다카는 기본적으로 인격적이고 관계적인 개념이다. 그래서 폰 라트는 독일어 "Gerechtigkeit"는 차다카에 대한 충분하지 못한 번역일 뿐 아니라 때로는 잘못 인도된 번역이 되는 경우도 있다고 경고한다. 그는 계속해서 말한다.

> 의가 무엇이고 누가 의로운가는 오로지 야훼만이 결정한다. 그리고 "그는 의롭다, 그는 살리라(겔 18:9)"는 그의 승인에 의해 인간은 산다. 이 의미에서 기도자들은 "야훼가 그들의 의로 나오게 한다(시 17:2, 37: 6)"고 말한다. 신의 종도 그의 의를 야훼에게 있는 어떤 것으로 보았다. 그리고 그는 그의 의인(義認)이 공적으로 효력을 갖는다는 것을 알고 있었다(사 49:4, 50:8).[30]

차다카에서 결정적인 것은 인간이 아니라 하나님이다. 하나님은 인간을 자신과의 인격적인 관계로 부르고, 인간이 이 부름에 순종해 하나님과의 관계 안에 있을 때 이것이 의, 곧 차다카이다. 이러한 의에 대한 이해는 따라서 개인적이고 실존적이며 인격적이다. 이것으로부터 직접적으로 사회정의의 기초를 도출하는 것은 대단히 어렵지만, 나의 현실적인 존재 상태에 상관없이 나를 의인으로 인정하는 **칭의로서의 의**는 기독교신앙의 포기할 수 없는 기초이다. 더 나아가 칭의는 하나님의 무조건적인 부르심에 응답하는 그리스도인의 책임을 해명함으로써 기독교윤리의 중요한 신학적 기초를 이룬다.[31]

차다카(צדקה)와 미쉬파트(משפט)

구약성서에서 '차다카'는 단독으로 사용되는 경우도 있지만 '미쉬파트'라는 단어와 함께 사용되는 경우가 훨씬 많다. 이 경우 두 단어는

---

30) 위의 책, 379.
31) ThE I, 436.

법정적인 개념으로서 재판에서의 공정함을 의미한다. 이들은 단순히 어원적인 차원을 넘어 신약에서는 '하나님의 의(iustitia Dei, 롬 1:17)'라는 아주 중요한 신학적 개념으로 발전한다. 그리고 루터는 여기서 종교개혁의 근본적인 파토스를 발견했다.

미국의 기독교윤리학자 램지(Paul Ramsey)는 차다카와 미쉬파트를 구별하는데, 이는 우리의 연구에 많은 도움을 준다. 차다카는 기본적으로 "재판에서의 하나님의 의(God's righteousness acting in judgement)"를 의미하며, 미쉬파트는 차다카를 실현하는 재판에서 인간의 정의(human justice)이다.[32] 그러므로 신의 차다카는 모든 인간의 미쉬파트를 위한 참된 기준을 제공하며 따라서 차다카는 미쉬파트의 근거이자 원천이고, 미쉬파트는 차다카의 구체적인 실현이다. 램지는 신의 정의와 인간의 정의 사이의 이러한 성서적 결합의 형태를 **계약**(covenant)에서 발견한다. 성서의 두 부분을 "옛 계약(old testament)"과 "새로운 계약(new testament)"이라고 부르는 데서 이미 이러한 근본적인 인식이 드러난다.

> 계약은 땅에서 신의 정의(justice of God)를 반포한다. 하나님의 의(God's righteousness)는 인간 관계성의 올바름을 측정하는 다림줄(plumb line)이 된다. 계약된 공동체가 신의 행위에서 떨어진 어떤 헌장도 가지고 있지 않기에 이 공동체의 정의의 원천과 존립은 신의 정의 안에서 놓여 있어야만 한다. 구약윤리의 핵심, 그것의 중심적인 원리는 신의 활동적 의(צדקה) 안에 있는 외적 법전의 풍부함에서 발견되어야 한다. 이 의는 계약을 통해 "왕국의 본성(משׁפט, nature of Kingdom)"이 된다(삼상 10:25).[33]

램지에 의하면 하나님의 의로움으로서 차다카와 인간의 정의로서 미쉬파트는 역사 가운데서 구별되지만 그 근원은 같은 것이다. 그래서 구약성서는 한 왕의 공과를 평가하는 기준으로 항상 차다카와 미쉬파트

---

32) Paul Ramsey, *Basic Christian Ethics*(New York: Scribner, 1950), 4.

33) Ramsey, 위의 책, 5.

를 언급한다. 다윗 왕은 비록 한 인간으로서 많은 약점과 실수가 있었지만 차다카와 미쉬파트라는 이 준엄한 기준에 가장 근접했기에 그는 성경에서 가장 이상적인 왕이자 메시아 왕권의 모형으로 추앙받는다 (삼하 8:15, 왕상 10:9, 사 9:9). 램지는 특히 시편 72편을 주목한다.

> 하나님이여 주의 **판단력(משפט)**을 왕에게 주시고
> **주의 의(צדקה)**를 왕의 아들에게 주소서
> 저가 주의 백성을 의로 판단하며 주의 가난한 자를 공의로 판단하리니
> 의로 인하여 산들이 백성에게 평강을 주며 작은 산들도 그리하리로다
> 저가 백성의 가난한 자를 신원하며 궁핍한 자의 자손을 구원하며
> 압박하는 자를 꺾으리로다(시 72:1~4)

램지가 올바르게 관찰한 대로 이 시편에서 하나님의 의와 인간의 정의는 긴밀하게 결합되고 있다. 신의 정의는 인간의 정의가 역사와 현실 속에서 정당성을 얻게 하는 근원적인 힘이다. 신의 정의는 그러나 어떤 추상적인 이념이 아니다. 그의 정의는 그의 백성을 구원하고 대적들을 물리치는 활동 속에 드러난다.[34] 그의 정의는 이스라엘의 조상들과 맺은 계약을 성실하게 수행하는 그의 성실함에 있다. *율법이 지켜지고 재판이 공평하게 수행되는 곳에 하나님의 정의가 존재한다.*

차다카와 미쉬파트의 신학적 관계는 오늘날 정의와 실정법 사이의 관계에 대한 하나의 유비를 제공한다. 법의 이념은 정의이다.[35] 대한민국의 대법원 앞에는 자유, 평등, 정의라는 세 단어가 새겨져 있다. 그렇다면 우리는 묻지 않을 수 없다. 우리는 자유로운가? 우리 사회는 평등한가? 우리에게 정의는 있는가? 좀 더 날카롭게 질문할 수도 있다. 도대체 누구를 위한 자유, 평등, 정의를 말하는 것인가? 대한민국의 최고법원이 자유와 평등과 정의를 선언하고 있다는 현실은 개별적인 법률

---

34) 위르겐 몰트만, 『희망의 윤리』, 곽혜원 옮김(서울: 대한기독교서회, 2012), 316.
35) 박은정, 「법의 이념으로서 정의」, 『현대사회와 정의』, 그리스도교철학연구소 편(서울: 철학과현실사, 1995), 67.

하나하나로는 포괄되지 않는-그것이 형법이든 민법이든 상법이든-
그러나 사회구성원 모두가 동의한다고 인정되는 보편적 가치가 존재함
을 지시하고 있다. 그것은 우리의 개별적이고 구체적인 경험을 넘어서
는 '초월적'인 것이다. 이렇게 정의라는 이념은 개별적인 법률에 그 정
당성을 부여하고, 이 법률은 정의를 실현한다.

인간의 현실과 하나님의 현실

이집트의 종살이에서 해방된 이스라엘 공동체에 요구되는 것은 크게
두 가지였다. 첫째는 **종교적 성결**이고, 두 번째는 사회생활에서 **정의의
구현**이다. 구약 레위기에 나타나는 복잡한 제사와 정결의 규정은 다음
의 말로 요약될 수 있다. "나는 너희의 하나님이 되려고 너희를 애굽
땅에서 인도하여 낸 여호와라 내가 거룩하니 너희도 거룩할지어다(레
11:45)." 계약 공동체로서 이스라엘의 종교적 성결은 십계명의 첫 번째
돌판이 요구하는 것이다. 그것은 다른 이방신을 숭배하는 것이 아니라
"마음을 다하고 뜻을 다하고 힘을 다해" 야훼를 사랑하는 것이다(신
6:5). 하나님의 선택된 백성으로서 이스라엘의 '의무'는 이것으로 끝나
는 게 아니다. 인간과 인간이 같이 살아가는 사회 속에서 신의 정의를
구현해야 한다. "고아와 과부를 위하여 정의를 행하시며 나그네를 사
랑하여 그에게 떡과 옷을 주시나니(신 10:18)." 이러한 이웃과의 '함께
살이(Mitleben)'는 십계명의 두 번째 돌판이 요구하는 바이다.[36]
그러나 인간의 현실은 어제나 오늘이나 늘 위기 가운데 있다. 그것
은 종교적 위기이며 도덕적 위기이다. 신은 정의롭다고 믿고 외치지만
인간의 현실은 정의롭지 못하다. 주전 8세기 남과 북으로 분열되었던
이스라엘 왕국에 일련의 예언자들이 등장했다. 이들의 상황과 목소리

---

36) Traugott Koch, *Zehn Gebote für die Freiheit*(Tübingen: JCB Mohr, 1995), 8.

는 다양했지만 한 가지 점에서는 분명한 공통점을 가지고 있었다. 이스라엘 공동체가 자유인으로서 야훼에게 위임받은 두 가지 원칙, 곧 종교적 성결과 사회적 정의를 회복하라는 것이었다. 이 원칙이 회복되지 않으면 그것은 파국이요, 심판이요, 종말이다! 선지자 아모스는 가장 강력하고 직설적인 목소리로 인간의 위기와 현실을 고발한다.[37]

> 그들이 은을 받고 의인을 팔며 신 한 켤레를 받고 가난한 자를 팔며 힘없는 자의 머리를 티끌 먼지 속에 발로 밟고 연약한 자의 길을 굽게 하며 아버지와 아들이 한 젊은 여인에게 다녀서 내 거룩한 이름을 더럽히며 모든 제단 옆에서 전당 잡은 옷 위에 누우며 그들이 신전에서 벌금으로 얻은 포도주를 마심이니라(암 2:6~8).

사회는 두 부류의 사람들로 나뉘었다. 힘 있고 부한 자, 그리고 힘없고 가난한 자이다. 가진 자들은 그들의 소유를 더욱 늘리기 위해 가난한 자들에게 폭력을 행사하고 온갖 방법을 동원해 이들의 재산을 강탈해간다. 선지자는 이들을 "시온에서 교만한 자와 사마리아 산에서 마음이 든든한 자(암 6:1)"라고 일갈한다. 분통한 고발은 계속된다. "너희는 힘없는 자를 학대하며 가난한 자를 압제"한다.(4:1b) 무엇보다 시내산에서 율법이 수여되면서 엄숙하게 선언된 재판의 공정함이 사라졌다. 재판관들은 뇌물을 받고 부한 자들의 손을 들어준다. 그 어디에도 "공평한 저울과 공평한 추와 공평한 에바와 공평한 힌"은 찾아볼 수 없다.

이제 예언자 아모스는 하나님의 현실과 인간의 현실을 가장 예리하게 대비시킨다. "정의(משפט)를 쓴 쑥으로 바꾸며 공의(צדקה)를 땅에 던지는 자들아(5:7)" 이것이 인간의 현실이다! 여기서 정의는 비참한 패배를 맛보고, 공의는 땅에 떨어진다. 이러한 위기와 참담함 속에서 예언자는 하나님의 현실을 선포한다. "묘성과 삼성을 만드시며 사망의 그늘을 아침으로 바꾸시고 낮을 어두운 밤으로 바꾸시며 바닷물을 불

---

37) 클라우스 베스터만, 『구약성서의 맥』, 김윤옥·손규태 공역(서울: 한국신학연구소, 1983), 221.

러 지면에 쏟으시는 이를 찾으라 그의 이름은 여호와시니라(5:8)." 야
훼의 현실은 정의가 종국에서는 승리할 것이라는 기대이다. "그가 갑
자기 패망이 이르게 하신즉 그 패망이 산성에 미치느니라(5:9)." 인간
의 정의는 사라지고 공의는 땅에 떨어졌지만, 하나님의 정의와 공의는
미래에서 심판의 힘으로서 지금 현실로 뚫고 들어온다.[38]

그러나 선지자는 비관주의자도 아니고 염세주의자도 아니다. 그의
입과 눈은 타락하고 부패한 인간의 현실이 어디로 가야 하는지를 지시
해준다. "너희는 살려면 선을 구하고 악을 구하지 말지어다(5:14a)." 선
과 악의 갈림길에서 악이 아닌 선을 구하는 것, 이것이 살길이다. 선지
자는 계속 외친다. "너희는 악을 미워하고 선을 사랑하며 성문에서 정
의를 세울지어다(5:15)."[39]

이제 우리는 선지자 아모스의 그 유명한 외침에 모든 관심을 기울여야
만 한다. "오직 정의를 물같이, 공의를 마르지 않는 강같이 흐르게 할지
어다(5:24)." 이 말씀은 인간의 현실, 인간의 교만, 인간의 불의에 대한 영
원한 '안티테제'이다. 정의를 물같이, 공의를 강같이 흐르게 하라는 선지
자의 외침은 인간의 현실에서는 정의는 메마르고 공의는 땅에 떨어졌다
는 것을 의미한다. 선지자에게는 정의가 무엇인지, 공의가 무엇인지에 대
한 추상적인 이론을 제시하는 것이 중요하지 않다. *현실이 중요하고 본질
적이다.* 가난한 자와 힘없는 자들이 억압당하고 압제당하는 현실, 겨우
신발 한 켤레에 사람이 팔려나가는 현실, 돈을 주고 판사를 매수해 재판
에서 이기는 현실, 이 현실이 정의가 무엇인가라는 추상적 혹은 형이상학
적 이론보다 절박한 것이고 그래서 본질적이다. 이런 맥락에서 인간의 현

---

38) Jürgen Moltmann, *Theologie der Hoffnung. Untersuchungen zur Begründung und zu den Konsequenzen einer christlichen Eschatologie*(Gütersloh: GV, 2005), 188.

39) 성문에서 정의를 세우라는 말은 고대 이스라엘의 재판제도에 대해 말하는 것이다. 고대 이스라엘 세
계에서 재판은 오늘날 같은 법정이 아닌 보통 성문에서 이루어졌다. 재판관은 모세율법의 전문가인
사제들이었다. 매우 중요한 재판은 왕궁에서 이루어지기도 했으며, 이 경우 왕이 재판관이었다. 솔로
몬 왕의 재판은 여기에 대한 가장 유명한 예이다.

실에 대한 초기 바르트의 맹공은 결코 가볍게 넘길 만한 것은 아니리라.

> 하나님의 나라는 바로 십자가 너머에서 곧 모든 "종교" 혹은 "삶", 보
> 수주의 혹은 급진주의, 물리학 혹은 형이상학(Physik oder Metaphysik),
> 도덕 혹은 초도덕(Moral oder Übermoral), 능동적인 혹은 수동적인 갱
> 생(aktive oder passive Lebensgestaltung) 등 이 모든 이러저러한 인간
> 의 가능성 너머에서 시작되는 나라이다. 예수의 길은 본질적으로 이
> 모든 가능성을 스쳐 지나가는 것이다(ein Vorbeigehen an allen diesen
> Möglichkeiten). 이 길은 근본적으로 가장 포괄적인 의미에서 이탈
> (Abgang)이며, 모든 테제와 안티테제, 모든 고요함과 운동의 역전
> (Abwandlung)이며, 죽음의 관점 아래서 정면으로 제기된 인간적인 모든
> 것의 한 환영하는 단절(ein grüßendes Abschreiten)이다.[40]

선지자에게 하나님의 현실은 그럼에도 정의가 존재해야만 하며, 이
정의는 마지막에 모든 불의를 깨트리고 승리할 것이라는 믿음의 보증
이다. 그러기에 선지자는 마르크스처럼 프롤레타리아의 폭력혁명에 호
소하지 않고 하나님의 현실, 곧 그의 말씀과 율법에 호소한다. 정의와
공의를 위한 선지자의 전략과 무기는 오로지 이것이다. "주 여호와께
서 이와 같이 말씀하시되" 또는 "주 여호와 만군의 하나님의 말씀이니
라." 주전 8세기 북이스라엘 예언자의 이러한 전략은 효과적이었는가?
예언자의 외침은 혹시 허공 속으로 허무하게 사라지지는 않았는가?
결코 아니다! 예언자의 외침은, 비록 사회주의 혁명가들의 눈에는 구
체적인 전략도 전술도 없어 보이겠지만, 수천 년을 살아남아 지금 우리
에게도 말씀한다. 정의를 물같이, 공의를 마르지 않는 강같이 흐르게
하라! 이 말씀은 지금도 살아 있어 우리의 혼과 영과 육을 쪼개고 있지
않은가? 우리의 현실은 주전 8세기 북이스라엘의 아모스 선지자가 고
발했던 그 불의한 현실과 그리 달라 보이지 않는다. 가난한 자와 부한
자의 차이, 힘 있는 자와 힘없는 자의 차이는 더욱 벌어졌고 강고해졌

---

40) Karl Barth, *Der Römerbrief. Zweite Fassung*(Zürich: ZV, 1954), 156.

다. 여전히 돈 몇 푼에 사람의 목숨이 사라져간다. 그러나 우리의 이 현실 위로 하나님의 현실이 여전히 공격해 들어오고 있다. 말씀은 정의와 공의가 흘러야 한다고 그때나 지금이나 변함없이 우리에게 촉구하고 요구한다. *그래서 우리에게는 정의가 무엇인가라는 철학적 질문보다 정의와 공의가 흘러야만 한다는 하나님의 현실이 더 중요하다.*

역사와 종말

구약의 역사에서 예루살렘의 멸망과 바벨론 포로생활은 출애굽 사건에 버금가는 대단히 중차대한 의미를 지닌다. 출애굽 사건이 역사의 시작이었다면, 예루살렘의 멸망은 이 역사의 종말이었다. 그것은 단지 한 연약한 민족이 세운 작은 나라의 붕괴만이 아니라 역사 자체의 중단과도 같았다.[41] 그래서 예루살렘의 멸망을 목도했던 선지자 예레미야는 다음과 같이 절망적인 노래를 불렀다. "주께서 원수같이 되어 이스라엘을 삼키셨음이여 그 모든 궁궐들을 삼키셨고 견고한 성들을 무너뜨리사 딸 유다에 근심과 애통을 더하셨도다(애 2:5)." 만군의 하나님 여호와가 마치 원수처럼 되었다는 선지자의 절망적인 외침 속에 예루살렘의 멸망이 가져다준 충격의 크기를 짐작할 수 있을 것이다.

'이스라엘'이라 불리던 왕국은 이제 역사의 무대에서 사라졌다. 그렇다면 이스라엘이라는 존재의 근거인 야훼도 사라졌는가? 그의 통치와 정의는 예루살렘의 멸망과 함께 역사의 뒤안길로 사라졌는가? 6세기의 선지자들은 미래의 종말론을 통해 정의도 없고 자비도 없는 인간의 현실을 직시했다. 야훼 하나님은 마지막 때의 궁극적인 재판관으로 계시되었다. 최후의 심판 날이 올 것이다. 이 마지막 법정에서 야훼는 공의로운 최종적 재판관이다. 악을 행하는 모든 자는 그에 합당한 형벌을 받을 것

---

41) 베스터만, 같은 책, 272.

이고, 선을 행한 모든 자는 그에 합당한 보상을 받을 것이다(호 9:7).

　　다니엘은 구약예언의 마지막 불꽃과도 같다. 많은 성서학자들이 확증하는 대로 다니엘의 묵시적 종말신학은 신약에서 예수의 등장을 예비하였다. 이런 의미에서 다니엘의 예언과 신학은 구약과 신약의 연결다리이다.[42] 역사현실에 대한 악의 세력의 지배와 이에 따른 의인들의 고난, 마지막 대환난, 심판주로서 구름을 타고 오는 인자, 그리고 최후의 심판은 다니엘의 묵시사상의 중요한 구조이다. 이 구조는 예수의 선포의 중심을 규정하며, 신약의 요한계시록에도 그대로 반영된다.

　　다니엘에 의하면 최후의 심판관으로서 하나님은 "옛적부터 항상 계신 이"이며 그의 옷은 "희기가 눈 같고 그의 머리털은 깨끗한 양의 털" 같다. 이 심판주의 보좌는 "불꽃이요 그의 바퀴는 타오르는 불"이라고 다니엘은 묘사한다(단 7:9). 이것은 신의 궁극적 심판이 공정하고 엄정하다는 것을 말한다. 이 최후의 궁극적 법정에서 그동안 의인을 압제하며 세상을 지배하던 "짐승"은 죽임을 당해 타오르는 불에 던져진다(7:11). 그리고 "그 남은 짐승들"은 권력을 빼앗긴 채 최후의 판결을 기다린다. 정의를 짓밟던 악의 세력이 심판당한 후에 이제 대심판의 종말론적 드라마는 클라이맥스에 도달한다. "인자"가 하늘의 구름을 타고 나타난다. 그는 "옛적부터 항상 계신 이" 앞에서 마지막 판결을 내린다.

　　　그에게 권세와 영광과 나라를 주고 모든 백성과 나라들과 다른 언어
　　　를 말하는 모든 자들이 그를 섬기게 하였으니 그의 권세는 소멸되지
　　　아니하고 그의 나라는 멸망하지 아니할 것이니라(7:14).

---

42) Klaus Koenen, *Heil den Gerechten, Unheil den Sündern*(Berlin: De Gruyter, 1994), 269. 폰 라트, 『구약성
　　서신학 Ⅱ』, 324.

예수, 구름을 타고 오실 인자

예수는 스스로를 다니엘서에 나오는 인자로 칭했다. 인자는 예수가 자신을 즐겨 부른 칭호였다.[43] 신성모독죄로 체포되어 당시 유대사회의 자치적 통치기구였던 산헤드린의 법정에 선 나사렛 예수는 자신의 정체성에 대해 다음과 같이 말한다. "인자가 권능자의 우편에 앉은 것과 하늘의 구름을 타고 오는 것을 너희가 보리라(막 14:62)." 여기서 예수는 자신을 다니엘이 예언한 그 인자와 동일시했고, 산헤드린은 예수를 신성모독죄로 죽이게 된다.

예수의 설교에서 가장 특징적인 것은 그의 등장과 함께 구약의 선지자들이 예언했고 대다수의 유대인들이 대망하던 하나님의 나라가 이루어졌다는 것이다. 예수는 메시아였고 사라진 다윗의 왕국을 다시 세울 것이다. 그는 모든 예언과 모든 대망과 모든 희망의 성취였다. 그에게서 역사는 끝나고 다시 시작된다. 예수의 이러한 설교와 약속은 과연 사실일까? 그의 출현과 선교가 역사의 종말이자 새로운 시작이라는 증거는 무엇인가?

십자가에서의 죽음과 부활! 이것이 예수의 답이자 증거였다. 예수는 그의 시대의 많은 유대인이 기대했던 어떤 군사적 혁명을 통해 그의 존재를 확증하지 않았다. 그는 고난받고, 매 맞고, 찔리고 상함으로써, 그리고 고통스럽고 처참하게 죽음으로써, 그러나 다시 살아남으로써 그의 존재와 약속을 확증했다. 그래서 초대교회는 예수를 그리스도로 선포하면서 다음과 같이 노래했다.

> 너희 안에 이 마음을 품으라 곧 그리스도 예수의 마음이니 그는 근본 하나님의 본체시나 하나님과 동등 됨을 취할 것으로 여기지 아니하시고 오히려 자기를 비워 종의 형체를 가지사 사람들과 같이 되셨고

---

43) 요아킴 예레미아스, 『신약신학 Ⅰ』, 정충하 옮김(서울: 새순출판사, 1997), 376.

사람의 모양으로 나타나사 자기를 낮추시고 죽기까지 복종하셨으니 곧 십자가에 죽으심이라 이러므로 하나님이 그를 지극히 높여 모든 이름 위에 뛰어난 이름을 주사 하늘에 있는 자들과 땅에 있는 자들과 땅 아래에 있는 자들로 모든 무릎을 예수의 이름에 꿇게 하시고 모든 입으로 예수 그리스도를 주라 시인하여 하나님 아버지께 영광을 돌리게 하셨느니라(빌 2:5~11).

이처럼 예수는 하나님의 궁극적 심판을 설교하는 한 사람의 예언자가 아니라 이러한 **심판의 주체**이다.[44] 이 심판은 칼과 같이 예리할 것이다. "내가 세상에 화평을 주러 온 줄로 생각하지 말라 화평이 아니요 검을 주러 왔노라(마 10:34)." 이 심판은 또한 공정하고 공평하다. "선지지의 이름으로 선지자를 영접하는 자는 선지자의 상을 받을 것이요 의인의 이름으로 의인을 영접하는 자는 의인의 상을 받을 것이요(마 10:41)." 예수는 종말론적 전망에서 선과 악을 분명하게 구분한다. "선한 사람은 그 쌓은 선에서 선한 것을 내고 악한 사람은 그 쌓은 악에서 악한 것을 내느니라(마 12:35)." 모든 사람은 마지막 심판 날에 심문을 받고 최종적 판결을 받을 것이다. "네 말로 의롭다 함을 받고 네 말로 정죄함을 받으리라(마 12:37)."

예수의 직계 제자들인 사도들의 시대가 지나면서 어느 정도 조직과 체계를 갖춘 '교회의 시대'가 도래했다. 교회의 가장 오래된 신앙고백인 사도신경은 예수를 다시 오실 공의로운 심판주로 고백한다. "거기로부터 살아 있는 자와 죽은 자를 심판하러 다시 오십니다." 이처럼 예수는 자비로운 구원자이며 동시에 공정한 심판주이다. 그러나 역사 가운데서 교회가 기다리는 재림하실 그리스도는 **정의로운 심판주**이다. 그의 약속의 말씀은 공정함을 너머 위협적이기까지 하다. "보라 내가 속히 오리니 내가 줄 상이 내게 있어 각 사람에게 그가 행한 대로 갚아 주리라(계 22:12)." 행한 대로 갚아준다? 귀에 많이 익은 구절 아닌가?

---

44) 예레미아스, 같은 책, 355.

이것은 눈에는 눈, 이에는 이라는 탈리오의 법 아닌가?

제2장 서막에 어느 열혈 '안티 기독교'의 선동가가 쓴 글이 인용되었는데, 거기서 이 선동가는 최후의 심판을 묘사하는 요한계시록의 내용을 '엽기적'이라고 말한다. 그럴 수 있다. 읽는 사람에 따라 그 표현은 엽기 그 자체일 수 있다. 바로 그런 이유로 기독교회는 요한계시록을 정경의 목록에 넣는 것을 극도로 꺼려했고, 정통적인 신학자들은 계시록에 대한 연구를 의식적으로 피했다.[45] 그 결과 계시록은 정통적인 교회에서 멀어졌고 그에 따라 요한계시록은 신비주의 혹은 시한부 종말론이라는 기독교의 이단을 늘 생산해내는 별로 달갑지 않은 역할을 맞게 되었다. 요한계시록에 대한 해석과 연구는 여전히 열려진 가능성으로만 남겨져 있다. 그러나 중요한 것은 계시록 스스로가 후대에 전하는 다음과 같은 경고이다. "내가 이 두루마리의 예언의 말씀을 듣는 모든 사람에게 증언하노니 만일 누구든지 이것들 외에 더하면 하나님이 이 두루마리에 기록된 재앙들을 그에게 더하실 것이요(계 22:18)."

결론: 심판과 정의

재판은 그것이 지금 감당해야 할 현실의 재판이든지 혹은 앞으로 감당해야 할 미래의 재판이든지 결코 유쾌하고 달가운 것은 아니다. 그러나 공의로운 궁극적인 재판관으로서의 하나님과 그의 공정한 마지막 심판은 기독교 정의개념에서 결코 제거할 수 없는 본질적인 것에 속한다. 여기서 하나님의 공의와 사랑이 어떻게 관계되는가는 신학의 영원한 난제 가운데 하나이다. 우리는 성서를 통해 이렇게밖에 답할 수 없다. *하나님은 **사랑의 하나님**이다. 그리고 그는 **정의의 하나님**이다.* 하나

---

45) 기독교 역사상 가장 위대한 신학자로 존경받는 칼뱅은 계시록을 제외한 성경 전체에 대한 주석을 남겼다. 칼뱅이 왜 계시록에 대한 주석과 연구를 남기지 않았는지는 교회사의 미스터리 가운데 하나이지만, 그 결과는 분명했다. 요한계시록은 정통교회에서 점점 멀어져 갔다.

님의 아들 예수는 자애로운 구원자이다. 그리고 그는 공의의 심판주이다. 이처럼 공의와 사랑, 처벌과 용서, 복수와 화해는 마치 수레의 두 바퀴처럼 끊임없이 같이 돌아간다.

우리는 여기서 현대신학의 주된 경향인 '보편화해론' 혹은 '만인구원론'의 문제를 검토해보지 않을 수 없다. 만인구원론이란 간단히 말하자면 모든 사람이 궁극적으로 구원받는다는 기독교 구원론의 한 이론이다. 이 이론은 동방교회의 신학자 오리게네스(Origenes)가 처음 주장했다가 정통교회로부터 이단으로 판정받은 후 이어지는 교회 역사에서는 중심적인 역할을 하지 못했다.[46] 그러다가 20세기에 들어서 저 유명한 바르트를 통해서 현대신학의 한 주요한 쟁점이 되었다. 바르트는 다음과 같이 질문한다. "어떻게 하나님의 은혜가 절대적인 선호(absolute Bevorzugung)와 다른 자에 대한 절대적인 배제(absolute Benachteiligung)를 의미할 수 있을 것인가?"[47] 결국 바르트는 "모든 사람의 종국적인 구원(endliche Errettung aller Menschen)"의 가능성을 주장하기에 이른다. 이러한 바르트의 만인구원론이 갖는 가장 큰 문제는 우리가 계속 살펴보았던 율법의 심판기능을 제거한다는 점이다. 바르트는 악과 죄에 대한 하나님의 부정(Nein Gottes)을 말하면서 모든 사람이 종국적으로 구원받을 것이라고 주장한다. 이렇게 되면 그가 말하는 악 역시 구원의 대상 안으로 포함되고 만다. 우리는 묻지 않을 수 없다. 구원받는 악이 과연 악인가? 심판받지 않는 악이 또한 악인가?[48] 유대인 600만 명을 학살한 '악의 화신' 히틀러도 최후의 심판에서 용서받고 구원받는단 말인가? 천국에서 히틀러를 만난다면 우리는 그것을 기뻐해야 할 것인가, 슬퍼해야 할 것인가?

진노하는 하나님, 심판주로 다시 올 그리스도, 최후의 법정과 악의

---

46) 후스토 곤잘레스, 『초대교회사』, 서영일 옮김(서울: 은성, 1995), 136.

47) KD II/2, 360.

48) ThE I, 209. 여기서 틸리케는 바르트의 보편화해론을 날카롭게 비판하면서 다음과 같이 말한다. "우리는 하나님의 **가능성**(Möglichkeit)에서 출발하지 말고 대신 하나님의 **현실성**(Wirklichkeit), 곧 구속사가 증언하는 그의 'est'에서 출발해야만 한다."

종국적인 심판은 물론 우리에게 '즐거움'만 주는 것은 아니다. 그러나 오직 즐거움만을 위해 우리는 신을 필요로 하는가? 신의 심판은 때때로 격한 반대와 반감을 불러일으킬 수도 있다. 그러나 그렇다고 해서 성서가 증언하는 이 하나님의 현실성을 제거할 수는 없다. 우리는 우리의 타락한 현실성을 심판하는 이 하나님의 현실성과 부딪쳐야만 한다.

이러한 의미에서 칸트는 '특별계시'라는 배타적 은총 없이 오로지 이성의 힘만으로 미래에서 다가오는 심판으로서 신의 현실성으로 나아간 유일한 '자연인'일 것이다. 칸트 역시 주전 8세기 이스라엘의 예언자 하박국처럼 인간의 불의한 현실성에 낙담했다. 도덕적 인간은 행복해질 가치가 있다. 그러나 현실에서 도덕적 인간이 필연적으로 행복한 것은 아니다. 반대로 악인이 위세를 떨치고 사는 경우가 많다. 그래서 적절한 행복을 할당하는 힘에 대한 희망만이 우리를 이러한 곤경에서 구제할 수 있다.[49] 여기서 칸트의 철학과 기독교신학 사이의 차이가 있다면, 칸트는 그러한 것을 순수 실천이성의 요청으로만 생각했지만 신학은 그것을 요청으로만 보지 않고 미래에서 다가오는 실체적 힘으로 신앙한다는 것이다. 이런 의미에서 미래는 현실보다 더 분명하다.

---

49) 회페, 『임마누엘 칸트』, 298.

3.3 감시와 처벌
- 응보적 정의와 처벌

권력을 감시하고 처벌하기

　푸코의 역작 『감시와 처벌』은 감옥의 역사를 다루고 있다. 푸코 이전까지 철학 하면 으레 인간의 이성 혹은 인간존재의 문제를 매우 어려운 언어로 다루기 마련이었다. 그런데 감옥이라는 '고상한' 철학과는 왠지 어울리지 않을 것 같은 테마를 예리하게 연구하고 분석한다는 점에서 푸코는 분명 서양철학에서 그 이전과는 확연히 구분되는 하나의 뚜렷한 경향을 창조했음에는 틀림없을 것이다.

　푸코에 의하면 중세시대에는 신체형, 곧 죄수의 몸에 가공할 폭력을 행사하는 형벌이 종종 발생했다. 범죄자에게 벌을 주는 행위는 왕권 그 자체였고, 권력은 이 처벌을 통해 국민들에게 자신의 권위를 알리고자 했다. 따라서 신체형은 하나의 성대한 의식처럼 진행되었다.[50] 신체형은 광장에서 진행되었는데, 그것은 인간이 상상할 수 있는 모든 극악함과 참혹함 그 자체였다―아마도 김지운 감독의 영화 <나는 악마를 보았다>의 주요 장면을 보면 상상이 갈 것 같다. 이러한 공개적인 처벌을 통해 권력은 민중에 대한 자신의 지배권을 확고히 한다. "감시와 처벌(Surveiler et punir)"이라는 제목이 웅변적으로 지시하듯이 푸코는 근대 이후 권력이 개인을 어떻게 감시하고 통제하는지를 비판적인 관점에서 조명하고 있다.

　푸코는 권력이 다양한 방법을 동원해 개인을 감시하고 통제하는 것

---

50) 푸코, 『감시와 처벌』, 36.

을 문제 삼는 것 같다.[51] 물론 감시와 처벌로만 유지되는 권력을 정당한 권력이라고 할 수는 없을 것이다. 그런데 우리는 여기서 또 다른 측면을 간과해서는 안 된다. 바로 **권력에 대한 감시와 처벌**이다! 이것은 무슨 민중무장혁명을 선동하는 것도 아니고 부르주아 계급을 타도하자는 프롤레타리아 계급투쟁을 부르짖는 것도 아니다. 오늘 우리 한국사회에서 권력을 감시하고 그 구조적 비리를 처벌하는 것은 정의구현의 중요한 한 요소이다. 왜냐하면 권력의 비리와 범죄는 없는 자들의 그것과는 그 질과 양에 있어 엄청나게 차이가 나기 때문이다. 그래서 처벌적 정의는 분배적 정의에 앞선다. 우리는 이렇게 주장할 수밖에 없다. 권력을 감시하고 처벌하라!

감시와 처벌은 목회자부터

한국교회의 가장 슬픈 현실은 교회가 사회로부터 불신과 조롱과 비난의 대상이 되었다는 것인데, 이렇게 되고만 가장 큰 원인은 한국교회의 목회자에게 있다. 평신도가 교회에 '먹칠하는' 것이 아니라 교회의 지도자들이 그렇게 하고 있다는 현실이 우리를 슬프게 하고 분노하게 한다. 목회자의 윤리문제는 잊을 만하면 한 번씩 터져 나와 안티 기독교의 사기와 전의를 충만하게 만들어준다. 한 주간지의 근심과 걱정은 우리를 씁쓸하게 한다.

> '간음하지 마라'라는 십계명을 잊은 것일까. 가장 흔히 저지르는 범죄 가운데 하나가 성추행과 성폭행이다. 성추행 혐의로 구속 기소된 한 목사는 지난 2009년 10월 항소심에서도 징역 1년에 집행유예 2년을 선고받았다. 청소년을 위한 쉼터를 운영하던 이 목사는 돌보던 청소년을 강제 추행한 혐의로 실형을 선고받아 충격을 주었다.
> 의붓딸을 상습적으로 성추행한 혐의로 구속 기소된 목사도 있었다.

---

51) 김정오, 『현대사상과 법』(서울: 나남, 2007), 5.

이 목사는 지난해 12월 27일 징역 7년을 선고받고 성폭력 치료 프로그램 80시간, 5년간의 신상정보 공개를 명령받았다. 한 선교 단체의 목사도 지난해 11월 5일 하나님의 뜻이라며 여신도를 상습 성폭행한 혐의로 구속 기소되었다. 이 목사는 2003년 7월부터 20~30대 여신도 6명을 성추행하거나 성폭행한 혐의를 받고 있다.[52)]

이렇게 한국의 일부 목회자들의 성폭력 문제는 교회 차원을 넘어 한국사회 전체가 걱정해야 할 참담한 상황에까지 이르렀다. 목회자의 범죄행위는 '목사'라는 성직자가 행한 죄이기에 사회에 던지는 충격과 파장은 클 수밖에 없다. 그것은 역으로 사회는 교회와 목회자에게 무엇인가 다른 어떤 것을 기대하고 있다는 증거이기도 하다. 우리에게 보다 심각한 것은 목사의 범죄로 인해 사회에 충격과 근심을 주었다는 그 현상적 사실보다 하나님의 말씀을 통해 자신을 감시하고 처벌해야 하는 목회자의 '자기감시'와 '자기처벌'이라는 도덕적 자율성이 붕괴되었다는 위기상황이다.

교회는 전통적으로 크리스천이 세상의 법정에 서는 것을 명예롭지 못한 것으로 여겨왔다(고전 6:6). 특히 칼뱅의 신학에 영향을 받은 개혁교회는 세상의 법을 통한 처벌보다 신의 말씀을 통한 내적인 처벌을 더 무서운 어떤 것으로 간주했다. 세상의 법은 '신체'에 관련되지만, 말씀의 법은 '영혼'에 관계되기 때문이다. 칼뱅주의는 이러한 맥락에서 무엇보다 목사의 도덕성에 매우 엄격한 기준을 마련했다. 목사는 말씀과 양심에 따라 스스로를 감시하고 만일 '죄'를 지었다면 말씀을 통해 **양심의 처벌**을 받아야 한다. 그것은 세상의 법을 통한 외적인 감시와 처벌보다 더 근본적이고 근원적이었다.[53)]

목회자 스스로가 이러한 말씀과 양심을 통한 자기감시와 자기처벌을

---

52) "교회 물 흐리는 '불량목사'들", ≪시사저널≫ 114호, 2011. 2. 24.

53) Inst Ⅳ.10.3. "따라서 사람들로 하여금 하나님의 심판 앞에 서게 하는 지각은 마치 죄인에게 간수를 세워 둔 것과 같은 것이며, 그의 비밀이 전부 감시되고 엿보여져서 어떠한 것도 어둠 속에 파묻혀 남아 있을 수 없게 된다."

포기했다면 결국 가야 할 곳은 형법과 형벌을 통한 감시와 처벌이다. 신의 마지막 법정에만 서야 할 목사가 세상의 법정에 서서 다음과 같은 판결문을 듣는 것은 역설적으로 율법적 심판과 보응이 무엇인가를 상기시켜 주기는 하지만 그럼에도 우리를 매우 슬프게 하는 현실이다. "사회에 모범이 되어야 할 성직자로서 중한 범죄를 저질렀으며 죄질 또한 매우 나빠 중형을 선고함." 목회자의 납세 문제도 같은 원리이다. 교회와 목사가 하나님의 말씀과 계명에 의해 이웃에 대한 자선과 구제의 의무를 다하지 않을 때 결국 오는 것은 세상의 형법을 통한 감시와 처벌이다.

영화 〈도가니〉와 사법적 정의

2011년 9월 조용히 개봉했던 한 한국영화가 한국사회 전체를 충격과 분노로 몰아넣었다. 온 국민이 '엄중한 처벌'을 요구했고, 검찰은 4년 전에 이미 끝난 사건을 다시 수사하겠다며 재빠르게 움직였다. 그리고 2011년 11월 11일 이 사태의 당사자인 인화학교법인은 공개사과문을 발표하고 스스로 해체를 선언했다. 법인은 또 그동안 모은 재산을 모두 가톨릭 사회복지단체에 증여한다고 밝혔다.[54] 영화 <도가니>가 불러일으킨 엄청난 파장이다.

이 영화의 실제배경이 된 인화학교에서 발생했던 장애인에 대한 조직적인 성폭력 사건은 한국의 사법적 정의에는 치욕으로 남을 것이다. 이 사건을 통해 일반 국민들이 갖는 감정은 그렇게 복잡하지 않다. 법은 언제나 강한 자의 편이며, 약자는 늘 권력과 돈이 있는 자들에게 당하고 만다는 것이다. 도대체 대법원 앞에 붙어 있는 '정의'라는 글씨는 무엇을 뜻하는 것일까? 그것은 그저 권력이 있는 자들이 자신들의 힘

---

54) http://www.mt.co.kr/view/mtview.php?type=1&no=2011111116518296240&outlink=1

을 자랑하는 것에 불과한가? '정의'란 권력과 돈이 언제나 이긴다는 것을 말해주는가?

2007년 사법부는 장애인들에게 성폭력을 자행한 것으로 드러나 징역 5년이 구형된 인화학교의 전임교장 항소심 재판에서 최종적으로 2년 6개월, 집행유예 3년을 선고했다. 피해자들은 피눈물을 흘렸고, 가해자는 유유히 재판장을 빠져나왔다(영화는 이 장면을 아주 극적으로 그리고 있는데, 여기서 많은 사람은 분노할 수밖에 없다). 장애인들을 성폭행했던 학교의 직원들은 법원이 주는 면죄부를 받고 당당하게 다시 학교로 복직했다. 그리고 이 사건은 세인들의 관심에서 완전히 멀어졌다. 망각은 정의의 가장 큰 적이다!

그 어려운 사법고시를 패스한 판사들은 집행유예로 가해자들을 풀어주었는데, 사법고시의 '사' 자도 모르는 일반 국민들은 그 가해자를 '제대로' 처벌하라고 아우성치는 혼란스러운 상황, 그리고 국민들의 분노와 절규에 밀려 다시 가해자들을 처벌하겠다고 허둥대는 검찰과 경찰의 모습은 참으로 슬픈 현실이 아닐 수 없다. 우리는 여기서 응보적인 처벌이 왜 중요한지, 왜 그것이 정의인지 다시 한 번 극명하게 보게 된다.

이러한 맥락에서 우리는 칸트가 왜 그토록 강력한 응보적 정의를 요구했는지 이해할 수 있게 된다. 응보는 원초적인 보복충동이라고 여겨지던 '계몽의 시대'에 프로이센의 이 철학자는 성범죄는 거세형으로, 살인은 사형으로 처벌되어야 한다고 주장한다.[55] 여기서 칸트가 비판하고 있는 것은 국가의 형벌은 가능한 범법자들에게 범죄행위를 하지 못하게 경고하는 역할을 할 때만 정당화될 수 있다고 하는 18세기의 지배적 형벌이론이다. 이러한 "위협이론"은 사회를 위한 한낱 수단으로 인간을 격하시키고 불가침의 인간존엄성을 인간에게서 박탈하므로 부당하다. 그러므로 형벌을 정당화하는 일차적인 근거는 오로지 정의

---

55) 회페, 『임마누엘 칸트』, 277.

에 대한 고려에 있다. "정의는 순수 실천이성의 개념으로 정의되어야 하고, 따라서 유용성에 관한 모든 고려와는 무관하게 다루어질 수 있다."[56] 국가의 형벌을 보복과 위협으로 보지 않고 철두철미하게 정의의 구현이라는 관점에서 보는 칸트의 이러한 입장은 처벌과 정의의 함수관계를 철학적으로 드러내준다. 그리고 영화 <도가니>는 이 관계를 사실과 픽션의 영상적 조합으로 웅변해준다. 또한 우리는 여기서 다시 한 번 신의 음성을 듣게 된다. "나는 악인을 의롭다 하지 아니하겠노라."

권력형 비리와 처벌

한국사회에서 대다수의 국민들이 정의롭지 못함을 느낄 때가 언제일까? 자신이 권력에 의해 감시당하고 있음을 느낄 때일까, 아니면 권력형 비리가 터져 한 사람이 평생 단 한 푼도 안 쓰고 모아도 도저히 만질 수 없는 어마어마한 검은 돈이 거래될 때인가? 국민들은 권력과 돈이 있다는 그 이유 하나로 엄청난 비리를 저질러놓고도 처벌 같지도 않은 처벌을 받을 때 가장 큰 좌절감을 맛본다. 그러하기에 우리에게는 '분배적 정의'보다는 '처벌적 정의'가 훨씬 피부에 와 닿는다. 감시되지 않고 처벌되지 않는 권력의 종착지는 절대부패이다.

2010년 10월 26일 국제투명성기구(TI)가 발표한 국가별 부패인식지수(CPI)에서 한국은 10점 만점에 지난해보다 0.1점 떨어진 5.4점을 받아 조사 대상 178개국 가운데 39위를 차지했다고 한다. 'CPI'는 전문가들이 한 국가의 공무원과 정치인 사이에 부패가 어느 정도 존재하는지 인식하는 정도를 0~10점으로 나타낸 것인데, 10에 가까울수록 투명도가 높다. 5점대 지수는 '절대 부패에서 갓 벗어난 상태'를 의미한다. 경제협력개발기구(OECD) 30개 회원국의 평균 CPI가 6.97로 나왔는데, 5.4는 세계 15위 경제규모와 주요 20개국(G20) 정

---

56) 화폐, 같은 곳.

상회의 의장국임이 부끄러운 지수다.[57] 국가별 부패인식지수에서 1위에 오른 나라는 뉴질랜드, 덴마크, 싱가포르였으며, 일본은 17위, 중국은 태국과 함께 78위에 올랐다.

위와 같은 분석만을 놓고 볼 때 한국사회의 절반 정도가 부패의 그늘 아래 있다는 이야기가 된다. 부패지수가 현격히 낮은 서구사회에서는 개인에 대한 권력의 감시가 심각한 문제이겠지만, 여전히 부패지수가 높은 우리 사회에서는 권력을 감시하는 게 더 시급한 문제가 된다. 물론 그렇다고 해서 개인에 대한 권력의 감시를 무시하자는 말은 결코 아니다.

정권이 바뀌고 새로운 정부가 들어서면 언제나 커다란 권력형 비리가 터져서 성실하게 일해 꼬박꼬박 세금을 내는 국민들에게 엄청난 좌절감을 안긴다. 권력형 비리의 전형적인 패턴은 뇌물을 받고 특혜를 주는 것이다. 고(故) 김대중 대통령의 아들 김홍업 씨는 2002년 기업체로부터 37억에 가까운 돈을 받았고, 김영삼 전 대통령의 아들 김현철 씨 역시 32억의 뇌물을 받았다. 37억, 32억은 보통 사람들로서는 감히 구경조차 할 수 없는 양의 돈이다. 그런데 이 돈은 어떻게 만들어지는가?

뇌물은 대부분 '비자금'이다. 기업들은 교묘하게 장부를 조작해 막대한 양의 비밀자금을 만드는데, 장부조작은 내야 할 세금, 지불해야 할 대금, 줘야 할 임금을 빼돌리는 것이다. 소위 좋은 대학에서 공부한 좋은 두뇌를 죄를 짓는 데 사용하고 마는 것이다. 그 피해는 고스란히 없는 사람들에게 돌아간다. 물건을 납품하고도 정가에 못 미치는 대금을 받고 열심히 일하고도 월급과 수당을 제대로 못 받는 것이다. 권력형 비리는 보통 한두 사람의 결정으로 일어나지만 그 피해는 사회 전반으로 확산된다.

---

57) ≪동아일보≫ 사설, 2010. 10. 28.

권력형 비리의 특징은 권력과 돈이 있는 집단에서 일어나기에 엄중한 처벌이 구조적으로 불가능하다는 점이다. 설사 비리가 포착되어 검찰로부터 기소되어 법정에서 실형을 선고받았다 해도 보석금을 내고 풀려난다든지 혹은 수감생활을 하는 둥 마는 둥 하다가 국민적 관심이 사라지면 슬쩍 다시 풀려난다. 한국처럼 권력과 자본이 처음부터 구조적으로 밀착한 경우 자본을 감시해야 할 권력의 기능은 애초부터 한계에 봉착할 수밖에 없다.[58] 권력과 자본은 순망치한(脣亡齒寒)의 관계이기에 더욱 밀착되고 결합되며 그렇게 될수록 일반국민은 소외된다.

특권과 특혜를 없애라

일반 국민의 가슴에 대못을 박는 권력형 비리가 끊이지 않는 본질적인 원인은 '특권'과 '특혜'라는 괴물 때문이다. 특권과 특혜는 공정한 기회를 박탈하며 공정한 분배를 근본적으로 차단한다. 특권과 특혜를 중요한 요처에 벌려놓고 '공정사회'와 '정의로운 사회'를 운운하는 것은 교묘한 사기극과 별반 다르지 않다. 특권과 특혜가 있기 때문에 검은돈이 몰려들고 온갖 반칙과 변칙이 판을 치는 것이 아닌가?

물론 사회에는 특별한 지위와 역할이 있기 마련이다. 대통령 혹은 대기업 최고 경영자의 지위와 역할이 말단 공무원이나 사무원의 그것과 같을 수는 없다(이 말이 말단 공무원이나 사무원을 비하하거나 폄하하는 것이 아님을 독자들은 잘 알 것이다). 그러나 '특별한 지위'와 '특권'은 전혀 다른 것이다. 특권은 특별한 지위를 이용해 개인의 욕심을 채우려는 지극히 비도덕적인, 파렴치한 행위와 관련된다. 권력형 비리에서 우리가 늘 듣게 되는 '청와대 직원' 혹은 '대통령 아들' 혹은 '고위 공무원'은 특별한 지위이지 특권이 아니다. 특별한 지위에 있는 사

58) 박상필, 『NGO학』(서울: 아르케, 2010), 108.

람들에게는 보통 사람들보다 더 크고 무거운 도덕적 책임, 곧 '노블레스 오블리주(noblesse oblige)'가 요구된다. 왜냐하면 이들의 결정 하나에 천문학적인 액수의 돈과 수많은 사람의 운명이 일시에 결정될 수 있기 때문이다.

특혜는 특권을 통해 제공되는 막대한 이득이다. 물론 인간사회에서 완전한 평등 혹은 완전한 공평분배는 불가능할 것이다. 왜냐하면 신학적으로 보자면 인간은 근본적으로 타락된 존재, 곧 죄인이기 때문이다. 처음에는 매우 겸손하고 친절하던 사람도 지위가 올라가고 권한이 커지면 언제 그랬냐는 듯 독선적이고 권위적으로 변하기 일쑤다. 그것이 인간의 본성이라고 봐야 할 것이다. 최선이 아니라면 차선을 우리는 선택해야 한다. 완전한 분배가 불가능하다면 특혜, 곧 이득과 기회의 불공정한 편중을 원천적으로 없애야 한다. 한국의 부패지수가 10점 만점에 겨우 5점이라는 사실은 여전히 우리 사회 곳곳에 특혜의 가능성이 상존함을 뜻하는 것이다.

감시와 처벌은 죄인을 다루는 방법이다. 특권과 특혜가 있는 곳에 언제나 거대한 도둑이 든다는 사실을 우리는 역사를 통해 잘 알고 있다. 따라서 특권과 특혜가 여전히 존재하고 있다면 그것은 감시되고 처벌되어야 한다. 우리가 역사를 통해 배우는 또 하나의 사실은 인간의 지성은 완악한 면이 있어서 감시를 피하고 처벌을 무력화시키는 방법을 계속 발전시킨다는 점이다. 이런 이유에서 감시와 처벌은 최선의 길은 아니지만 차선의 방법으로 정의를 구현하는 길임에 분명하다. *그것은 인간의 동물적 이기심에 대항하는 인간의 이타적 이기심이다.*

노블레스 오블리주

감시와 처벌이 최선의 길이 아니라면 무엇이 최선의 길일까? 성서적 관점에서 보자면 그것은 '노블레스 오블리주'와 관련된다고 말할 수 있다. 성서에서 다윗 왕과 그의 왕권은 언제나 이상적인 모델로 그려진다. 이스라엘 왕국이 아시리아 제국과 바벨론 제국에 의해 멸망당한 후에—북 왕국은 주전 722년, 남 왕국은 주전 587년 역사의 무대에서 사라졌다—유대인들은 세계사 가운데서 단 한 번도 독립적인 왕국을 건설하지 못하였다. 마카비 혁명으로(주전 164년) 잠시 정치적 독립을 누렸지만 왕국의 면모는 갖추지 못하였고, 예수의 탄생에 즈음해서 자신의 봉토에 있는 두 살 이하 모든 남자아이를 학살한 것으로 악명이 높은 헤롯 대왕은 유대왕국을 건설했지만 그것은 어디까지나 로마의 꼭두각시 정권일 뿐이었다.[59] 다윗—솔로몬 왕국 이후 팔레스타인 땅에서 유대인들이 자주적인 자신들의 정치적 국가를 건설한 것은 거의 3천 년이 지난 1948년에 가서야 가능했다.

이스라엘 왕국이 멸망당하고 성도(聖都) 예루살렘이 파괴된 후에 다윗 왕권은 종말론의 영역으로 승화되었다. 적국의 포로생활 속에서 예언자들은 역사의 마지막에 하나님이 다시 정의로운 다윗 왕권을 세울 것이라 대망하였다.

> 그 정사와 평강의 더함이 무궁하며 또 다윗의 왕좌와 그의 나라에 군림하여 그 나라를 굳게 세우고 지금 이후로 영원히 정의와 공의(משפט צדקה)로 그것을 보존하실 것이라 만군의 여호와의 열심이 이를 이루시리라(사 9:7).

이처럼 다윗 왕국은 단순히 이스라엘 역사상 가장 강력했던 하나의 왕국만이 아니다. 그것은 "정의와 공의"의 왕국이다. 신약시대에 예수가 자신을 따르는 무리들과 함께 예루살렘에 입성할 때 많은 유대인은 과거 예언자들이 꿈꾸던 이 정의와 공의의 다윗 왕국이 실현될 것을 기대했다.

---

59) 로제, 『신약성서 배경사』, 39.

찬송하리로다 오는 우리 조상 다윗의 나라여 가장 높은 곳에서 호산나 하더라(막 11:10). Εὐλογημένη ἡ ἐρχομένη βασιλεία ἐν ὀνόματι Κυρίου, τοῦ πατρὸς ἡμῶν Δαβίδ Ὡσαννὰ ἐν τοῖς ὑψίστοις

이렇게 성서에서 다윗과 그의 왕권은 정의와 공의의 상징이자 그 역사적 모형이었다. 여기서 우리는 묻지 않을 수 없다. 과연 다윗이 그처럼 완벽한 정치적 지도자였으며 그의 왕권은 전적으로 정의와 공의의 정권이었던가? 그렇지 않다. 비록 다윗이 신앙적인 면에서나 정치적인 면에서 뛰어났던 것은 부인할 수 없는 사실이지만 그 역시 죄의 영향력 가운데 있는 한 인간이었기에 그의 충직한 부하 우리아의 아내 밧세바와 간음했고 이 죄를 감추기 위해 우리아를 고의적으로 죽게 했다(삼하 11:17). 또한 인구조사를 감행함으로써 야훼의 뜻을 정면으로 거스른다(삼하 24:1). 이러한 인간적인 약점과 정치적인 허술함에도 불구하고 다윗과 그의 왕권이 정의와 공평의 왕국으로서, 지상에 존재하는 모든 정치권력이 본으로 삼아야 할 이상적 모델이 된 이유는 무엇일까? 성경은 그 이유를 다음과 같이 제시한다.

당신의 하나님 여호와를 송축할지로다 여호와께서 당신을 기뻐하사 이스라엘 왕위에 올리셨고 여호와께서 영원히 이스라엘을 사랑하시므로 당신을 세워 왕으로 삼아 정의와 공의를 행하게 하셨도다(왕상 10:9).

하나님의 선택이다! 다윗이 본래부터 정의와 공의의 왕이 아니라, 야훼가 자신의 공의와 정의를 세계 가운데서 나타내려고 목동 다윗을 들어 이스라엘의 왕으로 삼고 그로 하여금 정의와 공의의 정치를 실현하게 한 것이다. 다윗은 비록 한 사람의 인간이었기에 실수하고 죄도 지었지만 다른 이스라엘의 왕들 혹은 이 세상의 모든 통치자들과 달랐던 단 한 가지는 자신과 자신의 왕권이 야훼의 정의와 공의의 통치의 '도구'였다는 사실을 알았다는 점이다. 다윗 왕권의 정치신학은 우리에게 이러한 실천적 의미를 전해주고 있다.

권력을 손에 쥐고 있는 모든 이는 따라서 이 의미를 신중하게 깨달아야 한다. 그들이 손에 쥐고 있는 권력은 누군가로부터 '위임받은 힘'이다.[60] 신학적으로 말한다면 권력은 신에게서 위임받은 것이며, 일반적으로 말한다면 권력은 국민에게서 위임받은 것이다. 그러므로 통치자의 도덕적 의무, 곧 노블레스 오블리주는 이러한 초월적 위임 혹은ー칸트식으로 표현하자면ー'형이상학적' 위임에 대한 마땅한 응답이어야 한다.[61] 정의롭지 못한 권력은 "대규모의 떼강도"와 다를 바 없다는 아우구스티누스의 말을 모든 권력자는 명심해야 하지 않을까?[62]

종합과 전망: 공정한 처벌과 보상만이 정의의 전부인가?

이상에서 우리는 율법적 정의, 곧 각자의 행위에 따라 공정하게 처벌과 상을 주는 성서의 응보적 정의관념에 대해 살펴보았다. 앞에서 지적했듯이 이러한 율법적 정의는 성서적 정의관념의 시작이다. '율법'을 행함으로써가 아니라 '믿음'으로써 구원을 받는다는 이신칭의 신학에 익숙한 프로테스탄트 전통에서 율법은 정도의 차이는 있겠지만 일단 부정적으로 받아들여진다. 특히 죄를 고발하고 이에 따라 처벌하는 율법의 공의는 은혜와 사랑에 목마른 현대인들에게 그리 인기를 끄는 주제는 아닌 것 같다. 그러나 율법이 구원의 효과적인 수단이 아니므로 기독교 신앙에서 완전히 제거되어야 한다고 생각하는 것은 매우 위험할 뿐 아니라 신학적으로도 바른 것이 아니다. 특히 사회정의라는 주제를 생각함에 있어 구약의 율법은 처음부터 끝까지 중요한 의미를 갖는

---

60) ThE II/2, 293. 비교: 몰트만, 『희망의 윤리』, 344.

61) 비교: 회폐, 『임마누엘 칸트』, 247. 회폐는 칸트가 법과 국가를 "선험적 개념들로부터 정초하는 일에 관심을 집중"했다고 평가한다.

62) 아우구스티누스, 『신국론』, 41.

다.63) 이제 두 가지 질문이 매우 중요하게 되었다.

첫째, 그렇다면 성서에서 율법은 오로지 공정한 처벌만을 주장하는 가? 그렇다고 대답할 그리스도인은 아마 매우 적을 것이다. 무엇보다 모세율법에 대한 신약의 반응이 논의되어야 할 것이다. 예수는 율법의 폐기를 주장했는가? 예수의 제자들로 구성된 초대 기독교회는 예수를 믿는 믿음으로 구원을 받으니 율법은 필요 없는 것이라고 단정했는가? 상황은 그렇지 않다. 예수가 바리새인의 '형식적 율법주의'를 비난하고 공격했던 것은 사실이지만 그렇다고 율법 자체의 폐기를 주장하지는 않았다.64) 오히려 그는 율법의 근본정신이 '사랑'에 있음을 분명히 했 다. 예수는 모든 구약의 율법을 두 가지 '명령'으로 압축했다. 바로 하 나님을 사랑하고, 이웃을 사랑하라는 것이다. 이 두 명령이 "온 율법과 선지자의 강령(마 22:40)"이다. 예수의 뒤를 이은 사도바울 역시 율법 을 구원의 전제조건으로 삼으려는 '기독교적 율법주의'에 맞서 타협 없는 투쟁을 전개했다. 그러나 바울은 율법이 구원의 효과적 수단이 아 니므로 폐기되고 제거되어야 할 과거의 폐습이라고 말하지 않았다. 율 법의 근본정신은 '사랑'이다. "사랑은 이웃에게 악을 행치 아니하나니 그러므로 사랑은 율법의 완성이니라(롬 13:10)." 이러한 간략한 스케치 만으로도 우리는 아주 중요한 결과를 얻을 수 있다. *율법은 단지 공정 한 처벌과 보상만을 요구하지 않는다.* 율법은 처벌과 함께 사랑도 말하 고 있다.

둘째, 그렇다면 처벌과 사랑이 함께 공존할 수 있는가? 법과 원칙에 따라 피고인에게 형벌을 구형하는 정신과 그 죄인을 긍휼히 여기고 사 랑하는 마음이 조화를 이룰 수 있는가? 우리는 교회에서 공의와 사랑 은 하나라는 말을 종종 들었다. 정의와 사랑이 어떻게 하나가 될 수 있

---

63) 골든 웬함, 「구약성경에 나타나는 율법과 법 제도」, J. I. Packer, ed., 『율법과 윤리』(서울: 백합출판사, 1985), 226.

64) 참조: E. P. 샌더스, 『예수와 유대교』, 황종구 옮김(서울: 크리스찬다이제스트, 2002), 363.

을까? 이러한 신학적 요청이 현실에서 가능할 수 있을까?

여기에 답하는 것은 어쩌면 이 땅에서는 불가능할지도 모른다. 그러나 우리는 최소한 다음과 같이 말할 수 있어야 한다. 기독교의 궁극적 요구는 '처벌하라'가 아니라 '용서하라'이며, '원수를 저주하라'가 아니라 '원수를 사랑하라'이다. 처벌과 보응이 정의의 필수적인 요소임에는 틀림없지만 그것이 전부는 아니다. 용서와 화해를 통해 단절되고 깨진 관계가 회복되어야 한다는 것이 기독교라는 종교가 세상에 전하는 근본적인 '소식(Botschaft)'이며 '언설(Rede)'이며 '담론(Diskurs)'이다.

당연히 용서와 화해가 정의 담론에 속할 수 있는지 아닌지는 정의를 어떻게 규정하느냐라는 근원적 입장과 전제에 좌우된다. 또한 바로 여기에 철학적 정의 담론과 신학적 정의 담론의 경계가 존재하는 것으로 보인다. 철학은 일단 공정하게 보응하고 공평하게 분배하는 과정이 공론장에서 보편성을 획득했다면 기뻐하고 매우 만족할 것이다. 이에 대한 대표적이며 고전적인 모델이 아리스토텔레스이다.

아리스토텔레스는 정의를 '중용의 덕'으로 규정한다. 그래서 간단히 말하면 정의란 개인의 선을 공동선으로 전환시킬 수 있는 "삶의 원칙"이라고 할 수 있다.[65] 이를 위해 아리스토텔레스는 '보상정의'와 '분배정의'를 말한다. **보상정의**는 우선 "지나침과 모자람의 산술적 중간을 말하며, A-B＝B＋C"로 등식화된다. 한편 **분배정의**는 "누가 정당한 몫을 받을 가치가 있는가"를 결정하는 법칙으로 기능한다. 이 기능은 사각형의 대각선처럼 기하학적인 비례로 표현된다. "A:B＝C:D라는 등식에서 A와 B는 관계를 맺고 있는 사람을, 그리고 C와 D는 분배되는 물품, 공직, 명예, 보상 등을 지시한다."[66]

---

65) 이진우, 「아리스토텔레스에게 있어 덕과 정의」, 『현대사회와 정의』, 31.

66) 이진우, 같은 글, 38.

그러나 신학의 임무는 아리스토텔레스 옆에서 같이 박수치거나 "그것이 전적으로 맞는 것이지만 사랑도 필요한 것이지"라며 훈수를 두는 것만은 아니리라. 신학은 정의를 생각함에 있어 **산술적 균등**과 **비례적 평형을 넘어서는**(beyond) 혹은 **그 외에**(beside) 용서와 화해를 통한 관계의 회복이라는 초월적 요구에 직면한다. 근본적으로 브루너와 니부어는 이러한 지점을 간과하고 있다.[67] 따라서 균등과 평형을 넘어서는 용서와 화해가 왜 정의 담론에 속해야만 하는가는 우리가 앞으로 해결해야 하는 기독교윤리의 중요한 과제이다. 용서와 화해라는 복음의 핵심적 메시지는 '비례'라는 이성의 합리성을 배제하지는 않지만 그것을 넘어선다.

여기서 우리는 '규범'이라는 윤리학의 근본문제를 근본적으로 성찰해야할 필요에 직면한다. 정의의 요구는 어떤 규범을 전제하고 있기 때문이다. 압축적으로 질문해보자. 과연 용서와 화해라는 종교적 가치가 현실에서 윤리적 규범이 될 수 있는가?

---

67) 신원하 편저, 『기독교윤리와 사회정의』(서울: 한들출판사, 2000), 13.

제4장 온 율법과 선지자의 강령

– 기독교윤리와 규범

하나님은 이 계명들을 범하는 모든 자를 처벌하겠다고 엄숙히 선언하신다. 그러므로 우리는 그의 진노를 두려워해야만 하고 이 계명들을 거역하지 말아야 한다.

그러나 하나님은 저 계명들을 지키는 모든 자에게 은혜와 선하심을 베풀겠다고 약속하신다. 그러므로 우리는 하나님을 사랑하고 의지해야 하며 그의 계명에 따라 그를 즐거이 섬겨야 한다.

                                    - 루터의 <소(小)요리문답> 중에서

이번 강의에서 우리는 다시 다소 복잡하게 보이는 신학의 원론적인 문제로 가야 한다. '규범(norm)'의 문제를 생각해야만 하기 때문이다. 규범이란 한마디로 기준이 되는 '자'와 같다. 기준이 되는 자가 있어야 내가 가지고 있는 자의 눈금이 정확한지를 판단할 수 있다. 어떤 규범의 체계가 있기에 우리는 누군가를 비판하고 누군가를 칭찬하며, 또 누군가는 처벌을 받는다. 다시 말해 정의는 규범과 불가분의 관계에 있다.

철학의 역사를 대략적으로만 살펴보아도 규범을 세우는 문제가 얼마나 어렵고 중요한지를 쉽게 알 수 있다. 단정적으로 말한다면 모든 실천철학 혹은 윤리학은 규범을 어떻게 세울 것인가에 대한 부단한 고민이다. 멀리는 아리스토텔레스의 『니코마코스 윤리학』, 근대에 있어서는 칸트의 『실천이성비판』, 벤담이 『도덕과 입법의 원리서설』 그리고 20세기 하버마스의 『의사소통행위이론』에 이르기까지 이 모든 고전적인 책은 선과 악, 옳고 그름을 판별하는 기준이 무엇인가를 찾으려는 인간 정신의 부단한 고민을 보여준다.[1]

앞에서 밝혔듯이 기독교는 '계명'이라는 형식을 통해 그리스도인의 개인적이고 공동체적인 행위의 기준이 되는 규범의 문제를 다룬다. 그리고 이 계명은 성서에서 **십계명**과 **산상수훈**과 **사도적 권고** 속에서 대표적으로 제시된다. 중요한 것은 이것이 문제의 '해결'이 아니라 여전히 시작이라는 점이다. 당연히 많은 질문이 제기된다. 도대체 무슨 근거로 우리는 이 세 부분에서 기독교적 계명을 발견해야 하나? 다른 모세율법은 복음으로 인해 그 규정적 효력을 상실했는데 왜 십계명만 유독 그 효력을 주장하는가? 십계명은 '율법'과는 다른 것인가?

---

1) 알래스데어 매킨타이어, 『윤리의 역사, 도덕의 이론』, 김민철 옮김(서울: 철학과현실사, 2004), 365.

4.1 십계명: '율법'인가, '복음'인가?

> 이 진멸법은 인간의 목숨을 빼앗는 것의 금지를 넘어서는 또 다른 방법
> 을 제공한다. 적을 철저하게 파괴해야 할 대상으로 여기게 되면서, 이
> 스라엘인들은 누구를 죽여야 하고 언제 자비를 베풀어야 하는지의 문
> 제로 인한 도덕적인 고통으로부터 해방됐다. 모든 것은 하느님에게 달
> 려 있다. 결국 적들은 하느님에게 희생 제물로 바쳐질 존재였던 것이다.
>
> — 존 티한(John Teehan)

미국의 종교학자 티한(호프스트라 대학교 종교학 교수)은 그의 저서 『신의
이름으로』에서 진화심리학적 관점에서 종교의 본성을 고찰하는데, 샌델의 『정
의란 무엇인가』만큼이나 흥미로운 책이다. 그러나 아직까지 믿음의 '확신'이
없는 사람들에게는 별로 권하고 싶지는 않다. 왜냐하면 저자는 기독교의 본질
을 하나님의 계시에서 찾지 않고 인간의 진화과정에서 찾고 있기 때문이다. 이
런 면에서 이 책은 포이어바흐(L. Feuerbach)의 고전 『기독교의 본질』(Das Wesen
des Christentums)의 '21세기 버전'이라 봐도 무방할 것 같다.

이 책의 핵심은 종교의 도덕성과 폭력성이 같은 뿌리에서 나왔다는 것이다.
저자에 따르면 종교는 인류가 번성하기 위해 발달시킨 "진화적 도구"이며, 모
든 종교는 도덕적인 모습과 폭력적인 모습을 동시에 갖고 있다. 특히 종교의
폭력성은 내부집단과 외부집단을 구분하는 종교의 배타적 본성에 그 근원을
두고 있다고 저자는 말한다. 대표적인 예가 유대교의 십계명이다. 십계명은
'도덕규범'이 아니라 내부집단의 결속을 확인하고 외부집단을 구분하고자 고
안된 것이다.[2] 저자에 의하면 이러한 종교적 배타성은 구약성서에 나오는 '헤
렘(Herem)'에서 가장 극명하게 드러난다. 헤렘이란 여자와 아이를 포함해 모든
피정복자를 죽이는 전쟁방식을 말한다. 여기서 구약의 신 야훼는 이 무자비한

---

2) 존 티한, 『신의 이름으로』, 박희태 옮김(서울: 이음, 2011), 142.

대량학살에서 오는 도덕적 가책을 무마시키는 역할을 한다는 것이다. 물론 전통적 교회는 이러한 이론을 반대한다. 그렇다면 십계명은 지금 우리에게 어떤 의미가 있는가?

율법과 십계명

진화심리학과는 달리 기독교 전통은 구약의 십계명에서 기독교적 계명의 원형을 발견한다. 십계명의 권위는 그것이 하나님에 의해 주어진 '계시된 말씀'이라는 근거 위에 있다. 그러므로 경건한 그리스도인은 십계명 속에서 고대 이스라엘의 법 정신이 아닌 시간과 공간의 차이를 넘어 지금도 효력이 있는 '신의 요구'를 발견한다.[3] 그러나 십계명이 21세기에 살고 있는 현대의 그리스도인에게도 계명으로서 의미가 있기 위해서는 한 가지 중요한 문제가 해결되어야 하는데, 그것이 바로 율법과 십계명의 구별에 대한 것이다.

십계명이 시내산에서 공포된 모세율법의 일부라는 점에 대해 부인할 사람은 거의 없다. 십계명도 '율법'이라는 이야기다. 유대교라면 당연히 십계명과 율법을 준수해야 할 의무가 있겠지만, 우리는 '유대교인'이 아니라 '기독교인'이다. 한 가지 흥미로운 것은 현대 이스라엘인들 역시 소수의 보수적인 랍비 종교인들을 제외하고 모두가 모세율법을 문자 그대로 지키지 않는다는 사실이다. 현대 '이스라엘'이라는 국가가 1948년 탄생하면서 선포한 독립선언에서 모세율법에 대한 언급은 찾아볼 수 없다. 대신 "본연의 권리", "자연적이고 역사적인 권리" 같은 근대 법이념의 근간이 되는 "자연법" 사상이 핵심으로 등장한다.

이 권리는 유대인들이 스스로의 운명의 주인이게 하는 본연의 권리로서, 다른 모든 주권 국가에서 마찬가지로 이루어진 것이다. 그러므

---

3) 이상원, 『21세기 십계명 여행』(서울: 토기장이, 2000), 19.

로 영국 위임 통치의 끝을 맞이하여 팔레스타인의 유대인들, 그리고
시오니스트의 구성원과 대표들, "자연적이고 역사적인 권리"의 본성
에 따라, 그리고 국제연합의 결의안에 따라······ 이 자리에서 이스라
엘이라 알려질 유대 국가의 성립을 선포한다.[4]

이처럼 현대 이스라엘에서조차도 모세율법은 하나의 전통이지 규범
적인 의의를 가지고 있지는 않다. 물론 현대의 유대인들이 모세율법에
서 자유로울 수 있는 것은 순전히 합리적인 근거에서 가능할 것이다.
고조선의 8조법을 지금의 한국 상황에 직접적으로 적용할 수 없듯이
고대 이스라엘의 모세율법을 현대 이스라엘에 적용시키려는 것은 누가
봐도 합당치 못하다. 그러나 그리스도인이 모세율법에서 자유로울 수
있는 이유는 단순히 합리성에만 있지 않다. 예수 그리스도의 죽으심과
부활이라는 '종말론적 사건'으로 인해 율법의 효력은 정지되었다. 우리
는 율법을 지킴으로써가 아니라 예수를 믿음으로 의롭게 되며, 이 믿음
으로 의롭게 된 자들은 율법이 아니라 "성령의 법(νόμος τοῦ πνεύματος,
롬8:1)", "그리스도의 법(νόμον τοῦ Χριστοῦ, 갈 6, 창 2)"에 따라 산다.
사도 바울이 호소한 대로 율법의 계속적인 준수를 주장하는 것은 그리
스도의 죽음을 헛되게 만드는 것이다.

이처럼 모세율법은 그리스도의 복음 가운데서 그 효력을 상실했는데
왜 우리는 십계명만은 예외라고 주장하는가? 실제로 현대의 그리스도
인 가운데 안식일을 지키고(출 20:8), '눈에는 눈, 이에는 이'라는 동해
보복의 법칙을 따르며(출 21:24), 예배 대신 양을 잡아 번제를 드리며
(레 7:2), 돼지고기를 멀리하고(신 14:8), 무당을 죽이기 위해 전국을 헤
매고 다니고(출 22:18), 간통한 사람에게 돌을 던지는(신 22:24) 사람은
아무도 없다. 십계명은 '제의적인 율법'과는 다르다는 주장을 받아들여

---

4) 이스라엘의 독립선언서 전문은 이스라엘 외교부 공식 사이트에서 확인할 수 있다.
   http://www.mfa.gov.il/MFA/Peace%20Process/Guide%20to%20the%20Peace%20Process/Declaration%20of%
   20Establishment%20of%20State%20of%20Israel.

도 문제는 여전히 남는다. 십계명은 안식일 준수를 명하지만, 우리는 '안식일'이 아닌 '주일'을 지키고 있지 않는가? 계속해서 예외가 꼬리에 꼬리를 문다. 전체 모세율법에서는 십계명에 예외를 허락하고, 십계명 가운데서는 또 안식일 규정에만 같은 예외를 주고 있다.

이처럼 현대의 그리스도인들은 *십계명만큼은 모세율법과는 다르다*는 전제를 의식적이든 무의식적이든 받아들이고 있는 것으로 보인다. 그래야만 우상숭배를 금지하는 십계명 제1계명과 돼지고기를 먹지 말라는 '제의적 율법' 사이의 차이점이 납득이 되고, 우리는 특별한 마음의 부담 없이 삼겹살을 즐길 수 있는 것이다. 문제는 해결되었나? 아니다. 이제 시작일 뿐이다. 그렇다면 무슨 근거에서 십계명과 율법은 다른가? 이 질문에 답을 찾으려면 우리는 어쩔 수 없이 매우 복잡한 신학이론을 살펴야만 한다.

칼뱅의 율법구분: 도덕법, 의식법, 시민법

기독교 역사상 칼뱅만큼 법에 정통하고 법의 의미를 강조했던 학자는 아마도 없을 것이다. 종교개혁자의 길로 나서기 전에 칼뱅은 파리에서 남쪽으로 130km 떨어진 오를레앙(Orlean) 대학에서 로마법을 전공했고 거의 3년 만에 법학박사 학위를 취득했다.[5] 기록에 의하면 거의 밤을 새워가며 공부에 몰두하기도 했다고 하니 그 열정에 탄복하지 않을 수 없다. 칼뱅의 첫 작품이 로마 시대의 스토아 철학자 세네카(Seneca)에 대한 주석서였다는 점도 매우 눈여겨볼 만하다. 이 작품이 세상에 나오자 당대 최고 지성 에라스무스(Erasmus)는 극찬을 아끼지 않았다고 하는 것으로 보아 칼뱅에 대한 스토아주의의 영향을 짐작할 수 있다. 로마의 스토아철학이 인류에 남긴 가장 큰 영향은 **자연법사상**으로

---

5) Christoph Strohm, *Johannes Calvin. Leben und Werk des Reformators*(München: CH Beck, 2009), 76.

서 근현대의 법치국가 이념은 이 스토아적 자연법에 기초하고 있다.[6)]

법을 전공했던 '법학박사' 칼뱅은 그래서 아우구스티누스 수도회 출신 '수도사' 루터와 여러 면에서 다를 수밖에 없었다. 특히 율법에 대한 이해에 있어 칼뱅은 스승 루터와는 매우 다른 방향을 개척했다. 가톨릭 사제 시절 죄인을 가차 없이 처벌하는 율법의 응보적 정의 관념에 오랫동안 시달림을 당했던 루터는 율법과 구약을 매우 소극적으로 다루었다. 루터의 작품 가운데서 구약에 대한 주석은 신약에 비해 매우 제한적이며 신약의 야고보서를 '지푸라기 복음(straw gospel)'이라고 폄하하기도 했는데, 이는 야고보서가 '신약의 율법서'라 불릴 정도로 구약의 율법을 매우 긍정적으로 받아들이기 때문이다.[7)] 그렇다고 해서 루터가 구약의 권위를 아예 인정하지 않았다고 주장해서는 안 된다. 제2차 세계대전 때 나치는 루터에게서 발견되는 반(反)율법주의 경향을 반유대주의(Antisemitism)로 호도해 유대인 박해에 대한 정당성을 확보하려고 시도하기도 했다.[8)]

이에 반해 칼뱅은 구약성서 전체에 대한 주석을 남겼으며 특히 구원사적인 전망 속에서 모세율법에 대해 루터보다는 훨씬 긍정적인 가치를 부여했다. 제네바의 개혁자는 모세율법을 크게 **도덕법**(lex moralis)과 **의식법**(lex ceremonialis)과 **시민법**(lex iudicialis)의 세 부분으로 구별했는데, 이것은 법을 전공한 사람이 아니라면 할 수 없는 매우 세심한 것이다.[9)]

> 이런 구분을 가르친 고대의 저술가들은 의식법과 시민법이 도덕의 문제와 관련이 있다는 것을 모르지는 않았으나 그 법들은 변하고 폐기될 수 있는 것인 반면에 도덕은 계속해서 불변의 상태로 있는 것이기 때문에 의식법과 시민법을 도덕법이라 부르지 않은 것이다.[10)]

---

6) Frank Thilly, *A History of Philosophy*(New York, 1961), 139.

7) Paul Althaus, *Die Theologie Martin Luthers*(Gütersloh: GV, 1963), 71.

8) Graham Tomlin, *Luther und seine Welt*(Freiburg: Herder, 2002), 178.

9) 강영안, 『십계명 강의』, 385.

10) Inst Ⅳ.20.14.

칼뱅은 이러한 근본적인 구분 속에서 의식법과 시민법의 효력에 대한 법리적 해석을 시도한다. 이들 법은 고대 이스라엘이라는 특수한 공동체에, 특수한 목적에 따라 주어졌으므로 이 특수한 공동체가 존재하지 않는 이상 그 실제적 효력은 상실되었다. 대신 계시된 말씀이라는 신학적 의미는 여전히 남아 있다. 칼뱅의 이러한 해석은 신학 역사에서 매우 독특한 것으로 보인다. 대부분 신학자들은 모세율법의 효력과 의미에 대해서는 '이신칭의'라는 바울의 칭의론 구조 속에서만 생각하는 경향을 보이기 때문이다. 물론 칼뱅 역시 여기에서 출발하지만 자연법과 도덕이라는 보다 보편적인 맥락에서 문제를 바라보고 있다.[11]

칼뱅의 해석을 수용한다면 모세율법에서 의식법과 시민법은 시대 제한적이므로 지금도 여전히 효력이 있는 것은 도덕법이다. 도덕법은 "의의 참되고 영원한 규칙(aeternaque iustitiae regula)"으로서 그 내용은 "하나님께서 우리 모두에게 예배를 받으시고 또한 우리가 서로 사랑하는 것"이라고 칼뱅은 밝힌다.[12] '도덕법'이라는 스토아적 개념 속에서 제네바의 개혁자가 보는 것은 물론 십계명이다. 스토아철학에서 자연법이란 건전한 이성을 갖고 있는 모든 사람의 '마음에 새겨진 법'이다. 사도바울은 하나님의 율법을 모르는 이방인도 이 법을 통해 "본성으로 율법의 일"을 행하며 "그 양심이 증거"가 되어 "마음에 새긴 율법의 행위"를 나타낸다고 로마서에서 말하고 있다(롬 2:14~15). 칼뱅은 이러한 바울의 생각을 근본적으로 관철시키고자 한다. 그는 계속해서 이 "마음에 새겨진 법"에 관해 말하기를 "어떤 의미에서 그 법이 십계명의 두 돌판에서 배우는 것과 동일한 것을 가르친다"고 하며, 이 법의 역할은 "우리 앞에 선과 악의 차이를 제시하여 우리가 의무를 이행하지 않을 때 우리를 비난하는" 것이다.[13] 십계명에 대한 칼뱅의 이러한

---

11) Wilhelm Niesel, *Die Theologie Calvins*(Münster: Kaiser, 1957), 102.
12) Inst Ⅳ.20.15. 칼뱅의 이러한 입장은 약 2백 년 후에 나오는 칸트의 그것과 매우 유사하다.
13) Inst Ⅱ.8.1.

자연법적 접근은 후대에 강력한 영향을 남겼다. 특히 칼뱅의 신학에서 역사적으로 출발하는 장로교회는 십계명을 '도덕율법' 혹은 '계명'이라는 개념 속에서 기독교적 경건 생활의 중요한 요소로서 확립했다. 그래서 칼뱅주의 교회의 예배의식에는 십계명을 같이 낭독하는 순서가 있으며, 신자들은 자신의 모든 삶의 영역에서—그것이 개인적인 삶이든 공적인 삶이든—십계명의 요구를 준수해야 할 의무를 지닌다.

칼뱅이 추구했던 신의 요구에서 출발하는 도덕적 이상은 형식적이고 강압적인 '도덕주의'로 귀착되었다는 비판이 종종 제기되는데, 여기에는 일면 부인할 수 없는 사실이 들어 있다. 특히 칼뱅이 제네바에서 '교회의 권징'을 내세우며 제네바 시민들의 개인적인 일상생활에까지 간섭한 것을 두고 후대에서 '신정정치'라는 달갑지 않은 비판이 제기된다. 물론 '현대'의 관점에서 보자면 칼뱅의 '권징'이 '사생활침해'는 될 수 있겠으나 이것을 '신정정치'로 볼 근거는 없다.[14]

1850년 호손(Nathaniel Hawthorne)이 발표한 『주홍 글씨(The scarlet letter)』는 엄격한 도덕적 이상을 추구했던 17세기 미국의 청교도 사회의 어두운 단면을 그리고 있다. 여기서 작가는 형식화된 도덕, 자발적 동의가 아니라 외부에 의해서 강요된 도덕이 개인을 오히려 억압할 수 있다는 현실을 놀라운 필치로 보여주고 있다. 여주인공 해스터가 간통의 벌로 가슴에 달고 다니는 A 글자는 간통한 자에게 던져지는 17세기의 돌이었다.[15] 십계명을 하나님에 의해 주어진 '영원한 도덕법'으로 규정한 칼뱅의 해석은 역사적 과정 속에서 몇몇 어두운 그림자를 남기기는 했지만—그러나 이것이 전적으로 칼뱅의 책임은 아니다—모세율법 가운데 왜 십계명만 그 규범적 효력을 발휘하는가라는 질문에 하나의 타당한 답을 제시했음에는 틀림없다.

---

14) Strohm, *Johannes Calvin*, 89.

15) 너대니얼 호손, 『주홍 글씨』, 조승국 옮김(서울: 문예출판사, 2004), 147.

예수와 율법

칼뱅이 시도한 십계명에 대한 자연법적 접근방법이 물론 모두에게 환영받는 것은 아니다. 특히 성서의 역사적인 맥락에 해석의 무게를 두는 성서신학은 종종 조직신학자들과 적지 않은 충돌을 일으키기도 한다. 역사 비평적 입장에서 성서를 엄밀하게 해석해야 한다고 주장하는 학자들은 칼뱅의 자연법적 입장이 성서 본래의 '텍스트'에서 지나치게 멀리 나갔다고 비판한다.[16] 이러한 비판이 모두 옳다고 볼 수는 없지만 십계명의 효력을 자연법적으로만 규명하는 것은—물론 이것이 칼뱅의 중심적인 의도는 아니지만—왠지 어딘가가 허전한 느낌이다. 이러한 상황 속에서 예수와 율법과의 관계를 새롭게 해명하려는 현대신학계의 연구 성과는 주목해볼 만하다.

나사렛 예수가 십계명을 포함해 구약의 율법에 대해 어떤 태도를 취했는가 하는 것은 우리에게 결정적으로 중요하다. 바로 여기에 십계명이 현대의 그리스도인들에게 규범적 의미가 있느냐 하는 문제의 모든 것이 달려 있다고 해도 결코 과장이 아니다. 왜냐하면 기독교는 모세의 율법이 아닌 그것의 지양으로서 그리스도의 복음 위에 세워졌기 때문이다. 모세는 신의 의지와 요구를 전달하는 선지자였지만, 예수는 신의 뜻 그 자체이다. 모세는 "주께서 이와 같이 말씀하셨다"고 하지만, 예수는 "나는 너희에게 말한다"라는 직접적인 공식을 사용한다. 그러기에 그리스도인은 모세나 다윗 같은 구약의 인물들을 신앙의 모범으로서 존경하지만, 이들은 결코 믿음의 대상은 아니다. 그러나 나사렛 예수는 단순히 존경의 대상이 아니라 신앙의 대상이다. 그는 참 하나님이며 참 인간이고 '길'이요, '진리'요, '생명'이다. 교회는 모세를 따르는 무리들의 모임이 아니라 예수를 주로 믿고 예수의 말씀을 따르는 무리

---

16) 참조: Strohm, 같은 책, 9.

들의 모임, 곧 '에클레시아(εκκλεσια)'이다.

> 네 마음을 다하고 목숨을 다하고 뜻을 다하여 주 너의 하나님을 사랑
> 하라 하셨으니 이것이 크고 첫째 되는 계명이요 둘째는 그와 같으니
> 네 이웃을 네 몸과 같이 사랑하라 하셨으니 이 두 계명이 온 율법과
> 선지자의 강령이니라(마 22:37~40).

나사렛 예수는 율법 중에 어느 계명이 크냐는 한 바리새파 율법교사
의 질문에 위와 같은 구약의 말로 대답한다. 하나님을 사랑하라는 계명
과 이웃사랑에 대한 계명은 결코 새로운 것이 아니다. 이미 모세율법이
오래전부터 이스라엘이라는 계약 공동체에 요구하는 바이다. 그러나
이 두 계명이 "온 율법과 선지자의 강령"이라는 예수의 선언은 전적으
로 새로운 것이다. 나사렛 예수 이전에 어떤 선지자도 혹은 랍비도 이
러한 종합(syntheses)을 내놓지 못했다.[17] 예수는 하나님 사랑과 이웃사
랑이라는 두 사랑의 계명으로 사실상 구약의 모든 말씀을 압축하고 있
으며 동시에 이를 통해 십계명의 두 돌판의 의미를 해석하고 있다. 십
계명 1~4조항은 하나님을 사랑하라는 것이요, 5~10조항은 이웃을 사
랑하라는 것이다. 이처럼 의심의 여지없이 예수는 십계명을 하나님의
뜻과 요구의 총체로서 인정하고 있다.[18] 마태는 예수의 의도를 좀 더
분명하게 전한다. "내가 율법이나 선지자나 폐하러 온 줄로 생각지 말
라 폐하러 온 것이 아니요 완전케 하려 함이로라(마 5:17)." 예수는 율
법을 부정하지 않고 긍정한다. 그렇다면 그리스도는 "율법의 마침(롬
10:4)"이라는 바울의 말은 무엇을 의미하는 것일까?

---

17) 게르하르트 글뢰게, 『신약성서의 맥』, 손규태 옮김(서울: 한국신학연구소, 1983), 230.
18) 로빈 닉슨, 「율법의 완성: 복음서와 사도행전」, 『율법과 윤리』, 247.

예수와 할라카

율법에 대한 예수의 태도에 있어 또 하나의 중요한 사실은 그가 율법의 조항을 공공연히 위반했다는 것이다. 대표적인 것이 안식일규정과의 충돌이다. 나사렛 예수는 그의 선교활동 초기부터 바리새인들과 대립각을 세우는데, 무엇보다 안식일에 대한 예수의 태도는 이들에게 매우 위험한 것으로 보였다. 예수가 안식일에 어떤 회당에서 한 장애인을 고친 사건을 살펴보자.

어느 날 예수는 안식일에 회당에서 장애가 있는 한 사람을 보는데, 같이 있던 바리새인들은 여기서 예수의 행동을 면밀히 관찰한다. 만일 예수가 그 사람을 고친다면 그것은 안식일 규정을 어기는 것이다. 왜냐하면 당시 유대인들의 생활을 조목조목 규제하던 구전율법 '할라카(Halacha)'는 안식일에 치료행위를 금지하고 있기 때문이다.[19] 이 상황 속에서 예수는 다음과 같은 매우 의미심장한 질문을 던진다. "안식일에 선을 행하는 것과 악을 행하는 것, 생명을 구하는 것과 죽이는 것, 어느 것이 옳으냐?(막 3:4)" 정죄할 구실을 간절히 기다리고 있던 바리새인들은 예상치 못한 질문, 그러나 정곡을 예리하게 찌르는 질문에 답을 할 수가 없었다. 만일 선을 행하고 생명을 구하는 것이 옳다고 대답한다면 스스로 할라카 규정을 어기는 것이 되고 만다. 당혹스러운 침묵을 뒤로하고 예수는 안식일에 한 사람의 장애를 치료해주었고, 대적자들은 안식일이라는 '규범'을 어긴 '범법자'를 죽이기로 작정한다.

이 사건에서 결정적으로 중요한 것은 십계명과 유대인의 구전 율법, 즉 할라카를 예수가 날카롭게 구분한다는 점이다. 나사렛 예수는 할라카를 근본적으로 거부했고 특히 안식일에 대한 랍비의 할라카를 비판했다.[20] 다시 말해 예수는 안식일 계명 그 자체를 공격한 것이 아니라

---

19) 요아힘 그닐카, 『마르코복음』, 국제비평주석(서울: 한국신학연구소, 2002), 159.
20) 예레미아스, 『신약신학 Ⅰ』, 304.

이 계명에 대한 랍비들의 '유권해석'에 대항했던 것이다. 바리새인들이 속한 랍비 유대교는 당시의 구체적인 모든 삶에 적용되는 248개의 금지조항과 365개의 긍정조항으로 이루어진 "기록되지 않은 율법"을 만들었다. 할라카는 이렇게 당시 유대사회에서 일종의 '민법'과 같은 역할을 했다. 예컨대 안식일을 거룩히 지키라는 계명으로부터 안식일에 구체적으로 무엇을 하지 말아야 하는지, 몇 걸음을 가도 되는지에 대한 세부적인 조항을 만들었던 것이다. 문제는 바리새인들이 이 할라카를 성서에 기록된 율법과 동등한 것으로 간주했다는 데 있다. 이들은 이를 정당화하기 위해 모세가 비밀리에 할라카를 만들어 전해주었다는 전설을 만들기도 했다. 예수는 이 할라카에 결코 신적인 권위가 없다며 다음과 같이 통렬하게 비판한다. "너희가 하나님의 계명(ἐντολὴν τοῦ θεοῦ)은 버리고 사람의 유전(παράδοσιν τῶν ἀνθρώπων)을 지키느니라(막 7:8)." 이처럼 나사렛 예수는 계명과 유전을 분명하게 구분한다. 따라서 기독교윤리가 여기서 **행위의 일반적인 규범적 원칙으로서 계명**과 **행위의 상황적인 규칙**을 구분하는 것은 결코 비약이 아닐 것이다.[21]

바리새인들의 할라카에 대한 예수의 철저한 비판은 신의 계명과 사람의 유전을 구분하는 형식논리에만 있지 않다. 바리새적 율법주의는 신적 계명의 참된 의도를 왜곡했다. 하나님이 십계명을 통해 안식일 계명을 준 것은 사람으로 하여금 규범의 노예로 살도록 하기 위해 그렇게 한 것이 아니다. 규범과 법이 사람을 위해 존재하는 것이지, 사람이 규범과 법을 위해 존재하는 것이 아니다. 그래서 예수는 이렇게 천명한다. "안식일은 사람을 위하여 있는 것이요 사람이 안식일을 위하여 있는 것이 아니니(막 2:27)." 예수의 태도는 분명해진다. 십계명의 본래 의도와 목적을 명확히 알라는 것이다.[22] 신명기에 나오는 안식일 규정

---

21) Frey, *Theologische Ethik*, 26.
22) 강영안, 『십계명 강의』, 157.

의 본래 목적은 힘든 노동에서의 **해방**과 **예배**이다. 하나님은 자유인뿐 아니라 노예까지도, 짐승까지도 안식일에는 쉬라고 명한다. 그리고 예배하라고 말씀한다(신 5:14). 일주일에 한 번 계속해서 노동을 쉰다는 것은 고대사회에선 그 유례가 없다. 더군다나 노예까지도 그 혜택을 누린다는 것은 참으로 '혁명적 발상'이 아닐 수 없다. 우리 민족은 일주일에 하루를 쉰다는 개념과 규정을 겨우 20세기에 들어와서야 알게 되었음을 기억하자.

이상의 논의를 통해 예수가 율법에 대해 어떠한 입장을 취했는가에 대해 어느 정도 개괄적인 답을 제시할 수 있게 되었다. 첫째, 예수는 율법의 신적인 기원을 인정했으며 특히―간접적인 방식이지만―십계명을 모든 율법의 총체로서 간주했다. 십계명의 요구는 *온 마음을 다해 하나님을 사랑하라는 것과 네 이웃을 네 몸과 같이 사랑하라*는 것이다. 둘째, 예수는 신적인 계명과 유전을 구분했다. '계명'은 **보편타당한 원리**이지만, '유전'은 특정한 시대 가운데 살고 있는 사람들이 특정한 상황을 위해 만든 규칙이다. 따라서 규칙은 시대와 상황이 달라지면 폐기되거나 개정되어야 한다. 셋째, 계명의 본질은 하나님을 위한 것이며 동시에 사람을 위한 것이다. 생명을 죽이고 사람을 규범의 노예로 만들기 위해 계명이 주어진 것이 아니라 *생명을 구하고 사람을 사람답게 해주는 것이 계명의 목적*이다.

율법에 대한 예수의 태도는 이것이 전부인가? 만일 그렇다면 그는 "율법의 마침"이 아니라 '율법의 정화'일 것이다. 그런데 나사렛 예수는 여기서 한 걸음 더 나아간다. 그가 근본적으로 요구하는 것은 율법의 정화 혹은 율법의 회복이 아니라 '바리새인과 서기관보다 더 나은 정의(마 5:20)'이다.[23] 많은 그리스도인은―그들이 전문적인 학자이든 아니면 예수의 가르침을 순수하게 실천하려는 신앙인이든―바로 이 산

---

23) 권터 보른캄, 『나사렛 예수』, 강한균 옮김(서울: 대한기독교서회, 1973), 107.

상수훈의 핵심적인 요구에서 기독교적 정의의 가장 순수하고 본질적인 에토스를 보았다.[24] 물론 예수가 산상수훈의 설교에서 요구하는 이 '더 나은 정의(iustitia plus quam)'가 과연 무엇을 의미하는가에 대해서는 다양한 해석의 양식들이 존재해왔고 그 사정은 지금도 그리 달라지지는 않았다. 이 문제는 다음 강의에서 보다 집중적으로 살피도록 하고 지금은 바울에게로 넘어가 보자.

바울과 십계명

마지막으로 바울은 십계명을 어떻게 이해했는지 간략하게 살피려 하는데, 이 주제를 검토하는 것은 현대신학계의 뜨거운 감자를 만지는 것과 같다. 그것은 매우 복잡하며 전문적이고 그래서 지루하기도 하다. 그리고 이것을 모두 비판적으로 소개하는 것이 이 강의의 목적은 아니다. 중요한 몇 가지 사실만 집약적으로 검토해보자.

첫째, 바울은 로마서 13장에서 직접적으로 십계명을 언급하는데, 이는 전체 바울서신에서 그가 율법에 대해 가장 긍정적으로 평가하는 부분이기도 하다.

> 피차 사랑의 빚 외에는 아무에게든지 아무 빚도 지지 말라 남을 사랑하는 자는 율법을 다 이루었느니라 간음하지 말라, 살인하지 말라, 도적질하지 말라, 탐내지 말라 한 것과 그 외에 다른 계명이 있을지라도 네 이웃을 네 자신과 같이 사랑하라 하신 그 말씀 가운데 다 들었느니라 사랑은 이웃에게 악을 행치 아니하나니 그러므로 사랑은 율법의 완성이니라(롬 13:8~10).

여기서 가장 눈에 띄는 것은 바울이 십계명의 의미를 '사랑의 요구'를 통해 총체적으로 해석하고 하고 있다는 점이다. 율법 전체를 하나님

---

24) Gerhardt Barth, "Bergpredigt Ⅰ", in: TRE Ⅳ, 615.

사랑과 이웃사랑이라는 이중계명으로 종합하는 것은 물론 바울만의 독특한 것은 아니다. 유대교의 랍비들도 그것을 알고 있었고 바울의 스승인 예수 또한 그렇게 했다. 그러나 사랑을 '율법의 목적(τελος του νομου)'이라고 직접적으로 규정하는 것은 전혀 새로운 것이다. 유대교에서 혹은 구약적 맥락에서 율법의 목적은 '정의'이지 결코 '사랑'일 수 없었다. 비록 율법의 근본정신이 사랑에 기초해 있기는 하지만 말이다.[25]

그러므로 여기서 가장 중요하게 되는 것은—니부어가 올바르게 관찰하는 대로—'율법'의 의미가 아니라 '사랑'의 의미이다. 그래서 현대의 많은 바울 연구가들이 이 대목에서 해석의 모든 관심을 율법에 두는 것은 매우 불행하게 보인다.[26] 바울이 지금 '사랑'의 의미로 사용한 헬라어는 '아가페(αγαπη)'로서 이 단어는 고대 헬레니즘 세계에서는 매우 희귀하게 사용되었다. 그리스인들은 '에로스(ερος)'나 '필로스(φιλος)'라는 단어를 더 좋아했다. 바울은 최초의 그리스도교 신학자로서 그리스 세계에서 별로 관심을 받고 있지 못하던 아가페라는 단어에 결정적인 의미를 부여했다. 이를 통해 아가페는 그리스인들이 좋아하던 에로스나 필로스와는 전혀 다른 의미와 내용을 갖게 되었다. 바울에게 아가페는 예수의 **십자가 사건**이다. 십자가에서 하나님은 인간을 향한 자신의 아가페를 확증했다(롬 5:8). 그래서 그 어떤 것도 우리를 향한 예수의 아가페를 막지 못한다(롬 8:39). 복음은 아가페의 일이며, 아가페는 성령의 제일가는 은사이자 열매이다(고전 13:1, 갈 5:22).

따라서 바울이 아가페가 율법의 목적이라고 했을 때 그 본질적인 의미는 이전까지 알려졌던 것과는 다른 전혀 새로운 것이다. 유대인들도 율법의 근본정신이 사랑이라는 것을 알고 있었지만 이때 사랑은 아가페의 사랑이 아니라 필로스적인 사랑에 가깝다고 할 수 있다. 필로스는

---

25) 니부어, 『도덕적 인간과 비도덕적 사회』, 86. 비교: 월터 카이저, 『구약 성경윤리』, 홍용표 옮김(서울: 생명의말씀사, 2001), 120.

26) 에른스트 케제만, 『바울신학의 주제』, 전경연 옮김(서울: 대한기독교서회, 1978), 169.

조건적인 사랑, 곧 '때문에'의 사랑이다. 나는 그 사람이 나의 친구이기 때문에, 나의 가족이기 때문에, 나의 이웃이고 나에게 유익이 되기 때문에 사랑한다. 이렇게 나의 사랑함은 어떤 조건에 기초한다. 그러나 아가페는 이러한 '조건'과 '때문에'를 넘어선다. *그래서 아가페의 실천이라는* *선의지는 무제약적·무조건적(unbedingt) 이다.*[27]

둘째, 이러한 맥락 속에서 바울의 칭의(稱義) 사상의 윤리적 의미가 분명해진다. 바울은 율법을 지킴으로써가 아니라 예수를 믿음으로써 의롭게 된다고 선언한다(롬 3:28). 이 칭의 교리 위에서 프로테스탄트 교회는 서 있기도 하고 쓰러지기도 한다. '믿음으로 구원받는다'는 이 소식은 16세기의 열정적인 개혁자 루터에서부터 지금도 서울 지하철 안에서 예수천당, 불신지옥을 외치는 이름 없는 전도자에 이르기까지—물론 이 소식을 이해하고 적용하는 방식은 매우 다르겠지만—교회를 교회되게 하고 그리스도인을 그리스도인 되게 하는 근본 메시지이다. 칭의 사상의 정수는 *인간이 자신의 노력이 아닌 초월적인 희생을 통해 구원을 얻었다*는 것이다. 개혁교회는 그래서 이를 "불가항력적 은혜(gratia irresistibilia)"라 불렀다. 내가 어떤 조건 없이 하나님 나라의 시민이 되었다는 의미이다.

이러한 칭의와 은혜의 변증법은 윤리적인 관점에서 보자면 강력한 **동기윤리**(Gesinnungsethik)를 구성한다.[28] 불가항력적 은혜는 자기자랑을 철저하게 배제하며 따라서 보상이나 공로를 용납하지 않는다. 나의 변화가 무조건적이라면 나의 행위 역시 무조건적이어야 한다. 나에게 주어진 사랑이 무제약적이라면 나의 사랑 역시 무제약적이어야 한다. 어떤 보상이나 유익을 위해 사랑의 행위를 하는 것은 칭의와는 아무런 상관이 없다. 그래서 바울은 *아가페는 자기의 유익을 구하지 않는다*고

---

27) 비교: 임마누엘 칸트, 『실천이성비판』, 백종현 옮김, 대우고전총서 05(서울: 아카넷, 2006), V31.
28) Frey, *Theologische Ethik*, 46.

노래한다(고전 13:5). 이것은 도덕적 행위를 넘어서는 '거룩한 행위'이 며 원리적으로 인간의 이성의 행동반경을 초월한다. 그래서 그것은 이 세상의 행동원칙이 아니라 하나님 나라의 그것이다. 그렇다면 **유한한 인간**에게, **현실적인 인간**에게, **죄인인 인간**에게 이러한 무조건적 행위 가 가능한가? 타인을 형식적으로 존중하는 것조차 버거운 나에게 나의 유익을 계산하지 않고 타인을 사랑하는 것이 과연 가능한가?

십계명과 기독교적 규범

우리는 구약성서의 십계명을 통해 그리스도인의 도덕적 행위와 판단 에 대한 하나의 보편적인 규범을 도출할 수 있는가? 그러하다 해도 혹 시 그것은 개인의 '자유(Freiheit)'와 '자율(Autonomie)'이라는 우리 시 대의 '시대정신'과 모순되는 것은 아닌가? 또 그것은 아무리 이러저러 한 신학적인 이유를 제시한다 해도 또 하나의 '율법주의'라는 혐의에 서 자유롭지 못한 것이 아닌가?

첫째, 우리는 *십계명이 기독교적 규범의 의미와 기능을 함유한다*는 것을 반대할 어떤 신학적 근거도 찾지 못한다. 또한 이러한 인식은 개 인의 자유와 자율이라는 우리 시대의 시대정신과 모순되지 않는다. 오 히려 그것을 더욱 확증한다. 십계명이 요구하는 1~4계명은 종교적 의 무이며, 이는 그리스도인의 **자기정체성**(Identität)과 관련된다. 내가 하 나님을 믿고 교회에 성실히 출석하고 있다는 현실은 어떤 비난이나 조 롱의 대상이 아니라 마땅히 존중받아야 할 **신앙과 양심의 자유**에 관한 것이다. *당연히 같은 근거 위에서 타자의 신앙과 양심도 존중되어야 한 다.* 신과 나와의 관계는 나와 타자와의 관계성의 근거이다. 내가 하나 님을 진정으로 사랑한다면 나는 나의 이웃, 곧 타자 또한 진정으로 사 랑해야 한다. 이처럼 하나님을 사랑하는 것과 이웃을 사랑하는 것은 매우 긴밀하게 관련되어 있다. 사도 요한이 날카롭게 지적하듯이 눈에 보이는 형제도 사랑하지 못하면서 눈에 보이지 않는 하나님을 사랑한다는 것은 '기만'이다(요일 4:20).

기독교 신앙은 종종 사회에서 독단과 공격성의 형태로 왜곡되게 표출되기도 한다. 오직 야훼 하나님만이 '유일하고 참된 신'이라는 기독교의 고백은 그리스도인에게는 양보할 수 없는 자기정체성의 문제이다. 모든 종교의 신은 결국 하나의 **궁극적 실재**(ultimate reality)라는 종교다원주의—궁극적 실재의 원조는 틸리히(Paul Tillich)의 "궁극적 관심(ultimate concern)"이다—혹은 "네가 곧 신"이라는 뉴에이지 운동은 그리스도인의 본원적이고 실존적인 자기정체성의 해체를 부당하게 요구하는 것이다.29) 그러나 그렇다고 해서 이러한 그리스도인의 실존적 정체성이 타자에 대한 독선과 타 종교에 대한 공격을 의미하지 않는다. '믿지 않음'과 '다르게 믿음'에 대한 기독교 신앙의 참된 반응은 공격과 증오가 아니라 **긍휼과 오래 참음**이다.

둘째, 학문을 위한 공공성의 장소에서 신앙이 있다는 것은 특정한 '선입관'을 가지고 있으며 따라서 그것은 '객관적일 수 없다'는 또 다른 선입관을 의미하지 않는다. 예나 지금이나 사람들이 '정의'에 대해 고민하고 말하는 것은 함께 살아야 하기 때문이다. **함께살이**는 '틀림'의 독재 가운데서 '다름'의 양보를 찾는 과정이다. 사람은 누구나 이기적인 본성 가운데 살고, 이기성은 타자에 대한 지배욕구로 변한다.30) 내가 옳기 때문에 너는 틀렸고 따라서 나는 너를 지배한다는 생각이

---

29) 존 힉, 『하나님은 많은 이름을 가졌다』, 이찬수 옮김(서울: 창, 1991), 1. 최덕성 교수는 그의 책 『에큐메니칼 운동과 다원주의』(서울: 현장과본문사이, 2005)에서 힉의 종교다원주의 신학에 대해 다음과 같이 지적한다. "힉은 신의 본질적인 실체와 그 실체에 대한 경험을 구분한다. 인간은 신 자체를 경험할 수 없다. 인간의 경험은 실체에 대한 하나의 상일 뿐이다. 이 상은 세계의 여러 종교의 모습으로 나타난다."

30) 참조: 니부어, 같은 책, 52. 여기서 니부어는 존 듀이(J. Dewy)를 대표자로 하는 개인의 이기심을 강조하는 사회철학의 경향을 이렇게 소개한다. "사람들은 소유욕이나 권력의 의지 같은 조직화의 중심을 둘러싼 충동의 합리적 결합은 이룩할 수 있지만 자신들의 권력의지를 초월하거나 그것과 상충하는 사회적 목표들을 달성해야 한다는 의무감은 별로 갖고 있지 않다."

지난 수천 년간 인류를 지배했다. 맞고 틀림은 결코 작은 것은 아니다. 그러나 틀렸다고 해서 그것이 없어져야 할 죄악은 아니다. *틀림은 다름일 수 있고 다름은 나의 또 다른 틀림일 수 있다.*

기독교 신앙은 냉철한 논리의 관점에서만 보면 '틀림'일 수도 있다. 논리와 실증만을 가지고 신이 없다는 것을 증명했다고 자부할 수도 있을 것이다. 인류의 역사에서 실제로 그런 선언을 한 인물도 적지 않다. 포이어바흐는 신을 인간의 희망과 두려움의 투사라고 간주했고, 프로이트(S. Freud)에게 신이란 원시인류가 자연의 가공할 위력 앞에서 두려움에 떨며 만들어낸 허상이며, 마르크스에게 종교는 아편이다.[31] 21세기 최고의 우주물리학자로 칭송되는 호킹(Stephen Hawking)은 결국 우주에 신은 없다고 '당당하게' 결론을 내렸다.[32] 그렇다면 이 모든 철학적·심리적·사회과학적·물리학적 논리는 기독교 신앙의 틀림을 지시하는 것일까? 맞음과 틀림의 구별이 자아에 대한 교만과 타자에 대한 지배를 의미하던 시대에서 우리는 이제 벗어나고 있다. 공공성의 영역에서 교회와 신학의 존재는 이러한 자기교만과 타자지배의 악순환을 끊으라는 하나의 경고일 수 있다.

셋째, 나와 이웃과의 관계를 규정하고 있는 십계명의 두 번째 파트는 다른 종교와 다른 문화에서도 일반적으로 발견되기 때문에 사회구성원 모두가 동의하고 합의할 수 있는 **공동선**과 이에 근거하는 **보편적 가치**를 구하는 과정에서 매우 중요한 역할을 담당한다. 예컨대 *도적질 하지 마라*는 십계명의 8계명은 고조선의 법에서도 발견된다. 어느 시대, 어느 민족, 어느 문화와 종교를 막론하고 타인의 재산을 훔치는 것을 바르다고 말하는 사람은 없었다. 그래서 교회는 이러한 관점과 맥락에서 십계명 안에서 철학에서 말하는 '자연법(lex naturalis)'과 같은 것

31) 참조: 리처드 도킨스, 『만들어진 신』, 이한음 옮김(서울: 김영사, 2007), 27.
32) 참조: D. 슬론 윌슨, 『종교는 진화한다』, 이철우 옮김(서울: 아카넷, 2004), 91.

을 보았다. 그러나 우리에게 필요하고 중요한 것은 우리에게 자연법과 같은 십계명의 규범이 존재한다는 사실이 아니라 이 규범적 요구들이 지금 다문화, 다종교, 다원화 사회에서 살고 있는 우리에게 어떤 의미와 통찰을 주고 있는가에 대해 깊이 생각하는 것이다. 이를 위해 십계명을 우리의 상황 가운데서 해석하고 적용하는 일은 신학과 기독교윤리의 매우 중요한 과제이다.

전망: 십계명과 산상수훈

마지막으로 구약의 십계명은 신약의 산상수훈과의 신학적이고 윤리적인 관계 속에서 조명되어야 한다. 구약과 신약, 약속과 성취, 모형과 실체, 율법과 복음의 관계를 올바르게 파악하는 것은 기독교신학의 "알파와 오메가"이다. 물론 십계명은 옛 시대에 믿음의 선조들에게 제시된 계시의 말씀이며 '도덕법'으로서 모든 시대에 걸쳐 보편타당한 규범적 원칙이다. 그러나 동시에 십계명은 말씀 그 자체이며 모든 예언과 약속의 성취로서 예수 그리스도의 인격과 사역을 통해 조명되어야 한다.

기독교는 모세의 율법이 아니라 그것의 완성으로서 그리스도의 인격과 말씀 위에 세워진 종교이다. 예수는 단지 모세율법을 '정화'시키려고 하지 않았다. 십계명만큼 일반인들에게도 익숙한 산상수훈에서 예수는 모세율법(십계명)을 그 본래 정신에 맞게끔 해석하는 '선지자'가 아니라 전혀 새로운 법을 수여하는 법의 '수여자'이다. 그래서 그는 "옛 사람에게 말한바……. 그러나 나는 너희에게 말하노니"라는 아주 예리한 대조의 어법을 구사한다(마 5:21, 33). 구약에서 원수는 증오의 대상이다(시 139:22).[33] 경건한 자는 아무 주저 없이 나의 원수를 멸해 달라고 야훼에게 기도한다(시 54:5).[34] 그러나 예수는 단호하게 요구한

---

33) 내가 저희를 심히 미워하니 저희는 나의 원수이니이다.

다. 네 원수를 사랑하라! 이 요구 앞에서 종교적인 율법, 자연법적인 도덕과 양심, 이성과 윤리는 근원적인 좌절을 경험하게 된다. 마치 20세기의 아우슈비츠 앞에서 그동안 서양 세계가 자랑하던 이성, 도덕, 진보가 모조리 좌초되었듯이 말이다. 예수의 산상수훈은 십계명의 '보충'인가, 아니면 그것의 '종말'인가?

---

34) 주께서 내 원수에게 악으로 갚으시리니 주의 성실하심으로 저희를 멸하소서.

4.2 산상수훈: 도덕적 '이상'인가, 무조건적 '규범'인가?

산상수훈을 가지고는 어떤 정치도 할 수 없다.
(Mit der Bergpredigt kann man keine Politik machen)

― 비스마르크(Otto von Bismarck)

슐라이어마허(F. Schleiermacher)가 한때 설교했던 베를린의 삼위일체 교회 (Dreifaltigkeit Kirche)에 정기적으로 출석할 정도로 독일 제2제국의 수상 비스마르크는 개인적으로 신앙심이 깊었다고 전해진다. 그러나 정치가로서 그는 산상수훈의 날카로운 요구 앞에서 위와 같이 토로할 수밖에 없었다. 비단 정치만은 아닐 것이다. 원수까지도 사랑하라는 이 요구를 가지고 시장에서의 공정한 경쟁을 고유법칙으로 하는 자본주의 경제제도 또한 운영되지 못할 것이다. 제도뿐 아니라 개인적 삶의 영역에서도 왼뺨을 맞으면 오른뺨도 돌려 대라는 요구는 거의 실현 불가능하게 보인다.

그러나 기독교의 역사를 보면 산상수훈에 나타난 예수의 가르침을 실현 불가능한 도덕적 이상으로만 보지 않았던 많은 그룹이 존재했다. 16세기의 재세례파는 산상수훈을 근거로 실제로 모든 종류의 정치적인 맹세를 거부했고 칼을 들고 전쟁에 나가는 것도 거부했다. 이 소종파는 개인의 사적인 재산을 포기하고 하나의 평등한 소유공동체를 실현하고자 했다. 물론 여기에 대한 대가는 혹독했다. 한 번은 2,173명의 재세례파 교인들이 한꺼번에 스위스에서 목숨을 잃었다고 한다. 재세례파는 가톨릭과 개신교 양 진영으로부터 말 그대로 '무자비한' 핍박을 견뎌야 했다.

16세기 재세례파의 시도는 그러나 역사 속에서 결코 소멸되지 않았다. 시간이 흐르면서 곳곳에서 제2, 제3, 제4의 재세례파적 공동체가 등장했고 이 가운데 일부는 '메노니파'라는 이름으로 현재 미국에 남아 있다. 물론 이들은 소위 말하는 '섹트(sect)'이다. 종교적으로도, 사회적으로도, 정치적으로도 '주류(mainstream)' 는 아니다. 그러나 산상수훈의 요구를 실제로 지키려는 열정은 놀랍다. 여기서 묻지 않을 수 없다. 누가 과연 섹트일까? 산상수훈의 요구를 슬며시 덮어버리고자 하는 우리가 혹시 섹트는 아닐까?

산상수훈: 행위를 통한 의?

기독교윤리의 성서적 기초를 생각할 때 예수의 산상수훈은 결정적으로 중요하다. 우리는 앞 강의에서 예수와 십계명의 관계를 살펴보았다. 거기서 우리가 내린 결론은 나사렛 예수가 유대교의 구전율법(할라카) 은 거부했지만 십계명은 효력이 있는 신의 요구의 종제로서 인정했다는 것이다. 그러나 우리는 이것이 끝이 아니라 새로운 시작이라고 말했다. 나사렛 예수의 목표는 단순히 율법의 근본정신을 일깨우려는 율법의 개혁이 아니었다. 그리스도는 율법의 "완성(마 5:17)"이고 율법의 "마침(롬 10:4)"이다. 그렇다면 이것은 과연 무엇을 의미할까? 산상수훈의 본문으로 들어가 보자.

유독 복을 좋아하는 한국교회는 산상수훈에서 "심령이 가난한 자는 복이 있나니(마 5:3)"로 시작해서 "나를 인하여 너희를 욕하고 핍박하고 거짓으로 너희를 거스려 모든 악한 말을 할 때에는 너희에게 복이 있나니(5:11)"로 끝나는 소위 '팔복'에 많은 관심을 갖는다. 가난하고 욕먹고 박해를 당하는 게 과연 한국인이 생각하는 '축복'과 합치되는가는 둘째 문제로 하고, 이 '복의 찬가(makarismen)'가 산상수훈에서 예수가 전하려는 메시지의 중심인지 먼저 물어야 한다. 나에게 좋은 것만 취사선택하는 것이 인간 인식의 본질이라고도 볼 수 있겠지만, 산상수훈의 근본요구가 '바리새인과 서기관보다 더 나은 의'에 있다는 현대 신약학계의 공통된 의견을 무시할 수 없다(마 5:20).[35]

대다수 개신교 신자들은 루터의 직간접적인 영향 가운데서 '더 나은

의'를 칭의, 곧 믿음을 통한 의로 간주하려 한다. 율법을 지킴으로써 얻는 의가 아닌 예수를 믿음으로 주어지는 의를 반대하는 프로테스탄트 그리스도인은 아무도 없을 것이다. 그런데 산상수훈에서 이어지는 예수의 요구는 매우 당혹스럽다. 왜냐하면 '행위'를 분명하게 요구하고 있기 때문이다. 우리에게 복잡한 율법을 지키는 것보다는 예수를 믿는 게 훨씬 쉬워 보인다. 그 많은 율법조항을 하나하나 준행하는 것보다는 기도하면서 '믿습니다' 하는 것이 매우 '용이'하고, '경제적'이고, '효율적'으로 보인다. 믿으면 구원도 받고 축복도 받는데 뭐 하러 '골치 아프게'—좀 더 심한 경우는 '쓸데없이'—'성숙한 신앙'이니 '책임 있는 신앙'이니 하는 것을 생각하느냐고 항변하는 사람도 있을 것이다. 그런데 산상수훈은 이러한 얄팍한 신앙의 실용주의를 여지없이 뭉개버리고 만다. 예수는 행위를, 그것도 모세율법보다 더 지키기 어려운 행위를 요구한다. 바리새인과 서기관보다 더 나은 의는 예수 그리스도에 대한 인격적 믿음뿐 아니라 제자로서의 단호하고 결단에 찬 행위를 요구한다.

> 옛사람에게 말한바 살인치 말라 누구든지 살인하면 심판을 받게 되리라 하였다는 것을 너희가 들었으나 나는 너희에게 이르노니 형제에게 노하는 자마다 심판을 받게 되고 형제를 대하여 라가라 하는 자는 공회에 잡히게 되고 미련한 놈이라 하는 자는 지옥 불에 들어가게 되리라(마 5:21).

무시무시하다. 이 정도면 차라리 모세율법을 지키는 것이 더 속 편하지 않을까? 십계명은 그래도 미워하는 것까지 살인이라고 말하지는 않으니까 말이다. 여기서 신실한 그리스도인이라면 누구나 딜레마에 빠질 수밖에 없다. 우리의 의가 바리새인이나 서기관보다 더 낫지 않으면 지옥에 간다고 주님은 말씀하시는데, 이 정의는 믿음뿐 아니라 분명한 행위를 요구하고 있기 때문이다. 그것도 모세율법보다 훨씬 더 지키

---

35) 보른캄, 『나사렛 예수』, 110. 예레미아스, 『신약신학 Ⅰ』, 309.

기가 힘든 그런 행위 말이다. 믿음과 행위는 하나라고 하는데, 이 말은 우리를 위로하기는커녕 더 큰 고민에 빠트린다. 누군가가 나에게 겉옷을 원하면 속옷까지 내어주고 내 왼뺨을 때리면 오른뺨을 돌려 대라는 이 무시무시한 요구 앞에서 우리는 무엇을 선택할 수 있는가?[36]

문자적 해석의 딜레마

우리는 앞에서 계속해서 성서에 대한 문자적 해석의 위험성에 대해 경고했다. 현대의 많은 신학자는 구약의 율법을 문자적으로 해석해 축자적으로 적용하는 시도를 그렇게 반대하면서 신약에서 예수의 말씀과 사도들의 가르침은 거의 문자적으로 해석하려는 경향을 보인다. 대표적인 경우가 몰트만(Jürgen Moltmann)이다. 1980년대 초반 동서냉전의 첨예한 대립 가운데서 "희망의 신학"으로 유명한 이 독일의 신학자는 '원수를 사랑하라'는 산상수훈의 명령을 직접적으로 현실정치의 한가운데로 가지고 들어오려 한다.

> 예수가 보복 대신에 가져온 사랑은 원수사랑이다. 교차적인 사랑 (Liebe auf Gegenseitigkeit)은 특별한 것이 아니며 선을 선으로 갚은 것일 뿐이다. 그러나 원수사랑은 보복하는 것이 아니라 먼저 주는 창조적인 사랑이다. 악을 선으로 갚는 자는 참으로 자유하다. [중략] 예수는 그의 원수를 저주하면서 죽지 않으셨다. 그는 원수를 위해 기도하면서 죽으셨다. 그의 삶과 죽음과 고난 속에서 예수는 하나님의 완전함을 계시하셨다.[37]

몰트만의 이러한 해석은 물론 참신하다. 산상수훈에서 예수는 눈에는 눈, 이에는 이라는 탈리오의 원칙을 폐하고 원수마저도 사랑하라고

---

36) 강영안, 『십계명 강의』, 231.

37) Jürgen Moltmann, *Politische Theologie-Politische Ethik*(Grünewald: GWV, 1984), 189.

명한다. 죽음의 순간에 그는 자신을 창으로 찌른 원수들을 위해 기도했다. 그 어느 누구도-아마 안티 기독교의 열혈 선지자라 해도-예수의 이 위대한 사랑의 정신과 실천을 평가절하할 수는 없을 것이다. 문제는 해석과 적용이다. 우리는 2010년 연평도에 포탄을 쏟아 부어 우리의 젊은이들을 죽게 하고 무고한 시민들의 삶의 터전을 쑥밭으로 만들었던 우리의 적이자 원수를 사랑하고 용서해야만 하는가?

종교개혁자 루터는 이원론을 통해 산상수훈의 어려움을 해결하려 했다. 그는 그리스도인의 개인적 삶과 공적인 삶을 구분했다. **개인적 영역**에서 그리스도인은 원수사랑의 계명을 실천해야 한다. 비록 죄의 파괴적인 영향으로 인해 산상수훈의 요구를 다 실천하지 못한다 해도 그리스도와 인격적으로 결합된 그리스도인은 주님의 명령을 따라야 할 의무가 있다. 그러나 **공적인 영역**에서, 다시 말해 국가 혹은 공공기관의 책임자로서 그리스도인은 산상수훈의 법이 아닌 세상의 법을 따라야 한다. 이런 맥락에서 루터는 당시 독일의 제후들이 이단을 고문하고 처형하는 것을 정당하다고 봤다.[38] 이 경우 제후들은 공적인 영역에서 공적인 직무를 수행해야 하므로 원수를 사랑하라는 산상수훈의 요구에서 자유롭다. 이 요구는 어디까지나 사적인 영역에서 의미를 갖는다. 이렇게 해서 그 유명한 "두왕국론(Zwei-Reiche-Lehre)"이라는 프로테스탄트 정치신학이 만들어졌고, 이 이론은 오늘날까지도 교회의 정치적 자의식에 지대한 영향을 미치고 있다.

산상수훈의 딜레마는 19세기에 전혀 다른 방식으로 해결되는 듯 보였다. 독일의 신학자이자 의사인 슈바이처(Albert Schweitzer)는 "철저종말론(konsequente Eschatologie)"을 외치며 신학역사에 코페르니쿠스적 전환을 가져왔다. 슈바이처는 예수가 설교했던 하나님의 나라는 '종말론적'이라는 신약학자 바이스(Johannes Weiss)의 이론을 매우 극단적

---

38) Luther, "Von der weltlichen Obrigkeit", 179.

인 방향으로 밀고 나갔다. '종말'이란 말 그대로 역사의 끝을 의미한다. 다시 말해 예수의 하나님의 나라는 역사 속에서 실현되는 실체가 아니라 역사의 끝에서 이루어진다. 그 방식도 19세기의 자유주의 신학이 생각했던 점진적인 방식이 아니라 엄청난 대재앙을 동반하는 초자연적인 방식이다.[39] 여기서 "중간윤리(Interimsethik)"라는 매우 참신한 이론을 슈바이처는 발견했다. 중간윤리란 계속해서 타당성을 갖는 윤리가 아니라 곧 닥칠 종말의 때까지만 효력이 있는 윤리라는 뜻이다. 슈바이처에 의하면 예수는 자신이 살아 있는 하나님의 나라가 초월적으로 임할 것이라고 생각했고 이를 설교했다. 하나님 나라의 임함은 곧 역사의 종말이며, 산상수훈의 급격한 요구는 따라서 이 종말 때까지의 짧은 시간에만 타당성이 있다는 것이다. 이 이론의 결론은 매우 '실용적'이다. 산상수훈은 나사렛 예수 당시 비극적인 세계종말을 기대했던 사람들에게나 의미가 있는 것이지 지금 21세기를 살고 있는 현대인들에게는 아무런 효력이 없다는 것이다.[40] 산상수훈에 대한 해석의 역사를 논하자면 책 한 권으로도 부족하겠지만 여기서는 대표적인 해석의 입장만을 이와 같이 훑어본 것으로 만족하자.

산상수훈을 중간윤리로 규정하는 입장은 매우 '자유주의적'이다. 성서를 단순히 역사적인 종교문서로만 바라보는 것이다. 그래서 십계명이나 산상수훈은 **당시 사람들에게는** 의미와 효력이 있었겠지만 **지금 우리에게는** 어떤 규범적 효력도 없다는 것이다. 많은 경건한 크리스천은 물론 이러한 입장을 반대한다. 성서는 단순히 고대 이스라엘의 종교문서 혹은 원시 기독교의 종교문서가 아니라 지금도 믿는 자를 결단과 순종으로 부르는 하나님의 말씀이라 믿기 때문이다.

루터의 모델은 그리스도인의 신앙의 이중적 차원, 곧 개인적이고 실

---

39) 참조: 에두아르트 로제, 『신약성서신학』, 박두환 옮김(서울: 한국신학연구소, 2002), 56.
40) 참조: Frey, *Repetitorium der Ethik*, 243.

존적인 차원과 사회적이고 정치적인 차원을 해명했다는 점에서 매우 의미가 크다. 그러나 한 가지 커다란 약점이 있다. 이원론의 구조 위에서 있다 보니 공적인 영역에 대한 교회의 책임을 간과하고 말았다.[41] 그래서 루터교는 시간이 경과하면서 루터의 본래 의도에서 많이 벗어나 사회정치적 영역으로부터 거의 후퇴하는 경향을 보였다. 그래서 사회에서 정치적으로 무슨 일이 일어나든 아무 상관없이 교회는 오직 예배와 개인전도에만 전념해야 한다는 한국교회에 매우 친숙한 고립주의가 발생하게 된다.

텍스트와 콘텍스트, 규범과 상황

원수를 사랑하라는 산상수훈의 이 급격한 요구 앞에서 기독교윤리는 무엇을 할 수 있을까? 해석의 방향성은 의외로 쉽게 잡힌다. **윤리적**으로 말하자면 규범과 상황의 관계에 대한 인식이 중요하다. **해석학적**으로 말하자면 텍스트와 콘텍스트의 관계를 올바르게 파악해야 한다. 그렇다면 규범과 상황의 관계란 무엇을 말하는 것일까?

첫째, 원수를 사랑하라는 요구는 계명으로서 **규범적 성격**을 갖는다. 이 요구로부터 다양한 방법을 통해 그 규범성을 제거하려는 시도는 그래서 올바른 것이 아니다. 그리스도인은 십자가에서 죽으시고 부활하셔서 하나님과 세상 사이의 화해를 이루신 예수와 인격적으로 결합된 사람들이다. 따라서 본회퍼가 주장했듯이 그리스도인은 '나를 따르라'는 주님의 부름에 결단하고 응답해야 한다.[42] 원수사랑의 명령도 예외는 아니다.

그런데 이 요구를 듣고 결단해야 하는 우리는 언제나 특정한 상황

---

41) ThE Ⅰ, 591.

42) Dietrich Bonhoeffer, *Nachfolge*, hg. von Martin Kuske(München, 1987), 90.

가운데 있다. 우리는 직장인으로서 어디선가 일을 하고 있으며, 어떤 동네에 살고 있고, 누군가의 아버지 혹은 어머니이거나 누군가의 자녀이다. 이처럼 우리는 늘 요동치고 있는 현실의 한복판에 서 있다. 이것이 **윤리적 상황성**(Situationbezogenheit)이다. 이 상황성을 무시한 채 규범만 강조하는 것은 차가운 율법주의 아니면 감정적인 열광주의이다. 반면에 규범을 애써 무시하고 상황만을 전면에 내세우는 것은 **상황윤리**이며 도덕률 폐기론(antinomianism) 혹은 무율법주의이다. 윤리적 반성은 이처럼 보편적인 규범과 특수한 상황을 반성적으로 종합해야만 한다. 이러한 반성은 목회현장에서 늘 일어나기 마련이다.

어떤 헌신적인 권사님 한 분이 그만 오토바이 교통사고로 아들을 잃고 말았다(이 일화는 실제로 일어난 일이다). 그런데 이 아들은 교회를 전혀 나오지 않았다. 장례를 집례 하는 목사님은 설교를 하면서 죽은 아들이 교회를 나오지 않았으므로 지옥에 갔다는 말을 하고 말았다. 신실한 권사님은 큰 충격에 빠졌고 "내 아들을 지옥에 보내는 하나님을 나는 결코 믿지 않겠다"고 소리치며 그 자리를 박차고 나갔다고 한다.

'교리적'으로─적어도 보수적이고 전통적인 교회에서─이 목사가 틀린 것은 아니다. 그렇다면 위의 이 목사의 행위는 교리를 확인했으므로 아무런 문제가 없는 것일까? 그렇다고 말할 사람은 아주 적을 것이다. 교리적 원칙도 중요하지만 그렇다고 주어진 상황을 아예 무시해서는 안 된다. 목회자에게는 진리를 선포하는 것과 함께 슬픔을 당한 지체를 말씀으로 위로해야 할 목회적이고 윤리적인 사명도 있는 것이다. 굳이 아들을 잃어 슬픔을 당한 유가족들 앞에서 '예수천당 불신지옥'을 외칠 필요성까지는 없는 것이다. 상황에 대한 진지한 고려가 없다면 설사 진리의 문제라 할지라도 그것은 차가운 율법주의의 결과만을 내올 뿐이다.

둘째, 그러므로 원수를 사랑하라는 계명의 규범성은 구체적이고 특수한 상황 속으로 적용되어야 하는데, 이는 **해석학적 작업**을 요구한다.

여기서 '이야기(narrative)'는 결정적인 역할을 한다.[43] 즉, 원수는 누구인가? 왜 그는 나에게 원수가 되었는가? 어떻게 행동하는 것이 참으로 이 원수를 사랑하는 것일까? 원수를 사랑함으로써 발생되는 사회적인 결과는 어떤 것인가? 이처럼 기독교윤리에서 규범의 문제뿐 아니라 이러한 구체적 상황의 문제 또한 면밀히 검토되어야 한다. 이러한 맥락에서 선한 사마리아인의 비유에 대한 틸리케의 윤리적 통찰은 우리에게 매우 큰 도움을 준다.

틸리케는 '사마리아인의 비유'를 해석하면서 이웃사랑의 새로운 차원에 대해 강조한다. 강도를 만나서 재물을 다 빼앗기고 죽음 직전에 이르도록 구타를 당한 이 사람을 헌신적으로 도운 사마리아 사람의 행위는 당연히 사랑의 행위로서 어떤 경우라도 칭찬받아 마땅하다(눅 10:36). 또 종교적 지도자라는 위치에 있으면서도 도움이 필요한 이웃을 내버려둔 제사장과 서기관과 레위인의 행위는 위선적이며 따라서 비난받아야 마땅하다. 대다수는 여기서 해석의 작업을 멈춘다. 그런데 틸리케는 한 걸음 더 나아가서 다음과 같이 말한다. "여기서 사랑은 단순히 상처를 치료하는 것만이 아니라 상처를 방해하는 것도 포함한다. 다시 말해 그러한 강도가 다시는 강도질을 못 하게 하는 상태를 만드는 것이다."[44] 이처럼 사랑은 하나의 **과제**로서 조직적이고 정치적인 차원을 갖는다.

'사랑의 정치적 차원'에 대해 말하는 것은 참으로 놀라운 통찰이 아닐 수 없다. 왜냐하면 우리 크리스천들은 사랑 하면 일단 개인적이고 영적인 차원만을 생각하기 때문이다. 물론 기독교적인 사랑은 "성령의 열매"로서 개인적이고 영적인 차원에서 발생한다. 우리가 타인을 사랑할 수 있는 것은 나의 도덕적 능력이 뛰어나서가 아니라 우리 마음속에서 성령이 그러한 감정과 의지를 창조하기 때문이다. 엄밀한 의미에

---

43) 비교: 알래스데어 매킨타이어, 『덕의 상실』, 이진우 옮김(서울: 문예출판사, 1997), 48.
44) EG III, 91.

서 이처럼 사랑은 나의 행위가 아니라 내 안에 있는 성령의 행위이다. 물론 이것은 신비한 비밀이다. 오직 그리스도의 사랑에 충만한 자들만이 이러한 신비의 기쁨을 맛볼 수 있다.

그러나 기독교적 사랑인 '아가페'에는 이러한 개인적이고 영적인 차원만이 있는 것이 아니다. 아가페에는—틸리케가 올바르게 주장하듯이—사회적이고 정치적 차원이 존재한다. 사마리아인의 비유에서 강도 만난 이웃을 사랑하는 방법은 단지 상처를 싸매주는 개인적이고 자발적인 희생에만 있지 않고 그 강도를 잡아서 법정에 세우는 정치적인 행위 속에서도 있다. 그 강도를 잡아서 처벌하지 않는다면 또 다른 사람들이 동일한 고통 속에 빠진다. 강도를 잡지 않고 이웃사랑을 외치는 것은 비록 그 동기는 칭찬할 만한 것이지만 **사회적 효용성**에서는 문제를 노출할 수밖에 없다. 그렇게 때문에 우리가 참으로 우리의 이웃을 사랑한다면 우리와 우리의 이웃이 함께 살고 있는 사회구조의 문제를 우리는 간과할 수 없다.[45]

이웃사랑의 사회적 차원: 니부어와 브루너

이제 이번 장의 거의 마지막 지점에 도달했다. 원수를 사랑하라는 명령에서 절정을 이루는 산상수훈의 요구는 사회적이고 정치적인 차원을 갖는다. 이러한 맥락을 제대로 보지 못할 때 우리는 문자적 해석과 풍유적 해석의 극단적 딜레마에 빠지게 되고 거기서 출구 없는 지루한 논쟁에 휘말릴 수밖에 없다. 그렇다면 이웃사랑 혹은 원수사랑이라는 계명의 정치적 차원이란 도대체 무엇을 의미하는 것일까? 다시 말해 사랑이 정치와 무슨 관계가 있는가? 좀 더 예리하게 질문한다면 사랑과 정의 사이에 어떤 관계성이 존재하는가?

---

45) Körtner, *Evangleische Sozialethik*, 193.

20세기에 미국의 독일계 신학자 니부어(R. Niebuhr)와 스위스의 개혁신학자 브루너는 이러한 질문을 정면으로 다루었다. 먼저 니부어의 말을 들어보자.

> 사회정의를 향한 모든 순수한 열정에는 항상 종교적 요소가 들어 있다. 종교는 사랑의 이상으로 정의의 이념을 부풀게 할 것이다. 그리고 정의의 이념은 종교로 인하여 윤리적 요소가 사라진, 순전히 정치적인 이념이 되지 못할 것이다. 왜냐하면 정의의 이상은 정치적·윤리적 이상이기 때문이다.[46]

　　1930년에 뉴욕에서 니부어는 이처럼 종교와 정의의 밀접한 연관성을 설파했는데, 80년이 지난 2010년에 샌델은 정의의 종교적 기반을 다시 공론의 장으로 끌어낸다. 이것은 물론 대단히 의미가 있는 사건이 아닐 수 없다. 그래서 샌델의 정의론의 놀라운 점 가운데 하나는 그것이 "종교는 사랑의 이상으로 정의의 이념을 부풀게 할 것"이라는 니부어의 예언을 확인하고 있다는 데 있다. 샌델은 정의를 논함에 있어서 개인의 종교적 신념은 철저하게 배제하자는 롤즈의 자유주의적 입장을 철저하게 거부한다. 오히려 사회의 구성원 개인이 가지고 있는 종교적 신념은 사회에서 바람직한 정치담론이 형성되는 데 중요한 역할을 한다고 샌델은 강조한다. 특히 미국의 법은 미국의 도덕을 체계화한 것인데, 이 도덕의 상당부분은 유대-기독교 전통에서 왔다는 오바마의 생각에 동의를 표하는 대목에서는 샌델의 주장은 화룡점정(畵龍點睛)을 이룬다.[47] 샌델이 여전히 도덕적 정치를 주장하고 있다는 점에서 그는 21세기의 아리스토텔레스가 아닐까?

　　다시 니부어의 "기독교 현실주의"로 돌아와 보자. 니부어에 의하면 예수의 윤리의 총화는 사랑이다. 그래서 사랑은 "인간 본성의 근본적

---

46) 니부어, 『도덕적 인간과 비도덕적 사회』, 94.
47) 샌델, 『정의란 무엇인가?』, 344.

인 법이며 기독교윤리의 최고의 원리"이다.[48] 여기서 니부어는 사랑을 **상호적 사랑**(mutual love)과 **자기희생적 사랑**(self sacrificial love)으로 구분한다. 상호적 사랑은 자아와 타자 사이의 교차적인 사랑이지만, 자기희생적 사랑은 완전한 무사성을 특징으로 하며 이기심 없이 오로지 타자에게만 관심을 갖는다. 이 자기희생적 사랑은 예수의 십자가에서 나타났다고 니부어는 생각한다. "십자가의 희생적 사랑은 역사 속에서 인간이 실현할 수 없는 초월적 규범이며, 역사 속에서 실현될 수 있는 것은 상호적 사랑의 규범이다."[49]

니부어는 이러한 초월적 규범으로서의 사랑이라는 개념 속에서 정의를 말하고자 한다. 니부어에게 정의는 "사회구조 속에서 사랑의 상대적 구체화"이다. 사랑은 정의를 요구하고 부정하며 완성한다. 사랑은 정의 뿐 아니라 다른 모든 율법의 궁극적인 완전한 실현인 동시에 현실의 모든 상대적 정의들을 불완전한 것으로 부정하고 심판한다. 이러한 니부어의 입장은 다음의 것을 의미한다.

> 이 경우 부정이란 현실의 모든 상대적 정의 속에 있는 개인들이나 집단들의 부당한 자기 이익의 요구, 즉 이기주의라는 죄의 요소를 드러내고 비판하는 것을 말한다. 말하자면 아가페의 사랑은 현실의 상대적 정의들을 아가페의 사랑이라는 이상을 향해서 끌어올리는 구원과 그것들을 아가페의 사랑에 미치지 못한 것으로 비판하는 심판의 이중적 기능을 한다고 할 수 있다.[50]

니부어에게 아가페적 사랑의 상대적 실현으로서 정의는 그러므로 평등에서 현실화된다. 그래서 정의의 이상의 정점으로서 평등은 암암리에 정의의 최종적 규범인 사랑을 향하여 있다. 왜냐하면 "평등한 정의는 죄의 조건하에서 형제애의 근사치이기 때문이며, 보다 높은 정의는

48) 유석성, 「라인홀드 니부어의 정의론」, 『현대사회와 정의』, 123.
49) 유석성, 같은 글, 124.
50) 고범서, 『사회윤리학』(서울: 나남, 1993), 285.

언제나 더 많은 평등함을 요구하기 때문이다."[51] 신학적 관점에서 사랑과 정의와 평등의 관계를 규정하는 니부어의 이러한 통찰보다 더 뛰어난 것을 말하기는 사실상 불가능할 것 같다. 따라서 도덕과 정의의 근저에 놓여 있는 기독교적 유산을 부정해보려는 근대와 현대의 세속적 시도는 그리 성공적이지 못해 보인다.

브루너의 '정의론(원제: *Gerechtigkeit. Eine Lehre von der Grundgesetz der Gesellschaftsordnung*)'은 나치가 독일에서 정권을 잡은 1943년에 출판되었다. 브루너는 히틀러의 나치 체제 가운데서 서구의 전통적인 사상과 문화가 황폐화되고 있음을 발견했고 그래서 '정의'의 문제를 정면으로 다루었는데, 이러한 시도는 역사적으로나 신학적으로 매우 큰 의미를 갖는다. 그러나 신학적인 내용과 그 비판의 예리함에 있어서는 니부어의 통찰에는 못 미치는 것으로 보인다.[52] 브루너는 정의의 문제를 "창조질서(Schöpfungsordnung)"라는 개혁신학의 전통적인 가르침에서 다룬다. 창조질서는 서구철학의 전통적 개념인 **자연법**(lex naturalis)에 상응하는데, 이미 이러한 기본착상에서 브루너의 한계가 여실히 보인다. 내용적으로 자연법을 의미하는 창조질서에서 출발하는 것은 결국 아리스토텔레스의 그늘에서 완전히 벗어날 수 없음을 의미하기 때문이다. 니부어는 사랑과 정의의 변증법적 관계, 곧 그 연속성과 불연속성을 직시하는데 반해 브루너에게 정의는 기독교적인 사랑과 본질적으로 다른 차원이다. 그래서 정의는 사회구조의 영역을 지배하는 법이며, 사랑은 순전하게 개인의 영역을 지배하는 법이라고 브루너는 규정한다. 다음과 같은 브루너의 유명한 정식은 그의 정의론의 성과이자 동시에 그 한계일 것이다. "사랑은 정의가 요구하는 것 이상을 단지 할 수 있지만 그 이하는 결코 할 수 없다."[53] 그렇다면 왜 이러한 브루너의 입장이 '한계'일까?

---

51) Reinhold Niebuhr, *Human Destiny*(John Knox Press, 1996), 254.

52) 유석성, 같은 곳.

53) 에밀 브루너, 『정의와 사회질서』, 전택부 옮김(서울: 대한기독교서회, 2003), 173.

윤리성과 내러티브

기독교적 관점에서 정의에 대해 고민하고 하나의 담론을 제시했던 니부어와 브루너의 시도는 기독교윤리의 역사에 있어 매우 의미 있는 일이다. 니부어는 미국에서 미국의 산업사회가 안고 있었던 국가와 계급들의 이기주의 문제와 진지하게 대결했고, 브루너는 유럽에서 제1차 세계대전의 파괴와 허무, 그리고 여기서 자라난 나치라는 악마적 체제와 맞섰다. 여기서 둘은 동시에 정의의 문제를 가장 핵심적으로 파악했다는 공통성을 지닌다.[54]

정의의 문제는 종교적인 원천과 이상을 포함하는 것이기에 오로지 이성의 합리성에 의해서만 해결될 수 없음을 공론화시킨 것은 니부어의 큰 업적이 아닐 수 없다. 또한 브루너는 서구에서 정의론은 그리스 전통과 함께 유대-기독교라는 두 뿌리를 가지고 있으므로 정의를 규정하는 데 있어서 자연법의 개념만으로는 불충분하고 신의 창조와 섭리라는 신학적 해명이 필요함을 역설하였다. 브루너의 이러한 신학적 뚝심은 서구의 담론형성에 있어 언제나 철학적 혹은 사회학적 일면성과 단조로움을 극복하게 한다. 1970년대 정의를 말함에 있어서 개인이 가지고 있는 종교적 입장은 '무지의 장막' 뒤로 옮겨져야 한다는 롤즈의 철학이 설득력을 얻었다. 그 결과 정치에서 종교는 공개적인 위치를 차지하지 못했다. 그러나 2008년 미국의 대통령으로 당선된 오바마는 종교적 배경을 무지의 장막 뒤로 처박아놓고서는 정치를 이야기할 수 없다고 장담한다. 어쨌든 2000년대 후반 미국의 학계와 정치계에서의 하나의 흐름은 1930년대 니부어와 브루너의 통찰이 틀리지 않았음을 웅변적으로 보여주고 있는 것 같다.

그럼에도 니부어와 브루너의 저러한 신학적 접근이 우리의 모든 의

---

54) 유석성, 같은 책, 126.

문을 다 풀어주고 있지는 않는 것 같다. 사랑과 정의가 서로 어떻게 관련을 맺고 있는지, 정의담론에 왜 굳이 '사랑'이라는 종교적 '보충' 혹은 '해명'이 필요한지, 원수마저 사랑하라는 산상수훈의 급격한 요구가 현실에서 어떻게 적용될 수 있는지 우리는 여전히 속 시원한 답을 얻고 있지 못하다. 물론 그렇다고 해서 이 책이 거기에 대한 명쾌한 답을 주겠노라 자부하는 것도 아니다. 다만 니부어와 브루너가 포착하지 못했던 한 면을 살펴볼 것인데, 그것이 바로 윤리적 반성에 있어 '내러티브'의 역할이다. 이웃사랑과 원수사랑이라는 **계명의 내러티브**에 관심을 갖는 것이 이 장에서 우리의 결론이다.

원수사랑의 내러티브: 개인적 영역

성서 자체가 하나의 커다란 내러티브라는 사실은 익히 잘 알려진 사실이다. 그래서 20세기 중반 영미권을 중심으로 등장한 소위 "설화비평(narrative criticism)"은 성서본문 그 자체보다는 본문의 배후에 주된 관심을 기울이는 자료비평, 양식비평, 편집비평의 한계를 극복하고자 한다.[55] 여기서 내러티브란 특정한 관점과 역사와 해석을 가지고 있는 '이야기(story)'이다.

> 내러티브는 삶의 사건들이 일관성 있고 의미 있는 통합된 주제로 연결되는 표현 양식들 중에 하나다. 하나의 관점에서 보면 인간 존재는 하나의 삶으로 연결되는 일련의 지속적인 활동들의 연속이라고 말할 수 있다. 그러나 이러한 활동들은 여러 가지 분절된 시간에 따라 나누어진다. 분리된 사건으로 인식되는 짧은 기간의 활동들은 의식적 또는 무의식적 목적들의 결과로 이해된다.[56]

---

55) 스티브 헤이네스, 『성서비평방법론과 그 적용』, 김은규·김수남 옮김(서울: 대한기독교서회, 2001), 267. 흔히 서사 혹은 **설화비평**으로 불리는 이 연구방법은 성서를 하나의 거대한 내러티브로 본다. "대개 설화비평은 우선적으로 현재의 본문(그 최종 형태을 그 자체의 이야기 세계—의미로 가득 찬 것으로 생각되는—의 측면에서 해석하는 것이지 본문의 자료와 편집의 역사, 본문의 원래 배경과 청중, 그리고 저자나 편집자의 의도를 재구성함으로써 본문을 이해하는 것이 아니다."

다시 말해 모든 개인은 저마다의 내러티브를 가지고 있다. 언제 태어났고, 어디서 학교를 다녔고, 지금 어느 직장을 다니고 있는지, 앞으로의 꿈과 희망은 무엇인지 등등 인격적 존재는 곧 **내러티브의 존재**이다. 그래서 나의 내러티브는 인류역사의 의미가 무엇인지 혹은 세계평화가 어떻게 가능한지 같은 '거대담론'에 비해 작은 것일 수는 있지만 그렇다고 해서 전혀 가치가 없는 것으로서 무시될 수 없다. 나의 내러티브는 나의 역사이며 나의 미래이자 나의 가치이다. 그렇다면 이러한 맥락에서 원수를 사랑하라는 예수의 급진적 요구는 지금 우리에게 어떤 의미가 있는가?

첫째, 먼저 이 계명 자체가 내러티브를 가지고 있음을 우리는 알아야 한다. 여기서 내러티브란 과거 냉정한 성서 비평가들이 생각했던 엄밀하고 순순한 역사적 사실(factum)만을 의미하지 않는다.

성서 배후에 있는 역사적 사실을 '객관적'으로 재구성할 수 있다고 믿었던 성서비평학에 의하면 '원수를 사랑하라'는 이 말은 역사적 예수의 입에서 실제로 나온 것이 아니다. '마태공동체'가 예수의 입에 집어넣은 것이다. 예수를 따르는 마태공동체는 당시 권력을 쥐고 있던 유대교와 갈등 관계에 있었다. 유대교는 십자가에서 비참하게 죽은 나사렛 예수를 메시아로 선포하고 선교하는 원시 그리스도 교회를 당연히 못마땅하게 여겼다. 그래서 압도적인 물리력으로 교회를 탄압하고 교인들을 핍박했다. 원수를 사랑하라는 말은 이러한 박해 과정에서 탄생했고 예수가 했던 말씀으로 '둔갑'되었다. 그러므로 이 말의 진정한 의미는 압도적인 물리력을 가지고 있는 박해자에게 저항하지 말라는 아주 소극적인 행동지침이라는 것이다.[57]

말씀을 말씀대로 믿기 원하는 대다수의 보수적 크리스천들은 위와

---

56) 도날드 E. 폴킹혼, 『내러티브, 인문학을 만나다』, 강현석 · 이영효 · 최인자 · 김소희 · 홍은숙 · 강웅경 공역(서울: 학지사, 2009), 257.

57) 게르하르트 프리드리히, 『예수의 죽음』, 박영옥 옮김(서울: 한국신학연구소, 1988), 31.

같은 '자유주의자들'의 해석을 들으면 아마도 펄쩍 뛸 것이다. 일부 성서
비평학자들은 이러한 재구성 작업이 '모든 교리적 선입관을 배제한 순수
한 역사연구'이기에 '과학적'이라고 말하지만, 그렇게 말하는 사람들조
차도 '성서의 텍스트는 역사적 사실이 아니다'는 또 다른 전제 위에서
출발하고 있다. 나사렛 예수가 그의 갈릴리 선교 초기에 제자들에게 원
수를 사랑하라고 가르쳤다는 성서의 보도를 '허구'라고 왜 강박적으로
생각해야만 할까? 원수사랑의 말을 나사렛 예수의 상황으로 가져간다고
해서 내러티브가 파괴되거나 의미를 상실하는 것은 결코 아니다.

　예수가 제자들에게 원수를 사랑하라고 말했을 때 여기서 원수는 누
구일까? 어떻게 예수와 제자들에게 원수가 생겨나게 되었을까? 그리고
예수는 자신의 원수를 사랑하기 위해 어떤 행동을 했을까? 이 물음에
답하는 것이 내러티브이다. 예수와 그의 제자들에게 바리새인과 사두
개인이 원수일 가능성이 가장 높다. 왜냐하면 예수는 이들의 종교적 위
선과 윤리적 불법을 정면으로 공격했고, 이들은 예수를 죽이기로 작정
했기 때문이다. 그러나 예수는 다른 곳에서 "자기 집안 식구"가 원수가
될 것이라고 경고한다(마 10:11). 예수의 원수를 바리새인과 사두개인
으로 그 범위를 좁힌다면 원수에 대한 예수의 태도는 어떠했는가? 복
음서가 일관되게 보도하는 대로 예수는 바리새인들을 매우 직설적으로
비판했고 여러 곳에서 이들과 충돌했다. 예수는 원수들을 향해 "회칠
한 무덤(마 23:27)", "독사의 자식(마 12:34)"이라고 매우 거세게 몰아
붙였으며 "화있을진저"라고 하며 저주를 내리기도 했다. 모든 복음서
가 공통적으로 보도하는 대로 예루살렘에 입성한 예수는 가장 먼저 성
전에 들어가 장사하는 사람들을 내쫓고 그들의 상을 둘러엎는 매우 거
친 행동을 했다(마 21:12, 막 11:15, 눅 19:45, 요 2:13). 원수에게 거친
말을 하고 저주를 하고 상을 뒤엎는 것도 사랑에 포함되는 것일까? 그
러나 예수의 마지막 여정은 비폭력과 화해와 용서로 끝을 맺는다. 체포

될 때 어떤 제자가 칼을 들고 저항하자 예수는 다음과 같이 무저항을 명한다. "네 칼을 도로 칼집에 꽂으라 칼을 가지는 자는 칼로 망하느니라(마 26:52)." 또 십자가 위에서 고통스럽게 죽어가며 자신을 때리고, 모욕하고, 못 박아 죽이는 '원수'를 향해 "주여, 저들의 죄를 용서하소서"라고 기도한다. 이것이 복음서가 들려주고 우리가 이해하는 원수사랑에 대한 내러티브이다.

둘째, 위와 같은 내러티브를 갖는 예수의 원수사랑의 계명은 또한 이 말씀을 읽는 우리에게 새로운 내러티브를 선사한다. 우리는 스스로에게 질문한다. 나의 원수는 누구인가? 어떻게 하다가 나에게 원수가 생겼는가? 이 원수는 나에게 어떤 피해와 상처를 주었는가? 나의 어떤 태도와 행동이 나의 이 원수를 사랑하는 것일까? 여기서 개인별로 셀 수 없이 많은 이야기가 나올 것이다. 어떤 이는 빚보증 때문에, 어떤 이는 돈과 재산 때문에, 어떤 이는 사랑 때문에 원수가 생기고, 또 대부분은 이 원수들을 미워하고 저주하며 혹은 찾아가 폭력을 행사할 수도 있다. 여기서 기독교윤리는 법학과 상담학의 가장자리로 내몰리는 것 같다. 우리가 사는 현대사회에서 나에게 특정한 상해와 손해를 끼친 '원수'와의 문제는 보통 법을 통해 해결되는 것으로 보인다. 형사상의 문제라면 원수는 처벌을 받을 것이고, 민사상의 문제라면 원수는 나에게 보상할 것이다.[58] 이러한 법적인 영역이 아니라 심리적인 영역에서, 예컨대 마음의 상처를 심하게 받았다면 법보다는 상담학이나 정신분석학이 도움이 될 것이다. 이렇게 윤리적인 문제는 법적인 문제 혹은 상담의 문제로 환원되고 마는가?

그렇지 않다. 원수관계에 있어 나의 내러티브는 '처벌'과 '보상'에만 국한되지 않는다. 여기서 우리는 다시 응보적 정의의 문제로 돌아오고 만다. 나의 원수를 '눈에는 눈, 이에는 이에 따라' ─ 물론 탈리오의 원칙

---

58) 육종수, 『법학 기초론』, 330.

에서처럼 잔혹한 직접 복수의 방법이 아닌—법과 제도를 통해 원수를 갚았다면 그것으로 나의 내러티브 혹은 원수의 내러티브가 종결되는 것일까? 여기서 화해와 용서의 문제는 아무런 가치가 없는 것일까? 물론 원수를 처벌하고 보상을 받아냈으니 모든 것이 끝났다고 간단하게 생각할 수도 있다. 일반적으로 법과 정의는 여기에 만족한다.[59] 그러나 성서는 그것으로 만족하라고 말하지 않는다. *원수를 사랑하고 원수와 화해하라고 말한다.* 그래서 정의에 대한 우리의 고민은 여기서 멈추지 않고 한 걸음 더 나가야 한다. 어쩌면 이것은 기독교윤리의 운명과도 같은 것이리라.

원수사랑의 내러티브: 국가적 영역

개인적인 영역이 아니라 국가적인 영역에서 원수사랑의 문제는 당연히 여러 면에서 다를 수밖에 없다. 나는 나에게 재산상 엄청난 손해를 끼친 원수를 참으로 놀라운 사랑의 힘으로 용서할 수 있다. 그러나 테러나 기습을 통해 무고한 시민을 죽게 한 적국의 공격행위를 '사랑으로 용서하자'고 단순히 주장할 수는 없다. 왜냐하면 적국으로부터 공격받아 국민이 사망한 사건은 개인의 문제가 아니라 국가 대 국가의 문제이므로 국가의 문제는 국제정치의 논리를 따라야 하기 때문이다. 여기에 대해 목소리를 높여가며 반대할 그리스도인은 아마 매우 적을 것이다. 공격을 당했으면 곧바로 응징하는 것이 정치군사의 기본법칙이며, 이는 더 큰 군사적 피해를 방지하는 유효한 전략이다. 그래서 루터는 악에 대항하지 말라는 산상수훈의 명령이 그리스도인 '개인적 영역'에게는 적용이 되는 계명이지만 '공적인 영역', 곧 국가와 정부의 영역에는 적용되지 않는다고 말한다. 왜냐하면 그리스도인은 공적인 영역

---

59) 위의 책, 5. 그래서 법은 도덕적 당위와 구별된다. 법은 시민의 사회생활에서 실제로 행하여지는(wirksam) 실제규범이다.

에서는 자신이 아닌 타인을 위해 봉사해야 할 의무가 있기 때문이다. 루터의 다음과 같은 말에 귀를 기울일 필요가 있다.

> 그리스도인은 자기 자신과 자신의 일을 위해 칼을 가져오거나 칼에 호소해서는 안 된다. 반면, 타인을 위해 그리스도인은 악한 본질을 통제하고 정의를 수호하기 위해 칼을 가져오고 칼에 호소해야만 한다.[60]

개인적 영역과 공적인 영역에 대한 루터의 이러한 세심한 구분은 트뢸치(E. Troeltsch)가 찬양한 대로 근대의 여명을 가져왔음에 틀림없다. 그러나 문제는 여전히 남는 것 같다. 원수사랑의 계명은 개인에게만 해당되고 공 영역에서는 규범적 효력이 없다고 주장한다면 기독교윤리는 결국 '힘의 정의'만을 말해야만 하는가? 국가가 공격을 당했으면 즉시 더 큰 무력으로 원수를 초토화시키라는 요구는 본능에 가까운 집단의 보복욕구이다. 여기서 도덕이나 윤리를 찾는 것은 매우 사치스러워 보이기까지 한다.

지난 2010년 11월에 우리나라의 영토 연평도가 북한군의 기습적인 포격을 당했다. 이로 인해 우리 장병을 포함해 무고한 사람들이 아까운 목숨을 잃었고, 재산상의 피해도 상당하다. 국군은 즉시 '압도적 화력'으로 대응사격을 가했고 이로 인해 북한군도 상당한 피해를 입었을 것으로 '관측'된다. 이 상황에서 원수사랑의 계명을 근거로 우리를 공격한 북한을 사랑하고 용서하자라고 말하는 것은 참으로 나이브하게 보인다. 설득력도 없어 보인다. 오로지 필요한 것은 즉각적인 보복이라고 사람들은 목소리를 높인다. 그런데 이것이 다일까? 원수에게 공격당했으니 무자비하게 복수해주라는 것이 우리 그리스도인이 말해야 할 이야기의 전부일까? **화해와 용서**는 진정 정치군사적 영역에서는 아무 소용없는 그저 개인적인 종교생활에만 적용될 수 있는 철저하게 실존적

---

60) Luther, "Von der weltlichen Obrigkeit", 13.

인-그것도 거의 실현 불가능한-가치인가? 여기서 앞서 언급되었던 내러티브는 다시 한 번 우리에게 중요한 통찰을 제시해준다.

첫째, 원수사랑의 계명은 국가적인 영역에서 즉각적인 대응행위를 전면적으로 배제하지는 않는다. 개인에게도 자신과 자신의 가족을 지키기 위한 대응폭력은 정당한 것이다. 그것은 '비상수단'이다. 마찬가지로 국가가 불의의 기습을 당해 국가 전체의 안위에 심각한 위협요소가 발생했을 경우 즉각적인 '대응타격'은 정당한 것이다. 그것은 우리의 이웃과 공동체를 지키기 위한 행위로서 이 경우 **이웃사랑**의 요구가 **원수사랑**의 요구보다 앞선다. 그래서 루터나 칼뱅 같은 종교개혁자들은 불의한 침략에 대응하는 **의로운 전쟁**(bellum iustum)을 성경적인 것으로 승인했다. 물론 이러한 입장은 지금도 타당한 것으로 받아들여진다.[61]

둘째, 즉각적인 대응행위의 목적은 그러나 보복이 아니라 평화에 있어야 하며, 방식 또한 제한적이어야 한다. 보복을 위한 전쟁과 폭력은 기독교윤리에서 정당한 것이 아니다. '비상수단'으로서 군사적 공격은 평화를 위한 것일 때 정당성을 인정받을 수 있다. 그 어떤 명분과 이유도 평화의 이념을 넘어설 수 없음을 우리 그리스도인은 분명히 해야 한다.[62]

그러므로 우리는 "악에 지지 말고 선으로 악을 이기라"(롬 12:21)는 사도바울의 권고의 참된 의도를 깊이 통찰해야한다. 보복은 자연적 본능이다. 우리가 당했으니 '무자비하게 되갚아주자'는 복수와 보복의 외침은 도덕적으로도 군사전략적으로도 타당한 것이 아니다. 우리가 원수에게 공격을 당해 피해를 입었을 때 우리는 여기에 대해 무자비한

---

61) 스토트, 『현대사회와 그리스도인의 책임』, 144. 스토트는 의로운 전쟁의 조건으로 다음의 세 가지를 제시한다. 첫째, 이유가 정당해야 한다. 즉, 공격적이지 않고 방어적이어야 한다. 둘째, 수단이 통제되어야 한다. 억제되지 않거나 불필요한 폭력이 없어야 한다. 셋째, 결과가 예측 가능한 것이어야 한다.
62) 스토트, 같은 책, 142. 스토트는 성서에 나오는 하나님의 나라는 비록 다기다종한 해석학적 스펙트럼에도 불구하고 적어도 다음과 같은 특성을 갖는다고 역설한다. 모든 그리스도인은 하나님의 나라가 "하나님의 의와 평화의 통치라는 것, 예수님이 행동과 이상을 통해 자신이 선포한 하나님 나라의 본을 완벽하게 보이셨다는 것, 하나님 나라 공동체는 의에 주리고, 평화를 추구하고, 보복을 억제하고, 원수를 사랑해야 한다는 것"을 긍정해야 한다.

'보복'의 관점이 아니라 냉정한 '처벌'의 관점에서 대응해야 한다. 이 것이 원수마저도 사랑하라는 성서적 계명이 국가적 영역에서 현실적 의미를 확보할 수 있는 최소한(minimum) - 최대한(maximum)이 아닌 - 일 것이다.

셋째, 위의 조건이 충족되는 한에서 용서와 화해의 계명은 국가적 영역에서도 중요한 의미를 갖는다. 역으로 산상수훈이 근본적으로 요청하는 용서와 화해는 저러한 조건들을 요구한다. 여기서 내러티브는 단지 윤리적으로만 가치가 있는 것이 아니라 전략적으로도 필수불가결한 것이다. 왜 우리가 기습공격을 당했는지, 이 공격을 통해 원수들이 얻고자 하는 것이 무엇인지, 우리가 이러한 피해를 다시 당하지 않는 근본적이고 효과적인 방법은 무엇인지 우리 모두는 진지하게 생각해야 한다. 여기서 기습공격과 보복공격의 악순환을 원하는 사람은 아무도 없을 것이다. 이 악마의 고리를 끊으라는 것이 예수가 십자가에서 자신을 못 박는 '원수'를 위해 기도했던 그 고결한 정신이 지금 우리에게 말하고 있는 전략적 목표는 아닐까?

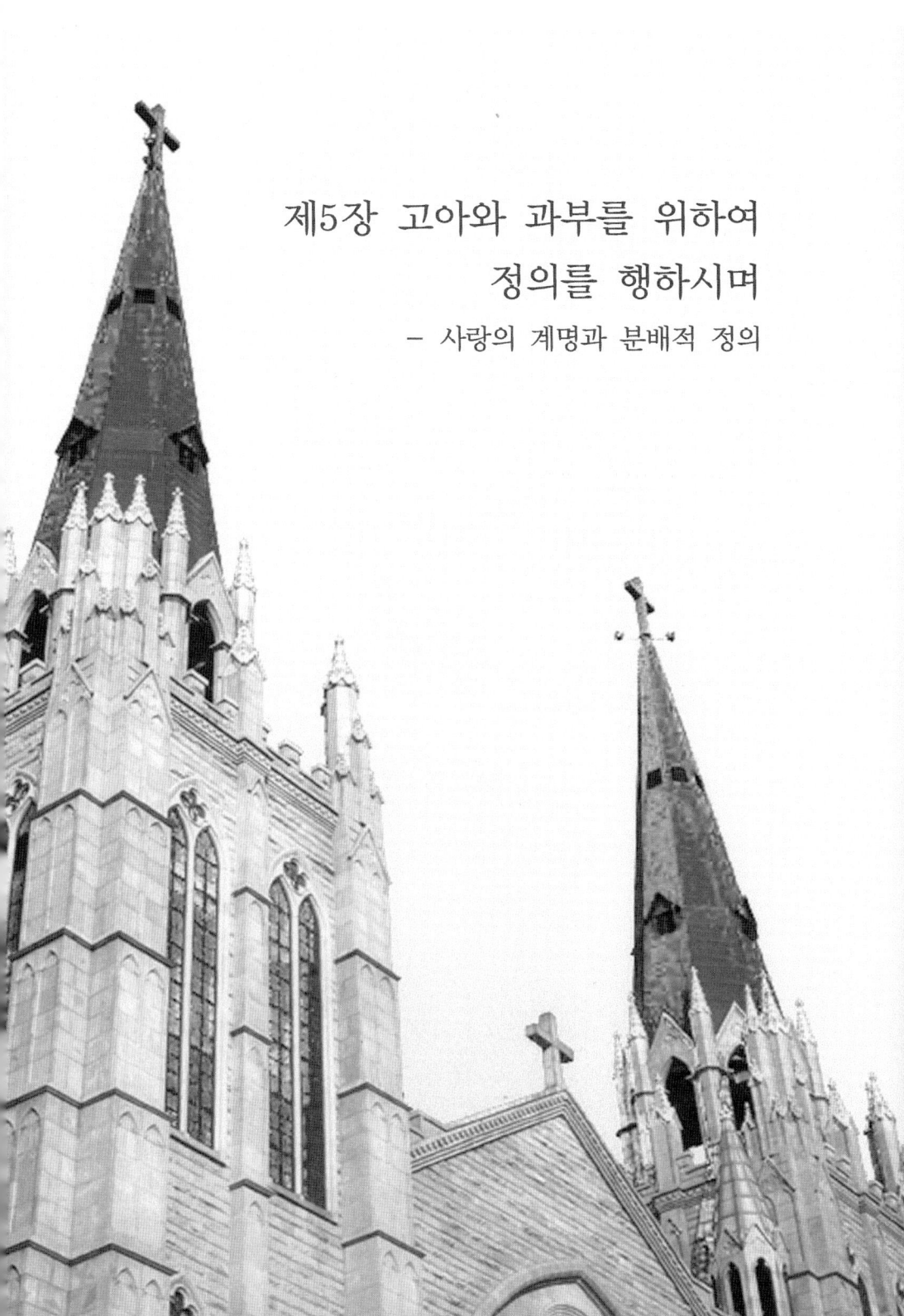

제5장 고아와 과부를 위하여
정의를 행하시며
– 사랑의 계명과 분배적 정의

오늘날 우리에게 일용할 양식을 주옵시고
Give us today our daily bread

  - <주기도문> 중에서

기독교와 정의의 문제를 연구하는 우리의 여정은 이제 기독교적 정의 관념의 또 다른 차원에 도착했다. 그것은 기독교윤리의 본질적 요구인 사랑의 계명이 지시하는 정의의 차원이다. 4장에서 우리는 성서에서 사랑과 정의가 어떻게 관련되는가에 대해 충분히 살펴보았으므로 이번 장에서는 사랑과 정의가 결합되는 구체적 형태에 관해 연구할 것인데, 철학의 관점에서 보자면 이것은 **분배적 정의**와 관련된다고 볼 수 있다.

그러나 철학에서 분배적 정의와 기독교가 말하는 이웃사랑의 계명은 형식적인 면에서, 즉 사회적인 재화를 공평하게 나누어야 한다는 윤리적 요청의 차원에서는 상통하지만, 그 내용적인 면 혹은 동기의 차원에서는 서로 다르다. "각자에게 그의 정당한 것을 주라(suum cuique)"는 철학의 고전적인 분배적 정의는 공정하게 분배하는 냉철한 이성의 힘을 통해 가능하다. 그래서 분배적 정의에 대한 담론에서 늘 문제가 되는 것은 **이성의 합리성**을 통해 어떻게 공정성을 확보할 것인가이다. 반면, 성서가 말하는 "고아와 과부를 위한 정의"는 냉철한 이성의 힘이 아닌 **타자와의 공동체성과 약자와의 연대성**을 통해 이루어진다.

이번 장에서는 사랑의 계명을 통한 분배적 정의의 문제를 연구할 것이다. 그러나 이 연구는 브루너가 했던 시도, 곧 아리스토텔레스의 철학적 전통 위에 기독교적 사랑을 덧칠하는 작업으로 가지는 않을 것이다. 다시 말해 이번 장의 목표는 아리스토텔레스와 롤즈에 대한 신학적 보충이 아니라 기독교의 본원적인 사랑의 계명이 정의를 실현과정에 어떻게 동참할 수 있는지를 보여주려는 것이다.

5.1 무상급식, 망국적 포퓰리즘인가, 복지사회의 시작인가?
- 무상급식 논쟁을 통해 본 분배적 정의의 문제

> 공공의 소유물을 분배함에 있어 성립하는 정의는 비례를 따르는 것
> 이다. 즉, 공공의 재화를 분배하는 경우에도 당사자들이 거기에 기여
> 한 것의 비율과 같은 비율로 분배하는 것이 옳은 분배이다.
>
> - 아리스토텔레스

무상급식의 문제가 2011년 한국사회를 뜨겁게 달구었다. 무상급식을 찬성
하는 측과 반대하는 측의 주장이 팽팽히 맞섰고 결국 시민투표까지 갔다. 결과
는 다수의 서울시민들은 무상급식을 찬성하는 것으로 나타났고, 결국 무상급
식 반대에 정치적 생명을 걸었던 시장은 사퇴했다. 그리고 또 한 번의 치열한
보궐선거를 통해 무상급식 전면시행을 주장하는 시민운동가 출신의 후보가 서
울시장에 당선되는 파란이 일어나고 말았다. 2012년의 대선에서도 무상급식
같은 복지 어젠다(agenda)가 안보나 이념 논쟁을 압도했다.

무상급식처럼 파괴력 충만한 이슈는 철학적 혹은 신학적 이론의 현실성을
음미하고 검증할 수 있는 매우 싱싱한 재료이다. 언제나 그러하듯 한국사회에
서 쟁점이 되는 이슈는 먼저 '사상'이라는 무시무시한 검열수단을 불러온다.
그래서 무상급식을 찬성하면 '좌파'로, 반대하면 '우파'로 사상의 낙인부터 찍
는다. 왜 찬성하는지 혹은 왜 반대하는지 그 근거와 이유는 중요하지 않다. 아
니 들어보려고도 하지 않는다.

이번 강의에서 우리는 무상급식 논쟁을 이데올로기의 시각이 아닌 분배적
정의라는 관점에서 검토해보고자 한다. 이 논쟁의 배후에는 좌파냐 혹은 우파
냐는 '색깔 찾기' 게임이 아니라 공통의 재화를 어떻게 공정하게 나누어야 할
것인가라는 분배정의의 문제가 자리 잡고 있다. 다시 말해 무상급식이란 단순
히 아이들에게 밥을 공짜로 나누어준다는 차원을 넘어서 사회의 재화를 누가,

누구에게, 어떻게 나누어야 할 것인가라는 보다 본질적이고 근원적인 성찰을 제기하고 있다.

출발점: 무상급식 반대의 이유

정치권에서 무상급식을 반대하는 가장 큰 이유는 그것이 "망국적인 복지 포퓰리즘"이라는 것 같다. 이 주장에 의하면 무상급식을 찬성하는 진짜 이유는 무상급식 그 자체에 있지 않고 단순히 국민들의 환심을 사서 표를 더 얻으려는 얄팍한 정치적 계산에 있다는 것이다. 그러나 '무상급식 주장＝포퓰리즘＝망국'이라는 등식은 각 단계에 대한 합당한 근거를 제시하지 않는 한 논리적 비약일 뿐이다.

이러한 가운데 '한국납세자연합회'라는 단체에서 타당성 있는 이유를 제시하며 2010년 9월 15일에 무상급식을 반대하는 성명서를 발표하였다. 물론 이 성명서가 무상급식을 반대하는 이유의 전부를 말해주고 있지는 않지만, 그래도 중요한 반대의 이유들을 제시하고 있다.

연합회는 성명서에서 무상급식에 반대하는 3가지 이유에 대해, 첫째로 무상급식이 의무교육에 기반을 둔다는 주장의 불합리성, 둘째로 초과누진세체계의 현대 조세이론과의 불부합성, 셋째로 현대의 복지이론과의 불부합성 등을 제시했다.

먼저 연합회는 무상급식 찬성론자들이 주장한 "의무교육과 무상급식과의 상관관계"에 대해 "헌법 제31조3항 '의무교육은 무상으로 한다'는 의미는 교육에 필요한 지원을 국가에서 하는 것이지, 학생들의 의식주까지 무상으로 한다는 것을 포함하지 않는다"고 반박했다.

무상급식 도입을 반대하는 두 번째 근거로 제시된 현대 조세이론과의 불부합성과 관련해 연합회는 "전면적 무상급식은 소득이 많을수록 세금을 많이 내야 하는 초과누진세체계와 부합하지 않는다"고 지적했다. 연합회는 "고소득층이 초과누진세체계하에서 저소득층보다 더 많이 낸 세금을 무상급식을 통해

(자녀가) 환수한다면 초과누진세체계는 모순이 발생한다"며, "이 경우 저소득층에 오히려 불리한 상황이 오게 된다"고 주장했다.

연합회는 마지막으로 전면적 무상급식이 저소득층에 더 많은 혜택이 돌아가야 한다는 현대의 복지이론과도 맞지 않는다고 지적했다. 연합회는 "현대의 복지정책은 전면적 복지보다는 선택적 복지에 더 의미를 두고 있다"며, "저소득층 혹은 차상급 계층 등 어려운 분들에게 더 많은 복지혜택이 돌아가도록 제도적 접근이 필요하다"고 제시했다. 이어 전면적 무상급식은 급식비를 충분히 부담할 능력이 있는 고소득층에도 무상으로 급식을 하게 되어 "장기적으로는 저소득층 등에 도움이 되지 않으면서 정부예산만 많이 소요되는 등 오히려 선택적 복지지출을 제약한다"고 지적했다.[1]

무상급식 찬성을 '좌파' 혹은 '망국적 복지 포퓰리즘'이라며 뚜렷한 근거 없이 좌우 이데올로기 대립이나 '선심성 공약'으로 몰고 가는 무상급식 반대주장보다는 위 성명서의 논리는 훨씬 설득력이 있다. 여기서 제시된 세 가지 쟁점들, 즉 **무상급식과 의무교육**, **무상급식과 누진세**, **무상급식과 복지**의 문제들을 분배적 정의의 관점에서 보다 상세히 살펴보자.

쟁점-1: 무상급식과 의무교육

먼저 한국납세자연합회 성명서는 무상급식 찬성론자들이 주장하는 의무교육과 무상급식 사이의 논리적 상관성에 의문을 제기한다. 성명서에 의하면 대한민국헌법 제31조3항 "의무교육은 무상으로 한다"는 의미는 교육에 필요한 지원을 국가에서 하는 것이지, 학생들의 의식주까지 무상으로 한다는 것을 포함하지 않는다. 의무교육은 정당한 것이지만 이 의무교육에 급식은 포함되지 않는다는 것이다. 그러나 의무교육은 급식을 포함해야 한다는 목소리도 있음을 우리는 잊지 말아야 한다.

---

1) 《디지털 세정신문》, 2010. 9. 16.

우리 헌법은 제31조에 '의무교육은 무상으로 하여야 한다'고 명시하고 있다. 교육을 받는 동안, 학생의 총체적 삶을 국가가 부담해야 헌법이 보장한 무상교육이 오롯이 실현되는 것이다. 하지만 말로만 의무교육일 뿐 학비 외의 비용은 학부모에게 전가되는 현실에서, 무상교육에 이념을 씌우고 알레르기 반응을 보이는 것은 헌법과 국민의 요구를 외면하는 것이다.[2]

이처럼 무상급식 논쟁에서 가장 먼저 드러나는 것은 비용의 문제가 아니라 *의무교육이 무엇이냐*는 '교육철학'의 문제이다. 무상급식을 할 것이냐 말 것이냐는 결국 의무교육을 어떻게 규정하느냐는 철학적 전제에 달린 것이다.

의무교육은 헌법이 규정하는 국민의 6대 의무인 국방, 납세, 교육, 근로, 재산권행사, 환경보전의 의무 가운데 하나이다. '의무'란 칸트철학에서는 도덕적 당위에서 나오는 지극히 윤리적인 행위이지만, 법에서는 "법률상의 구속력, 즉 자기 의사와는 관계없이 반드시 일정한 행위를 하여야 할 또는 하여서는 아니 될 법률상의 구속력"을 말한다.[3] 그렇다면 왜 교육이 의무일까? 교육은 '의무'라기보다는 오히려 '권리'에 가까워 보이지 않는가?

모든 국민이 어떤 차별 없이 적어도 초등교육만큼은 일반적으로 받아야 한다는 생각은 한국에서는 처음으로 17세기의 실학자 반계 유형원(1622~1673)에게서 발견된다.[4] 이는 교육을 양반계층의 특권으로 인식하던 시대에 가히 혁명적인 발상이 아닐 수 없다. 반계의 이러한 개혁사상은 성호 이익, 순암 안정복, 다산 정약용 같은 18세기의 실학자들에게 깊은 영향을 미쳤다. 그러나 실학의 이상이 실제 법으로 현실화된 것은 1948년 대한민국이 건국되면서 제헌헌법을 통해서이다. 신분, 부,

---

2) ≪민주노동당 대변인 논평≫, 2010. 3. 4. http://kdlp.org/index.php?mid=statement&search_target=title&search_keyword=%EB%AC%B4%EC%83%81%EA%B8%89%EC%8B%9D&page=2&division=-3262439&last_division=3306&document_srl=1274381

3) ≪네이버 법률용어사전≫ http://terms.naver.com/entry.nhn?docId=458287

4) 오영교, 『실학의 정치. 사회개혁론』(서울: 혜안, 2008), 48.

성, 지역의 차이를 넘어 모든 국민이 교육의 혜택을 받게 된 것이다. 물론 이 혜택이 실제로 모든 국민에게 돌아갔느냐는 다른 문제이다.

이처럼 의무교육은 **기회균등**으로서의 **평등**을 지향한다는 것을 우리는 알 수 있다. 봉건사회에서 교육은 지배계층의 특권이었다. 조선의 국법이 평민이나 천민이 서당에 가는 것을 법으로 금하지는 않았지만 사실상 양반 외의 계층은 교육에서 완전히 소외되었다.[5] 교육은 예나 지금이나 이른바 '신분상승'의 중요한 기회를 제공한다. 그런데 이러한 교육의 기회가 제도적으로 사회 구성원 각자에게 골고루 돌아가지 못한다면 이는 "각자에게 그의 정당한 것을 나누라"는 분배정의의 원칙에 위배된다. 따라서 그것은 정의롭지 못한 것이다.[6] 그래서 교육의 기회가 소수에게만 돌아가는 봉건사회보다는 그것이 모든 국민에게 골고루 돌아가는 민주사회는 보다 정의롭다. 이렇게 모든 국민이 의무적으로 교육을 받아야 한다는 생각의 배후에는 **기회의 균등한 나눔**이라는 분배정의의 원칙이 들어 있다.

그렇다면 의무교육은 무상으로 한다고 우리나라 헌법이 규정할 때 이 '무상'은 대체 무엇인가? 무상이란 피교육자로부터 돈을 받지 않는다는 뜻이다. 그러나 이것은 교육이 '공짜'라는 말이 아니다. 교육에는 당연히 비용이 들어간다. 학교건물도 지어야 하고 선생님들에게 봉급도 지불해야 한다. 그러므로 '무상교육'이란 공짜교육이 아니라 교육의 비용을 국가가 국민들에게서 걷은 세금으로 지불한다는 뜻이다. 원론적으로 말하자면 납세자가 의무교육이라는 공공행위를 통해 자신이 낸 세금의 일부를 되돌려 받는 것이다.[7] 예컨대 자동차세에는 교육세가 포함되어 있는데, 그래서 납세자는 자동차세를 내면서 동시에 지방자치단체에 교육세를 내는 것이다.

---

5) 참조: 한국철학사연구회 펴냄, 『한국실학사상사』(서울: 다운샘, 2000), 124.

6) 아리스토텔레스, 『니코마코스윤리학』, 최명관 옮김(서울: 창, 2008), 185.

7) 정현승, 「義務敎育의 無償性」, 『교육법학연구』 제17권 1호(2005. 6), 240.

이렇게 되면 무상급식과 의무교육의 관계에 대한 첫 번째 쟁점의 가닥이 잡힌다. 의무교육은 평등이라는 이념을 구현하는 하나의 구체적인 공공행위이다. 그리고 의무교육은 '공짜교육'이 아니라 세금으로 운영되는 교육이다. 다시 말해 납세자인 국민은 세금이라는 형식을 통해 교육의 비용을 이미 지불한 것이다. 따라서 보다 근본적인 문제는 학교에서 학생들에게 밥을 주는 급식이 **평등**을 위한 것이냐 아니냐 하는 것이다. 급식이 평등을 위한 것이라면 의무교육이 무상인 것처럼 급식 또한 무상이어야 한다.[8] 반면, 학생들이 학교에서 밥을 먹는 것은 '평등'이라는 추상적 이념과는 아무 상관이 없는 그저 신진대사를 위한 '영양공급'을 위한 것이라면 돈을 내고 사 먹어야 마땅할 것이다. 물론 유상급식을 주장한다고 해서 그것이 평등에 대해 전혀 고려를 하고 있지 않은 채 오로지 급식을 생리적 요구의 충족으로만 보고 있다는 뜻은 아니다.

쟁점-2: 무상급식과 누진세

두 번째 쟁점은 무상급식이 누진세라는 세금의 원칙에 부합하는가 아니면 상충하는가이다. 납세자연합회는 전면적 무상급식이 초과누진세 체계와 부합하지 않는다고 주장한다. 왜냐하면 급식을 무상으로 하면 고소득층이 저소득층보다 더 많이 낸 세금을 환수하게 되는데, 이는 초과누진세체계와 모순이 되기 때문이다. 이 경우 장기적으로 저소득층에게 오히려 불리한 상황이 오게 된다고 연합회는 주장한다. 반면, 무상급식 찬성론자들은 이러한 주장을 오만불손한 "선민의식의 발로"라고 날선 비판을 가한다.

---

8) 정현승, 위의 논문, 245. 비교: 김상곤, 『행복한 학교, 유쾌한 교육혁신을 위하여』(서울: 시대의창, 2010), 404.

지금 ○○당이 주장하는 '무상급식'은 무상급식이 아니라, 차별급식이고 서민의 아들, 딸들에게 눈칫밥 급식이다. 지극히 비교육적일 뿐 아니라 만인이 평등해야 할 교육의 현장에서까지 부자와 서민을 갈라놓고, 그 아들, 딸까지 차별하자고 하는 뿌리 깊은 차별의식에서 발로된 것이다. 더군다나 부자 아이들은 무상급식을 필요로 하지 않으며, 부자 아이들이 무상급식 받을 돈으로 서민 아이들에게 시혜를 주겠다는, 지극히 전근대적이고 구태한 선민의식의 발로이다.[9]

이번에는 쟁점이 의무교육에서 누진세로 옮겨간다. 누진세란 "과세표준"이 크면 클수록 높은 세율을 적용하는 세금을 말한다.[10] 간단히 말해 재산이 많을수록 많은 세금을 내고, 반대로 재산이 적을수록 적은 세금을 내는 세금체계이다. 왜 부자들이 더 많은 세금을 내야 하는가라는 문제는 일단 접어두자. 여기에 분배정의와 경제정의의 가장 중요한 원칙이 있지만 말이다. 일단 무상급식이 누진세 체계와 모순이 되는지부터 생각해보자.

부자들의 직간접적인 반발을 사면서 정부가 누진세를 유지하는 근본 목적은 부의 재분배를 위함이다. 다시 말해 정부가 부자들 소득의 일부를 강제로 걷어서—물론 세금뿐 아니라 자발적으로 거액을 기부하는 '존경받는 부자'도 적지 않다—그 일부를 없는 사람들을 위해 사용하는 것이 누진세의 근본취지이다. 부유층이 탈세의 충동과 유혹을 극복하고 누진세율에 의해서 세금을 성실히 납부했는데, 그들의 자녀들이 학교에서 무상으로 밥을 먹는다면 '형식적'으로는 세금의 혜택을 보는 것이다. 또 높은 누진세율의 적용을 받는 계층이 학교에 급식비를 낸다면 이 비용은 저소득층 자녀에게 고스란히 돌아갈 수 있다. 아주 간략하고 단순히 말해보자. 있는 사람의 자녀는 돈을 내서 밥을 먹고, 없는

---

9) ≪민주노동당 대변인 논평≫, 2010. 3. 10.
   http://kdlp.org/index.php?mid=statement&search_target=title&search_keyword=%EB%AC%B4%EC%83%81%EA%B8%89%EC%8B%9D&page=2&division=-3262439&last_division=3306&document_srl=1280679

10) ≪네이버 지식사전≫ http://terms.naver.com/entry.nhn?docId=48922

사람의 자녀는 돈을 내지 않고 밥을 먹는 게 무엇이 잘못이란 말인가? 이것은 지극히 '합리적인 분배' 아닌가? 그렇다면 전면적 무상급식은 형식적으로 누진세 체계와 합치하지 않는다. 그러나 그것이 전부일까?

간단한 것부터 생각해보자. 누진세 체계에 잘 들어맞지 않는 전면적 무상급식을 그렇다면 왜 서울시민들의 대다수는 투표에서 찬성했을까? 단지 급식비 얼마를 아끼려는 자린고비 정신 때문일까? 아니면 돈 없는 서민들의 천박함일까? 그럴 수도 있다. 그러나 합리적 분배라는 계산이 포착하지 못하는 지점이 있다. 차등적인 유상급식을 하게 될 경우 교육현장에서 필연적으로 일어나게 될 **차별**과 **상처**가 바로 그것이다.[11] 학교의 아이들은 즉시 두 집단으로 분류된다. 돈을 내고 밥을 먹는 아이들과 돈을 내지 않고 밥을 먹는 아이들이다. 철저하게 제도적으로 비밀을 보장하겠다는 말을 '곧이곧대로' 믿을 사람은 거의 없는 것 같다. 누진세 정신에 기초한 선별적 무상급식, 곧 있는 사람들이 돈을 내서 없는 사람들의 자녀에게 혜택을 주자는 합리적으로 보이는 급식방법은 실제적으로는 불평등을 고착화시키고 오히려 계층 간의 위화감을 증폭시키는 결과를 낳게 된다.[12] 이러한 이유에서 급식의 문제를 전적으로 학부모들의 자유로운 선택에 맡기자는 주장이 위험할 수 있다. 자유로운 선택에 맡겨 선별적으로 무상급식을 하게 될 경우 결국 한 달 급식비마저 낼 사정이 안 되는 가장 어려운 형편의 학생들만이 소위 '눈칫밥'을 먹게 될 것이다.

이처럼 무상급식이 누진세 체계와 부합하지 않는다는 주장은 형식적으로 틀린 것은 아니지만, 내용적으로 오히려 불평등을 고착화시키며, 이는 평등을 지향하는 의무교육의 이념에 상충된다고 볼 수 있다. 교육현장에서의 차별과 위화감이라는 현실과 비용을 계산해야만 하는 현실 가운데 어느 것이 더 중요한 것일까?

---

11) 김상곤, 『행복한 학교, 유쾌한 교육혁신을 위하여』(서울: 시대의창, 2010), 405.
12) 위의 책, 251. 비교: 현진권, 『복지논쟁』(서울: 자유기업원, 2011), 9.

쟁점-3: 무상급식과 복지

연합회의 세 번째 문제제기는 복지문제를 다루고 있다. 곧, '보편적 복지'냐 '선별적 복지'냐의 문제인 것이다. 연합회는 성명서를 통해 전면적인 무상급식은 보편적 복지를 지향하는 것인데, 이는 현대 복지국가의 기본방향인 선별적 복지에 위반된다는 것이다. **선별적 복지**란 국가의 개입을 최소화하는 것을 목표로 취약한 빈곤층만을 대상으로 복지정책을 펴겠다는 것이다. 여기에는 명확히 표현하고 있지는 않지만 소위 '복지병'에 대한 막연한 두려움이 들어 있다.[13) 보편적 복지는 일도 하지 않으면서 정부의 보조금으로만 생활하려는 '복지병 환자'를 양산하므로 선별적인 복지로 가야 한다는 것이 위 성명서의 주장의 핵심이다. 반면, 선별적 복지가 아닌 보편적 복지를 주장하는 목소리도 결코 작지 않다. **보편적 복지**란 공공부조, 사회보험, 사회서비스의 제도적 형태를 통해 대다수의 국민들이 복지혜택을 누리게 하자는 것이다. 현재 '복지의 천국'이라 불리는 북유럽의 국가들이 이러한 복지 시스템을 유지하고 있다.[14) 무상급식의 문제는 선별적 복지이론과 보편적 복지이론이 충돌하는 최전선이다.

〈선별적 무상급식과 보편적 무상급식 비교〉[15)

	선별적 무상급식	보편적 무상급식
방법	가난한 집안의 학생들을 골라내어 급식비 지원	경제적 여건과 관계없이 모든 학생들의 급식을 무상으로 제공
장점	같은 복지비로 가난한 집의 학생들에게 집중 지원	식사문제만큼은 눈치 안 보고 해결할 수 있게 함
문제점	복지라는 이름하에 가난한 계층을 낙인찍는 효과로서 다른 차별	복지비용의 증가(세금 부담)
철학	교육이든 급식이든 궁극적으로 개인이 해결해야 할 문제	교육과 의료 등 국민으로서 당연히 누려야 할 권리는 공동체가 보장해주어야 함

---

13) 현진권, 같은 책, 114.

14) 위의 책, 115.

15) 김명신, 『혁신교육』(서울: 동랑커뮤니케이션즈, 2010), 128.

선별적 복지(무상급식)냐 혹은 보편적 복지(무상급식)냐의 토론은 일단 사회복지라는 전문영역에 속할 것이다. 또한 자신이 갖고 있는 종교적 신념, 세계관, 철학적 배경에 따라 판단은 달라진다. 평등의 원리와 공정한 분배를 최고의 가치로 여기는 사람이라면 대체로 보편적 복지를 주장할 것이고, 차등의 원리와 경쟁을 통한 성장을 보다 우선하는 가치로 여기는 사람이라면 선별적인 복지를 선호할 것이다. 가난과 궁핍은 철저하게 개인의 문제이므로 다른 사람이 나설 문제가 아니라며 복지 자체를 부정하는 비정한 목소리는 그래도 다행히 작은 것 같다. 보편적 복지이건 선별적 복지이건 복지란 기본적으로 시장경제에서 필연적으로 파생되는 불평등의 문제를 해결하려는 시도이다. 따라서 복지문제의 배후에는 평등과 분배라는 철학의 문제가 자리 잡고 있다. 따라서 무상급식 혹은 복지에 대한 논쟁은 우리로 하여금 보다 근본적이고 근원적인 철학적 문제에 대한 검토를 요구한다.

여기서 우리는 20세기의 정의담론에 있어 가장 강력한 영향력을 남긴 롤즈의 철학을 생각해보지 않을 수 없다. 롤즈는 그의 정의론 재판 서문에서 다음과 같이 사회복지에 대한 철학적 입장을 밝히고 있다.

> 복지국가에서 그 목적은 어떤 사람도 일정한 수준 이하로 떨어져서는 안 되며, 따라서 모든 사람은 우연적인 사고나 불행으로부터 보호받아야만 한다는－예를 들어, 실업보장과 의료혜택－것이다. 소득의 재분배는 각 시기의 최종 순간이 되어 도움을 필요로 하는 사람이 누구인지 확인되었을 때 이런 목적에 기여한다.[16]

여기서 질문이 생긴다. 롤즈라면 무상급식을 찬성할까, 반대할까? 이것은 통속적 흥미를 넘어 철학의 기초에 대해 생각하는 아주 중요한 질문이다. "무지의 베일"로 유명한 이 철학자의 생각을 검토해보자.

---

16) 존 롤즈, 『사회정의론』, 황경식 옮김(서울: 서광사, 1990), 24.

전환점: 롤즈, 평등과 불평등 사이에서

롤즈(John Rawls, 1921~2002)는 사회적으로 존재하는 불평등의 문제를 어떻게 최소화할 것인가의 문제와 씨름하며 이 문제에 대해 자신의 대안을 제시했다. 여기서 우리는 다시 한 번 지식인의 사회적 책임이 무엇인가를 보게 된다. 사회에 존재하는 불평등, 부정의(不正義)의 문제를 운명이나 숙명으로 받아들이지 않고 또는 아예 외면하지 않고 이와 진지한 대결을 벌이는 것이야말로 지식인의 숭고한 책임이자 의무이다. 신학자나 목회자 역시 여기에서 예외일 수 없다.

롤즈의 정의론에서 중요한 것은 불평등 자체를 아예 없애버리겠다는 것이 아니라―이것은 마르크스와 레닌의 시도였다―'최소화'하겠다는 점이다.[17] 그래서 이 미국의 철학자는 "무지의 장막(veil of ignorance)"이라는 사고실험을 제안한다. 모든 사람이 장막 뒤에 있다고 사상해보자. 누구도 다른 사람의 사회적 지위, 장단점, 인종과 종교, 능력을 알지 못한다. 자신도 사회에서 어떤 지위에 있을지 알지 못한다. 이것이 **원초적 입장**(original position)이다. 롤즈에 의하면 이러한 원초적 입장에서 크게 두 가지 원칙이 나온다.

첫째, 모든 사람은 다른 사람들의 유사한 자유와 양립할 수 있는 가장 광범위한 기본적 자유에 대하여 동등한 권리를 가져야 한다. 즉, 모든 사람은 자유롭고 평등해야 한다. 어떤 목적을 위해 개인의 권리와 자유가 희생되어서는 안 된다. 둘째, 사회적·경제적 불평등은 다음의 두 가지 조건을 만족시키도록 조정되어야 한다. 그 조건이란 1) 그 불평등이 모든 사람에 이익이 되리라는 것이 합당하게 기대되어야 하고, 2) 그 불평등이 모든 사람에게 개방된 직위와 직책에 결부되어야 한다.[18]

---

17) 샌델, 『왜 도덕인가?』, 188.
18) 롤즈, 같은 책, 82.

이처럼 롤즈가 생각할 때 사회적으로 존재하는 불평등을 최소화시키는 거의 유일하게 합리적인 방법은 없는 사람들, 즉 *사회적 약자에게 보다 많은 이익이 돌아가도록 분배 시스템을 조정하는 것*이다. 롤즈는 "차등의 원칙(difference principle)"이라 불리는 이 불평등에 대한 원칙에 대해 다음과 같이 강조한다.

> 두 번째 원칙이 내세우는 바는 모든 사람은 그 기본구조 내에 허용될 수 있는 불평등으로부터 이득을 받아야 한다는 것이다. 이것은 이 구조가 규정하고 있는 합당한 각 대표인이 사회구조를 하나의 경영업체로 생각할 때 불평등이 없을 때의 전망보다 불평등이 있을 때의 전망을 선택하는 것이 합당해야 함을 의미한다. 한 지위에 있는 자의 불이익이 다른 지위에 있는 자들의 보다 큰 이익에 의해 보상된다는 이유에서 소득이나 조직 내의 권한의 차등을 정당화하는 것은 허용될 수 없다.[19]

여기서 "허용될 수 있는 불평등"이라는 롤즈의 중요한 개념이 우리의 주의를 끈다. 그것은 자신의 의지와는 아무 상관없이 천부적으로 그래서 우연적으로 주어지는 조건들과 관련된다. 예를 들어 내가 재벌가가 아닌 가난한 시골 농부의 자녀로 태어난 것은 사회적으로 보자면 우연이다. 그래서 매우 수준 높은 교육과 풍요로운 가문의 혜택을 보지 못해 여전히 가난한 시골 농부로 사는 것도 이러한 우연적인 원인에서 기인한다고 볼 수 있다—물론 '개천에서 용 난다'는 매우 희귀한 확률을 배제할 수는 없다. 또 내가 유명한 프로 운동선수처럼 특별하고 탁월한 신체적 재능을 가지지 못한 채 태어난 것도—유전적으로는 필연이겠지만—사회적으로는 우연한 것이다. **허용될 수 있는 불평등**이라는 롤즈의 개념은 이처럼 사회적인 우연에 의해 결정된 평등하지 못한 상태를 의미한다.[20] 따라서 내가 게을러서 가난한 것은 도덕적으로 비난

---

19) 위의 책, 85.
20) 정원섭, 「정의론과 공정성의 조건」, 『철학과 현실』 88권, 25.

받을 수 있겠지만 내가 열심히 일하고 노력했는데도 가난하다면 그것은 내가 아닌 사회구조가 비난받아 마땅하다.

불평등을 허용의 문제로 보는 시각은 대단히 급진적으로 보인다. 아무리 발버둥 쳐도 헤어 나올 수 없는 가난은 개인의 능력부족의 문제가 아니라 사회적으로 허용되느냐, 마느냐의 문제이다(우리 가운데 얼마나 많은 사람이 가난을 그렇게 생각할까?). 그렇다면 언제 불평등은 허용되는가? 롤즈에 의하면 불평등은 그것이 사회의 **최소 수혜자**(the least advantaged)에게 이득이 될 때만 허용될 수 있다. 롤즈는 이를 상속을 들어 설명한다.

> 그래서 상속은 그로 인해서 생겨나는 불평등이 가장 불운한 자에게 이득이 되고 자유 및 기회균등과 양립할 수 있을 경우에 허용될 수 있다. [중략] 기회의 균등은 비슷한 동기를 가진 자들에게 교육과 교양에 대한 유사한 기회를 보장해주고 [중략] 직책과 지위를 모든 이에게 개방시켜 주는 일련의 제도를 의미한다.[21]

롤즈의 정의론은 평등과 불평등이라는 두 간극 사이에서 어떻게 해서든 튼튼한 다리를 놓으려는 시도로 보인다. 그래서 샌델은 이렇게 말한다. "롤즈의 정의론이 궁극적으로 성공하든 실패하든, 그 이론은 미국 정치철학이 아직 내놓지 못한, 좀 더 평등한 사회를 옹호하는 가장 설득력 있는 주장임에 분명하다."[22] 물론 롤즈가 제시하는 정의에 관한 이러한 이론이 분배정의의 모든 것을 다 설명해주는 것은 아니다. 여러 각도와 입장에서 비판이 제기되는데, 대표적으로 매킨타이어(Alasdair Macintyre)의 비판을 들어보자.

---

21) 롤즈, 같은 책, 294.
22) 샌델, 『정의란 무엇인가?』, 231. 여기서 샌델은 롤즈의 말을 인용한다. "노력하고 도전해서 소위 자격을 갖춘 사람이 되려는 의지조차도 행복한 가정과 사회적 환경의 영향이다."

그런데 최소 수혜자 우선성이라는 원칙은 롤즈의 정의론에서 그 하이라이트이자 아킬레스건이라 할 수 있다. 왜냐하면 이 원칙은 우월한 위치에 있는 사람들이 열등한 위치에 있는 사람들의 지위를 향상시키는 일에 적극적인 관심을 두도록 유인하고 있는데, 이는 동기의 측면에서 보자면 매우 힘든 일이기 때문이다.[23]

사고실험: 롤즈는 무상급식을 찬성할 것인가, 반대할 것인가?

이제 우리도 사고실험을 해보자. 롤즈라면 무상급식을 찬성할까, 반대할까? 롤즈가 중요하게 전개하는 그의 이론만을 순수하게 따라가 보자.

첫째, **원초적 입장**에 설 때 우리는 최소한 무상급식 문제를 포퓰리즘이나 이데올로기의 눈으로 보지는 않을 것이다. 우리는 무지의 장막 뒤에 있기에 내가 좌파인지 우파인지, 내가 여당을 지지하는지 야당을 지지하는지 알 수 없다. 원초적 입장은 무상급식을 찬성한다고 해서 좌파이고 반대한다고 해서 우파라는 것이 편견이요, 억견임을 폭로한다.[24] 나는 부유층일 수도 있고 반대로 극빈층일 수도 있다. 따라서 무지의 장막 뒤에서 내가 생각할 수 있는 것은 나의 자녀가 학교에서 나의 사회적 위치에 상관없이 또 어떤 차별 없이 다른 사람의 자녀들과 함께 공평하게 식사를 해야 한다는 것이다.

여기서 무상급식과 의무교육의 문제라는 첫 번째 쟁점에 대한 해답의 실마리가 보인다. 나의 지위와 소득에 상관없이 나의 자녀에게 공평한 교육의 기회가 부여되어야 한다면 급식도 마찬가지이다. 그러나 이것이 꼭 무상급식을 말하는 것은 아니다. *'무상' 혹은 '유상'이라는 형식에 상관없이 급식은 평등해야 함을 의미한다.* 나의 자녀가 급식에서 불이익 혹은 차별을 받지 않아야 한다는 것이 우선이고 무상이냐, 유상이냐는 다음 문제이다.

---

23) 정원섭, 같은 논문, 28.
24) 비교: 샌델, 같은 책, 221.

둘째, **차등의 원칙**을 생각해보자. 앞에서 살폈듯이 롤즈는 사회에서 가장 약자에 속하는 사람에게 이익이 돌아가는 경우에만 사회적·경제적 불평등을 인정한다는 원칙을 제시한다. 이제 내가 사회에서 소득이 가장 낮은 계층이라고 상상해보자. 무상급식은 현실적으로 급식비조차 내지 못하는 취약계층인 나에게 의심의 여지없이 이익을 준다. 나의 자녀가 학교에서만큼은 재벌가의 자녀들과 똑같이 밥을 먹는다는 사실 하나만으로도 나는 경제적 이득에 버금가는 심리적 위로를 얻을 수도 있다. 또 질 좋은 음식을 먹음으로써 나의 아이는 건강한 몸을 유지해 있는 집 아이들과 보다 비슷한 조건에서 경쟁할 수 있다. 이렇게 무상급식은 **공정한 기회**를 제공해준다.[25] 그렇다면 롤즈는 전면적 무상급식을 찬성하는 것일까? 답은 마지막 문제에 달려 있다.

셋째, 내가 만일 재벌이라면 어떻게 될까? 여기서 나는 적어도 두 가지를 고민할 것이다. 먼저 나의 자녀가 무상으로 학교에서 밥을 먹는다는 사실에서 나는 어떤 '혜택'을 받고 있다고는 전혀 생각하지 않는다. 오히려 없는 집 아이들과 내 아이들이 같은 식단으로 식사를 하고 있다는 것을 못마땅하게 생각해 차라리 미국의 명문 사립학교로 조기유학을 보낼까 고민할 수도 있다. 이보다 더 심각한 것은 전면적 무상급식에 들어가는 막대한 비용을 누가 얼마만큼 책임져야 할 것인가를 고민하게 된다는 점이다. 누진세에 의해 나는 더 많은 세금을 내고 있는데 복지가 계속 확대된다는 것은 나의 세금이 그만큼 더 올라간다는 것을 의미하다. 나의 재능과 노력으로 얻은 부의 일정량이 없는 계층을 위해 사용된다는 것에 물론 나는 반대하지 않는다. **법의 강제력** 때문일 수도 있고 **도덕적 의무감**일 수도 있다. 그러나 나의 세금이 계속해서 올라간다면 그것은 평등을 빙자한 또 다른 '불평등'이다. 나의 세금으로 먹고사는 사람이 있다는 것을 생각하면－그것이 사실이든 상상이든－

---

25) 비교: 위의 책, 219.

열심히 일할 의욕이 사라지고 만다. 사실상 이러한 문제에서 롤즈의 이론은 종종 큰 반대에 직면한다.[26]

순수하게 롤즈의 입장을 따른다면 전면적 무상급식 쪽의 손을 들어주기는 힘들 것 같다. 능력이 되는 사람은 돈을 내고, 그렇지 못한 사람은 돈을 내지 말고 밥을 먹는 것이 합리적이고 **공정하게**(faire) 보이기 때문이다. 이것으로 모든 문제가 완전하게 해결되었나? 그렇지는 않은 것 같다.

분배정의: '비율'의 문제인가, '가치'의 문제인가?

무지의 장막 뒤에서 냉철하게 비율을 계산한다고 해서 모든 문제가 해결되는 것인가? 자유와 평등은 결국 비율과 계산의 문제인가? 무상급식 찬성론자에게도 질문을 던질 수 있다. 이상과 이념이 보편타당하다면 그것은 비용과 계산의 문제를 초월할 수 있는가? 전면적 무상급식에 들어가는 그 비용을 어디서, 어떻게 구해올 것인가? 다른 방향에서 질문해보자. 그렇다면 비용이 제대로 충당되지 않는다면 전면적 무상급식은 즉시 폐기처분되어야 할까?

결국 우리는 마지막에서 **가치와 미덕**의 문제, 곧 가치관의 문제에 직면할 수밖에 없다. 어떤 가치 혹은 미덕을 **우선적인 것**으로 삼을 것인가의 문제이다. 계산기를 두드려야 하는 비용의 문제는 그다음이다. 전면적 무상급식이 지금 우리 사회에서 널리 인정되어야 할 우선적인 가치를 함유하고 있다면 다른 예산을 줄이면서라도 관철시켜야 할 문제이다. 그래서 분배정의가 미덕이나 도덕적 자격을 포상하는 게 아니라는 롤즈의 주장에는 허점이 보인다. 오히려 "좋은 삶을 생각해보지 않고 정의를 고민하기란 불가능하거나 어쩌면 바람직하지 않은 일일지

---

26) 비교: 샌델, 『정의란 무엇인가?』, 230.

도 모른다"는 샌델의 주장이 더 설득력을 갖는다.[27] 전면적 무상급식은 분명 사회적인 재화를 분배하는 문제이다. 여기에는 결코 적지 않은 비용이 들어가며, 그것은 다른 곳에 분배되어야 할 예산을 줄여야만 하는 문제이기도 하다. 따라서 여러 저항과 반발이 필연적으로 발생할 수밖에 없다. 이것은 출구 없는 딜레마인가?

결국 전면적 무상급식론자들은 도덕적이고 보편타당한 가치, 즉 다른 곳에 배분되어야 할 예산을 줄여서라도 전면적 무상급식을 해야만 하는 이유를 제시해야만 한다. 전면적 무상급식이 부자들의 저항과 다른 사람의 반대를 넘어서는 어떤 가치와 미덕을 함유하고 있는지를 밝혀야 한다. 이것은 무지의 장막 뒤에서 오로지 냉철한 이성만으로 재화를 나누는 비례의 문제만은 아니다. 물론 아리스토텔레스가 주장하는 "옳은 것이란 비례적인 것이고 옳지 않은 것이란 비례를 깨트리는 것"[28]이라는 수학적으로 잘 계산된 분배적 정의개념이 틀리다고 감히 말할 사람은 아무도 없을 것이다. 또한 자유주의적 전통을 존중하면서도 사회적 불평등을 최소화하고자 하는 롤즈의 "평등주의적 자유주의"의 정의개념을 무가치하다고 단정할 사람도 없을 것이다. 그런데도 그것만으로, 곧 평균적이고 공정한 분배만으로 모든 문제가 다 해결되는 것 같지는 않다. 무상급식에는 대체 어떤 가치와 미덕이 있을까? 이 질문과 함께 우리는 순수한 철학적 영역에서 신학적 영역으로 이동하게 된다.

결론: 공동체성과 연대성

이제 우리의 입장을 조심스럽게 밝혀야 할 것 같다. 우리는 무상급식에서 합리적 이성의 분배만으로 포착되지 않는 어떤 가치를 본다. 그

---

27) 위의 책, 336.
28) 아리스토텔레스, 『니코마코스 윤리학』, 185.

것은 **공동체성**과 **연대성**이다. 다시 말하자면 공동체성과 연대성의 가치 속에서 우리는 전면적 무상급식을 주장한다. 물론 이러한 가치주장은 기독교적 세계관 및 가치관과 무관하지 않다. 왜 이러한 가치를 우리는 말해야만 하는가?

학교에서 있는 집 자녀이건 없는 집 자녀이건 모든 학생이 어떤 구별 혹은 차별 없이 사회의 보조로 함께 밥을 먹는 급식행위는 대단히 '상징적'이고 심지어 '종교적으로' 보이기까지 한다(성경에는 예수가 빵 다섯 조각과 생선 두 마리로 오천 명의 사람을 먹였다는 아름다운 이야기가 나온다). 그것은 경제적 소득과 사회적 지위의 차이에서 오는 엄연하게 존재하는 불평등의 현실 속에서 '모든 인간은 평등하다'는 생각을 구현해준다. 혹시 이것은 좌파 혹은 공산주의의 선전선동 아닌가? 만인은 평등하며 재화는 공평하게 분배해야 한다는 생각은 전적으로 공산주의자들만의 것은 아니다.

대한민국 헌법 제11조 1항은 다음과 같이 선언한다. "모든 국민은 법 앞에 평등하다. 누구든지 성별·종교 또는 사회적 신분에 의하여 정치적·경제적·사회적·문화적 생활의 모든 영역에 있어서 차별을 받지 아니한다." 이를 듣고 대한민국 헌법이 '좌파적'이라고 말할 사람은 아무도 없을 것이다. 또 성경은 다양한 상징을 통해 인간의 평등에 대해 말했다. 가장 오래되고 영향력이 큰 것이 '하나님의 형상'이다. 인간은 다른 피조물과는 달리 하나님의 형상으로 창조되었다는 기독교의 인간이해는 인간의 존엄성과 평등이라는 이념에 종교적 기초를 제공한다.[29] 사도 바울은 그리스도 안에서 모든 사람은 평등하다고 선포한다(갈 3:28). 물론 그렇다고 성경이 계급이 철폐된 무계급사회를 말하고 있지는 않지만 평등을 지향하는 '공동체성'은 기독교적 경제윤리의 중요한 기초이다. 이처럼 **평등한 인간**에 대한 이념은 기독교라는 종교가

---

29) Körtner, *Evangelische Sozialethik*, 56.

인류에게 남긴 가장 중요한 유산 가운데 하나이다.

전면적인 무상급식에서 우리는 또한 연대성(Solidarität)이라는 가치를 본다. 연대성은 공동체성에서 나오는 '나'만의 윤리가 아닌 '우리'의 윤리이다. 있는 사람들에게 없는 사람들은 오로지 귀찮고 성가신 존재일까? 그러나 한 가지 변할 수 없는 사실은 *그럼에도 우리는 함께 살아야 한다*는 것이다. 그것은 '현실'일 뿐 아니라 '당위'이다. 특히 우리 한국인에게는 전통적인 '우리'라는 도덕과 윤리가 있다. 우리는 '나'라는 일인칭 단수 대명사보다는 '우리'라는 복수 대명사를 즐겨 사용하며 분절된 개인주의에 갇히기보다는 여러 사람과 함께 어울리기를 여전히 좋아한다. 지난 1998년 외환위기 때는 집에 있는 금을 꺼내 그것을 내려고 그 많은 국민이 그 긴 줄을 서지 않았던가? 그것은 부실한 경영으로 기업을 망친 파산한 기업인이나 허술한 감독으로 위기를 자초했던 무능한 관리들보다 훨씬 책임감 있고 아름다운 모습이었다.

공동체성과 연대성으로의 요구는 단순히 '우리'라는 혈연적 집단성에 호소하는 것만은 아니다. 다른 사람들보다 돈이 좀 많다는 것은 반드시 필연적인 것만은 아니다. 그것은 수없이 많은 우연과 상호연관의 결과이다. 물려받은 재산이 있었을 수도 있고 때마침 경기가 호황이었을 수도 있으며 생산과 설비가 느는 바람에 좋은 직장에 취직했을 수도 있다. 마찬가지로 어떤 사람이 돈이 좀 없다는 것도 꼭 그 사람이 게을러서 일을 열심히 하지 않았다는 것을 의미하지 않는다. 물려받은 재산이 없었을 수도 있고 때마침 경기가 냉각되는 바람에 장사를 말아먹었을 수도 있다.[30] 몇 퍼센트의 개인의 노력과 몇 퍼센트의 사회적 우연으로 부나 지위가 결정되는가를 수학적으로 명증하게 밝힐 수는 없다. 그러나 이러한 계산만이 전부는 아니다. 공정한 '게임의 법칙'을

---

30) 비교: 매킨타이어, 『덕의 상실』, 365. "롤즈에게는 지금 심각한 곤경에 처해 있는 사람들이 어떻게 해서 이런 지경에 이르게 되었는가는 중요하지 않다. 정의는 과거가 아무런 의미도 가지지 않는 현재의 분배 패턴의 문제가 된다."

만들고 이에 따라 공정하게 몫을 나누는 것은 사회정의의 초석이다. 그러나 그것이 모든 것은 아니며 공동체성과 연대성이라는 도덕적 기초가 있어야 한다고 우리는 주장한다. 왜 그런 것이 꼭 필요할까?

당연히 배후에는 인간이 모여 이루어진 *사회가 무엇인가*라는 사회의 본질에 대한 철학적 혹은 사회학적 이해가 들어가 있다. 거두절미해서 요점만 말하자면 신학은 사회를 일종의 유기체(organ)로서 이해한다. 다시 말해 사회는 벌이나 개미처럼 오로지 본능에 의해서만도 아니고, 가상적인 계약에 의해서만 형성된 것이 아니다. 사회는 많은 '지체'로 이루어진 '몸'과 같은 것이다(고전 12:25). 물론 지금 21세기의 고도로 정보화된 사회가 '직접적'으로 하나의 몸이라고 볼 수는 없다. 그러나 기독교 사회윤리는 사회를 하나의 몸으로 간주한다. 공동체성과 연대성은 이러한 사회윤리적 근본관점에서 나오는 것이다.

5.2 나눔과 정의
– 기독교적 분배정의의 원리

너희의 하나님 여호와는 신 가운데 신이시며 주 가운데 주시요 크고
능하시며 두려우신 하나님이시라 사람을 외모로 보지 아니하시며 뇌
물을 받지 아니하시고
고아와 과부를 위하여 정의를 행하시며 나그네를 사랑하여 그에게
떡과 옷을 주시나니
너희는 나그네를 사랑하라 전에 너희도 애굽 땅에서 나그네 되었음
이니라

— 신 10:17~19

    지난 강의에서 우리는 일반적이고 철학적인 관점에서 분배정의의 문제를 살펴보았다. 여기서 드러난 결과로서 정의의 문제는—롤즈의 관점에서 본다면—무지의 베일 뒤에서 파이를 공정하게 나누는 것만으로는 부족하다는 사실이다. 그래서 매킨타이어는 다시 '덕'의 문제를, 샌델은 공동체성의 문제를 제기했다.

    이번 강의는 기독교적인 관점에서 분배정의의 문제를 연구해보려는 것이다. 그러나 이 작업은 이번 장의 서두에서 밝혔듯이 아리스토텔레스나 롤즈의 철학적 입장 위에 기독교적 에토스를 덧칠하고자 하는 것이 아니다. 집약적으로 말하자면 기독교적 에토스 그 자체의 관점과 구조에서 정의의 분배적 차원을 다루려는 것이다. 그래서 이러한 작업은 철학이나 사회학에서 정의의 문제를 다루는 것과는 사뭇 다를 수밖에 없다.

    철학이나 사회학에서는 특정한 종교적 혹은 문화적 전제에서 원리적으로 떨어지려 한다. 그러나 신학은 '교회의 학문'으로서 성서와 교회의 전통이라는 규범적 근거 위에 서 있다. 그래서 신학은 공론장에서 보편적이고 일반적인 이론을 제시하려 하지 않고 오히려 기독교적인 관점과 지향을 밝힌다. 그러나 그렇다고 해서 이러한 시도가 배타적 고립주의나 오만한 독선을 의미하지 않는

다. 왜냐하면 기독교의 궁극적 도덕성은 원수까지도 사랑하라는 극도의 타자성에서 실현되기 때문이다. 공론장은 '열린 공간'으로서 이러한 기독교의 특수한 입장이 보편성을 획득해나가는 과정이다.

이념: 고아와 과부를 위한 정의

구약의 율법이 눈에는 눈, 이에는 이라는 응보적 원칙에 입각해 공정한 처벌만을 목표로 하는 것은 아니다. 사회윤리의 관점에서 보자면 성서의 율법에서는 세 가지 중요한 사회적 개념이 발견된다. 첫째는 **법을 통한 처벌**이고, 둘째는 **평등을 위한 분배**이며, 셋째는 **속죄를 통한 화해**이다. 죄를 고발하고 죄인을 처벌하는 율법의 기능은 3상에서 소상하게 살펴보았고, 속죄를 통한 화해의 속성은 다음 장에서 살필 것이다. 여기서는 율법이 지향하는 평등을 위한 분배의 차원을 살펴보자. 먼저 성서에서 '고아와 과부를 위하여'라는 표현이 매우 빈번하게 나오고 있다는 사실이 중요하다.

신명기의 율법은 다음과 같이 야훼의 속성에 대해 말한다. "고아와 과부를 위하여 정의를 행하시며 나그네를 사랑하여 그에게 떡과 옷을 주시나니(신명 10:18)." 여기서 야훼의 정의는 고아와 과부와 나그네라는 사회적 약자를 향한다. 물론 하나님은 우주의 창조주로서 보편적 존재자이지만 그는 특히 약자를 위한 존재자이다. "그의 거룩한 처소에 계신 하나님은 고아의 아버지시며 과부의 재판장이시라(시 68:5)." 고아의 아버지이며 과부의 재판장인 야훼 하나님의 정의는 **사회적 약자를 위한 구체적인 행동**에서 드러난다. "네가 밭에서 곡식을 벨 때에 그 한 뭇을 밭에 잊어버렸거든 다시 가서 가져오지 말고 나그네와 고아와 과부를 위하여 남겨두라(신 24:19). 이처럼 고아와 과부를 위한 정의는 추상적인 어떤 이념이 아니라 사회적으로 약자인 사람들을 위한 구체적 행동이다.[31] 그래서 구약의 마지막 예언자인 말라기는 바벨론 포로에서 돌아온 이스라엘 공동체에 율법이 요구하는 고아와 과부와 나그네를 위한 정의를 행하라고 강력한 목소리로 촉구하고 있다. "내가 심판하러 너희에게 임할 것이라 점치는 자에게와 간음하는 자에게와 거짓 맹세하는 자에게와 품꾼의 삯에 대하여 억울하게 하며 과부와 고아를 압제하며 나그네를 억울하게 하며 나를 경외하지 아니하는 자들에게 속히 증언하리라(말 3:5)"

고아와 과부와 나그네에 대한 특별한 관심은 신약에서도 새로운 차원으로 강조된다. 복음서는 과부를 위한 예수의 관심과 행위를 보도하고 있으며(눅 7:13, 20:47, 21:2), 초대교회는 구약의 전통 위에서 과부를 돌보는 일을 교회의 부차적 기능이 아니라 본질적인 기능으로 인식하였다(행 6:1). 예수의 동생이자 베드로와 함께 예루살렘 교회의 중심인물이었던 야고보는 이사야의 전통속에서 기독교적 경건과 구제를 결합시켰다. "하나님 아버지 앞에서 정결하고 더러움이 없는 경건은 곧 고아와 과부를 그 환난 중에 돌보고 또 자기를 지켜 세속에 물들지 아니하는 그것이니라(약 1:27)."

이처럼 성서에서 고아와 과부를 위한 정의는 사회적 약자인 이들에게 법적이고 경제적 보호를 보장하는 것과 관련된다.[32] 그래서 이러한 보호는 약자들에게 단순히 불쌍해서 돈 몇 푼 던져주는 '적선'과는 차원이 다르다. 율법이 말하는 고아와 과부를 위한 정의는 적선이 아니라 보호이며 연대이다. 그것은 인간의 도덕적 성찰 혹은 이성적 계산에서 나온 결과가 아니라 '계시'이자 '계명'이다. 우리는 이를 **기독교적 분배정의의 이념**이라고 부를 수 있다.

기초: 공동체적 역사의식과 계약적 연대성

기독교적 분배정의로서 고아와 과부를 위한 정의는 어떤 기초 위에서 있는가? 혹은 이 정의 관념은 어떤 성격으로 인해서 이성의 합리성에 기초하는 철학의 분배적 정의와 다른 특질을 갖는가? 여기에 대해

---

31) 폰 라트, 『구약성서신학 Ⅰ』, 370.

32) Asher Finkel, "Gerechtigkeit Ⅰ", in *TRE(SA)* Ⅰ, 406.

우리는 **공동체적 역사의식**과 **계약적 연대성**이라는 기초를 제시하고자 한다. 이러한 기초는 물론 고대 이스라엘과 주후 1~2세기의 초대교회를 문화적 배경으로 하고 있지만 오늘날 우리 시대에도 여전히 타당성을 갖는다.

1) 사회적 약자에 대한 경제적 보호의 당위성은 이스라엘 전체 공동체가 한때 이집트의 노예였다는 그들의 **공통된 역사적 의식**에 기초한다. 구약의 율법에서 고아와 과부와 나그네를 돌보라는 명령 뒤에는 다음과 같은 전형적인 문구가 뒤따른다. "너는 애굽에서 종 되었던 것을 기억하고 이 규례를 지켜 행할지니라(신 16:12)." 이스라엘 공동체는 그의 지경에 거하는 이방인 나그네를 억압하지 말아야 한다. 왜냐하면 이스라엘 역시 한때 이집트 땅에서 노예로 비참하고 고단한 삶을 살았었기 때문이다. 그래서 이스라엘의 가장 오래된 자기 고백은 "내 조상은 방랑하는 아람사람(신 26:5)"이라는 것이다.[33]

이스라엘의 조상들이 이집트 땅에서 노예로 비참한 삶을 살았다는 기억은 십계명에서도 아주 중요한 역할을 한다. 십계명의 전문은 다음과 같은 야훼 하나님의 자기소개로 시작된다. "나는 너를 애굽 땅에서 종 되었던 집에서 인도하여 낸 너희 하나님 여호와로라(신 5:6)." 십계명의 신명기 판에서 가장 긴 계명은 제4계명 안식일 준수 계명이다. 이스라엘 계약 공동체는 엿새 동안에는 최선을 다해 일해야 하지만 제칠일에는 안식, 곧 노동을 중단해야 한다. 이 노동의 중단은 자녀들만이 아니라 종들과 가축과 나그네에게도 해당된다. 혈연관계, 사회적 지위, 경제적 상태에 상관없이 모두가 일을 중단해야만 한다. 이 안식일의 의미는 무엇일까? 그것은 이스라엘의 조상들이 이집트 땅에서 노예로 비참하고 참혹한 강제노동에 시달렸다는 역사적 사실을 기억하는 것이다(신 5:15).[34] 너는 기억하라! 너는 이집트 땅의 노예였다!

---

33) Werner H. Schmidt, *Einführung in das Alte Testament*(Berlin: De Gruyter, 1995), 29.

이처럼 고아와 과부와 나그네로 통칭되는 사회적 약자의 존재는 이스라엘의 조상들이 한때 이집트에서 종살이를 했다는 **기억의 현재화**이다. 그래서 이집트를 탈출해서 가나안 땅에 정착한 지 약 600년이 지난 왕국시대에 예언자 이사야는 시작부터 분노에 찬 어조로 고아와 과부를 위한 정의가 사라진 현실을 폭로하고 고발한다. "네 방백들은 패역하여 도적과 짝하며 다 뇌물을 사랑하며 사례물을 구하며 고아를 위하여 신원치 아니하며 과부의 송사를 수리치 아니하는도다(사 1:23)." 선지자의 이러한 고발은 전적으로 그의 비판적 사회의식에서만 나오는 것이 아니다. 그것은 계시에서 나온다. 이사야는 단지 신의 요구를 전달할 뿐이다. "선행을 배우며 공의를 구하며 학대 받는 자를 도와주며 고아를 위하여 신원하며 과부를 위하여 변호하라 하셨느니라(사 1:17)." 이렇게 고아와 과부와 나그네가 차별받고 억압당하고 있다는 현실은 이스라엘이 자신의 존재의 근원을 망각했다는 것이고, 그것은 본질적으로 야훼의 은총을 거절하는 것이다.[35]

2) 이스라엘의 공동체적 역사의식에 근거하는 고아와 과부를 위한 정의는 이스라엘의 **연대성**(Solidarität)으로 귀결된다. 연대성이란 공통된 역사의식에서 나오는 '나'와 '너' 사이의 유대감이다. 그러나 이스라엘의 연대성의 근거는 단지 같은 언어와 역사를 공유한다는 혈연적인 동질감에만 있지 않다. 이 연대성은 혈연관계를 넘어서는 **계약관계**에 의해서 규정된다. 같은 민족이니 우리는 하나라는 생각은 종종 배타적 민족주의로 돌변해서 끔찍한 전쟁의 원인이 되곤 한다. 그러나 성서가 말하고 있는 연대성이란 혈연이나 인종이 아닌 **야훼의 은혜와 계약**에 의한 것이다.

신명기 29장은 이러한 계약적 연대성의 특징을 가장 잘 보여준다. 이 본문

---

34) Koch, *Zehgebote für die Freiheit*, 145.

35) Marco Frenschkowski, "Vision II", in *TRE* 35, 125.

의 상황은 40년간의 지루했던 광야 방황을 끝내고 젖과 꿀이 흐르는 약속의 땅으로 진군하기에 앞서 이제 죽음에 임박한 출애굽의 지도자 모세가 새로운 세대들에게 당부와 경고의 설교를 행하는 장면이다. 출애굽 1세대는 모두 광야에서 죽고 지금 요단강을 건널 준비를 하는 사람들은 2세대이다. 여기서 모세는 **계약의 갱신**을 단행한다. 이스라엘 진중에 있는 모든 사람이 계약의 장소로 불려간다. 거기에는 어떤 구별도 차별도 없다. 지도자이건 일반 백성이건, 남자이건 여자이건, 어른이건 어린이이건, 자유인이건 노예이건 상관없이 모두 야훼와의 계약의식에 참여한다(신 29:11~12). 이방인을 포함하는 노예도 이 갱신의식에 참여하고 있다는 사실은 참으로 우리를 놀라게 한다. 계약은 다음과 같은 확언으로 갱신된다. "여호와께서 네게 말씀하신 대로 또 네 조상 아브라함과 이삭과 야곱에게 맹세하신 대로 오늘 너를 세워 자기 백성을 삼으시고 그는 친히 네 하나님이 되시려 함이니라(신 29:13)."

계약 공동체로서 이스라엘의 역사적 현존은 바벨론에 의한 예루살렘 함락으로 종말을 고했다. 그러나 이 공동체성은 신약에서 예수의 복음과 교회를 통해 새로운 방향으로 정립된다. 교회는 질적으로 새로운 이스라엘 공동체이다(갈 6:16). 그리스도의 죽음과 부활로 모든 인종적·문화적 차이는 소멸되었고(엡 2:14) '피'가 아닌 '믿음과 소망과 사랑'이 새로운 계약 공동체로서 교회의 연대성을 가능하게 해준다(고전 13:13).36) 그러므로 성서에서 고아와 과부와 나그네, 곧 사회적 약자를 보호하고 그들에게 마땅히 돌려져야 할 몫을 주는 것은 계약서의 한 조항을 지키는 것과 같다. 여기서 '나는 아브라함이 계약을 맺을 때 거기에 있지 않았다'는 주장은 아주 천박한 것이다. *이처럼 고아와 과부를 위한 정의는 공동체적 계약에서 오는 법적인 연대성을 기초로 한다*(물론 그렇다고 해서 가난한 자를 불쌍하게 여기는 연민의 감정이 전적으로 배제되는 것은 아니다). 그러므로 다윈(Charles Darwin)의 진화론을

---

36) 로제, 『신약성서신학』, 183.

사회에 적용시킨 스펜서(Herbert Spencer)를 대표로 하는 **사회다윈주의**(Social Darwinism)에 기독교 윤리는 분명한 반대를 표한다. 적자생존, 약육강식의 법칙은 동물세계의 질서이지 인간과 인간이 함께 모여 사는 계약적 공동체에는 합당한 법칙이 아니다.

그렇다면 이러한 성서적 분배정의의 이념을 구현하는 구체적인 모델이 있는가? 또 그러한 모델을 성서에서 찾았다면 그것이 지금 우리의 '지금 여기(hic et nunc)'에 어떤 의미와 방향을 제시해줄 수 있는가? 성서에서는 **십일조, 공동식사, 종말론적 공동체**라는 모델을, 그리고 교회사에서는 **디아코니**라는 모델을 우리는 발견한다.

모델-1: 십일조와 분배적 정의

구약성서에 나오는 십일조 제도는 성경적 분배정의의 이념을 구체화시키는 가장 중요한 모델이다. 모세는 처음으로 시내산에서 하나님으로부터 율법을 받았는데, 이 율법조항에 십일조에 대한 규정이 없다는게 일단 놀랍다. '두 번째 율법(deuteronomy)'이라는 뜻을 지닌 신명기에 십일조에 대한 자세한 규정이 나온다.

"너는 마땅히 매년 토지소산의 십일조를" 드리라고(신 14:22) 성서는 말한다. 이어지는 23절 "네 하나님 여호와 앞 곧 여호와께서 그의 이름을 두시려고 택하신 곳에서 네 곡식과 포도주와 기름의 십일조를 <u>먹으며</u>"는 약간 당혹스럽다. 십일조를 '드려라' 하지 않고 '먹으라'고 명한다. 물론 이것은 제사장에게 먼저 드리고 같이 공동으로 식사하는 것을 의미한다. 26절은 드린 십일조를 가지고 "여호와 앞에서 너와 네 권속이 함께 먹고 즐거워"하라고 말씀한다. 성읍에 거주하는 레위인은 세상의 직업 없이 성전에서 일하는 사람들이므로 드려진 십일조의 잔치에 참여할 권리가 있다. 한편 매 3년 끝에는 그해의 모든 소산의 십일조를 드려야 한다(28절). 그리고 이 드려진 십일조는 레위인과 "객과 및 고아와 과부"를 위해 사용되어야 한다. 이렇게 되면 십일조가 사용되어야 할 곳은 분명하다. **제사장, 레위인, 객과 고아와 과부**이다.

1) 가장 먼저 십일조는 구약의 율법이니 폐지해야 한다는 '급진적인' 주장부터 살펴보자. 이러한 주장은 한국교회에 적지 않으며, 또 여기에 많은 사람이 동조하기도 한다. 특히 다음과 같은 십일조 폐지 주장을 주목해보자.

> 그런데 기독교는 율법의 조항들을 다 무시하고 지키지 않으면서 모세율법 중에서도 왜 하필이면 십일조 하나만을 끄집어내어 그것만은 필수라고 강조하며 엄수하라고 하는가? 그것은 복음으로 구원받은 자가 폐지된 율법을 추종하는 것이며 보혈을 무효화 혹은 약화시키는 처사가 아닌가?[37]

얼핏 들으면 '안티 기독교'의 공격 같지만 우리나라의 유명한 기독교대학에서 교수까지 하신 목사님이 쓰신 글이다. 물론 이 주장에 대해 신학적으로 조목조목 반박할 수 있겠으나 가장 핵심적인 사실 하나만을 지적해보자. 가장 문제가 되는 것은 "폐지된 율법"이라는 표현과 개념이다. 성경은 율법의 '폐지'가 아닌 율법의 '완성(마 5:17)' 혹은 '마침(롬 10:4)'을 말한다. **구원을 위한 효과적 방편**으로서 율법의 '효력'은 그리스도의 복음으로 말미암아 폐지된 것은 사실이다(롬 3:21). 그러나 그렇다고 해서 '율법'이라는 총체적 개념으로 표상되는 구약성서의 풍부한 역사적·문화인류학적·윤리적 보화를 그리스도인이 모두 버려야 한다는 것은 말씀뿐 아니라 인류의 문화유산에 대한 '모독행위'와 다를 바 없다. 특히 구원의 효과적 수단은 아니지만, 율법에 내포되어 있는 윤리적 함의는 지금 우리 시대에도 여전히 근본적인 의미를 갖는다.[38]

---

37) 조찬선, 『기독교죄악사. 상』(서울: 평단문화사, 2000), 50.

십일조는 물론 '모세율법'의 일부이다. 따라서 지금 우리가 돼지고기를 먹지 말라는 레위기의 제의적 금지규정에서 자유로운 것처럼 우리는 신명기 법전의 십일조 규례를 '구약적'으로, 곧 문자적이고 율법적이고 형식적으로 준수하지 않아도 된다(롬 2:29). 그러나 그리스도를 믿음으로써 신약 및 교회의 시대를 살고 있는 우리는 '율법적 십일조'가 아닌 '복음의 십일조', 곧 **감사와 헌신과 나눔의 십일조**를 주님께 드리는 것이다(마 23:23, 고후 9:11).[39] 무엇보다 십일조에 대한 예수의 태도는 결정적으로 중요한데, 그의 말씀과 해석이 성경해석의 최종적 권위이기 때문이다.

신약성서는 예수가 오직 한 번 십일조에 관해 언급하는 것으로 보도한다. 예수는 매우 격한 어조로 말한다. "화 있을진저 외식하는 서기관들과 바리새인들이여 너희가 박하와 회향과 근채의 십일조는 드리되 율법의 더 중한바 정의와 긍휼과 믿음은 버렸도다 그러나 이것도 행하고 저것도 버리지 말아야 할지니라(마 23:23)." 서기관들과 바리새인들, 다시 말해 모세율법을 형식적으로 지키는 것에 모든 것을 걸었던 율법주의자들은 시장에서 채소를 사도 거기에 대한 십일조를 떼어 드렸다. 참으로 칭찬받을 일이 아닌가? 그러나 예수는 칭찬과 복이 아닌 화를 선언한다. 이유는 저들이 율법에서 **더 중요한 것**, 곧 '정의'와 '긍휼'과 '진실'을 버렸기 때문이다. 여기서 다음의 사실이 분명하게 된다. *십일조에서 보다 중요한 것은 형식적으로 드리는 외적인 종교적 행위가 아니라 십일조가 본질적으로 구현하고 있는 근본정신이다.* 물론 예수는 '저것도 버리지 말라'고 함으로써 십일조라는 제도 자체를 폐기하지는 않는다.

2) 따라서 우리는 십일조의 근본정신에 보다 큰 관심을 집중해야 한

---

38) 종교개혁자 칼뱅은 모세율법을 의식법(lex ceremonialis)과 시민법(lex civilis)과 도덕법(lex moralis)으로 구분했다. 이 중 의식법과 시민법은 당시 이스라엘 백성들에게 주어졌고 당시 칼뱅의 16세기 상황에 이스라엘이라는 민족적 실체는 존재하지 않으므로 그 효력은 없다고 칼뱅은 주장한다. 그러나 도덕법은 모든 사람의 마음에 새겨진 일종의 자연법이므로 그 효력은 계속해서 타당하다.

39) 비교: Corina Körting, "Zehnt Ⅱ", in *TRE* 36, 490.

다. 십일조라는 '율법'의 근본정신으로서 첫자리를 차지하는 것이 '정의'이다. 이것이 예수의 해석이자 우리에게는 규범적 의미를 갖는 가르침이다. 어떻게 십일조는 정의와 관련되는가?

구약성서에서 십일조는 *모든 것의 주인은 야훼*라는 신앙고백과 함께 *고아와 과부를 위한 정의의 제도적 실현*을 목표로 한다. 신명기 법전에 의하며 십일조는 성직자를 위해(제사장), 성막의 유지를 위해(레위인), 사회적 약자를 위해(고아와 과부와 나그네) 사용되어야 한다. 이러한 원칙을 오늘날 한국교회의 상황으로 '문자적으로' 적용해본다면 십일조의 1/3은 목회자들을 위해, 1/3은 교회의 유지와 기능을 위해, 1/3은 사회구제를 위해 사용되어야 할 것이다. 이처럼 신명기 법전에서 십일조는 모든 것이 야훼의 것이라는 신앙고백의 의미와 함께 '이스라엘'이라는 **공동체성**과 여기에 근거하는 **약자와의 연대**를 확인하고 승인하는 윤리적이고 사회적인 의미를 갖는다. 그래서 십일조로 바쳐진 곡식, 열매, 포도주는 있는 사람과 없는 사람이 모두 함께 모여 같이 예배하고 먹고 즐김으로써 소비되었다. 그것은 축복과 나눔과 연대의 '공동식사'였다. 그래서 예수는 십일조의 바로 이러한 나눔과 연대를 정의라고 불렀던 것이다.[40]

3) 성서가 제시하는 십일조의 이러한 정신은 지금 한국교회에 어떤 의미를 갖는가? 무엇보다 한국교회는—예수가 분명하게 요구하는 대로—십일조의 근본정신, 곧 *정의와 긍휼과 믿음의 정신을 회복해야만 한다.* 한국교회에서 일반적으로 십일조를 내야 하는 '드림'의 의무는 강조되지만 그 십일조를 어떻게 사용해야 하는가라는 '나눔'의 의무에 대해서는 별로 말이 없다. '성경대로' 십일조를 드려야 하는 것처럼 '성경대로' 그 십일조를 사용해야 하는 것은 당연한 것 아닌가? 십일조는 고백이며 나눔이며 정의이다. 한 그리스도인이 전체 소득에서 십분의 일

---

40) 에케하르트 슈테게만·볼프강 슈테게만, 『초기 그리스도교의 사회사』, 손성현·김판임 옮김(서울: 동연, 2009), 322.

을 드릴 때 거기에는 고아와 객과 과부를 위한 몫이 들어 있는 것이다. 이것은 거룩한 신적 위임이자 신성한 의무이다. 이 위임과 의무를 무시한 채 십일조의 거의 절대적인 양을 교회건축에 쏟아 붓는다면 그것을 과연 참된 기독교의 모습이라 말할 수 있을까? '성경대로' 십일조 예산의 1/3을 사회구제를 위해 정직하게 사용하는 교회가 한국에서 얼마나 되는지 우리는 묻지 않을 수 없다.

모델-2: 함께 나누는 공동식사

다음으로 우리는 신약성서에서 도드라지게 나타나는 공동식사의 모델을 검토해보자. 예수는 세례요한처럼 금욕주의자가 아니었다. 예수의 적대자들은 그를 "먹기를 탐하고 포도주를 즐기는 사람이요 세리와 죄인의 친구(눅 7:34)"라고 비아냥거렸다. 복음서는 예수가 자신을 따르는 무리들과 수시로 공동식사를 했다고 보도한다(마 9:11, 막 2:15). 김균진은 이러한 예수의 공동식사에 대해 다음과 같이 인상적으로 묘사한다.

> 예수가 세리와 죄인들과 함께 식사를 하였다는 복음서의 보도는 당시 로마 귀족들의 생활과는 매우 대조적이다. 아우구스투스 황제가 로마제국을 평정하여 전쟁이 그치자, 귀족들은 할 일이 없어져서 서로 번갈아가며 향연을 벌이고 호사스럽게 놀고먹는 게 일이었다. 하루에 여러 차례 향연에 참석하려면 대식가가 되어야 했다. [중략] 그들은 향연장 밖으로 나가서 입에 손을 넣어 먹은 것을 토해내고 다시 먹곤 하였다.[41]

예수는 체포되기 전날 밤에 제자들과 함께 최후의 만찬을 함께 했다. 그리고 거기서 빵과 포도주를 나누고 같이 먹는 기독교 예전의 가장

---

41) 김균진, 『역사의 예수와 하나님의 나라』(서울: 연세대출판부, 1994), 223.

중요한 **성만찬**의 의식을 제정하였다. 이 의식에서 기독교인들은 구세주로서 예수의 죽음과 희생을 기억하면서 그의 피와 살에 영적으로 동참한다고 믿는다. 물론 이러한 구원론적 의미는 "종말론적 공동식사"라는 사회 연대적 성격을 결코 약화시키지 않는다.[42)]

예수의 공동식사의 의미는 네 복음서 모두가 공통적으로 보도하고 있는 '오병이어의 기적'에서 가장 적극적으로 드러난다. 그것은 감사와 나눔의 공동식사의 축제였으며, 이는 성경적인 '무상급식'이다. 요한복음의 보도(요 6:1~15)를 통해 이 사건을 보다 상세히 분석해보자.

1) 예수는 **배고픔의 문제**를 외면하지 않는다. 예수는 거대한 무리가 자신에게 모인 것을 보고 제자 빌립에게 묻는다. "우리가 어디서 떡을 사서 이 사람들을 먹이겠느냐?(5절)" 예수는 육체적이고 실제적인 배고픔을 외면하지 않는다. 영적인 배고픔에 말씀이 필요하듯이 육적인 배고픔에는 빵이 필요하다(마 4:4). 지금 한국교회는 무리들의 배고픔에 충분한 관심을 기울이고 있는가? 저들에게 빵을 사서 나눠줄 준비가 되어 있는가?

2) 무리의 배고픔은 오로지 돈으로만 해결되지 않는다. 스승의 질문에 계산이 빠른 빌립은 "각 사람으로 조금씩 받게 할지라도 이백 데나리온의 떡이 부족하리이다(7절)"라고 대답한다. **합리주의**의 정확한 계산이다. 한 데나리온은 노동자의 하루 일당으로 오늘날 10만 원으로 잡는다면 2천만 원이라는 거금이 필요하다! 빵을 사기 위해서는 당연히 돈이 필요하다. 다시 말해 복지에는 세금이 필요하다. 세상 어디에도 무상, 곧 공짜는 없다. 그러나 예수는 이러한 합리적 계산이 전부가 아님을 보여주고자 한다.

3) 갑자기 제자 안드레가 등장한다. 그는 한 소년이 가져온 물고기 두 마리와 보리떡 다섯 개를 예수에게 보여준다. 그러나 안드레는 **냉소주**

---

42) EG Ⅱ, 311.

의에 가깝다. 성인도 아니고 한 아이의 도시락에 불과한 이것이 무슨 소용이 있겠냐고 질문한다(9절). 당연히 틀린 말은 아니다. 이처럼 냉소주의는 현실주의의 다른 방식이다. 우리는 안드레 같은 냉소주의자는 아닌가? 별 볼 일 없어 보이는, 그래서 하찮게 보이는 작은 드림과 나눔이 저 거대한 구조적 불평등을 무너뜨릴 수 있겠느냐고 비웃지는 않는가?

4) 그러나 예수는 그 '별 볼 일 없는' 드림에 주목한다. 그는 오천 명쯤 되는 무리들을 잔디밭에 앉게 하고 물고기와 빵을 축복한 후에 나누어준다(11절). 무리의 집단적 배고픔이라는 결코 유쾌하지 않은 구조적 현실과 이를 응시하는 무관심한 합리주의, 패배적 냉소주의를 뚫고 드림과 감사와 나눔이라는 기적의 샘이 솟아오른다. 모두가 배불리 먹고 심지어 잉여까지 생긴다(12절). 기적은 작은 드림에서 시작되고 감사를 통해 에너지를 얻어 나눔을 통해 종결된다. 이렇게 오병이어의 기적은 **복음의 본질**, 예수가 선포한 **하나님 나라의 본질**이 무엇인가를 극적으로 드러내준다. 그것은 관심(interest)과 드림(offer)과 나눔(divide)이다. 무관심과 독점과 축적은 자본주의의 생리는 될 수 있겠으나, 하나님 나라의 질서는 아니다.[43]

그러므로 예수의 공동식사에서 구체적으로 표출된 드림과 나눔의 이상은 지금 한국교회와 사회에 매우 중요한 이념적·실천적 방향을 제시하고 있다. '관심'은 인식의 전환으로 **인지적 혁명**이다. 무리의 굶주림을 우리가 해결해야 할 과제로 인정하는 것이다. 그래야만 가난은 '죄악'이고 부는 '축복'이라고 외치는 한국교회에 만연해 있는 천박한 기복주의를 극복할 수 있다. '드림'은 본능적인 이기주의를 파괴하는 **윤리적 혁명**이다. 각 개인은 기본적으로 이기적이다. 나의 이익 혹은 내 가족의 이익이 언제나 최우선시된다. 따라서 드림은 '나'라는 폐쇄적 주체성에서 빠져나와 '너'를 인정하는 **도덕적 타자성**에서 실현된

---

43) ThE Ⅱ/1, 247.

다.[44] '나눔'은 집단이기주의를 심판하는 **사회적 혁명**이다. 나 혹은 내가 속한 집단에 있는 부나 소득이 전적으로 나의 것이 아님을 인정할 때 나눔은 실현된다. 이렇게 나눔은 종교적 미덕을 넘어 사회적인 가치로 전환된다.

모델-3: 초대교회의 급진적 혹은 분배적 공동체

초대교회의 '코뮤니즘(communism)'은 율법의 십일조와 예수의 공동 식사라는 예언적 행위가 역사 가운데서 파편적으로 실현된 '종말론적 선취'임에 분명하다. 이것은 크게 두 가지 형태로 나타나는데, 첫째는 모든 것을 다 팔아 공유하는 매우 **급진적인 종말론적 공동체**(a radical-eschatological community)이고, 둘째는 연보(구제헌금)를 통해 필요한 것을 서로 나누는 **분배적 공동체**(a distributive community)이다.

1) 사도행전은 예수의 승천과 오순절 성령강림 이후에 형성된 초대교회가 매우 급진적인 공동체였다고 보도한다. 여기서 처음 크리스천들은 "모든 물건을 서로" 통용했고 그들의 재산과 소유를 팔아 "각 사람의 필요를 따라" 나누어주었다(행 2:44~45). 이 구절을 라틴어로 읽으면 매우 놀라운 통찰을 얻을 수 있다.

44절 하반절은 이렇다. "habebant omina communia." *모든 것을 공통으로 소유했다*는 뜻이다. 사도행전을 솔직하게 읽는다면 초대교회가 사실상 한 작은 종교적 공산주의였다는 것을 부인할 수 없다. "그중에 가난한 사람이 없으니 이는 밭과 집 있는 자는 팔아 그 판 것의 값을 가져다가 사도들의 발 앞에 두매 그들이 각 사람의 필요를 따라 나누어줌이라(행 4:34~35)." 재산이 있는 자는 그것을 팔고, 사도는 그것들을 모아 각 사람의 필요에 따라 공평하게 나누어주었기에 이 공동체에는 가난이 없었다. 여기서 초창기 공산주의자들이 자

44) 비교: 윤대선, 『레비나스의 타자철학. 소통과 초월의 윤리를 찾아서』(서울: 문예출판사, 2009), 42.

신들의 목표를 발견했던 사실은 그리 놀라운 것은 아니다.[45] 그러나 우리는 아주 중요한 것을 결코 잊지 말아야 한다. 이 초대교회의 급진적 코뮤니즘은 사유재산과 시장제도를 부정하는 사회 정치적 질서가 아니라 철저하게 **종교적 질서**라는 것이다. 종교적 질서를 정치 경제적 질서로서 그대로 사회에 직접 이식하려는 시도는 역사적으로 모두 실패했다는 것을 우리는 기억해야만 한다.[46]

다음으로 45절 하반절은 이렇다. "dividebant illa omnibus, prout cuique opus erat." *각자의 것에 따라서 모든 것을 나누었다*는 뜻이다. 여기서 중요한 것은 '각자의 필요(cuique opus)'이다. 아리스토텔레스가 분배적 정의의 표준으로 삼았던 "각자에게 그의 것(suum cuique)"과 그로부터 약 300년 후 신약성서가 말하는 "각자의 필요에 따라(cuique opus)"라는 표현과 개념 사이에는 첫눈에 봐도 매우 강력한 유사성이 존재한다. 아리스토텔레스의 폴리스에서 "각자에게 그의 것"을 주는 분배정의가 실제로 실현되었는지는 불분명하지만, 초대교회는 저러한 분배원칙을 실현시켰다.[47]

그러나 여기서 중요한 것은 이러한 초대교회의 코뮤니즘은 사회학적으로 보자면 '섹트 운동'이었다는 사실이다. 처음 교회는 당시 그레코-로만 사회질서에서 임박한 종말을 기다리는 종말론적 섹트로 존재했다. 곧 그리스도가 재림하고 이에 따라 역사가 끝날 것이라는 기대는 저러한 급진적 코뮤니즘을 가능케 하는 가장 중요한 원동력이었다.[48] 따라서 이 초대교회의 급진적 코뮤니즘을 마르크스(Karl Marx)의 공산주의와 동일시하는 것은 오류이다. 왜냐하면 전자는 '성령의 인도'라는 매우 종교적인 열정에 의해서 가능하게 되지만, 후자는 프롤레타리아 독재를 통한 사적 소유의 철폐를 통해 실현되기 때문이다. 어쨌든 소위 '재림의 지연'으로 초대교회의 급진적·종말론적 코뮤니즘은 점차 사라진 것으로 보인다.

---

45) Brian Hebbletwaite, "Sozialismus", in *TRE* 31, 554.

46) Ferando Enns, *Friedenskirche in der Ökumene: Mennonitische Wurzeln Einer Ethik der Gewaltfreiheit*(Göttingen: V&R, 2003), 202.

47) 슈테게만, 『초기 그리스도교의 사회사』, 331.

48) Enns, *Friedenskirche in der Ökumene*, 215.

2) 이어서 바울서신은 또 다른 종류의 공동체를 보여주는데, 그것은 급진적 종말론적 코뮤니즘에서 많이 현실화된 공동체의 모습이다. 고린도 교회에 보내는 공식적인 두 번째 편지(고후 8장)에서 사도바울은 기독교적 분배정의의 아주 중요한 모델을 보여주고 있다.

사도바울은 마케도니아의 교회들이 예루살렘 교회의 어려움 때문에 '돈을 모은 것(collective)'에 대해 칭송한다. "환난의 많은 시련 가운데서 저희 넘치는 기쁨과 극한 가난이 저희로 **풍성한 연보**를 넘치도록 하게 하였느니라(2절)." 계속해서 바울은 고린도 교회에 이러한 나눔의 일에 동참할 것을 호소한다. 그것은 어떤 '헌금강요'가 아니라 "너희 사랑의 진실함을 증명"하고자 함이다(8절). 이어서 바울은 우리의 논의를 위해 매우 중요한 말을 힌다. "이제 너희의 유여한 것으로 저희 부족한 것을 보충함은 후에 저희 유여한 것으로 너희 부족한 것을 보충하여 **평균하게** 하려 함이라(14절)."

여기에 사용된 '평균'이라는 헬라어(ἰσότης)는 신약에서 오로지 두 번 나오는데,[49] 본문에서는 공평한 경제적 분배의 의미로 사용되고 있다. 그 원칙은 결코 어려운 것이 아니다. 한쪽이 부족하면 좀 더 여유가 있는 다른 쪽이 그것을 보충함으로써 **비율적인 균등**을 이루라는 것이다. 그러나 이것은 한쪽의 일방적인 희생이 아니라 다음에 어려움이 있을 때는 반대로 보충을 받을 수 있다는 **상호부조의 원칙**이다. 그리고 바울은 이러한 균등의 원칙을 아리스토텔레스처럼 이성에서 연역하지 않고 "많이 거둔 자도 남지 아니하였고 적게 거둔 자도 모자라지 아니하였다(출 16:18)"는 **구약성서의 계시**에서 가지고 온다.

이렇게 한 공동체의 부족한 것을 좀 더 여유가 있는 다른 공동체가 보충해줌으로써 비율적인 균형을 이루게 하려는 바울의 노력에서 우리는 좀 더 현실적으로 완화된 초대교회의 공동체주의를 발견할 수 있다. 이것은 개인의 모든 재산을 다 공유해서 필요에 따라 쓰는 **절대적 평등**

---

49) 다른 한 곳은 골로새서 4:1 "상전들아 **의와 공평**을 종들에게 베풀지니 너희에게도 하늘에 상전이 계심을 알지어다."

(absolute equality)을 지향하는 분배방식이 아니라 사적인 소유권을 인정하는 범위에서 한 공동체의 부족한 부분을 다른 공동체가 보충해주는 **평균적 평등**(average equality)을 지향하는 분배 시스템 위에 있다.[50] 이러한 시스템에서 본질적인 것은 **이성의 합리성**이 아니라 **신앙**이다. 예수를 믿는 공동체는 예수를 머리로 하는 하나의 몸이다(고전 12:12). 따라서 한 지체의 고통은 공동체 전체의 고통이다. 한 지체가 영광을 받으면 전체 공동체에게도 영광이 된다. 설사 지출했던 것을 받지 못한다 해도 그것은 공동체 안에서 큰 문제가 되지 않는다. 왜냐하면 하나님이 그의 영광을 위해 보상할 것이다(고후 9:13). 바울이 제시하고 있는 이러한 평균적 평등의 분배 시스템은 그것이 역사 속에서 과연 얼마나 실제로 실현되었는가라는 질문에 상관없이 기독교적 분배정의의 구체적인 모델임에 분명하다. 한국교회는 성서가 제시하는 이러한 **공동체 내의 평균적 평등**을 과연 실현하고 있는지 스스로에게 심각하게 질문해야 한다. 사회의 양극화보다 더 심각한 교회의 양극화 문제 앞에서 소위 대형교회는 작고 연약한 교회를 위해 무엇을 해야 할 것인가? 수만의 성도와 수억의 예산이 '성경대로' 공동체적 평등을 위해서 마땅히 사용되어야 하지 않겠는가? 이러한 균등을 위한 나눔이 없는 교회는 신약성경에 나타난 **성경적 교회**와는 아무 관련이 없다고 우리는 감히 단정한다!

실제적 모델: 디아코니(Diakonie)

지금까지 우리는 성서 안에서 기독교적 분배정의의 구체적 모델을 연구했다. 이러한 모델의 중요성은 아무리 강조해도 지나치지 않다. 이러한 모델을 통해 우리는 분배정의의 원칙과 실천전략을 도출해낸다. 따라서 신학은 아리스토텔레스나 롤즈의 도움이나 검증 없이도 그 자

---

50) 비교: 롤즈, 『사회정의론』, 87.

체로 신학적인 분배정의 이론을 세울 수 있다. 그래서 독일교회의 사회봉사 시스템인 디아코니는 체계적 사회봉사에 대한 이념과 실천이 부족한 한국교회에 매우 중요한 실천적 모델이다.

1) "사회국가(Sozialstaat)"와 "시장경제(Marktwirtschaft)"를 두 핵심축으로 하는 현재의 독일에서 디아코니는 사회의 법적인 한 영역이다. 1961년 여름에 "연방사회부조법(Bundessozialhilfegesetz)"과 "청소년복지법(Gesetz für Jugendwohlfahrt)"이라는 두 법률이 당시 서독의 의회에서 통과되었는데, 이 법들을 통해 그동안 교회의 자발적인 봉사 영역으로 존재해왔던 디아코니는 국가의 지원과 통제를 받는 준(準)국가적인 형태로 변모하였다.[51] 서구의 역사에서(또는 세계역사에서) 최초로 종교단체의 자선행위가 국가적인 영역으로 수렴된 것이다. 물론 그렇다고 해서 교회의 자율성이 부정되는 것은 아니다.

현재 독일 개신교회는 가톨릭교회와 더불어 독일 전체 사회봉사 기관 중 약 2/3를 떠맡고 있다. 디아코니 활동은 크게 자원봉사자와 전문적인 사회복지사인 '디아콘(Diakon)'을 통해 이루어진다. 지역사회에 있는 다양한 분야에서 수많은 자원봉사자들이 디아코니에서 활동한다. 이들은 도움이 필요한 다른 사람을 위하여 자신의 노동과 시간을 투자한다.

예를 들어 탁아소나 재가노인봉사를 많이 하는데 맞벌이 부부들의 아이를 돌봐주고 노인이나 장애인에게 책을 읽어주고 시장을 볼 때 도와주고 외로운 사람들의 임종을 지켜봐주면서 그들에게 성경을 읽어준다. 자원봉사자들은 젊은 사람부터 은퇴한 사람들까지 다양하고 자기의 재능을 활용하여 1주일에 시간을 정해놓고 활동하는데 이들은 훈련을 통해 사회봉사에 대한 그리스도인으로서 사명과 사회적 책임을 다한다는 의식을 가지고 참여하게 된다. 경우에 따라 이들에게 약간의 활동비가 지불되기도 한다. 개교회에는 디아코니의 업무를 위임받은 장로가 있고 그는 교인들의 사회봉사에 대한 인식고취 및

---

51) 차성환·김덕환, 『독일 국가복지에서 민간복지단체의 역할과 의미』, 아산재단연구총서 제238집(서울: 집문당, 2007), 17.

홍보교육, 자원봉사자들의 채용 및 관리, 전문사회봉사자들과 사회복
지기관들과 연계하여 교회의 사회봉사활동을 돕고 책임을 진다.[52]

또한 교회에는 직업적으로 사회봉사를 담당하는 '디아콘'이 있는데,
이들은 해당지역 내에서 기독교 사회복지사로서 전문적인 일을 담당한
다. 가정복지상담소, 디아코니 스테이션(노약자 수발 이동센터), 청소년
센터, 장애인 작업장, 부채를 많이 진 자들의 상담소, 약물 중독자들의
상담소, 외국인 및 망명자들을 위한 돌봄 등이 대표적인 봉사이다.
　독일교회의 디아코니는 국경을 넘어 확대된다. 가장 주목할 만한 것
은 '세상을 위한 빵(Bort fuer die Welt)' 캠페인이다. 독일 개신교회는
매해 대강절 첫째 주일예배에 이 캠페인을 선포하고 시작해서 성탄절
까지 계속 모금을 하는데 매해 약 6,000만 유로가 거친다고 한다. 이
캠페인은 다른 나라에 도움을 주기 위해 단지 돈을 모으는 것뿐만 아
니라 교육과 계몽활동도 병행된다. 즉, "가난은 정의의 문제이며 빈곤
은 불의한 정치적 결정에서 비롯된 것이라는 사실과 함께 하나님의 정
의로운 세계를 위해 사랑의 나눔과 연대가 필요하다는 것을 강조한다."
이처럼 독일교회의 전통적 디아코니는 가난을 정의의 문제로 간주하고
이를 보다 조직적이고 제도적으로 해결하려고 한다. 예컨대 어떤 나라
에 끔찍한 굶주림이 있다면 여기에 빵을 보내는 것만으로 이 문제가
해결되지는 않는다. 이 가난이 정부의 부정부패와 억압에서 왔다면 근
본적으로는 이 제도적 악을 해결해야 하는 것이다.[53]
　2) 그렇다면 독일교회의 전통적인 디아코니는 순수한 종교적 활동인
가, 아니면 하나의 사회복지활동인가? 현상적으로 디아코니 활동은 사
회복지사업과 크게 달라 보이지 않는다. 그러나 그 이념과 동기는 철저

---

52) http://www.mokhoeja.co.kr/?doc=bbs/board.php&bo_table=global&sselect=ca_id&stext=3&page
　=5%20class=pnum&wr_id=404

53) Ingolf Hübner, "Diakonie im Sozialstaat-Diakonie im Sozialistischen Staat", in: *ZEE* 43
　(Gütersloh, 1999), 203.

하게 기독교 복음에 기초하고 있다. 그래서 독일의 디아코니 신학은 "자비와 정의와 법(Barmherzigkeit, Gerechtigkeit, Recht)"이라는 성서의 개념과 요구를 근본으로 해서 늘 현대의 디아코니에 새로운 신학적 활력을 불어넣으려고 시도한다. 이 시도는 구약의 예언자 예레미야의 다음과 같은 외침에서 출발한다.

> 여호와께서 이와 같이 말씀하시되 지혜로운 자는 그의 지혜를 자랑하지 말라 용사는 그의 용맹을 자랑하지 말라 부자는 그의 부함을 자랑하지 말라 자랑하는 자는 이것으로 자랑할지니 곧 명철하여 나를 아는 것과 나 여호와는 **사랑(חסד)**과 **정의(משפט)**와 **공의(צדקה)**를 땅에 행하는 자인 줄 깨닫는 것이라 나는 이 일을 기뻐하노라 여호와의 말씀이니라(렘 9:23~24).

선지자의 요구는 분명하다. 참된 명철과 인식은 자신만의 지혜로움과 강함과 부함을 자랑하는 것에 있지 않고 자비와 정의와 법을 행하는 자로서 하나님을 인정하는 데 있다. 따라서 우리가 예레미야 선지자의 말씀을 진지하게 받아들인다면 하나님을 인정하는 것과 사회를 자비와 정의에 따라 개혁하는 것은 구별은 되지만 결코 분리될 수 없다는 것을 알게 된다.[54] *이처럼 성서에서 사랑과 정의는 긴밀하게 연결된다.* 오로지 사랑의 동기에서 나오는 도움의 행위는 그 자체로 의미가 있는 것이지만 사회적인 관점에서 보자면 충분한 것은 아니다. 왜냐하면 공평과 정의라는 또 다른 신적인 요청이 존재하기 때문이다. 예컨대 마약 중독자가 애타게 마약의 투여를 요청한다고 해서 그에게 마약을 투여하는 것이 진정한 사랑의 발로는 아니다.

그러므로 빈곤에 대한 디아코니의 입장은 이것이다. "성경적 관점에서 선한 사마리아인의 행위가 아니라 빈곤이라는 구조적 문제에 대한 구조적 답변을 찾는 것이다."[55] 여기서 가난과 굶주림이 전적으로 개

---

54) Arnd Götzelman, "Ökonomisierung als Herausforderung der Diakonie", in: ZEE 54(Gütersloh, 2010), 28.

인의 게으름이나 나태함에서 오는 것인지 아니면 사회구조의 불평등에서 오는 것인지는 먼저 사회학에서 전문적으로 논의되어야 할 문제일 것이다. 그러나 우리가 성서의 증언을 세심하게 살필 때 분명해지는 사실은 다음과 같다. 가난과 굶주림은 그것이 어디서 비롯되었든 간에— 그것은 개인의 게으름에서 올 수도 있고 사회구조의 불평등에서 올 수도 있다— *개인의 문제가 아니라 공동체 전체가 관심을 가지고 해결해야 할 문제*라는 것이다. 이러한 신학적 통찰은 지금 우리 사회의 가장 큰 문제인 양극화 문제의 해결방향에 대해 중요한 시사점을 던져준다.

민중신학과 디아코니

독일의 디아코니 모델과는 사뭇 다르지만 한국에서도 성서가 요구하는 가난하고 억압당하는 이웃과의 연대를 신학과 실천의 중심에 올려놓은 흐름이 있었는데, 그것이 바로 민중신학이다. 1960년대 라틴아메리카의 해방신학은 성서의 출애굽 사건과 마르크스의 공산당선언을 사실상 내용적으로 동일한 것으로 보았다.[56] 그리고 이 해방신학의 영향을 받아 1970년대 한국 군사정권의 개발독재하에서 민중신학은 탄생했다. 민중신학은 예수와 독재하에 있던 한국의 민중을 동일화했는데, 여기서 민중은 구체적으로 노동자, 농민, 도시빈민을 포괄한다.[57] 김재준, 안병무, 서남동, 문익환 등은 민중신학의 이론적·실천적 대표자들이었고, 이들은 1970년대 군사독재에 저항하는 한국의 민주화운동의 중요한 한 축을 담당했다.

한국의 민중신학은 성서가 분명하게 요구하는 고아와 과부를 위한 정의, 곧 사회적 약자와의 연대를 신학과 실천의 중심에 올려놓았다는 점

---

55) Götzelman, 같은 논문, 28.
56) 비교: 니콜라스 월터스토르프, 『정의와 평화가 입 맞출 때까지』, 홍병룡 옮김(서울: IVP, 2007), 253.
57) 박재순, 『열린 사회를 위한 민중신학』(서울: 한울, 1995), 30-31.

에서 지금 지식정보사회에서 기독교와 정의에 대해 생각하는 우리에게 여전히 큰 의미로 남아 있다. 민중신학은 예수의 갈릴리 선교의 중심을 이루는 가난한 어부들과 농부들, 창녀나 세리 같은 '죄인들'에게서 한국의 가난하고 억압당하고 있는 '민중'의 모습을 보았다. 이렇게 신약성서의 '프로코이(ptochoi)' 혹은 '오클로스(ochlos)'는 '민중'이 되었다.[58] 당시 한국의 대다수 교회들이 개인구원과 개인축복을 소리 높여 외칠 때 민중신학은 살인적인 장시간 노동과 저임금 가운데 있는 노동자들의 현실을 신학적인 언어로 고발했다. 그리고 민중교회는 시골에서 중학교도 졸업하지 못한 채 무작정 상경해 '공돌이'와 '공순이'로 천대받았던 소년들과 소녀들을 위해 야학을 운영하고 노동자의 권리를 위해, 아니 인간의 권리를 위해 노동조합을 설립하였다. 또 이러한 활동을 전개하다 군사정권으로부터 '불순세력'으로 몰려 많은 활동가가 투옥되고 고문당하는 모진 탄압을 겪어야 했다. 민중신학의 이러한 고난에 찬 실천을 어느 누구도 비난할 수 없다. 그것은 성서가 요구하는 가난한 자와의 연대, 고아와 과부와 나그네를 위한 정의의 실천이었다.

그런데 이 민중신학의 에너지는 왜 갑자기 소진되었는가? '유통기한'이 다된 것일까? 물론 모든 신학적 담론은 시대와의 비판적 대화이기에 시대 제한성을 가지고 있다. 예컨대 16세기 독일의 특수한 봉건제도 속에서 나온 루터의 '두왕국론'을 지금 우리의 '지식정보사회'에 직접 적용하는 것은 무리이다. 또한 16세기 후반의 제네바라는 매우 특수한 도시국가적 상황에서 나온 칼뱅의 '권징조례'를 지금 우리의 한국적 상황에 직접 이식할 수는 없는 노릇이다. 마찬가지로 1970년대의 특수한 한국적 상황과 관련된 민중신학이 '시대제한성'을 갖는 것은 당혹스러운 것이 아니라 당연한 것일 수 있다. 더욱이 민중신학이 민주화운동을 벌이면서 사회주의 이념에 다시 세례를 받은 것은 매우 위험

---

58) 임태수, 『민중신학』(서울: 대한기독교서회, 2002), 56.

천만한 일로 보인다. 그래서 한때 민중신학의 열렬한 지지자요, 대표자였던 한 사람의 갑작스러운 '전향'은 그래서 그리 충격적이지만은 아닌 것 같다.

> 서 목사는 민중신학을 삶의 길잡이로 여기고 기독교 운동에 헌신했으나 고독한 옥중 현실에서 민중신학으로부터 아무런 위로와 도움을 받지 못하고 도리어 보수적인 하나님 신앙에서 힘과 위로를 얻었다고 한다. 그래서 그는 민중신학을 버리고 보수적·전통적 개혁신학으로 돌아갔다고 한다.[59]

그렇다면 민중신학은 패배하고 실패했는가? 분명한 것은 민중신학이 마르크스 레닌주의 앞에서 신앙과 신학의 고유한 정체성을 유지하는 데 큰 어려움을 겪었고 전술적으로도 시대의 변화를 수용하지 못했다는 점이다. 지금 이 시대에 교회가 야학과 노동조합을 통해 사회정의를 실현하는 길로 나가야 하는가? 그것은 시대착오적이다. 과거 야학의 자리에 이제는 '문화센터'가 들어섰고, 노동조합은 외부의 도움이나 수혈 없이 스스로 자신을 조직하고 운동한다. 물론 열악한 조건 가운데 있는 노동자, 농민, 도시빈민 등 과거 '민중'이라 불리던 계층은 지금도 여전히 존재한다. 그러나 이들이 찾는 곳은 민중교회가 아니다. 민중신학과 민중교회는 있는데, 정작 거기에 '민중'은 없다.

사회문제에 전혀 아랑곳하지 않고 개인구원과 개인번영만을 강조하는 '번영신학', 그리고 신도의 양적인 숫자와 교회의 외부적 크기만을 '성공한 목회'의 기준으로 삼는 물질만능주의는 기독교의 순수한 복음을 변질시킨다. 마찬가지로 예배와 선교라는 교회의 일차적인 기능은 뒤로한 채 사회봉사와 인권만을 부르짖는 교회의 모습도 바람직한 것은 아니다. 교회는 '인권단체'도 '자선단체'도 아니다. 동시에 교회는 개인적인 성공과 번영만을 추구하라고 가르치는 '성공학교'도 아니다.

---

59) 박재순, 앞의 책, 14.

교회는 '교회'이다. '교회를 교회 되게 하라'는 16세기 종교개혁자들의 외침이 단지 과거의 화석화된 유물일까? 아니다! 우리는 번영신학과 기복신앙, 이데올로기 신학과 자아 분열적 신앙 앞에서 여전히 외쳐야 한다. 교회를 교회 되게 하라!

종합: 기독교적 분배정의를 위하여

이상에서 우리는 성서가 요구하는 고아와 과부와 나그네를 위한 정의가 어떤 내용을 내포하고 있으며 이것이 교회의 역사적 경험 속에서 어떻게 구체화되었는가에 대해 살펴보았다. 이러한 연구를 통해 얻어진 결과는 무엇인가? 또 이러한 것들은 지금 우리의 현실을 위해 어떠한 방향성을 지시하고 있는가?

첫째, 고아와 과부와 나그네를 위한 정의는 성서에 근거하는 기독교적 정의관념의 본질적인 한 요소이고 *이는 분배적 평등함을 지향한다.* 그래서 성서는 사회적 약자에 대한 '생득적 관심'을 가지고 있으며 가난과 공정하지 못한 구조 속에 있는 **약자와의 연대**를 분명하게 명한다. 정의는 이러한 연대를 실현함으로써 이루어진다. 그것은 무지의 베일 뒤에서 파이를 공정하게 나누는 이성의 공공적 합리성을 배제하지는 않지만 그것이 전부라고 말하지는 않는다. 가난하고 소외된 자들과의 연대라는 성서의 요청은 전체 사회의 관점에서 보자면 하나의 중요한 도덕적 가치를 제기하는 것이다. *진정한 교회, 도덕적으로 건강한 교회는 사회의 약자를 기억하고 돌보라고 촉구한다. 또한 스스로에게 부여된 법과 원칙에 따라 사회적 약자들, 정글의 법칙에서 탈락한 자들을 보호하며 돌본다.* 여기서 비율과 비용을 계산하는 것은 물론 필요한 것이지만 그렇다고 선차적이고 본질적인 것은 아니다.

둘째, 성서가 제시하는 약자와의 이러한 연대는 **계약적 공동체성**에 근거하는데, 이것은 사회적인 관점에서 보자면 **부와 가난의 상대성**을 해명해준다. 가난한 자와의 공동체적 연대성을 요구하는 성서의 요청은 합리적 분배로 측정되지 않는 '공동체성'의 깊은 가치를 발견하게 한다. 한 사회에서 '함께살이'를 하는 이상 부와 가난은 '사회적'이다. 정밀한 수학적 계산으로 그 비율을 측정할 수는 없지만 한 사람의 부는 그 사람의 순수한 자기 노력만으로 결정되지 않는다. 물려받은 유산, 가문의 도움, 경제적 혹은 정치적 요인들에 의해 '아주 우연히' 결정된다. 이 지점에서 '순수한 기독교'는 노직(Robert Nozick)의 "자유지상주의"와 대립된다.[60] 그래서 우리는 어떤 부자의 기부를 사회에 대한 '환원'이라는 매우 적절한 용어로 평가해주며, 사회의 모든 구성원은 여기에 최고의 찬사를 보낸다. 반면, 내가 고생해 번 돈이니 무덤으로 가지고 갈 수 없을 바에야 자식에게 모두 물려주겠다는 것은 물론 불법은 아니다. 그러나 그렇다고 아름다운 것은 아니다. 그것은 본능이지 도덕이나 가치의 영역이 아니기 때문이다. 부가 우연적인 것이라면 가난 역시 마찬가지의 논리 속에서 이해되어야 한다.

셋째, 기독교적 분배정의의 실현은 사회의 한 구성요소로 존재하고 있는 교회가 *자신의 근본적 사명에 충실할 때* 가능해진다. 신학이 사회정의를 위한 담론 형성에 참여하고, 교회가 정의실현을 위한 운동에 동참한다고 할 때 그것은 정의에 대한 하나의 보편적인 어떤 이론을 제시하는 것도 아니고, 교회가 사회구조를 바꾸는 '투쟁'을 적극적으로 선도한다는 의미는 아니다. 역사적으로 보면 개혁교회는 '교회를 교회되게 함'이라는 이념을 실현시키기 위해 교회개혁운동을 전개했고 이것은 필연적으로 사회변동을 촉발시켰다. 루터를 보자. 루터의 의도는 중세라는 사회구조를 혁파시키고 근세라는 새로운 사회질서를 구축하려는 것이 아니었다. 그는 그리스도인의 영적인 자유를 역설했다. 그런

---

60) 샌델, 『정의란 무엇인가?』, 211. 비교: Robert Nozick, *Anarchy, State and Utopia*(New York: Basic Books, 1974), 149.

데 이 자유의 외침은 로마교회로부터의 정치적 자유를 원했던 당시 독일의 제후들에게 강력한 자극을 주지 않을 수 없었다. 이렇게 루터의 자유는 영적인 영역에서 정치적 영역으로 확산되었다.[61] 칼뱅의 경우도 이와 비슷하다. 특히 그의 프로테스탄트 윤리사상은 막스 베버가 강조한 것처럼 근대 시민계급의 노동윤리에 영향을 끼침으로써 자본주의라는 새로운 경제체제가 등장하는 데 일조했다.[62] 그렇다면 지금 여기서 한국교회는 한국사회에서 분배정의의 실현을 위해 구체적으로 무엇을 할 수 있을 것인가?

61) Tomlin, *Luther und seine Welt*, 113.
62) 막스 베버, 『프로테스탄티즘의 윤리와 자본주의 정신』, 박성수 옮김(서울: 문예출판사, 1998), 138.

5.3 사회와 교회의 양극화 문제 해소를 위한 제언

이번 장의 마지막 테마로서 지금 한국사회의 가장 시급한 문제로 떠오르고 있는 사회 양극화 문제를 기독교적 분배정의의 관점에서 어떻게 바라볼 것인가에 대해 생각하고자 한다. 여기서 먼저 강조되어야 할 것은 신학은 사회학이 아니라는 사실이다. 다시 말해 사회 양극화는 무엇보다 사회학 혹은 경제학이 전문적으로 다루며, 여기서 신학의 참여는 간접적이다. 그러나 그렇다고 해서 이 문제에 대해 신학이 전혀 무능력하다는 것은 아니다. 교회가 사회의 한 '영역'인 한 교회는 사회 정치적 문제에 책임 있게 참여해야 한다.

따라서 '교회는 사회의 거울'이라는 말이 설득력을 얻는다. 교회의 여러 문제를 들여다보면 그 사회의 단면을 알 수 있다. 사회의 양극화보다 더 심각한 것은 교회의 양극화이다. 이러한 시급한 두 문제를 검토하고 해결을 위한 방안을 모색해보자.

5.3.1 사회의 양극화: 공동체성과 연대성으로 해결하자

파멸적 양극화: 99%의 못 가진 자 vs 1%의 가진 자

경제와 사회의 전문가이건 비전문가이건 지금 한국사회의 가장 위협적인 문제로서 누구나 **사회 양극화**(social polarization) 현상을 꼽고 있다. 물론 이것은 한국사회의 문제만은 아니다. 지난 2011년 가을부터 미국 전역을 뜨겁게 달구었던 '월가 시위'에서 등장한 구호 "우리가 99%이다(we are the 99 percent)"는 파멸적 양극화의 심각성을 아주 선명하게 보여준다. 사회는 정말 99%의 "못 가진 자"의 집단과 1%의 "가진

자"의 집단으로 완전히 갈라졌는가? 이 불평등한 대결은 인간의 본질적 조건에 속하는 것이므로 결코 해소될 수 없으며 또 해소될 필요도 없는 것인가?

먼저 한국사회의 양극화 정도를 간략한 통계로 보는 것이 필요할 것이다. 특별히 경제학이나 사회학을 전공한 전문가가 아니더라도 이러한 통계자료는 인터넷을 통해 그리 어렵지 않게 얻을 수 있다. 소득의 양극화를 가장 직접적으로 보여주는 "지니계수"를 살펴보자.

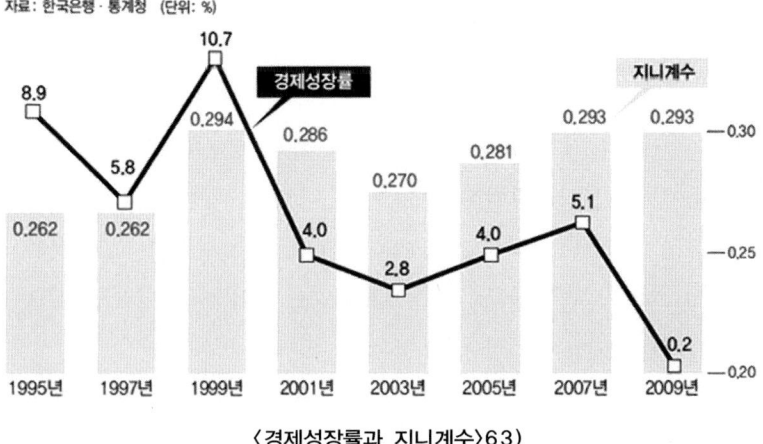

〈경제성장률과 지니계수〉63)

지니계수란 계층 사이에서 소득분배가 얼마나 공평하게 이루어지고 있는가를 보여주는 수치로서 수학적으로 0에 가까울수록 공평하고 평등하게 소득이 분배되었음을 나타내준다.64) 그래프는 우울하다. 조사

---

63) "덩치 키우는 성장서 복지 기반한 성장으로", 《한겨레신문》, 2011. 1. 23.

64) 《네이버 지식사전》(http://terms.naver.com/entry.nhn?docId=929820). "지니계수는 이탈리아의 통계학자 C. 지니가 발견한 "지니의 법칙"으로부터 나온 개념으로, 각 계층 사이에서 이루어지는 소득 분배가 얼마나 공평하고 평등한지를 나타내는 수치로서 계층의 빈부격차를 한눈에 보여준다. "저소득층에서 고소득층을 향하는 사람의 수를 누적백분율로 하여 가로축으로 나타내고 그 사람들의 소득에 대한 누적백분율을 세로축으로 나타낼 때 그려지는 대각선을 현(弦)으로 하는 활 모양의 곡선인 로렌스곡선과 대각선으로 둘러싸인 면적을 대각선 아래쪽의 직각삼각형의 면적으로 나눈 비율이다. 이 수치가 0에 가까울수록 소득분배가 평등하게 이루어졌다고 판단한다."

를 시작한 1995년 경제성장률이 8.9%일 때 지니계수는 0.262를 기록했다. 2년 후 경제성장률이 5.8%로 추락했음에도 지니계수는 여전히 0.262이다. 다시 2년 후 국민경제는 10.7%로 거의 두 배 급상승했음에도 분배비율은 0.294로 오히려 더 악화되었다. 통계가 보여주는 가장 최근인 2009년에 지니계수는 0.293으로 10년 전이나 거의 변화가 없다. 한 조사에 의하면 2011년도 지니계수는 0.311로 2할대에서 3할대로 진입했다고 한다. 이 그래프가 무엇을 말해주는가? 파이의 크기가 커지든 작아지든 그 양에 상관없이 분배되는 비율은 거의 변화가 없다는 것이다. 다시 말해 *양극화는 고착화되고 있다는 우울한 현실이다.*

  이러한 거시적 지표보다 피부에 더 와 닿는 것이 실제생활에서 우리가 경험하는 '체감 불평등'이다. 특히 우리나라처럼 자녀교육에 가계소득의 상당부분을―아니 거의 전부―지출하는 구조에서 교육비는 서민이 느끼는 불평등 정도를 가장 강렬하게 보여준다. 교육은 평등과 공평의 척도가 되어야 한다. 교육이 극도로 사유화되어서 불평등 구조를 고착화시키고 확대 재생산하는 '악역'을 담당한다면 그것은 재앙과도 같은 일이다.

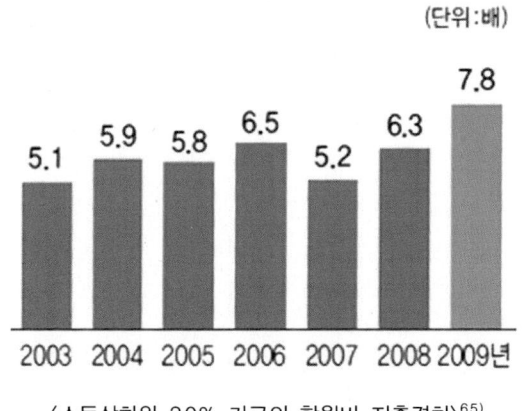

(단위:배)

〈소득상하위 20% 가구의 학원비 지출격차〉[65]

---

65) "가계 월평균 학원비 사상 최대로 벌어져", ≪한겨레신문≫, 2009. 12. 15.

거시적 지표에서는 잘 나타나지 않았던 현실적 불평등의 실체가 확연하게 드러난다. 위 그래프는 소득 상위 20% 가계의 학생 학원비 지출액을 하위 20% 가계의 지출액으로 나눈 것이다. 2009년 9월까지 전체 도시 가계의 '학생 학원비 지출액'은 월평균 17만 2,248원으로 지난해 같은 기간(17만 1,934원)보다 0.18% 늘었다. 하지만 소득이 낮은 20%(1분위) 가계의 학생 학원비 지출액은 지난해 월평균 5만 5천원에서 올해 4만 2,715원으로 14.6%나 감소했다. 소득 하위 20~40%(2분위) 가계도 지난해 10만 8,614원에서 올해 9만 4,901원으로 12.6% 줄었다. 반면, 소득 상위 20%(5분위) 가계는 지난해 31만 3,206원에서 올해 33만 2,511원으로 6.2% 증가했다고 한다.

더욱 심각한 문제는 단순한 양적인 수치보다 비율이다. 2009년 상위 5분위는 하위 1분위에 비해 무려 7.8배에 달하는 학원비를 지출했다. 여기에 과외까지 합산한다면 그 격차는 더욱 커질 것이다. 어떻게 해서든 자녀에게는 좋은 교육의 기회를 주고자 하는 대한민국의 많은 서민에게 이러한 교육의 양극화는 그 어떤 것보다 감당하기 힘든 것이리라. 이는 단순히 감정의 문제가 아니다. 정의와 인권의 문제이다. 교육의 양극화는 평등과 공평의 기회를 원천적으로 제거한다. 교육이 있는 집 아이를 위한 것과 없는 집 아이를 위한 것으로 사실상 양극화된 사회는 더 이상 민주사회로 볼 수 없다. 그것은 봉건왕조사회와 다를 바 없다.

문제의 핵심: 재벌의 빛과 그늘

이러한 양극화 문제의 기저에 재벌문제가 있다는 사실을 부정하기는 어렵다. 한국경제는 사실상 재벌이라 불리는 몇몇 거대기업의 통제하에 있다고 해도 결코 틀린 말은 아니다.

---

66) "10대 그룹 경제력 집중 심화", 《국민일보》, 2012. 2. 6.

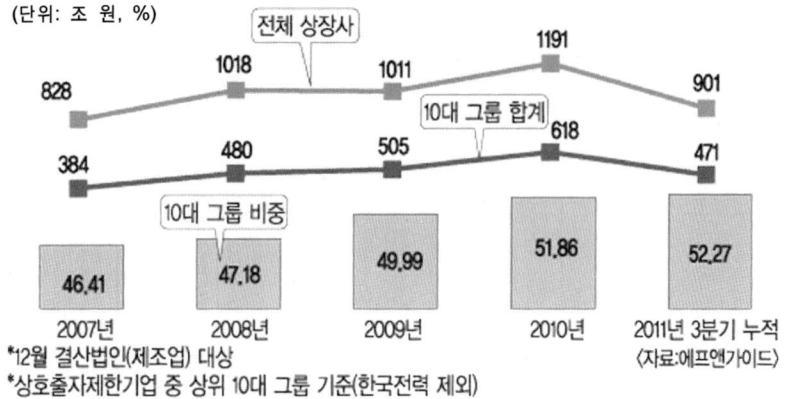

(단위: 조 원, %)

전체 상장사

828 1018 1011 1191 901

10대 그룹 합계

384 480 505 618 471

10대 그룹 비중

46.41 47.18 49.99 51.86 52.27

2007년 2008년 2009년 2010년 2011년 3분기 누적

*12월 결산법인(제조업) 대상
*상호출자제한기업 중 상위 10대 그룹 기준(한국전력 제외)

〈자료:에프앤가이드〉

〈전체 상장사 대비 10대 그룹 매출비중 추이〉[66]

위의 지표에서 분명하게 드러나듯이 2011년 한국의 10대 재벌의 매출액이 전체 매출액에서 차지하는 비중이 52.27%이다. 이것은 재벌이 독점을 넘어 시장을 사실상 지배하고 있다는 말이다.[67] 이러한 현실 앞에서 자유주의자들이 교리처럼 부르짖는 '자유로운 시장(free market)' 혹은 '공정한 경쟁(faire competition)'이 존재할 수 있는가? 독점을 넘어선 재벌의 시장지배가 한국의 전체 경제와 사회에 미치는 부정적 영향은 한둘이 아니지만 양극화의 관점에서 봤을 때 가장 중요한 것이 **비정규직 문제**와 **중소산업의 몰락**이다.

비정규직의 확대 재생산은 양극화 문제의 주요한 원인이다. 힘들게 일 하고도 받는 보수는 정규직에 비해 절반이며, 또 언제 해고될지 모르는 불안감이 상존한다. 이러한 상황에 처한 비정규직 가장과 그의 가족들에게는 '열악하다'는 단어조차도 사치스럽게 들릴 것이다. 이렇게 지금 한국의 아이들은 두 부류로 갈라진 채 운동장에서 뛰어놀고 있다. '정규직 아이들'과 '비정규직 아이들'로.

한국에서 비정규직 문제가 점점 심각해지는 원인 중 하나가 소수 재

---

67) 송원근, 『재벌개혁의 현실과 대안 찾기』(서울: 후마니타스, 2008), 30.

벌을 정점으로 그 밑에 수많은 하청기업이 존재하는 불평등한 수직적 기업구조이다. 재벌이라는 '공룡' 앞에서 하청기업은 생존을 위해 비정규직을 선호하게 된다. 이것은 하청기업의 사장이 도덕적으로 선한 것과는 별개의 문제이다. 이렇게 비정규직은 재벌의 시장독식 구조로 인해 다른 기업과 산업으로 확장된다.

소수 재벌의 시장지배는 중소산업을 벼랑 끝으로 내몬다. 재벌의 시장독식은 소위 '동네상권'까지 위협하는 지경에까지 이르렀다. 최첨단 핸드폰을 만들어 세계 곳곳에서 막대한 수익을 올리는 재벌기업이 빵집마저 운영한다는 현실을 우리는 어떻게 받아들여야 할까? 자유민주주의 국가에서 내가 합법적으로 물건 만들어 파는데 뭐가 문제냐고 하겠지만 거기서 줄줄이 문을 닫아야만 하는 동네 빵집은 그저 '지질한 탈락자'일 뿐인가?

그러나 여기서 우리는 재벌이 "일만 악의 뿌리"라고 주장하려는 것이 아니다. 또 당장 재벌을 해체하자고 선동하는 것도 아니다. 더욱이 재벌개혁에 대한 구체적인 법안을 제안하려는 것도 아니다. 재벌개혁에 대한 방향과 정책을 듣고 싶다면 이 책보다 더 훌륭한 책들이 시중에는 많이 있다. 여기서는 *사회 양극화 문제를 해결하려는 방향에서 재벌의 시장지배 구조가 어떻게 바뀌어야 하는가*라는 질문에 기독교적 분배정의의 관점에서 몇 가지 방향을 제안하려 한다.

제안-1: '신자유주의'에서 '공동체주의'로

자본주의 아래서 기업의 목표는 자선이 아니라 이익추구이다. 예컨대 삼성이 최신형 스마트폰을 생산하는 것은 팔아서 이익을 얻으려는 것이다. 그래서 삼성은 좀 더 기능이 좋고 디자인도 우수한 스마트폰을 생산하기 위해 엄청난 투자를 감행한다. 이러한 기업의 노력은 소비자에게 이득을 준다. 시장에서의 치열한 경쟁은 상품의 질은 높이고 가격은 내려가게 한다. 그 결과 과거 수십만 원을 줘야 살 수 있었던 핸드폰이 지금은 '공짜폰'이 되었다. 마르크스주의자를 제외하고 이익을 얻기 위해 상품을 생산하는 기업행위 자체를 죄나 악으로 생각하는 사람은 없을 것이다.

문제는 **이익추구**가 아니라 얻어진 **이익의 성격**에 관한 것이다. 기업의 이익은 하늘에서 떨어진 것이 아니라 누군가가 물건을 샀기 때문이다. 원론적으로 이것은 시장에서의 "교환"이다. 판매와 구매는 화폐를 매개로 하는 교환행위이다. 여기서 판매자와 구매자는 '원리적으로' 동등하다.[68] 어떤 노숙자가 구걸을 해 돈을 모아 삼성의 핸드폰을 샀다면 이 교환행위에서 노숙자와 삼성의 관계는 동등한 것이다. 물론 '실제로' 이 두 당사자가 참으로 동등한가는 별개의 문제이다. 상품거래를 판매행위가 아닌 원리적으로 동등한 두 당사자 사이의 교환으로 볼 때 이익의 교환적 성격, 곧 **사회적 성격**이 드러난다. 그래서 자유지상주의에 맞서는 공동체주의의 관점을 단적으로 요약한다면 이렇다. *이익은 사회에서 나온다!* 이 테제가 공산주의의 선동처럼 들리는가? 공산주의(communism)와 공동체주의(communitarianism)는 그러나 엄연히 다른 개념이다.[69]

기독교적 분배정의의 개념은 공동체주의에 가깝다. 엄밀하게 말한다면 앞에서 설명한 대로 '계약적 공동체주의'이다. 교회는 신과 그의 선택받은 백성들 사이의 **영적인 계약적 공동체**이다. 비슷한 원리에서 국가는 신의 위임을 받은 통치자들과 백성들 사이의 **정치적인 계약적 공동체**이다.[70] 이러한 공동체성에 기초하는 계약의 이념 없이는 개인의 권리와 의무 혹은 정부의 권리와 의무라는 헌법적 개념은 공허한 것이

---

68) 참조: 레이몬드 W. 베이커, 『자본주의의 아킬레스건』, 강혜정 옮김(서울: 지식의 숲, 2007), 452.

69) 고바야시 마사야, 『마이클 샌델의 정의사회의 조건』, 홍성민·양혜윤 옮김(서울: 황금물고기, 2010), 332.

70) Inst IV.20.1.

되고 만다. 그래서 **계약신학적인 관점**에서 보자면 시장의 절반을 넘게 지배하고 있는 재벌 역시－법인으로서 혹은 개인으로서－계약 공동체의 한 일원이다. 이 공동체성에서 나오는 것이 연대성이다. 따라서 기업의 이익은 오로지 시장의 자유라는 관점만이 아니라 공동체성과 연대성 속에서 고려되어야 한다.[71]

이러한 신학적 이념을 경제적 영역에 적용할 때 개인과 기업과 정부의 고유한 도덕적 책임이 중요하게 된다. 그래서－순수하게 경제적 영역에서 보자면－구매자로서 개인의 시민의식과 판매자의 책임경영 의식은 건강한 사회, 공정한 사회를 이루는 두 기둥이다. 여기에 정부의 효율적 관리가 더해져 성숙한 **시민사회**(Zivilgesellschaft)를 구성할 수 있다.[72] 여기서 종교는 물론 개인의 영역이지만 교회를 통해 시민사회에 생동적인 구체성을 더해준다. *이 시민사회는 양극화를 더 이상 개인의 무능과 게으름으로 등치하지 않고 공동체의 문제로 받아들이고 이를 연대성의 관점에서 해결하려고 한다.* 이러한 사회적 공감대가 형성되어야만 양극화 문제는 근본적으로 해결될 수 있다.

제안-2: 책임경영

양극화 문제해결을 위해 기업이 이른바 "책임경영" 혹은 "윤리경영"으로의 의식전환은 필수적이다. 일반적인 의미에서 기업의 사회책임(Cooperate Social Responsibility)이란 "기업이 자신의 활동 기반이 되는 사회와 다양한 이해 당사자들에 대해 지게 되는 책임 혹은 그러한 책임을 다하는 기업 경영"을 의미한다.[73] 이를 한마디로 요약하자면 기업의 목표는 이윤추구이지만 그렇다고 기부나 자선을 게을리하지 않겠

---

71) 비교: 샌델, 『정의란 무엇인가?』, 226. 고바야시, 같은 책, 348.

72) 코우즈마 마타시 외, 『헤겔 법철학 입문』, 임혜림 외 옮김(서울: 중원문화, 2008), 219.

73) 송원근, 『재벌개혁의 현실과 대안 찾기』, 240.

다는 것이다. 특히 영미권의 기업에서 이러한 윤리경영이 확산되기 시작한 것은 "주주 가치 극대화, 금융유동성, 노동시장 유연화"를 핵심 내용으로 하는 신자유주의적 사회경제 모델이 심각한 위기에 봉착하면서부터이다. 그래서 기업이 지속적으로 성장하기 위해서는 단순히 이윤을 추구하는 기업경영만으로는 한계가 있다는 반성이 제기되었고 이를 통해 주주뿐만 아니라 노동자, 고객, 사회단체 등 기업에 관련된 모든 이해당사자들의 요구에 부응할 수 있는 기업경영이 필요하다는 인식이 확산된 것이다.

우리나라의 경우 삼성전자가 부르짖는 "클린 경영"이 주목을 끈다. 삼성전자식 클린경영의 표현은 '정도경영'이다. 정도경영은 고객에게 **정직**하고 협력업체와는 **공정한 거래를 통해 상호발전**을 추구한다는 의미를 내포하고 있다. 삼성전자의 이러한 정도경영은 글로벌 기업으로서 모든 국내외의 고객, 협력업체, 경쟁업체를 망라하고 있다.[74] 구매자가 아닌 '고객'에게는 정직, 하청업체가 아닌 '협력업체'에는 공정한 거래, 이를 통해 사회적으로는 '공생발전'이라는 국내 최대의 재벌이자 글로벌 기업 삼정전자의 이 선언은 ─ 선언 자체로만 본다면 ─ 신자유주의보다는 공동체주의에 가깝다. 문제는 이러한 기업의 도덕적 의식이 사회 속에서 얼마나 실현되는가이다.

삼성을 비롯한 한국의 굴지의 재벌들은 자신들이 표방하고 있는 정도경영 혹은 책임경영이 그저 보여주기 위한 '립서비스'가 아니라는 것을 증명해야만 한다. 그것은 오로지 실천 외에는 없다. 기업으로서 가장 중요한 것은 정규직과 비정규직의 차이를 줄이고 일자리를 창출하는 것이다. 물론 지금 당장 모든 비정규직이 철폐될 수는 없다. 그러나 균등의 원칙에 따라 '정규'와 '비정규'의 차이를 계속해서 줄여나가야 한다. 또한 '원청 ─ 하청'이라는 불평등하고 봉건적인 분업구조에서

---

74) "클린경영 특집. 삼성전자 ─ 고객엔 정직, 협력사엔 공정 '正道경영'", ≪경향신문≫, 2011. 5. 30.

탈피해 합리적이고 정당한 분업구조를 정착시켜야 한다. 재벌기업과 중소업체의 관계는 주인과 머슴의 관계가 아니라 계약적인 분업과 협력의 관계이다. 재벌기업들이 이러한 요청들을 실현시키기 위해 진정으로 노력할 때 사회의 양극화는 점차적으로 해결될 것이고 이에 따라 우리 사회는 좀 더 공정하고 평등하며 성숙한 사회가 될 것이다.

제안-3: '사회적 약자 보호법'의 제정

끝으로, 정부는 가칭 '사회적 약자 보호법'을 제정해 강력하게 실행해야 한다. 우리가 앞에서 살핀 대로 성경의 하나님은 고아와 과부에게 정의를 행하는 존재이다. 이러한 하나님의 정의는 단순히 이념으로만 끝나지 않고 법과 제도로 현실화되었으니 그것이 바로 십일조와 고엘 제도이다. *법으로 실현되지 않는 이상은 공상이며, 제도로 실행되지 않는 이념은 잡념이다.* 사회 양극화는 법과 제도를 통해 해결되어야 한다. 장애인보호법을 만들지 않고 장애인을 보호하자고 아무리 외친들 그것은 현실에서 공허한 것과 같은 이치이다.

대표적으로 "비정규직보호법"과 "대형마트의무휴업 조례"에 대해 검토해보자. 비정규직보호법은 1997년 IMF 이후 급속히 늘어난 기간제 근로자 및 단시간근로자 등의 비정규직 근로자의 근로조건을 개선하고 이들의 권익을 보호하기 위해 2007년 7월부터 시행된 법이다. "기간제 및 단시간 근로자 보호 등에 관한 법률", "파견근로자 보호 등에 관한 법률", "노동위원회법"이 이에 해당한다.

비정규직 보호법의 핵심은 첫째, 비정규직 근로자의 사용 기간을 2년으로 제한한 것과 둘째, 동일업무·동일처우의 기본 원칙에 따라 정규직과 동일 업무를 맡는 비정규직 근로자에 대한 차별을 하지 못하도록한 차별시정제도다. 2007년 7월부터 시행되고 있는 비정규직 사용 기간 제한 규정은 비정규직 근로자를 2년 이상 고용할 경우 정규직으로 전환해야 한다. 하지만 2009년 7월 1일부터 2년 제한 규정이 적용되면서 사업주가 2년이 되는 비정규직 근로자를 정규직으로 자동 전환해주는 대신 2년이 되기 전에 근로계약을 파기하는 편법에 이용되어 이에 대한 우려가 높아지기도 하였다.[289]

법에 문외한인 사람이 봐도 두루뭉술하고 허술하기 그지없다. 비정규직이 어떤 차별을 받지 말아야 하는지, 또 차별하면 어떤 제재가 가해지는지 아무런 세부규정이 없다. 또 2년 후에 정규직으로 전환해야 한다는 규정은 오히려 비정규직 노동자를 아예 실업자로 만들고 있다. 비정규직을 보호하기 위한 법률이 제정된 것은 매우 의미 있는 일이 아닐 수 없다. 중요한 것은 이 법을 좀 더 현실에 맞게 다듬고 구체화시켜야 한다. 법을 만드는 일은 결코 국회의원들만이 하는 일이 아니다. 다음과 같은 신명기의 말씀은 비정규직보호법을 생각하는 지금 우리에게 매우 중요한 빛을 던져주고 있다.

> 곤궁하고 빈한한 품꾼은 너희 형제든지 네 땅 성문 안에 우거하는 객이든지 그를 학대하지 말며 그 품삯을 당일에 주고 해 진 후까지 미루지 말라 이는 그가 가난하므로 그 품삯을 간절히 바람이라 그가 너를 여호와께 호소하지 않게 하라 그렇지 않으면 그것이 네게 죄가 될 것임이라(신 24:14~15).

대형마트의 의무휴업은 신자유주의의 세계관과는 도저히 어울리지 않는다. 공공기관이 실정법을 위반하지 않은 사업주에게 가게 문을 닫으라고 강제할 수 있는가? 기독교적 세계관은 적어도 두 가지 성경적 원리에 따라 그렇다고 말할 수 있다. 첫째는 가난하고 억압당한 이웃을 보호하는 **하나님의 정의**의 차원이고, 둘째는 안식일에는 모든 노동을 금하는 **안식일 전통**이다.

대형마트와 골목시장 중 약자는 당연히 골목시장이다. 대형마트가

---

75) 《네이버 지식사전》 http://terms.naver.com/entry.nhn?docId=931694&mobile&categoryId=1141

골리앗이라면, 골목시장은 다윗과도 같다. 물론 이것은 대형마트는 악이고 골목시장은 선이라는 모호한 이분법을 말하려는 것이 아니다. 강자의 독식에 제한을 가해서 약자의 처지를 끌어올려 주는 것이 하나님의 정의이다. 이런 신학적 맥락에서 대형마트의 의무휴업은 정당한 것이다. 또한 *안식일에 모든 노동이 중지되어야 하는* 안식일 전통은 대형마트의 공휴일 의무휴업이―신학적으로―정당한 것이라고 말해준다. 특히 독일의 "상점폐점법(Ladenschlußgesetz)"은 우리에게 중요한 타산지석이다.

1956년경부터 독일에서는 이 법에 따라 약 반세기 동안 야간영업 및 휴일영업이 규제되고 있다. 상점폐점법에 따르면 월요일부터 토요일까지는 오전 6시부터 오후 8시까지 영업을 할 수 있고, 일요일과 공휴일은 휴점하도록 하며, 철도역과 고속도로의 상점들(tourist zones)만 예외적으로 24시간 영업이 가능하다. 그러나 연방정부 차원에서 규제되던 이 법은 규제완화정책에 따라 2006년 7월부터 주정부 차원의 규제로 전환하였는데, 독일의 16개 주 중 현재 두 개의 주(Bayern, Saarland)가 상점폐점법의 내용을 그대로 유지하고 있으며, 나머지 주들은 각 주법으로 영업시간을 규제하고 있다. 하지만 어느 주를 막론하고 일요일과 공휴일은 가게 문을 닫게 하고 있다.[76] 당연히 이 규정에는 대형마트 혹은 소형마트의 구분이 있을 수 없다.

이처럼 사회복지제도와 더불어 '사회적 약자 보호법'은 양극화 문제를 해결할 수 있는 중요한 법 제도적 기초가 된다. 법의 제정에 앞서 중요한 것은 사회 구성원 전체의 성숙한 합의이다. 가난과 소외와 양극화의 문제를 공동체의 문제로 수용하고 이를 함께 해결하는 것이 우리 모두의 의무라는 도덕적 합의가 우선되어야 한다.

---

76) "대형마트 '공휴일 의무휴업제' 위헌인가?", ≪프레시안≫, 2012. 6. 28.

5.3.2 교회의 양극화: 교회는 사회의 거울이다

1%의 대형교회 vs 99%의 개척교회?

   사회 양극화보다 더 심각하고 파멸적인 것이 교회의 양극화이다. 교회를 보면 그 사회를 알 수 있다고 했다. 교회가 청빈보다는 돈을, 섬김보다는 지배를, 나눔보다는 독점을, 낮아짐보다는 높아짐을 찬양한다면 그 사회의 상태는 굳이 들여다보지 않아도 어느 정도인지 짐작할 수 있는 것이다. 지금 한국교회는 1%의 '있는 교회'와 99%의 '없는 교회'의 양극화로 나아가고 있다.[77]

   한국사회에 존재하는 교회 가운데서 스스로 설 수 없다는 의미의 '미자립교회'가 얼마나 존재하는가에 대한 정확한 통계자료는 없지만 대다수가 미자립교회일 것이라는 사실에는 이론의 여지가 없을 것이다. 특히 2012년부터 공론화되기 시작한 목회자의 과세문제는 매우 시사적이다. 한국기독교협의회의 추정에 의하면 한국교회 전체에서 과세 대상의 가능성이 있는 목회자는 10% 정도라는 것이다. 다시 말해 나머지 90%의 목회자는 소득세를 낼 수준도 못 되는 그야말로 '기초생활보호대상자'와 별반 다르지 않다는 것이다.[78] 또한 『한국성결신문』이 지난 2005년 조사한 자료에 따르면 교단 목회자 48.6%가 연봉 2천만 원 이하의 사례비를 받고 있는 것으로 밝혀졌다. 최저 생계비에도 못 미치는 천만 원 이하를 받는다는 응답자도 17.9%로 조사됐다. 한편 지난 2002년 대한예수교장로회 통합총회가 산하 교회를 대상으로 조사한 결과에 따르면 전체 여교역자의 40.6%가 60만 원 이하의 사례비를 받고 있는 것으로 드러났다.[79]

---

77) "한국교회의 양극화 그 원인과 대안은 무엇인가?", 《크리스천투데이》, 2012. 4. 27.

78) "풀뿌리 교회 살려야 한국기독교 재부흥", 《국민일보》, 2012. 4. 29.

79) 같은 곳.

그러나 이러한 수치보다 더욱 충격적인 사건이 2011년 10월과 12월에 한국교회를 강타했는데, 이는 그 어떤 객관적 통계보다 한국교회의 파멸적 양극화를 가장 강렬하게 보여준다. 하나는 야간에 대리운전을 하다가 사고로 목숨을 잃은 한 개척교회의 목사 사건이고, 다른 하나는 9,000여 명의 성도가 있는 한 대형교회의 담임목사가 헌금 약 32억을 가로채 재판에서 횡령죄로 징역을 선고받은 사건이다. 같은 목사이건만 어떤 사람은 딸의 학원비를 벌기 위해 12시간씩 대리운전을 하다가 사고로 목숨을 잃고, 어떤 사람은 수백만 원의 사례비로도 양이 차지 않아 헌금을 가로챈다. 이 기막힌 현실은 도대체 어디서 유래했는가? 특히 오로지 하나님의 심판대 앞에만 서야 할 목사가 세상의 법정에서서 판사에게 유죄판결을 받는 정삼지 목사의 재판광경은 한국교회에 대한 하나님의 심판이 아닌가 하는 생각이 들 정도이다. 판사의 판결문의 요지는 한국교회에 경종을 울린다.

> 정 목사는 연 예산이 135억 원에 이르고 신도가 9,000여 명에 달하는 교회의 담임목사로서 높은 도덕성이 요구됨에도 교인들의 신망을 악용해 교인들이 십시일반으로 모은 교회 예산을 횡령했다. …… 정 목사가 교회 설립 초창기 사재를 털어 기부하는 등 교회의 성장에 기여했다고 해서 *교회가 본인 소유는 아니며*…… 피고인은 초심으로 돌아가 분열된 교회를 추스르고 정상화하기 위해 어떠한 일을 해야 하는지 성찰해야 할 것이다.[80]

이처럼 종종 언론에 보도되어 사회적인 공분을 자아내는 일부 목회자의 재정횡령, 초호화 생활, 성적인 문제 등은 99%의 '보통 목사들'과 '없는 목사들'에게는 '남의 나라 이야기'이다. 물론 작고 가난한 교회의 목사는 그릇이 그것밖에 되지 않아서 그렇다고 항변할 수 있다. 반면, 크고 부자인 교회의 목사는 하나님의 '특별한 은혜'라고 생각할 수

---

80) "법원, '공금횡령 혐의' 정삼지 제자교회 담임목사에 징역 4년 선고", ≪머니투데이≫, 2011. 12. 2.

도 있다. 그러나 어떤 목사는 **빵**이 없어 **빵**을 위해 대리운전을 하다가 죽어가고, 어떤 목사는 헌금 수십억 원을 가로채는 이 기가 막힌 현실이 하나님의 뜻이라고 감히 말할 사람은 아무도 없을 것이다. 지금 한국교회의 양극화야말로 교회가 하나님의 정의, 예수의 가르침, 십자가의 복음에서 얼마나 멀리 떠나 있는가를 보여주는 단적인 예이다.

　이러저러한 자료와 사례를 제시하며 한국교회의 심각한 양극화를 폭로하는 것은 이제 더 이상 '쇼킹한 뉴스'가 되지 못하고 있다. 오히려 식상하기까지 하다. 절실한 것은 이를 극복할 수 있는 모두가 동의할 수 있는 이념을 제시하고 또한 구체적이고 현실적인 실천방안을 모색하는 것이다.

이념: 계약적 공동체성에 기초한 십일조와 연보

　우리는 이미 앞에서 기독교적 분배정의의 이념에 대해 소상히 살펴보았다. 그래서 여기서 다시 이것에 관해 말하는 것은 사실상 시간낭비이며 지면낭비이다. 그럼에도 다시 한 번 십일조와 연보의 정신에 대해 깊이 생각해야만 한다. 왜냐하면 지금 우리가 제시하려는 한국교회의 양극화를 극복하기 위한 구체적이고 현실적인 대안은 바로 이 정신에 기초하기 때문이다.

　첫째, 교회의 전통인 십일조는 성경의 원리에 따라 바르게 지출되어야 한다. 21세기의 교회가 십일조를 거두는 것이 성경적 원리라면 **바로 그 성경적 원리에 따라** 모아진 십일조를 지출해야만 한다. 그동안 한국교회는 십일조를 내야 하는 **종교적 의무**에 대해서는─지나치다 싶을 정도로─강조했지만 정작 그 십일조를 어떻게 지출해야만 하는가라는 **분배적 의무**에 대해서는 사실상 침묵했다. 잊을 만하면 불거져서 사회의 온갖 비난과 조롱을 불러일으키는 중대형교회 목회자의 재정문제의

근원은 여기에 있다. *드림의 의무는 있지만, 나눔의 의무는 없다.*

앞에서 살펴보았듯이 성경적 십일조의 근본정신은 모든 것이 하나님의 것이라는 신앙고백과 함께 계약적 공동체성에 기초하는 약자의 보호, 곧 연대성이다. 특히 칼뱅의 신학적 유산에서 출발하는 장로교회는 **보편적 교회**(ecclesia catholica)를 강조하고 정치에서는 **교직의 평등**을 주장한다. <웨스트민스터 신조> 제25장에 나오는 보편교회는 개인의 교회가 아니라 공동의 교회라는 이념을 지향한다.

> 1) 공동적 또는 보편적 교회(the catholic or universal church)는 볼 수 없는데, 이 교회는 과거나 현재나 미래에 있어서 머리이신 그리스도를 중심하여 모이는 모든 택한 백성으로 구성된다. 이것은 만물 안에서 만물을 충만하게 하시는 그리스도의 신부요, 몸이며, 충만이다.
> 2) 보이는 교회도 복음시대에 있어서 역시 공동적 또는 보편적 교회인데, 율법시대와 같이 한 민족에게만 국한된 것이 아니라, 전 세계를 통해 참 종교를 고백하는 모든 사람과 그들의 자손들로 구성된다. 이 교회는 주 예수 그리스도의 왕국이요, 하나님의 집이요, 가족이며, 이것을 떠나서는 구원의 정상적 가능성은 없다.

이 신조가 표방하고 있는 교회는 보편교회, 곧 공동의 교회이다. 수천 명이 모이는 대형교회이든 서너 명이 모이는 개척교회이든 같은 신앙과 교리와 정치 위에 서 있는 한, 한 배를 탄 공동체의 일원이다. 따라서 궁핍과 어려움 가운데 있는 교회의 사정을 무시한 채 장로교회를 운운하는 것은 위선이다. 다음으로 장로교회는 정치에 있어 교직의 평등을 주장한다.

> 1) 우리는 장로주의체제가 성경적 교회의 고유한 정치체제임을 믿으며 장로들에 의한 정치, 교직평등, 단계적 교회회의를 통해 교회의 통치권이 행사됨을 원칙으로 한다.
> 2) 우리는 교회의 자율적 원칙에 의해 교회정치를 행하며 국가에 대해서는 영역주권적 정교분리(領域主權的 政敎分離)의 원칙을 주장한다. 영역주권이란 정권과 교권을 구별하여 국가는 국가권력, 교회는

그리스도의 영적 지배권, 즉 교권에 의해 통치됨을 의미한다. 교권이란 어떤 특정한 교회 계급의 독점물이 아니라 그리스도께서 교회 전체에 부여하신 위탁권을 의미한다.[81]

위와 같은 정치원리를 정독하고 한 번만이라도 진지하게 생각해봤다면 제자교회와 같은 사례는 없었을지도 모른다. 여기서 정치란 거짓과 모략을 통해 사익(私益)을 추구하는 모리배의 행위가 아니라 보편교회와 교직의 평등이라는 거룩한 이상을 구체화시키는 말 그대로 "바름의 다스림(政治)"이다. 문제는 수천 명이 모이는 대형교회의 목사와 서너 명이 모이는 개척교회의 목사가 어떻게 평등할 수 있느냐이다. 현실은 전혀 평등하지 못한데 왜 헌법은 평등하다고 하는가? 원리는 교회이건 국가이건 같은 것이다.

여러 개혁자가 목숨을 버리면서까지 만든 원리와 원칙이 잘못될 리는 없을 것이다. 언제나 문제는 죄의 영향력 안에 있는 인간이다. 목회자의 십일조와 그 비율적 분배는 교직의 평등을 구체화시킬 수 있는 가장 성경적인 제도이다. 자신의 십일조가 다른 가난한 동료 목회자의 생활보호를 위해 사용되는 것을 반대하는 목회자는 아마도 없을 것이다. 아니 없어야만 한다!

둘째, 교회는 공동체의 평균적 균등을 위한 '연보'를 제도화해야 한다. 신약에서 연보(collect)는 사도바울이 집중적으로 사용하고 있는데, 이는 공동체에 의한, 공동체를 위한 것이다. 연보는 개인적 자비심을 넘어서 공동체의 비율적 평등을 지향하는 거룩한 의무이다. 따라서 연보 제도는 한국교회 안에서의 파멸적인 양극화를 최소화하여 미자립교회의 목회자를 제도적으로 보호하는 방향에서 실현되어야 한다. 이를 위해 구체적으로 교단별로 목회자 최저 생계비를 책정하고 이를 지원해야 한다. 특히 장로교는 교리에서 "하나의, 거룩한, 보편적 교회(una,

---

81) http://www.pckd1961.or.kr/run/law/lawc/view.php?num=102

sanctica, catholica ecclesia)"를 고백하는데, 목회자의 비율적 평등을 제도적으로 보장하지 않은 채 어떻게 하나의, 거룩한, 보편적 교회를 운운할 수 있겠는가? 그것은 위선이다.

이러한 이념과 정신에 의거해서 한국교회의 파멸적 양극화를 시정할 수 있는 구체적 대안 두 가지를 우선적으로 제안하고자 한다. 이 두 제도는 이미 실행하고 있는 교단도 여럿 있음을 밝혀둔다.

은급재단: 십일조를 모아 은퇴기금으로

계약적 공동체성의 이념으로 한국교회의 양극화를 극복할 수 있는 구체적이고 현실적이며 동시에 매우 의미 있는 제도가 은급재단의 설립이다. 은급재단은 목회자의 퇴직 후 은퇴자금을 지원하는 종교적 법인이다. 장로교의 경우 통합 측은 이미 1960년부터, 합동은 1965년부터 총회 차원에서 은급재단을 운영하고 있으며, 감리교는 문헌상으로 1930년으로 거슬러 올라간다.

은급재단의 운용에 있어서 가장 이상적인 형태는 성서적인 정의와 균등의 원리를 구현하는 것이다. 다시 말해 노후를 위해 내 수입의 일부를 저금했다가 나중에 '타 먹는다'는 지극히 일차원적인 생각을 넘어서서 보다 성숙하고 책임적인 공동체성을 구현하는 것이다.

첫째, **정의의 원리**는 '심은 대로 거두는 것'이다(갈 6:7). 내가 낸 만큼 나중에 찾아가는 것이다. 만일 십일조로 30만 원을 30년 냈다면 은퇴 후에 이자와 물가상승률이 계산된 액수를 수령하게 된다. 따라서 한 푼도 내지 못했다면 원리적으로 받는 것도 없다. 이것이 정의의 원리이다. 대개 모든 은퇴연금은 이 원리에 따라 운용된다.

이 원칙의 가장 큰 장점은 단순하면서도 가장 확실하다는 것이다. 특성상 은급재단에는 매우 큰 액수의 현찰이 모이게 된다. 그런데 지난 여러 교단의 은급재단 경험은 돈이 있으면 이를 노리는 각종 모리배가 모이기 마련이라는 사실을 가르쳐준다. 어떻게 해서든지 개인의 욕심을 끝없이 충족시키려 한다. 여기서 파멸적인 불신이 발생하고 각종 탈법 및 불법이 횡행한다. 그러기에 심은 대로 거두는 정의의 원칙은 단호해야 한다. 탈법과 불법이 감히 발붙이지 못하도록 철저하게 관리되고 통제되어야만 한다.

은급재단 운용에 있어서 정의의 원리가 얼마나 중요한가를 보여주는 대표적인 사례는 우리나라 최대 교단 대한예수교장로회 합동총회의 은급재단이다. 그런데 납골당 사업에 기금을 투자했다가 깊은 수렁에 빠지고 말았다. 10년 전 총회 일부 인사들이 은급 기금 120억여 원을 납골당 사업에 투자했는데, 수익은커녕 투자금 회수도 어렵게 되자 지난 2009년 5월 한 교회에 이를 90억 원에 매각하기로 했다. 그러나 지금까지 총회에 입금된 금액은 매각 금액의 절반을 조금 넘는 50억여 원에 불과하다. 이후 매년 교단총회에서 납골당 투자 결정에서부터 매각까지 책임론과 문책론이 제기됐는데, 2011년 가을 정기총회에서는 결국 납골당문제조사처리위원회까지 구성됐고, 이 위원회는 현재 관련자들을 사법기관에 고발할 것을 고려 중에 있다고 한다.

은급재단의 방만한 운용은 결국 불신을 증폭시킬 수밖에 없다. 그 결과 합동 측 목회자들의 은급 기금 가입률은 낮아져 현재 교단 소속 목회자 30,000여 명 중 4.6% 정도만 가입되어 있는 실정이라고 한다.[82]

둘째, 그러나 성경에는 평균하게 하는 **균등의 원리**가 있다(고후 8:14). 다시 말해 기독교의 정의는 심은 대로 거두는 것에서 출발하지만 그것을 넘어선다는 것이다. 목회자는 현실적으로 평등하지 못하다. 한 달에 십일조를 몇백만 원 하는 사람도 있을 수 있고 십만 원도 못 하는 사람이 있을 수 있다. 공동체라면, 보편교회와 교직의 평등을 정말로 믿는 목회자라면 이러한 양극화를 당연한 것으로 간주해서는 안 된다. *따라*

---

82) "목회자들의 은급관리 구멍", 《노컷뉴스》, 2012. 6. 12.

서 모아진 은급자금을 통해 형성된 잉여금은 역순으로, 곧 가장 적게 낸 사람이 가장 많은 혜택을 볼 수 있는 방향으로 분배되어야 한다. 이것이 곧 사도바울이 누누이 강조하는 균등한 배분, 곧 **비율적 평등**이다.

여기서 직접적인 공동체주의와 간접적인 공동체주의가 충돌할 수 있다. 모든 교회의 재정을 중앙으로 올리고 중앙에서는 필요에 따라 목회자의 사례비를 포함한 각 지교회의 운영비를 제공하는 것은 초대교회의 직접적 공동체주의 모델이다. 물론 시도해볼 만한 가치가 분명히 있지만 그러나 지금 우리 현실에서는 가능하지 않다. 남는 것은 **연보정신에 기초한 간접적 공동체주의**이다. 은급재단에는 이자수입과 투자수입이 발생한다. 이자수입은 금융권의 금리에 따라 원금에 붙는 것이고, 투자수입은 기금을 투자해서 그 수익금을 얻는 것이다. 여기서 진지하게 묻지 않을 수 없다. 이자수입과 투자수입을 역순으로, 곧 가난한 순서대로 분배하는 것마저 우리 현실에서는 불가능한 것일까? 모든 소유를 다 팔아 가난한 자에게 나누어주라는 주님의 명령을 실천하지 못할 바에야―육신이 약해서?―이자와 잉여를 가난한 자들에게 나누어주는 것마저 버겁다면 과연 복음은 우리에게 어떤 의미가 있는 것일까?

한국교회에서 연금재단을 가장 모범적으로 운용하는 것으로 평가받는 통합 측의 은급재정현황을 살펴보자.

〈예장통합 측 연금기금 운용현황〉[83]

2010년 12월 31일 현재 (단위:천원)

조성		지급		잔액	
연금납입금	211,225,631	퇴직일시금 및 중도해지금	22,080,075	준비금	171,642,926
		납입금환입 (주1)	17,502,630		
소계	211,225,631	소계	39,582,705	소계	171,642,926

---

83) http://www.pension.or.kr/

수익		비용		잉여금	
운용수익	98,513,980	연금급여	49,198,492	누적잉여금	53,884,199
기타수익 (주2)	28,119,821	사업및운영비	12,101,099	기타	30,809,934
납입금환입 (주1)	17,502,630	기타비용 (주3)	3,460,714		
기타	5,318,006				
소계	149,454,437	소계	64,760,305	소계	84,694,133
자산총계			256,337,059		

통합 측의 경우 2010년 누적잉여금이 538억 생성되었다. 결코 적은 액수가 아니다. 문제는 이 잉여금을 어떻게 분배할 것인가이다. 물론 이에 대한 분배는 투자비용을 면밀히 분석하며 전자계산기를 열심히 두드려야 할 문제이다. 그러나 그것이 다일까? 정의의 문제가 그저 단순히 계산의 문제일까? 우리는 이미 앞에서 오병이어의 기적을 통해 예수의 관심은 냉정한 합리주의와 무관심한 냉소주의를 넘어서는 것이라고 주장했다. 분배가 오로지 시장에 기여한 정도에 따라서만 결정된다면 그것은 세상의 분배정의가 될 수는 있어도 기독교적 분배정의는 될 수 없다.

목회자 최저생계비 지원

다음으로 시급한 것은 목회자의 최저생계비를 공동체가 지원하는 문제이다. 보도에 의하면 예장 통합 총회는 최근 미자립교회에 대한 교역자 생활 평준화 작업에 착수했다. 이 사업의 목적은 미자립교회 목회자들에게 생활비를 공평하게 지원함으로써 안정된 목회를 도모하기 위함이다. 사업 주체는 각 노회로 정해 월 평균 100만 원을 생활비 기준으로 정하고 가족이 추가될 경우 1인당 10만 원씩 부가수당이 지급된다고 한다.[84] 한편 한국에서 가장 진보적이라는 말을 듣고 있는 기장 총회는 현재 생활보장제도를 통해 미자립교회 목회자들을 돕고 있다. 방식 또한 가장 진보적이다. 교단 전체 목회자들의 십일조 중 2분의 1을 총회가 일괄적으로 취합해서 각 노회의 미자립교회 목회자들의 최저 생계비로 지원하는 방식이다. 이를 통해 기장은 근본적으로 **목회자 본봉을 평준화**하는 방안을 강구하고 있다고 한다.

기장교단이 추구하는 방향은 한국교회의 양극화 해소를 위해 매우 큰 시사점을 던져준다. 유일한 대안은 목회자들의 대오각성(大悟覺醒)이다. 교회는 영적인 나라이므로 강제력을 동원하는 칼의 권세가 없다. 세상은 세무조사라는 강력한 강제력이 있지만 교회에는 그것이 없다. 따라서 모든 목회자는 '내 교회'라는 사욕에서 벗어나 자신들이 늘 설교하듯이 '주님의 교회'라는 공교회성의 의식을 가져야만 한다. 더군다나 개혁교회는 '오직 은총'을 특별히 강조하지 않는가? 이 신학에 의하면 수천 명이 모이는 대형교회는 나의 노력의 결과가 아니라 하나님의 은혜의 결과이다. 정말 이런 신앙 위에 있다면 모든 지교회의 재정과 재산까지 총회에서 일괄적으로 관리하는 그러한 수준까지 올라가야 하지 않겠는가?

수백의 사례비도 모자라 수십억의 헌금을 횡령하다 세상 법정에 서는 목사가 있는가 하면, 자식의 학원비를 벌기 위해 밤새 대리운전을 하다 사고로 목숨을 잃는 목사가 있는 이 지독하게 삐뚤어진 현실은 반드시 개혁되어야 한다. 하나님의 나라는 세상의 나라와 달라야 하기 때문이다. 교회는 세상의 빛과 소금이지 조롱거리와 비웃음거리가 결단코 아니기 때문이다.

---

84) "교단마다 미자립교회 보듬기", 《국민일보》, 2012. 4. 29.

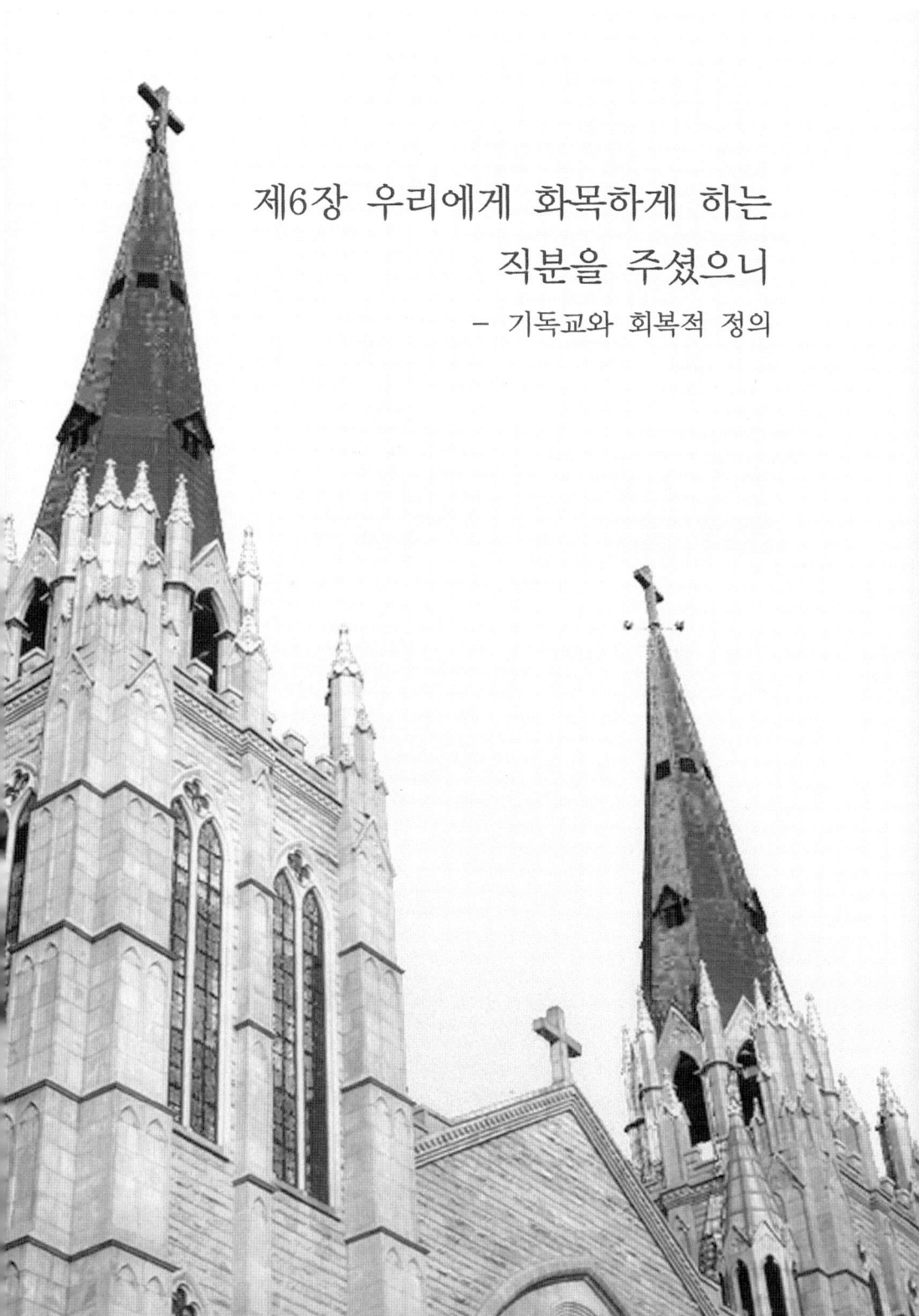

제6장 우리에게 화목하게 하는
직분을 주셨으니
- 기독교와 회복적 정의

〈나치에 의해 학살당한 피해자를 위해 무릎을 꿇은 당시 서독 수상 빌리 브란트〉

이 사람이 그 죄악에 책임이 없고 당시에 거기 있지 않았는데도 옛 바르샤바의 게토에서 무릎을 꿇었다면 그것은 그의 의지로 그렇게 한 것이 아니다. 그는 물론 그럴 필요가 없지만, 그렇게 해야만 했으나 그렇게 하지 않은 모든 사람을 위해 무릎을 꿇었다. 그래서 그는 그 스스로는 질 필요가 없는 한 죄책을 고백한다. 그리고 그 스스로가 필요하지 않은 용서를 구한다. 그렇게 그는 거기서 독일을 위해 무릎을 꿇었다.

— 슈피겔(Der Spiegel)

기독교와 정의의 문제를 연구하는 우리의 여정은 이제 '기독교와 회복적 정의'라는 테마와 함께 마지막 지점에 도달했다. 물론 이 '마지막'은 또 다른 '시작'일 것이다. 회복적 정의에 대한 테마를 우리에게는 '장 발장'으로 더 유명한 빅토르 위고(Victor Hugo)의 대작 『레미제라블(Les miserables)』의 한 장면으로 시작하고자 한다. 빵 한 조각 훔친 죄로 5년형을 언도받고 네 번의 탈옥시도 끝에 19년을 감옥에서 살아야 했던 장 발장과 죄를 뉘우치고 선하게 사는 장 발장을 끝까지 추적하는 자베르 형사는 물론 모두 위고가 문학적으로 창조해 낸 픽션(fiction)의 인물들이다. 그러나 때론 픽션이 더 현실적이지 않은가?

철학적 텍스트에 비해 문학적 텍스트가 갖는 강점 가운데 하나는 후자는 독자들에게 더 열려 있다는 것이다. 1862년 처음 출판된 위고의 소설 『레미제라블』은 그보다 15년 전인 1847년 세상에 처음 발표된 마르크스의 『공산당선언 (Manifest der Kommunistischen Partei)』과 유사한 주제를 다룬다. 위고는 장 발장과 코제트라는 인물을 통해 당시 유럽사회의 '비참함(miserables)'을 스케치하고 있는 반면, 마르크스는 '계급투쟁'이라는 보다 엄밀한 언어를 통해 프롤레타리아 계급의 '레미제라블'을 고발하고 해방을 약속한다.

그러나 레미제라블과 공산당선언 사이에는 근본적인 차이가 있으니, 그것은 바로 **용서와 화해**의 문제이다. 냉철한 경찰 자베르는 집요하게 추적하던 죄수 장을 붙잡았지만 법과 처벌과는 질적으로 다른 어떤 것이 있다는 사실에 충격을 받고 절망한다. 그는 "재판할 수 없는 죄수" 장을 놓아주고 센(seine) 강에 몸을 던진다. 자베르가 부딪혀야만 했던 이 벽은 무엇일까? 그리고 이 벽은 오로지 위고의 문학적 텍스트에서만 존재하는 것일까?

6.1 응보와 회복

> 진정한 정의는 피해자, 가해자 및 공동체를 피해배상, 화해 및 안전
> 을 약속하는 해결을 모색하는 과정에 참가시키는 것이다.
>
> — 제어(Howard Zehr)

"회복적 정의(restorative justice)"라는 용어와 개념은 여전히 현재진행형이다.
롤즈와 하버마스는 물론이고 가장 최근에 정의담론을 사회적 이슈로 부각시킨
샌델에게서도 회복적 정의는 생소한 개념이다. 당연히 여기서 중요한 질문이
생길 수밖에 없다. 왜 '정의'라는 이름 앞에 '회복'이라는 말이 붙었는가? 정의
와 회복은 양립 가능한가? 좀 더 본질적으로 질문해보자. '회복하다'라는 타동
사의 목적어는 무엇이며, 이것이 정의와 어떤 관계가 있는가?

회복적 정의는 범죄에 대한 처벌을 목적으로 하는 응보적 정의의 한계와 문
제점이 노출되면서 본격적으로 논의되기 시작했다.[1] 회복적 정의의 중심에는
'화해'라는 우리에게는 친숙하면서도 그러나 여전히 낯선 개념이 있다. 회복적
정의에 있어 '알파와 오메가'인 이 화해는 우리가 보통 말하는 '합의' 하고는
유사하지만 매우 다른 것이다. 일반적으로 돈을 주고 성립되는 합의는 형사처
벌을 면하기 위한 것으로서 이를 악용해서 더 큰 범죄가 발생되기도 한다. 그
러나 화해는 처벌을 피하기 위한 것이 아니라 단절된 관계를 회복시키려는 매
우 도덕적이며 종교적인 행위이다.

일벌백계(一罰百戒)의 공정한 처벌을 통한 정의와 각자의 몫에 따른 평등한
분배를 통한 정의 외에 화해를 통한 정의에 대해 우리가 고민해야 하는 근본
적인 이유는 무엇일까? 기독교는 이러한 화해를 통한 정의에 대한 무엇을 말
할 수 있는가?

---

1) 김용세, 『회복적 사법과 형사화해』(서울: 진원사, 2009), 5.

쟁점-1: 동기와 내러티브

장 발장의 이야기는 응보와 회복의 문제를 매우 예리하게 다룬다. 19세기 혁명의 시대를 살았던 위고는 그의 대작소설 『레미제라블』을 통해 자신이 추구하는 혁명이 무엇인가를 독자들에게 말한다. 이는 1862년 오트빌 하우스에서 이 소설의 마지막 권을 집필하면서 남긴 작가 자신의 말에서 드러난다.

> 법률과 풍습에 의하여 인위적으로 문명의 한복판에 지옥을 만들고,
> 인간적 숙명으로 신성한 운명을 복잡하게 만드는 한,
> 무산계급에 의한 남성의 타락, 기아에 의한 여성이 타락,
> 암흑에 의한 어린이의 위축과 같은
> 이 시대의 세 가지 문제가 변질되지 않는 한,
> 어떤 지역에서 사회적 진실이 가능한 한,
> 다시 말하자면, 그리고 더욱 넓은 의미에서
> 지상에서 무지와 비참이 존재하는 한,
> 이 책과 같은 성질의 책들이 무익하지는 않을 것이다.[2]

이 위고의 시는 그의 소설이 당시 혁명과 반혁명이 교차적으로 충돌하고 있던 19세기의 프랑스 사회를 성찰의 대상으로 삼고 있음을 드러내준다. 이 소설의 두 주인공 장 발장과 자베르는 법에 의해 처벌받아야만 하는 '죄수'와 법을 엄중하게 집행하는 '권력'을 대표한다. 장은 굶주린 조카들 때문에 빵을 훔치다가 5년형을 언도받는다. 이미 여기에 근대적 사법제도의 한계에 대한 위고의 비판이 들어 있다. 빵 한 조각을 훔쳤다고 5년 징역형에 처하는 것은 매우 가혹한 처사일 뿐 아니라 정의의 원칙에도 위반된다. 만일 오늘날 어떤 판사가 이런 판결을 내렸다면 그는 아마 당장 옷을 벗어야 할 것이다. 장이 받은 저 형벌에서 우리는 보다 중요한 두 가지 문제점을 숙고해야만 한다.

---

2) V. 위고, 『레미제라블』 제5권, 방곤 옮김(서울: 범우사, 1994), 19.

첫째, 장의 **행동의 동기**가 전혀 고려되지 않았다. *왜 빵을 훔쳤는지,* *아니 왜 빵을 훔칠 수밖에 없었는지*에 대한 고려가 전혀 보이지 않는다. 장은 굶주린 조카들 때문에 빵을 훔쳤다. 물론 남의 물건을 훔치는 것은 범죄이며 죄악이다. 그러나 장은 일하고 싶었지만 아무도 그에게 일자리를 주지 않았다. 그래서 막다른 골목으로 내몰린 장은 결국 빵을 훔칠 수밖에 없었다. 훔치는 것 말고 다른 방법으로 굶주린 조카들에게 빵을 줄 수도 있었다며 행동의 다른 가능성을 제시할 사람도 있을 것이다. 그러나 대부분의 독자들은 장이 빵을 훔치다 체포되어 5년형을 언도받는 대목에서 장에 대한 어떤 연민의 감정을 느끼고 '그것은 정의롭지 못하다'라고 말한다.

여기서 다시 한 번 내러티브의 중요성이 부각된다. 위고가 독자들에게 요구하는 것은 **무엇을 했느냐**(what he did)가 아니라 **왜 그렇게 했느냐**(why he did)이다. 작가가 말하고 싶은 것은 장이 빵을 훔쳤다는 범죄사실보다 장의 조카들이 굶주림에 시달리고 있었다는 유아들의 **기아문제**, 일하고 싶어도 일자리를 구하지 못하는 **실업문제**, 그로 인해 결국 범죄로 이어지는 일련의 **사회문제**에 있다. 그러므로 범죄 같은 일탈행위에 있어 그것의 동기에 대해 살피는 것은 매우 중요하다. 또 범죄행위의 동기의 상당수는 개인적인 요인보다 사회적인 요인에 의해 영향을 받는다.[3]

지난 2010년 온 나라를 떠들썩하게 만들었던 '김길태 사건'을 생각해보자. 한 여중생을 강간해서 잔혹하게 살해한 이 사건은 피해자 가족에게는 감당하기 힘든 상처를 주었고 온 국민에게는 큰 충격을 주었다. 김길태는 체포되어 2011년 4월에 대법원에서 무기징역이 확정되었다. 이 사건에 대한 대중의 반응은 극과 극이었다. 많은 사람은 무기징역이 아니라 당장 사형에 처해야 한다고 목소리를 높였다. 반면, 비록 소수

---

3) 김용세, 『회복적 사법과 형사화해』, 87.

지만 어떤 이들은 김길태를 추종하는 카페까지 만들며 잔혹한 범죄자를 영웅시했다. 이 입장은 당연히 일고할 가치도 없는 것이지만, 그러나 당장 사형시켜야 한다는 주장에도 문제가 있다. 가해자를 죽이면 모든 문제가 해결되는가?

문제의 진정한 해결방향은 가해자를 죽이는 것이 아니라 그의 삶의 내러티브를 읽고 그것을 해석하는 데 있다. 그가 갓난아기로 친부모에게 버려졌다는 것은 **미혼모 문제**, 양부모에게 입양되었으나 매우 불우한 학창시절을 보냈다는 것은 **입양제도**의 문제, 학교생활에 적응하지 못하고 범죄의 길로 빠져 교도소에서 8년 동안 복역하다 출소하자마자 강간살해라는 극단적 범죄를 행했다는 것은 **학교교육**과 **교정제도**의 문제 등등 '김길태 내러티브'는 우리 사회의 약한 고리 곳곳을 찌르고 있다. 이러한 이유로 김길태 사건의 보다 근본적인 해결방향은 본보기로 죽이는 것이 될 수는 없다. 설사 광장에서 공개처형을 한다고 해서 김길태 같은 사건이 다시 일어나지 않으리라는 보장이 있는가? 근본적인 해결방향은 저러한 내러티브를 읽고 해석해서 제2의 김길태, 제3의 김길태가 우리 가운데 나타나지 않도록 하는 것이 아닐까?[4]

쟁점-2: 형벌과 용서

장 발장이 받은 형벌에서 우리가 보게 되는 또 다른 쟁점 내지는 문제점은 처벌이 갖는 한계점이다. 빵 한 조각 훔쳤다고 5년의 징역형을 내린 것은 전문적인 훈련을 받은 법조인이 아니더라도 그것은 부당하다고 말할 것이다. 그렇다면 빵 한 조각 훔친 죄에 대한 '합당한' 형량은 몇 년일까? 또 합당한 형량은 무엇을 근거로 누가 결정하는 것일까? 물론 이러한 문제는 법의 전문영역에 속하는 것으로서 법률에 문외한

---

4) 비교: 하워드 제어, 『회복적 정의란 무엇인가』, 손진 옮김(서울: KAP, 2011), 54.

인 사람들이 이래라저래라 할 성질의 것은 아니리라. 그러나 범죄행위에 대한 처벌의 양과 질은 절대적인 것이 아니라 상대적이며 그것은 시대와 문화에 따라 다르다. 이러한 양상을 칸트와 위고의 경우를 통해 숙고해보자.

칸트는 **처벌적 정의**(Strafgerechtigkeit)를 법철학에서 중요하게 다룬다. 먼저 칸트는 형벌에 대한 18세기 당시의 공리주의적 견해를 비판한다. 즉, 가능한 범법자들에게 범죄행위를 하지 못하게 일종의 본보기로서 경고한다는 "위협설"은 합당하지 못하다. 왜냐하면 이러한 "위협설은 사회를 위한 한낱 수단으로 인간을 격하시키고 불가침의 인간존엄성을 인간에게서 박탈하기" 때문이다.[5] 이어서 칸트는 처벌에 있어 **형식적 원리**와 **질료적 원리**를 구분한다. 형벌은 정의의 형식적 원리이지 질료적 원리가 아니다. 이를 통해 칸트는 눈에는 눈, 이에는 이라는 탈리오의 원칙을 비판한다. 도적질했다고 손목을 자르고, 강간했다고 거세하는 것은 처벌이 요구하는 정의의 형식적 원리를 질료적으로만 받아들인 것이다.[6]

한편 위고는 장 발장의 텍스트를 통해 응보적 처벌이 갖는 한계를 폭로한다. 장 발장을 쫓는 경찰 자베르는 매우 냉혹한 인물로 묘사된다. 자베르는 범죄자를 잡아 법에 따라 처벌하는 것이 자신의 신성한 의무라고 생각한다는 점에서 응보적 정의의 화신이다. 그는 거의 본능적으로 마들렌을 의심한다. 마들렌이라는 인물은 사실 미리엘 신부의 감동적인 용서와 친절을 통해 완전히 새사람이 된 장 발장이다. 마들렌은 열심히 일해 모은 재산을 가지고 자선사업을 하면서 주위의 존경과 칭찬을 받는다. 그러나 자베르의 추적에는 자비가 없다.

마침내 소설의 하이라이트에서 처벌과 용서의 문제가 급부상한다.

---

5) 회페, 『임마누엘 칸트』, 278.

6) 위의 책, 282.

결정적인 순간 자베르는 죽을 위기에 처하지만, 장 발장은 자베르를 용서하고 살려준다. 또 상황이 바뀌어서 이번에는 자베르가 장 발장을 체포할 수 있는 처지였지만 자베르 역시 자신도 모르게 그가 평생 추적한 죄수를 도망가게 한다. 자베르는 여기서 법에 의한 처벌 외에 다른 어떤 것이 실재하고 있음을 깨닫고 혼란스러워하다가 마침내 스스로 강에 몸을 던지고 만다. '감시와 처벌의 화신' 자베르의 혼란을 위고는 다음과 같이 독백으로 처리한다.

> 내가 거의 박해했을 정도로 추적한 저 죄수는, 저 절망적인 사나이는, 나를 발밑에 짓밟고 복수할 수 있었으며, 더구나 원한과 신변의 안전을 위하여 복수하는 것이 당연하면서 나의 목숨을 구해주었고 나를 용서했으니 그것은 대체 어째서일까? 그의 의무라 할까? 아니 의무 그 이상의 무엇이다. 그리고 나도 이번에는 그를 용서해주었으니 그것은 또 어째서일까? 나의 의무라 할까? 아니 의무 그 이상의 무엇이다. 그러면 과연 의무 그 이상의 무엇이 있는 것일까?[7]

위고가 자베르의 입을 통해 말하고 있는 "의무 그 이상의 무엇"은 법과 제도만으로는 포착되지 않는 휴머니즘일 것이다. 위고가 그것을 "인간에 의존하는 정의와는 반대방향을 취하는 일종의 신에게 의존하는 정의"라고 말하는 대목이 우리에게는 인상적이고 결정적이다. 그래서 성당의 은촛대를 훔친 장 발장을 용서하는 미리엘 신부, 자신의 원수에게 복수가 아닌 관용과 친절을 베푸는 장 발장, 그리고 엄중한 법 집행 대신 죄수를 도망치게 한 자베르 등 소설 레미제라블의 골격이 되는 이야기는 감상적인 휴머니즘도 아니고 나이브한 도덕설교도 아니다! 위고가 포착하고 있는 **신에게 의존하는 정의**, 그것이 우리가 연구하고 고민해야 하는 **기독교적인 회복적 정의**이다.

---

7) 위의 책, 178.

모델-1: 영화 〈밀양〉과 〈우리들의 행복한 시간〉

　　죄와 용서의 상관관계에 대한 매우 예리한 통찰은 신학자들의 어려운 이론보다 대중적인 한국영화 <밀양>에서 발견된다. 한국을 대표하는 감독과 배우들이 만나서 2007년 큰 반향을 일으켰던 이 영화에서 우리는 **용서의 문제**를 주목할 수밖에 없다.

　　여주인공인 신애(전도연 분)는 자신의 외아들을 유괴해서 죽인 '원수'를 미워하다가 신앙의 힘을 통해 살인자를 결국 용서하기로 결심한다. 실로 엄청난 결심이 아닐 수 없다. 그녀는 떨리는 마음으로 자신의 외아들을 납치해서 살해한 그 원수를 교도소로 찾아간다. 그녀는 그 살인자가 최소한 자신에게 사죄하며 용서를 빌 것으로 생각한다. 그러나 정작 살인자를 만나자 그녀의 기대는 완전히 빗나가고 만다. 심히 괴로운 얼굴로 나올 줄 알았던 살인자는 아주 평화로운 표정으로 나타난다. 살인자는 신이 자신의 모든 죄를 용서해주었다고 아주 기쁜 모습으로 말한다. 신애는 격하게 울부짖는다. "내가 용서하지 않았는데 누가 용서해준단 말이야!" 영화는 이 대목에서 클라이맥스를 이루고, 여기서 신학은 깊은 고민에 빠지게 된다.

　　이 영화는 한국교회의 저변에 만연해 있는 "값싼 은혜"를 정면으로 비판하고 있다. 그런 면에서 칭의와 사죄의 관계는 깊게 토론해볼 만한 가치가 있다. 물론 화해와 치유는 종교의 힘이 아닌 사람과의 관계에서만 가능하다는 이 영화의 과격한 기독교비판에 우리는 동의할 수 없다.

　　2006년 나온 영화 <우리들의 행복한 시간> 역시 형벌, 사죄, 화해의 문제를 심도 있게 다룬다. 이 영화는 어렵게 살다가 우연히 살인사건에 휘말려 사형선고를 받고 구치소에서 복역하고 있는 한 사형수의 이야기를 추적한다.

고아로 자란 주인공 윤수(강동원 분)는 자신의 의지와는 상관없이 그저 엉겁결에 가정부로 일하는 한 여자를 살해하고 사형수로 복역한다. 그는 세상을 원망하고 저주하며 간절히 죽기만을 바란다. 그러다가 자신에게 친절하게 대해주는 유정(이나영 분)을 만나면서 서서히 마음이 열리기 시작한다. 그러던 어느 날 자신이 얼떨결에 살해했던 여인의 어머니가 면회를 신청한다. 세상을 저주하며 살아가는 윤수는 아무 거리낌 없이 면회소에 나가지만 정성스럽게 음식을 해서 찾아온 그 어머니를 보고는 결국 주저앉고 만다. 윤수는 감히 얼굴도 못 들고 죄송하다며 울부짖고, 그 어머니는 자신의 딸을 살해한 윤수를 용서한다. 여기서 이 어머니가 부르짖는 외침은 어떤 철학적 혹은 신학적 용어보다 문제의 본질을 직시한다. "너를 죽여서 죽은 내 딸이 살아 돌아온다면 천 번, 만 번 죽이겠지만……."

돈을 노리고 계획적으로 어린이를 유괴해 죽인 살인자는 신이 자신을 용서해주었다면서 피해자 앞에 당당히 나선다. 그러나 사람들은 이 장면에서 분노를 느낀다. 의심의 여지없이 이 살인자의 태도는 복음이 요구하는 생활과는 아무런 상관이 없다. 진정으로 신의 용서를 경험한 자는 피해자 앞에서도 무릎을 꿇고 용서를 빌어야 한다. 이것이 주기도 문에서 가장 분명하게 드러나는 기독교의 근본정신이다. "우리가 우리에 게 죄 지은 자를 사해준 것같이 우리의 죄를 사해주시옵소서(마 6:12)." 반면, 그저 우연히 한 사건에 휘말려 엉겁결에 사람을 죽인 살인자는 피해자 앞에서 고개도 못 든 채 눈물로 용서를 구한다. 물론 이 사형수 가 신으로부터 사죄의 은총을 경험했는지 알 수 없다. 그러나 가해자는 사죄하고, 피해자는 용서한다.

모델-2: '원수'를 용서한 이란 여인

원수에게 복수 대신 용서와 친절을 베푸는 행위는 예수의 산상수훈 같은 '종말론적인 윤리'나 혹은 레미제라블 같은 소설에서만 가능한 것일까? 그것은 현실에서는 전혀 불가능한 하나의 이상일 뿐인가? 반 드시 그런 것만은 아닌 것 같다. 흔한 일은 아니지만 그러나 이 '불가 능한 가능성'이 실제로 일어나기도 한다.

아메네라는 한 이란 여성은 2004년 일을 마치고 집으로 돌아오다 마지드라 는 한 남성으로부터 갑자기 염산 공격을 받아 그만 실명하고 얼굴에는 큰 화 상을 입고 말았다. 아메네가 마지드의 청혼을 거절한 것에 대한 복수였다. 마 지드는 곧 체포되었고 이란의 법정은 '눈에는 눈, 이에는 이'라는 이슬람 율법 에 따라 아메네가 보는 앞에서 아지드의 얼굴에 염산을 뿌리는 형벌을 명했다. 피해자의 고통은 이해가 가지만 상상만 해도 끔찍한 형벌이 아닌가? 그런데 놀라운 일이 벌어지고 말았다. 아메네가 가해자를 용서한 것이다. 아직 결혼 전의 여성인 자신에게 끔찍한 범죄를 저지른 가해자를 용서한 직후 아메네는 다음과 같이 말했다고 한다. "나는 매우 좋다. 그를 용서해서 나는 행복하다."

계속해서 그녀는 언론과의 인터뷰에서 이렇게 말했다. "7년 동안 나는 복수하기 위해 노력했고 염산형벌이 합당한 보응이라는 것을 증명하려 했다. 그러다 그를 용서하기로 결심했다. 이것은 나의 권리이지만 앞으로 나와 같은 희생자가 다시 생기지 않기를 바란다."[8]

아메네의 행위는 바보 같은 짓인가? 아니면 매우 용기 있는 행위인가? 저마다의 입장에 따라 답은 달라질 수 있겠지만 기독교윤리의 관점에서 보자면 그녀의 행위는 가장 도덕적이다. 피해자가 가해자에게 복수하는 것은 그리 어려운 일이 아니다. 사법제도가 발전하기 전에는 탈리오의 원칙에 따라 보복했다. 그러나 지금은 경찰과 법원이 그 일을 대신해준다. 그러나 용서하는 일은 그렇게 쉽고 간난한 일이 아니다. 원수를 용서하는 일은 복수라는 식욕이나 성욕만큼 강렬한 인간의 본능적 욕구를 제어하고 내려야만 하는 인간의 도덕적 판단과 행위의 가장 최상에 존재하는 것이다.[9] 따라서 설교자는 너무 쉽게 원수사랑을 외쳐서는 안 된다. 이 계명 앞에서 설교자는 먼저 절망을 경험해야만 한다. 나는 해야만 하지만 그러나 할 수 없다!(Ich soll, aber ich kann nicht)[10]

아메네의 인터뷰에서 가장 중요한 대목은 미래에 똑같은 희생자가 나오지 않기를 바란다는 소망이다. 용서의 목적은 단순히 한 끔찍한 사건을 덮어두자는 것이 아니라 같은 범죄행위를 방지하자는 것이다. 이것은 처벌의 목적과도 부분적으로 일치한다. 범죄자를 처벌하는 것은 그에게 물리적 혹은 경제적 제재를 가함으로써 피해자의 응보의 욕구를 충족시키고 이를 통해 똑같은 범죄행위가 다시 발생하지 않도록 하자는 것이다. 처벌 자체를 즐기는 중세적 사디즘이 우리 사회의 형법의 근간이 될 수는 없다.

---

8) <The Guardian>, "Iranian woman blinded by acid attack pardons assailant as he faces same fate", 2011. 7. 31.

9) 비교: 칸트, 『윤리형이상학정초』, 89.

10) ThE Ⅰ, 156.

우리는 앞에서 이미 간음한 여인에 대한 예수의 태도를 통해 **용서와 처벌의 상관관계**에 대해 살펴보았다. 사람들은 간음하다 현장에 붙잡힌 여인을 예수에게로 데려온다. 율법에 의하면 간음한 여인은 돌에 맞아 죽어야 한다. 사람들은 '법대로' 처벌을 요구하지만, 예수는 처벌 대신 용서를 행한다. 그리고 그녀에게 가서 다시는 죄를 짓지 말라고 명한다. 예수에게서 용서의 목적은 죄를 은근슬쩍 덮어두거나 죄 자체를 눈감아주려는 것이 아니다. 죄의 재발을 막으려는 것이다. 성서의 율법을 포함해 모든 형법은 죄를 고발하는 기능을 갖는다. 형법의 기본구조는 "……하는 자는, ……형에 처한다"이다. 그러므로 용서는 법의 고발과 정죄를 이미 전제한다. 죄가 없는 곳에서 혹은 죄 자체가 인정되지 않는 곳에서 용서는 아무런 의미가 없다. 위로가 절실한 사람에게 위로가 큰 의미가 있듯이 용서를 필요로 하는 사람에게 용서는 진정한 가치와 의미와 효과를 갖게 된다.

아메네라는 이란 여성이 요한복음에 나오는 이 유명한 이야기를 알고 있었는지는 확실치 않지만 회복적 정의에 대해 생각하는 우리에게 중요한 방향타를 제시해주고 있다. 그것은 처벌만이 정의를 세우는 유일한 길이 아님을 말해주고 확증해주는 것이다. 이렇게 용서는 종교에서뿐 아니라 가장 준엄해야 할 사법의 영역에서도 매우 중차대한 의미를 갖게 되었다.

전환: 용서와 화해의 제도적 차원

이제 좀 더 제도적인 차원으로 나가보자. 회복적 정의의 이념과 그 제도는 현재 미국이나 독일 같은 국가에서 실제적으로 운용되고 있다는 사실이 중요하다. 그러나 회복적 사법의 역사는 비교적 짧기에 아직은 보조적인 제도로서 활용되고 있다. 그럼에도 그 의미와 효과는 '코페르니쿠스적 전환' 혹은 '패러다임의 체인지'라는 수식어를 붙여야 할 정도로 엄청나다.[11] 미국에서 운영되고 있는 회복적 사법의 한 제도로서 "피해자—가해자 중재(Victim-Offender Mediation)"의 한 실례를 살펴보자.

와트(Amanda Watt)라는 여성은 1996년 테일러(Hayden Taylor)라는 남자에게 강간당하는 끔찍한 범죄의 희생양이 되고 말았다. 테일러는 붙잡혀 교도소에 수감되었고 그녀는 그 후 매우 힘든 시간을 보내야 했다. 그러던 중 교도소 측으로부터 피해자와 가해자가 서로 만나 대화할 수 있는 프로그램이 있다는 말을 듣고 여기에 대한 구체적이고 세부적인 정보를 숙지하였다. 그리고 가해자와 대면하는 여자로서 매우 어려운 결정을 하였다. 처음에 가해자의 뒷모습을 본 와트는 끔찍한 기억이 떠올라 경악을 금치 못했지만 용기를 내어 대화를 시도했다. 가해자의 첫마디는 "미안하다(sorry)"였다. "미안하다는 말은 우연한 사고에서나 쓰는 말이다!" 와트는 강간범을 쏘아붙였다. 그러나 대화는 진지하게 계속되었다. 와트는 테일러의 개인적인 성장과정에 관해 들었고 그가 진심으로 사죄하는 것도 들었다. 그녀는 교도소를 나가면 다시는 죄를 짓지 않겠다는 테일러의 다짐을 반신반의했지만 마침내 "당신을 용서한다"는 말을 하게 되었다. 와트의 바람은 그녀 자신과 같은 피해자가 또다시 생기지 않는 것이었다.[12]

자신을 강간한 범죄자를 대면한다는 것은 참으로 어렵고 힘든 일이다. 더욱이 그 흉악범을 용서한다는 것은 더더욱 힘들고 엄청난 용기를 필요로 할 것이다. 그러나 회복적 사법의 여러 프로그램을 통해 피해자와 가해자는 서로 만나 대화를 시도하고 결국 사죄와 용서의 관계가 성립되는 사례는 늘고 있는 추세이다. 독일의 경우 1995년에 9,000명 이상의 가해자와 약 8,000명의 피해자를 상대로 화해를 시도하였는데, 이는 1992년에 비해 78% 정도가 증가한 수치라고 한다.[13] 물론 여기

---

11) 제어, 『회복적 정의란 무엇인가』, 15.

12) 인용 http://www.nzherald.co.nz/nz/news/article.cfm?c_id=1&objectid=10701439

에 살인이나 강간 같은 흉악범죄는 포함되지 않거나 매우 극소수이다. 이러한 국가적 차원에서 실행되고 있는 회복적 사법의 여러 프로그램을 보면서 우리는 몇 가지 근본적인 질문을 제기해야만 한다.

첫째, 왜 피해자와 가해자 사이의 만남과 화해가 필요한가? 이 질문은 **응보**(retribution)와 **회복**(restoration) 사이에 대한 철학적 성찰을 요구한다. 응보는 기본적으로 가해자의 일탈행위에 관심을 집중한다. 그래서 그 행위를 처벌하는 것을 목적으로 하기에 응보는 복수의 영역에 속한다. 반면에 회복은 가해자보다는 피해자에게 관심을 돌린다. 일탈행위를 통해 발생한 피해자의 육체적·심리적·경제적 피해를 고려하고 이러한 피해의 치유와 회복에 관심을 기울인다.[14] 따라서 가해자를 처벌했다고 해서 모든 문제가 다 해결된 것이 아니라는 인정에서 회복적 정의는 시작된다. *본질적인 해결은 피해자의 회복과 가해자의 변화(transformation)에 있는 것이다.* 이것이 응보적 정의를 넘어서는 회복적 정의의 필요성이다. 따라서 가해자와 피해자 사이의 만남과 대화는 회복적 정의로 가는 첫걸음이다.

둘째, 사죄와 용서는 오로지 종교적인 영역에서만 의미와 효과를 갖는 것일까? **사죄**와 **용서**는 본래 종교적인 개념으로서 법과 정의는 사죄하고 용서하라고 말하지 않는다. 사죄는 지하철에서 다른 사람의 발을 밟고 난 후에 미안하다고 하는 것과 같은 차원이 아니다. 특히 기독교에서 사죄는 "회개"로서 죄의 고백을 의미하는데, 자신의 죄를 인정하고 진심으로 용서를 구하는 것이다. 그래서 성경은 "상한 심령"이야말로 신이 인간에게 요구하는 근본적인 태도라 말한다(시 51:17). 용서는 사죄하는 자에게 내려지는 신의 자비로운 은총이다. 그래서 성경은 하나님이 너희를 용서하신 것같이 너희도 다른 사람을 용서하라고 요

---

13) 도중진·원혜욱, 「보호관찰단계에서 회복적 사법이념의 실천방안―형사화해제도를 중심으로」, 경제, 인문사회연구회 협동연구총서 06-21-07(한국형사정책연구원, 2006), 129.

14) 제어, 『회복적 정의란 무엇인가』, 215.

구한다(마 6:12, 골 3:13).

그러나-우리가 이미 앞에서 살펴본 대로-우리의 일상생활에서, 더 군다나 준엄한 사법의 영역에서 사죄와 용서는 이제 대단히 중요한 의미를 갖게 되었다. 그래서 회복적 정의는 응보적 정의와 이에 기초하는 사법적 정의의 보조수단이 아니라, 반대로 사법적 정의는 응보적 정의가 아닌 회복적 정의 위에 서야만 한다는 주장이 제기되는 것이다.[15] 한 걸음 더 나아가 회복적 정의의 이념은 분배적 정의의 영역에까지 확대되어야 한다. 다시 말해 냉정한 이성에 의한 합리적 분배 혹은 승자독식을 넘어 게임에서 진 자에게 다시 기회를 제공하는 시스템을 만들어야만 한다.

결론: 응보적 사법과 회복적 사법

지금 우리 사회를 지탱하고 있는 사법제도의 근간은 응보적 정의 위에 기초하고 있다. 응보적 정의의 관념은 역사가 매우 긴데, 어쩌면 인류의 역사와 같을 수도 있을 것이다. 반면에 회복적 정의는 20세기 중반부터 본격적으로 논의되기 시작했기에 매우 짧은 역사를 가지고 있다. 그렇다면 회복적 정의와 응보적 정의는 어떤 관계에 있어야 하는가? 전자는 후자의 안티테제인가?

첫째, 회복적 사법의 출발은 범죄피해의 회복이라는 점에서 "응보형주의(應報刑主義) 또는 응보적 사법에 내재된 한계의 인식"에서 비롯되었다. 여기서 응보형주의란 형벌의 본질을 범죄로 인하여 발생한 해악에 대한 응보로 파악하는 입장으로, 우리나라 형법은 이 위에 서 있다.[16] 그런데 회복적 사법의 관점에서 보자면 응보형주의하에서는 가

---

15) 위의 책, 20.
16) 도중진・원혜욱, 같은 논문, 44.

해자 중심으로 절차가 진행되어 피해자의 입장과 상황은 고려되지 않는다. 또 가해자에게 부과되는 형벌은 심리적·육체적·경제적 고통이지만 본질상 속전(贖錢, ransom), 곧 '죗값'을 치르는 것이다. 피해자는 발생한 갈등상황의 해결과정에서 소외되고, 가해자는 예컨대 정해진 형기를 마치고 다시 자유의 몸이 되어 교도소를 나오면 그만이다. 그 어디에도 피해자의 입장과 가해자의 변화에 대한 진지한 고려나 반성은 없다. 회복적 사법은 이러한 문제의식에서 출발하는 것이다.

여기서 회복적 사법의 본질에 대한 몇몇 중요한 입장을 간략하게 살펴보는 것이 좋을 듯하다. 마샬(Tony Marshall)에 의하면 회복적 사법이란 "범죄의 결과와 그것이 장래에 미치게 될 의미가 어떻게 다를 것인가를 함께 결정하기 위하여 특정한 피해에 가담한 모든 당사자가 함께 모이는 하나의 과정"과 관련된다.[17] 한편 이와 관련해 제어(Howard Zehr)는 다음과 같이 말한다. "범죄란 사람과 관계에 대한 침해를 의미한다. 범죄로 인하여 사물을 다시금 돌려주고 올바르게 할 의무가 발생한다. 진정한 정의는 피해자, 가해자 및 공동체를 피해배상, 화해 및 안전을 약속하는 해결을 모색하는 과정에 참가시키는 것이다."[18]

둘째, **회복적 사법의 목표**는 피해자에 대한 보상뿐만 아니라 "범죄로 인하여 파괴된 가해자와 피해자의 **관계회복**, 지역사회에 끼친 손해회복 및 가해자가 범죄를 진지하게 반성하고 **갱생**하는 것"에 있다. 그래서 범죄는 원리적으로 당사자 간의 갈등으로 파악되며, 그 해결 방법으로서 당사자 사이의 대화가 이용된다. 물론 그렇다고 해서 경찰, 검찰, 판사 같은 공권력의 관여를 완전히 배제하는 것은 아니다. 이렇게 회복적 사법은 하나의 일탈행위를 공권력이 나서서 박멸해야 할 '범죄와의 전쟁'의 대상으로 보려고 하지 않는다. 물론 그렇다고 해서 이 말

---

17) 위의 논문, 47.
18) 위의 논문, 48.

이 범죄와의 전쟁을 수행하는 공권력의 의무를 격하시키려는 것은 아니다. 범죄와의 전쟁은 필요한 것이다. 그러나 그것이 궁극적 목표는 아니다.

셋째, **회복적 사법의 주체**는 피해자와 가해자 및 공동체이다. 이는 범죄행위가 피해자와 가해자 및 지역사회 사이의 관계적인 문제로 파악되는 한 필연적이다. 이에 따라 공권력은 '조연'이고, 피해자와 가해자가 '주연'이다. 공동체는 무관심한 관객이 아니라 함께 참여하는 '배우'이다. 갈등의 해결방향은 객관적이고 응보적인 '제재'가 아니라 인격적이고 회복적인 '화해'이다.[19] 이는 "코페르니쿠스적 전환" 혹은 "패러다임 체인지"라는 수식어를 붙이기에 충분하지 않은가?

또 하나 간과할 수 없는 포인트가 응보적 사법에 직업적으로 관계된 사람들의 문제이다. 판사, 검사, 변호사는 어느 사회를 막론하고 가장 선호되는 직업군이다. 이들은 한 사회의 소위 "파워 엘리트"를 형성한다. 한편 경찰과 교도관은 파워 엘리트에 속하지는 않지만 응보적 사법제도의 중요한 한 축을 담당한다. 경찰은 범죄자를 추적해서 체포하고, 교도관은 이들을 감시하며 때로 사형을 집행한다. 이처럼 변호사, 검사, 판사, 경찰, 교도관은 응보적 사법하에서는 모두 **죄수의 형벌**에 관계되는 사람이다. 만일 사형을 직접 집행하는 교도관의 처지에 선다면 오로지 죄수의 형벌에만 관계된다는 것이 어떤 의미인지 납득이 될 것이다. 그러나 회복적 정의의 관점에서 사법제도를 바라본다면 우리는 전혀 다른 의미와 효과를 기대할 수 있다.

전망: 기독교 윤리와 회복적 정의

이제 마지막으로 질문해보자. 그렇다면 지금까지 살펴본 회복적 사법

---

19) 위의 논문, 49.

은 회복적 정의와 동의어인가? 영어 "Restorative Justice"는 '회복적 정의' 혹은 '회복적 사법'이라는 우리말로 표현된다. 물론 사법(司法)과 정의 사이에는 친밀한 유사성이 존재하지만 그렇다고 동의어는 아니다.

> (형사)사법이라 함은 범죄사건의 실체를 밝혀 국가형벌권을 실현하는 국가작용이다. 즉, 범죄자를 재판하여 합당하게 처벌하는 것을 말한다. 엄밀한 의미에서 형사사법이란 법원에 의하여 행해지는 형사재판 작용을 말하지만, 보통은 수사 및 공소제기와 재판의 집행을 모두 포괄하는 넓은 의미로 이해된다.[20]

'Restorative Justice' 용어가 사법적 영역에 국한되어 사용될 경우 '정의'라는 말보다는 '사법'이 더 적절하다. 또 지금까지 주로 사법적 영역에서 논의된 것이 사실이다. 그러나 바로 이러한 이유 때문에 회복적 정의에 대한 논의에서 신학의 참여는 매우 중요할 수밖에 없다. 왜냐하면 회복적 정의는 사법의 영역을 넘어서는 보다 보편적인 영역에서의 논의이기 때문이다.

화해와 용서는 기독교 복음의 본질이다. 십자가는 하나님 자신이 낮아지고 희생하여 세상과 화해했다는 소식이다. 이것이 복음이다. 그래서 십자가를 볼 때마다 사람들은 기억해야 한다. 하나님의 아들 예수가 낮아지고 희생함으로써 신과 세상은 화해되었다! 예수가 십자가 위에서 그의 허리를 창으로 찌르는 병사들을 위해 했던 기도는 이것이다. 주여 저들의 죄를 용서하소서!(눅 23:34) 그러나 사람으로서 형벌의 극심한 고통 속에서 자기 자신을 위해서는 이렇게 외쳤다. 하나님, 하나님, 왜 저를 버리십니까?(마 27:46) 예수는 인간을 위해서는 용서를, 자기 자신을 위해서는 버림받음을 선택했던 것이다.

엄밀하고 순수한 의미에서 이러한 '고귀한 은혜'를 '값싼 은혜'로 둔갑시키는 지점에서 기독교는 타락했다. 구원을 향한 길고도 깊은 '과

---

20) 김용세, 『회복적 사법과 형사화해』, 3.

정'은—의식적이든 무의식적이든—제거되고 *천국에 들어가는 자격을 획득했다*는 '결과'만 판을 치게 되었다. 십자가에서 죽어가는 아들을 그저 바라보기만 해야 하는 아버지의 비통, 인간이 당할 수 있는 가장 극악한 고통 속에서 죽어가야만 했던 아들의 수난, 그리고 함께 아파하며 기도하는 성령의 탄식은 저러한 값싼 은혜 속에서 너무나 쉽게 잊혀졌다.

특히 한국의 주류 개신교는 한국전쟁의 참상을 경험하면서 복음의 본질에서 멀리 떨어져 나가게 되는 슬픈 운명에 처하게 되었다. 공산주의에 대한 개신교의 증오와 원망은 뿌리가 깊다. 특히 한국 장로교의 본산지는 평양인데, 38선이 생기고 소련의 지원하에 북한에 사회주의 정권에 들어서자 교회에 대한 본격적이 탄압이 시작되었다. 그리고 한국전쟁을 거치면서 많은 목사와 교인이 고향과 재산과 교회를 버리고 목숨을 걸고 혈혈단신 남으로 피난했다.[21] 이러한 피눈물 나는 고난을 겪은 이들에게 화해니 용서니 하는 말은 어쩌면 사치로 들렸을 수도 있었을 것이다.

그러나 차분하게 다시 생각해보자. 우리가 엄청난 피해를 당했고, 우리에게 그 피해를 준 가해자들은 여전히 손에 칼을 쥐고 우리를 노려보고 있다고 해서 화해와 용서의 복음은 '비현실적'이므로 폐기처분되어야만 하는가? 아니면 말씀은 백 번 옳지만 우리는 여전히 죄인으로서 약하기에 그렇게 할 수 없다고 스스로를 합리화해야 하는가?

---

21) 김명배, 『한국 기독교 사회운동사』(서울: 북코리아, 2009), 57.

6.2 화해의 신학
– 화해론에 대한 역사 신학적 조명

> 그런즉 누구든지 그리스도 안에 있으면 새로운 피조물이라 이전 것
> 은 지나갔으니 보라 새것이 되었도다 모든 것이 하나님께로 났나니
> 저가 그리스도로 말미암아 우리를 자기와 화목하게 하시고 또 우리
> 에게 **화목하게 하는 직책**을 주셨으니 이는 하나님께서 그리스도 안
> 에 계시사 **세상을 자기와 화목하게 하시며** 저희의 죄를 저희에게 돌
> 리지 아니하시고 **화목하게 하는 말씀을 우리에게 부탁하셨느니라**(고
> 후 5:17~19)

이번 강의의 목적은 앞에서 우리가 제기했던 질문, 곧 *용서와 화해가 왜 정
의와 관련되어야 하는가*라는 질문에 신학적인 답을 주려는 시도이다. '회복적
사법'이 아닌 '회복적 정의'에 관해 말해야만 한다면 화해와 회복이 왜 정의의
한 요소가 되어야 하는지에 대한 설명이 제시되어야 한다. 선은 포상하고 악은
처벌하는 정의, 공평하게 재화를 나누는 정의 외에 회복을 통한 정의를 생각해
야 하는 이유가 무엇일까? 이 회복적 정의는 오늘날 다문화, 다종교, 다가치의
다원화된 사회를 살고 있는 우리에게 어떤 의미를 갖는가?

십자가의 복음은 기독교의 본질이다. 복음은 세상과 화해하고자 하나님의
외아들이 십자가에서 고통스럽게 죽은 희생과 화해의 강렬한 메시지이다. 그
래서 사도바울은 이 십자가의 복음을 주저 없이 "신의 정의(iustitia Dei)"라고
부른다(롬 1:17). 이처럼 십자가의 복음 안에서 화해와 정의는 긴밀하게 결합
된다. 십자가를 통해 하나님은 세상과 화해했다. 세상의 많은 부분은 여전히
하나님을 무시하거나 대적하지만, 십자가에서 죽은 예수 그리스도는 신이 세
상과 화해를 이루었다는 증거이다. 성서는 이제 그리스도인인 우리에게 이 "화
해의 직책(ministerium reconciliationis)"이 주어졌다고 천명한다.

회복적 정의를 위한 기독교적 기초를 제시하기 전에 먼저 화해론이 교회와
신학의 역사 속에서 어떻게 다루어졌는가를 역사적이고 신학적인 관점에서 살

펴보는 작업이 필요하다. 이 작업은 먼저 사도바울에서 출발해 중세와 종교개혁시대를 거쳐 20세기로 향한다.

출발점: 사도바울과 하나님의 정의

회복적 정의에 대한 신학적 성찰은 신약성서 로마서 1:17에서 시작되어야 한다. 왜냐하면 이 구절은 십자가의 복음이 곧 하나님의 정의라고 직접 말하고 있기 때문이다.

> 복음에는 하나님의 의가 나타나서 믿음으로 믿음에 이르게 하나니 기록된바 오직 의인은 믿음으로 말미암아 살리라 함과 같으니라.
> δικαιοσύνη γὰρ θεοῦ ἐν αὐτῷ ἀποκαλύπτεται ἐκ πίστεως εἰς πίστιν καθὼς γέγραπται Ὁ δὲ δίκαιος ἐκ πίστεως ζήσεται

이 유명한 말씀을 올바로 이해하기 위해서는 로마서를 기록한 사도바울을 먼저 이해할 필요가 있다. 잘 알려진 대로 바울의 본 이름은 사울이었다. 그는 매우 과격한 바리새파 율법학자였는데, 특히 초기 기독교를 박해하는 데 열정을 쏟았다. 왜 바리새인 사울은 기독교를 맹렬히 공격했을까? 기독교도가 주장하는 복음은 사울의 눈에는 지독한 신성모독이었다.[22] 십자가는 로마제국이 제국에 반역하는 정치범을 처형하기 위해 고대 바벨론에서 수입한 가장 잔혹한 사형대였다. 나사렛 예수는 "유대인의 왕", 곧 로마에 정치적으로 반역했다는 죄명으로 이 십자가 위에서 비참하고 참혹하게 죽었다. 그래서 사울에게 십자가는 하나님의 저주였다(신 21:23, 갈 3:13). 저주받아 죽은 자를 거룩한 하나님의 아들이라고 부르며 온 세계의 "퀴리오스(황제)"라고 주장하는 기독교의 설교는 그 자체로 신성모독이었다. 그래서 사울은 전력을 다해 기

---

22) Udo Scnelle, *Paulus: Leben und Denken*(Berlin: Walter de Gruyter, 2003), 42

독교인들을 박멸하려고 시도했다(행 8:3).

그런데 사울에게 결정적 사건이 도래했다. 다마스쿠스로 가는 길에서 예수 그리스도를 인격적으로 만난 것이다. 이 사건으로 사울은 바울이 되었고, 열정적으로 복음을 핍박하던 자는 열정적으로 복음을 전하는 자가 되었다. 세상의 역사기록에는 단 한 줄도 나오지 않는 이 미미한 사건이 사실상 유럽의 역사를 바꾸게 된다. 바울은 십자가와 복음에서 이제 전혀 새로운 의미와 내용을 발견하게 된다. 십자가는 하나님의 저주가 아니라 **하나님의 정의**이며, 복음은 지독한 신성모독이 아니라 모든 믿는 자에게 구원을 주는 **하나님의 능력**이다. 어떻게 저주가 정의로, 신성모독이 능력으로 전환될 수 있는가? 이것이 후대의 신학을 위해 사도바울이 남겨놓은 숙제이다. 이 질문에 답하기 위해서는 죄, 형벌, 속죄, 화해, 정의 같은 신학적인 개념들의 퍼즐을 잘 맞추어야 한다. 이것은 곧 신학의 역사와 크게 다르지 않다.[23]

주후 1세기의 사도바울이 던진 숙제를 풀기 위해 역사적으로 영민한 여러 신학자가 자신들의 재능을 쏟아 부었다. 그 가운데서 우리의 논의를 위해 아주 중요한 세 신학자를 먼저 살피려 하는데, 12세기의 안셀무스(Anselmus of Canterbury), 16세기의 루터, 그리고 비슷한 시대의 칼뱅이다. 이후에 20세기의 신학으로 눈을 돌릴 것이다.

안셀무스: 보상과 만족

토마스 아퀴나스와 함께 중세 스콜라신학의 거장으로 추앙받는 안셀무스는 기독교 역사상 최초로 체계적인 속죄신학을 정립한 것으로 인정되고 있다. 물론 안셀무스 이전에 속죄신학이 전무했던 것은 아니지만 학문적 체계성과 영향력에서 이 12세기의 거장을 따르지는 못했

---

23) Ch. Frey, *Repetitorium der Dogmatik*(Waltrop: Spenner, 1998), 30.

다.[24] 여기서 우리에게 중요한 것은 "만족설(satisfaction theory)"로 알려진 안셀무스의 속죄이론이다. 그는 무엇보다 십자가에서 그리스도의 죽음을 건전한 이성을 소유한 사람이라면 누구나 이해할 수 있도록 합리적으로 설명하려고 시도했다. 그래서 그는 죄, 형벌, 정의라는 개념의 퍼즐을 엮기 시작했는데, 그의 이론을 차례로 검토해보자.

1) 신은 인간의 타락과 범죄로 인해서 자신의 명예에 큰 손상을 입었다. 이것이 만족설의 시작이다.

> 하나님께 이 영광을 돌리지 않는 사람은 하나님께 속한 것을 탈취하여 그의 영광을 가리는 것이며 이것이 바로 죄를 짓는다는 것을 의미합니다. [중략] 그리고 그 대가를 치르는 것은 단순히 탈취한 것을 되돌려 드리는 것만으로는 충분하지 않으며 오히려 범해진 모독의 관점에서 보면 그는 가져갔던 것보다 더 많은 것을 되돌려 드려야 합니다.[25]

여기서 피해자는 신이고 가해자는 인간이다. 인간의 타락이 비록 신이 직접적으로 의도한 것은 아니지만 죄의 현존은 신의 완전성을 훼손한다. 중세의 안셀무스는 정의로운 신은 자신이 당한 피해의 배상을 요구한다고 생각했다. 이렇게 피해에 대한 배상을 요구하는 것이 신의 정의로 여겨졌고, 잘 알려진 대로 나중에 수도승 루터는 여기서 절망하고 말았다.

2) 배상은 '처벌'이나 '보상'에 의해서 가능한데, 신은 무한히 자비로운 자이므로 처벌 대신 그를 만족시킬 수 있는 보상의 방식을 취한다. 그런데 무한자인 신을 만족시킬 수 있는 보상의 방법이 유한한 인간에게는 없다.[26] 이미 여기서 이교도적 신관과 기독교적 신관의 융합이 감지된다. 분노한 신을 달래기 위해 보상을 드려야 한다는 발상은 이교

---

24) Frey, 위의 책, 252.
25) 안셀무스, 『인간이 되신 하나님』, 시리우스 총서 07, 이은재 옮김(서울: 한들출판사, 2007), 91.
26) 위의 책, 169.

도적이다. 그러나 그러한 보상의 방식이 인간에게는 없다는 것은 기독
교적이다.

3) 결론적으로 신이면서 인간인 예수만이 신에게 보상이 될 수 있다.
안셀무스는 다음과 같이 단정한다. "오직 하나님이며 사람이신 분만이
인간을 구원할 수 있는 대가를—만족—치르실 수 있다."[27] 인간은 죄
로 인해 신을 만족시키기에는 전적으로 무능하다. 따라서 신이면서 인
간인 예수는 십자가에서 자발적으로 희생을 당해 죽음으로써 신을 만
족시킨다. 이로써 훼손된 신의 위엄은 회복되고 신의 정의는 만족된다.
그 결과 인간의 죄에 대한 신의 진노는 제거된다.

이러한 안셀무스의 만족설은 전체적으로 응보적 정의에 입각하고 있
다. 우리는 다음과 같은 안셀무스의 언급에서 신의 정의와 자비 사이에
서 깊은 고뇌를 했던 중세 신학자의 당혹감을 감지할 수 있다.

> 그러므로 강탈된 영광의 대가가 치러지거나 징벌이 뒤따라야만 하는 것
> 은 마땅한 것입니다(aut ablatus honor solvatur aut poena sequatur). 그렇
> 지 않다면 하나님은 그분 자신에게 공정치 못하거나 이 두 가지를 행
> 하실 능력이 없는 분이 되실 것입니다. 하지만 이렇게 상상하는 것은
> 경건하지 못한 일입니다.[28]

죄가 발생했다. 피해자는 신이고, 가해자는 인간이다. 피해는 형벌
혹은 속전으로 배상되어야 한다. 신이면서 인간인 예수의 죽음은 신의
공의를 만족시키기 위한 속죄(atonement)이다. 그렇다면 이 만족설이
사도바울이 말하는 신의 정의일까? 정말 하나님이 피해자이고 인간은
가해자인가? 복음의 본질인 십자가 사건은 오로지 배상과 만족의 관점
에서만 이해되어야 하는가?

---

27) 안셀무스, 『인간이 되신 하나님』, 195. "Qod satisfactionem per quam salvatur homo, non possit facere nisi
deus-homo."

28) 위의 책, 101.

루터: 공의와 칭의

16세기 아우구스티누스 수도회 소속 사제 루터는 로마서 1:17에 나오는 "하나님의 정의"에 관해서 매우 심각한 고민을 했고 거기서 그가 얻은 것은 위로가 아닌 절망이었다. 그래서 수도승 루터에게 복음은 기쁜 소식이 아니라 고민과 번뇌와 불안의 소식이었다. 성당의 중앙에 있는 십자가에 달린 예수의 상은 루터에게 매우 극심한 공포를 주었다. 물론 인류가 행했던 사형방법 가운데 가장 잔혹한 처형방법으로 악명이 높은 십자가를 보면서 즐거운 마음이 드는 사람은 거의 없겠지만, 루터에게 십자가는 죄를 처벌하기 위해 자신의 아들마저 처참하게 죽게 했던 신의 냉혹한 공의였다. 루터가 경험하는 하나님은 손상당한 자신의 위엄에 대한 배상을 요구하는 무서운 심판관이지 자비로운 아버지가 아니었다. 가련한 루터는 이렇게 외칠 수밖에 없었다. "나는 어떻게 자비로운 하나님을 만날 수 있는가?(Wie kriege ich einen gnädigen Gott?)"[29]

그러다가 결정적 순간이 루터에게 찾아왔다. 그는 성서로 돌아갔다. 로마서를 읽기 시작했다. 그리고 거기서 *오직 믿음으로 의롭게 된다*는 칭의의 진리를 확신하게 되었고, 거기서 종교개혁이라는 세계사적 사건이 발생했다. 루터는 당시 자신의 실존적 상황에 대해 다음과 같이 말한다.

> 로마서의 바울을 이해하는 것은 나에게 지금까지 1장 17절 "하나님의 의가 나타났다"는 이 한 말씀을 이해하는 것이었다. 그런데 나는 이 '하나님의 의(Gerechtigkeit Gottes)'라는 단어를 싫어했다. 왜냐하면 나는 모든 교회의 가르침의 관습과 습관에 매여 있었고 그것을 철학적으로 **형식적이거나 능동적인 정의**(formalen oder aktiven Gerechtigkeit)로 이해했었기 때문이었다. 이에 따라 하나님은 죄인과 불의한 자를 처벌하는 정의로운 자이다.[30]

---

29) Tomlin, *Luther und seine Welt*, 55.

16세기의 루터와 12세기의 안셀무스 사이의 결정적 차이는 루터는 주관적으로 사고한 반면 안셀무스는 객관적으로 사고했다는 점이다. 루터는 **신의 정의와 이신칭의 사이의 조직적인 관계**를 간파했다. 그 결과 신의 정의는 형식적이고 능동적인 정의가 아니라 내용적이고 수동적인 정의가 된다. 인간이 의롭게 되는 것, 다시 말해 인간의 죄책(罪責)이 제거되는 길은 배상을 위한 행위에 있지 않고 그리스도의 십자가를 믿는 믿음에 있다. 이 믿음을 통해 그리스도의 의가 전가된다.[31] 다소 복잡하게 들리지만 이것이 가장 순수한 의미에서 칭의신학이며, 개신교는 원칙적으로 이러한 신앙 위에 서 있다.

회복적 정의의 관점에서 이러한 루터의 십자가 이해는 안셀무스의 만족설에 비해 보다 '근대적'이라 할 수 있다. 루터는 십자가를 하나님의 화해사건이라고 '조직적으로' 말하지는 않았지만 천 년을 이어진 중세적 응보관념을 무너뜨림으로써 자유로운 사유의 길을 열어놓았다. 루터의 칭의신학과 안셀무스의 만족설 사이의 가장 중요한 차이 몇 가지를 살펴보자.

*첫째, 만족설의 핵심은 **배상**(賠償 compensatio) 이지만, 칭의신학의 핵심은 **용서**이다.* 이것이 가장 본질적이고 중요한 차이이다. 피해자는 가해자에게 엄격한 손해배상을 요구하고, 가해자는 어떻게 해서든지 피해자에게 보상함으로써 그를 만족시킨다는 것이 만족설의 기본구조이다. 그러나 칭의신학은 오직 믿음을 통해 신 앞에서 죄가 용서되고 의롭게 된다는 확신을 강조한다.[32] 그래서 가톨릭 사제로서 루터는 만족설에서 자비로운 하나님을 발견할 수 없었지만, 개혁자로서 그는 용서하시는 하나님을 만나게 된 것이다.

둘째, 그 결과 만족설에서 인간은 여전히 가해자로 남아 있다. 피해자

---

30) WA 54, 185.

31) WA 54, 201.

32) Körtner, *Evangelische Sozialethik*, 120-122.

에게 만족할 만한 배상을 했으므로 형벌은 부과되지 않는다. 그러나 **가해자와 피해자라는 관계성**은 그대로 남아 있다. 바로 여기서 우리는 지금 우리를 지배하고 있는 응보적 사법의 한계를 발견한다. 반면, 칭의 신학에서는 신이 보상을 받고 만족한 것이 아니라 인간의 죄를 용서해 주었다. 따라서 신과 인간의 관계는 가해자—피해자라는 **사법적 관계**가 아니라 아버지와 아들이라는 보다 **인격적인 관계**가 된다. 정의의 관점이 사법적 양상에서 인격적 양상으로 변한 것이다. 그러나 아직 화해라는 보다 적극적인 관점으로 온전하게 진행하고 있지는 못하다.[33]

칼뱅: 만족이 아닌 화해

회복적 정의의 관점에서 보자면 화해의 문제를 기독교 신학의 중심에 올려놓은 것은 제네바의 개혁자 칼뱅의 중요한 공헌이라 할 수 있다. 안셀무스와 루터가 십자가에서 화해의 계기를 전혀 못 본 것은 아니지만 각자의 신학적 혹은 시대적 배경으로 인해 이 문제를 신학의 전면으로 밀어 올리지는 못했다.[34] 칼뱅의 화해신학의 중요한 특징 몇 가지를 검토해보자.

1) 칼뱅은 그리스도의 사역의 본질을 *타락한 세상과 인간을 하나님과 화해시키는 일*로 보았다.[35] 그래서 그는 그리스도를 일관되게 "중보자(Vermittler)", 다시 말해 참 하나님이요, 참 인간으로서 의로우신 하나님과 죄인인 인간 및 타락한 세계 사이에 화해의 다리를 놓는 자로 묘사한다. 칼뱅은 그리스도의 화해사역에 대해 다음과 같이 단적으로 말한다.

---

33) 비교: 위의 책, 130.

34) Strohm, *Ethik im frühen Calvinismus*, 95.

35) Inst Ⅱ.15.6. "이제는 그리스도의 제사장직에 대해 그 목적과 효험을 간단히 말하겠다. 그는 순결무구한 중보자로서 자기의 성결로 우리와 하나님을 화해시키려는 것이다."

무슨 까닭에 처음부터 그리스도가 약속되었는가를 우리는 잘 안다. 타락한 세계를 회복하며 멸망한 인류를 구원하려는 것이었다. 그러므로 율법하에서 희생제물로 그리스도의 형상이 표현되었으며, 신자들의 죄가 대속되고 하나님이 그들과 화해하신 후에 그들에게 은총을 베푸시리라는 희망을 주려고 했다. [중략] 그래서 예언자들은 그를 선포할 때에 그가 하나님과 사람을 화해시키리라고(reconciliatorem Dei et hominum) 약속했다.[36]

2) 십자가의 본질이 화해라면 이 행위에서 하나님은 객체가 아니라 **주체**이다. 다시 말해 보상을 드려서 만족시켜야 할 '대상'이 아니라 타락과 반역 가운데 있는 인간을 사랑하는 '주체'이다. 칼뱅은 이렇게 말한다. "그리스도 안에서 우리가 화해를 얻기 전에 하나님 아버지께서 사랑으로 선손을 쓰시는 것이다."[37] 하나님이 우리를 먼저 사랑했기 때문에 후에 우리를 자신과 화해시키는 것이다. 따라서 십자가 사건의 원인은 훼손당한 자신의 위엄의 배상을 요구하는 신의 의지가 아니라 전적인 그의 **자비하심과 사랑**이다. 여기서 제네바의 개혁자는 아우구스티누스의 신학에 호소한다. 우리가 성자의 피를 통해서 화해를 얻은 후에 비로소 하나님이 우리를 사랑하기 시작한 것이 아니다. 오히려 우주 창조 이전에(엡 1:4~6, 요 3:16) 우리를 사랑하셔서 우리로 하여금 독생자와 함께 자녀가 되도록 하셨다.

물론 칼뱅에게서도 안셀무스의 만족설과 유사한 언급이 발견된다. "그리스도는 우리에게서 받은 육신을 제물로 바치셔서 그 대속행위로 우리의 죄를 말소하시며 아버지의 의로우신 진노를 진정시키셨다."[38] 여기서 칼뱅이 사용하는 라틴어 동사 'placare'는 '부드럽게 하다' 혹은 '화해시키다'라는 뜻을 지니고 있다. 그것은 '만족시키다'는 의미가 아니다. 그러므로 칼뱅에게 있어 그리

---

36) Inst Ⅱ.12.4
37) Inst Ⅱ.16.3.
38) Inst Ⅱ.12.3.

스도의 제사장직은 신의 진노를 달래기 위해 제물을 드리는 이교도적 제사장이 아니라 *하나님과 인간, 하나님과 세상의 화해를 위해 단번에 자신의 몸으로 희생 제사를 드리는 중보자이다(히 9:12)*. 이처럼 신은 만족의 대상이 아니라 화해의 주체가 된다.

그렇다면 칼뱅은 왜 안셀무스가 사용한 '만족'이라는 용어나 개념을 단적으로 거부했을까? 그 이유는 칼뱅이 철저한 '성서 중심의 신학자'였다는 사실에서 발견될 수 있겠다. 안셀무스의 '만족' 개념은 철학적으로 혹은 사법적으로 의미가 있을 수는 있겠으나 그것은 성서의 의도와는 아무 상관이 없다. 그리스도의 십자가와 속죄를 말함에 있어 성서는 '만족'이라는 말을 전혀 사용하지 않는다. 대신 '화목' 혹은 '화해'라는 단어가 주로 사용되고 있다.

3) 우리에게는 칼뱅의 이러한 '교의학적' 입장도 중요하지만 그 실천적 지시, 곧 윤리적 제언은 더욱 의미가 있다. *하나님의 이러한 화해 행위는 그리스도인으로 하여금 화해의 삶을 살도록 부른다.* 칼뱅은 화해의 삶을 그리스도인이 부여받은 자유의 핵심으로 파악한다.

> "너희가 자유를 위하여 부르심을 입었으나 그러나 그 자유로 육체의 기회로 삼지 말고 오직 사랑으로 서로 종노릇하라(갈 5:13)." 참으로 그렇다. 우리가 자유를 얻은 것은 우리의 약한 이웃을 해하려는 것이 아니다. 사랑은 모든 일에서 우리를 그들의 종으로 만들기 때문이다. 즉, 하나님께서 우리에게 자유를 주신 목적은 우리가 진심으로 하나님과 화해한 다음에 사람들과도 화해하며 살게 하시려는 것이다.[39]

이렇게 화해는 만족과는 전혀 다른 차원의 윤리적 기초를 우리에게 제공한다. 화해이론에서 하나님은 제물을 드려 달래고 만족시켜야 할 어떤 대상이 아니다. 그것은 기독교의 하나님과는 아무 상관이 없는 이

---

39) Inst Ⅲ.19.11.

방종교에서의 신 개념이다.[40] 하나님은 세상을 너무나 사랑해서 그의 외아들을 세상에 보내 고난받고, 죽고 그리고 다시 살림으로써 인간과 세상과 화해했다. 그래서 칼뱅은 "그리스도로 말미암아 성취된 화해 때문에" 우리는 하나님이 우리의 자비로우신 아버지가 되신 것과 그리스도가 우리에게 "의와 거룩함과 생명"이 되신 것을 안다고 말한다.[41] 이렇게 될 때 모든 사람과 화목하라는 신적 명령이 의미를 갖는다. 훼손된 자신의 체면을 보상받기 위해 제물을 요구하는 신에게서 화해의 소식은 아무런 의미를 갖지 못한다. 그러나 훼손된 명예 '때문에'가 아니라 그것에도 '불구하고' 화해의 행위를 이루신 하나님에게는 우리에게 화해를 요구할 충분한 근거와 자격이 있다. 이렇게 해서 우리의 화해사명은 우리의 내면적이고 이성적인 도덕성에서 오는 것이 아니라 하나님의 **주권적이고 초월적인 화해행위**에서 오는 것이다.

바르트: 도덕적 감화가 아닌 신의 화해

이상에서 우리는 십자가에서 예수의 죽음에 대한 신학적 의미를 진지하게 고민했던 중세와 종교개혁시대의 고전적인 세 학자의 견해를 살펴보았다. 십자가에서 안셀무스는 **만족**을, 루터는 **칭의**를, 칼뱅은 **화해**를 중심적으로 말한다. 이제 우리는 우리의 관점을 20세기로 돌려보고자 한다. 무엇보다 우리 시대에 신학적으로 큰 영향을 남기고 있는 바르트와 틸리케의 십자가 신학을 검토해보자.

바르트는 십자가를 윤리화시켰던 19세기 자유주의자들의 시도에 정면으로 맞섰다. **슐라이어마허**(F. Schleiermacher)는 계몽주의와 낭만주의라는 그의 시대의 두 가지 시대정신을 가지고 새로운 유형의 신학을

---

40) EG II, 491.
41) Inst III.1.2.

창조했다. 그는 종교를 경멸하는 지성적 동시대인들을 향해 기독교 복음이 그토록 혐오스러운 것이 아니라는 것을 변호하고자 했고, 그래서 그는 무엇보다 십자가에 묻어 있는 피를 제거하고자 했다. 예수는 신이면서 동시에 인간이라는 어떤 반신반인(半神半人)의 괴상한 존재가 아니다. 그는 한 위대한 종교적 천재이다. 예수는 사람들에게 하나님의 무한한 자비에 대해 설교했으나 이를 제대로 이해하지 못한 반대자들에 의해 살해되었다. 위대한 도덕선생인 나사렛 예수의 죽음은 어떤 속죄나 화해가 아니라 이를 신뢰하는 사람들에게 강렬한 "도덕적 감화"를 주는 것이다.[42] 이것이 슐라이어마허와 그가 열어놓은 자유주의가 주장하는 십자가의 핵심 메시지이다.

바르트는 세계 제1차 세계대전이라는 재앙과 악몽 속에서 낭만적이고 낙관적인 자유주의신학의 종말을 목도했다. 그리고 십자가에서 도덕적 감화가 아닌 신의 **주권적인 화해행위**를 보고 그것을 증언했다. 바르트는 그의 주저 『교회교의학』 제4권을 "화해론(Versöhnungslehre)"이라고 명명함으로써 자신의 의도가 무엇인지를 분명하게 드러낸다.

> 이것이 그리스도 안에서 화해(Versöhnung in Jesus Christus)이다. 그것은 인간의 죄와의 투쟁과 극복 안에서 발생했으며, 동시에 그리고 먼저 하나님 자신과 우리와 반대되는 그의 진실함의 위대한 행위이다. 그것은 그의 의도와 계획의 전개 안에 있는(in Ausführung seines Vorsatzes und Planes), 하나님의 신실이다. 하나님은 모든 것의 창조주로서 그리고 전체 세계현상의 주로서(Schöpfer aller Dinge und Herrn des ganzen Weltgeschehens) 이 의도와 계획에 처음부터 단호히 서 있으며 그것을 모든 조건들 아래서 그의 목표로 인도하고자 했다.[43]

바르트의 '화해신학'은 사실상 기나긴 그의 신학적 여정(theologia viatorum)의 최종 목적지로 보인다. 『로마서 주석』(초판 1918)을 쓰던

---

42) 최신한, 『슐라이어마허. 감동과 대화의 사상가』(서울: 살림, 2003), 184.
43) KD Ⅳ/1, 49.

약관의 나이에서부터 『교회교의학』의 마지막 제4권의 제4부를 탈고했던 노년에 이르기까지 그의 눈은 언제나 예수와 십자가를 향했다. 십자가는 그리스도 안에서 일어난 하나님의 주권적인 화해행위이다. 이 행위는 고요한 명상도 아니고 그렇다고 도덕적 감화도 아니다. 인간의 죄와의 투쟁과 극복이다. 하나님 안에서 발견되는 모든 것, 따라서 하나님의 전체 현실성과 세계 현실성은 바로 이러한 화해행위를 목표로 하는 것이다.[44]

바르트의 이러한 화해신학이 **보편화해**(Allversöhnung) 혹은 **만인구원론**(Apokatasis)으로 귀착되는가는 우리 시대의 가장 큰 논쟁거리 가운데 하나이다. 혹자는 바르트를 만인구원론자라고 비난하고, 혹자는 그렇지 않다고 변호한다. 또 이러한 것은 해석자가 어떤 신학적 전통과 근거 위에 있느냐에 따라 달라질 수 있다. 그러나 바르트의 신학이 만인구원론으로 귀결된다는 것에 이의를 제기할 사람은 그리 많지 않을 것이다.[45] 하지만 보다 중요한 문제는 그런가, 안 그런가의 문제가 아니라 왜 그렇게 됐으며 그 결과와 영향은 무엇인가이다.

바르트는 그의 '선택론'에서 다음과 같이 질문한다. "어떻게 하나님의 은혜가 그의 **절대적인 편애**(absolute Bevorzugung)와 다른 자에 대한 **절대적인 불이익**(absolute Benachteiligung)을 의미할 수 있겠는가?"[46] 이것은 전능한 신이 일부는 선택하고 일부는 버렸다는 교회의 전통적인 이중예정에 근본적인 의문을 제기하는 것이다. 이어서 바르트는 나사렛 예수가 "선택하는 하나님(erwählender Gott)이며 버림받은 인간(verworfener Mensch)"이라고 천명함으로써 "유기(reprobation)", 곧 신이 영원히 버렸다는 용어와 개념을 사실상 폐기처분한다. 이렇게 되면 모든 사람이 인종, 성별, 종교에 상관없이 신의 선택된 자이며 구원받은 자들이 된다.

---

44) Frey, *Theologie Karl Barths*, 127.

45) An, *Der christliche Glaube und dessen Verantwortung*, 38.

46) KD II/2, 360.

무신론자나 다른 종교를 믿는 사람들의 입장에서 이러한 말을 들으면 불쾌하지는 않을 것 같다. 왜냐하면 당신들은 교회에 다니지 않으니 모두 지옥에 갈 것이라고 '협박'하지는 않기 때문이다. 그러나 열심히 교회에 출석하며 신앙 생활하는 사람들에게 만인구원론은 맥 빠지게 하는 말이 아닐 수 없다. 바르트의 보편적 화해신학에서 문제가 되는 것은 비단 이러한 '실용적인 당혹스러움'만이 아니다. "숨어 계신 하나님(Deus absconditus)"이라는 신의 비밀과 고통을 너무 쉽게 간과한다는 것이다.

틸리케: 숨어 계신 하나님, 고통당하시는 하나님

> 고통당할 수 없는 하나님은 사람보다 더 빈궁하다. 왜냐하면 고통당할 수 없는 하나님은 관계 맺을 능력이 없는 존재이기 때문이다. 고통과 불의가 그에게 영향을 끼치지 못한다. [중략] 하지만 고통당할 수 없는 하나님은 사랑할 수도 없다. 따라서 그는 사랑 없는 존재이다.[47]

바르트 이후 세계의 신학을 주도하고 있는 몰트만은 그의 책 『십자가에 달린 하나님(Der gekreuzigte Gott)』에서 위와 같이 호소한다. 제2차 세계대전 때 함부르크를 불바다로 만들었던 연합군의 맹렬한 폭격과 아우슈비츠를 경험한 몰트만은 예수 그리스도 안에서 모든 사람이 선택되었다는 바르트의 입장으로 그렇게 쉽게는 나아갈 수 없었다. 대신 고대교회의 신학자 오리게네스와 비슷하게 낙관적 종말론인 "만유회복"으로 가까이 간다.[48]

그런데 몰트만과 비슷한 고민을 했던 틸리케는 숨어 계신 하나님, 고통당하시는 하나님을 철저하게 그의 신학적 사유 전반을 관통하게 한다. 틸리케에 의하면 신은 전적으로 다 알려지는 존재가 아니다. 신

---

47) 몰트만, 『십자가에 달린 하나님』, 김균진 옮김(서울: 한국신학연구소, 1979), 222.

48) Frey, 같은 책, 342.

은 자신을 **스스로 드러내는 자**(Deus revelatus)이지만, 그렇다고 유한한 인간이 무한자를 전적으로 다 파악할 수는 없다. 신은 그의 자기 계시에도 불구하고 숨어 있는 자, 은폐된 자로 남아 있다. 틸리케에 의하면 십자가에서 예수의 죽음은 '드러난 하나님'과 '은폐된 하나님' 사이의 변증법적 긴장을 가장 잘 드러낸다.

십자가에서 예수는 고통당하며 죽어가는 자이다. 예수를 못 박은 자들은 이렇게 조롱한다. "그가 남은 구원하였으되 자기는 구원할 수 없도다 그가 이스라엘의 왕이로다 지금 십자가에서 내려올지어다 그리하면 우리가 믿겠노라(마 17:42)." 그러나 예수는 타인을 구원했던 그 능력을 사용하지 않는다. 대신 그는 극심한 고통 속에서 무력하게 죽어가며 이렇게 외친다. "나의 하나님, 나의 하나님, 어찌하여 나를 버리십니까?" 그 어디에도 자비로운 신의 모습, 은혜로운 신의 음성은 들리지 않는다. 신은 대체 어디에 있는가? 아우슈비츠에서 600만의 유대인들이 죽어갈 때 자비하고 은혜로운 신은 어디에 있었는가?

틸리케는 이 신의 침묵(Schweigen)이 곧 그의 언어요, 신의 부재가 곧 그의 존재이며, 그의 무력(Ohnmacht)이 곧 그의 능력(Macht)이라고 역설적으로 말한다.[49] 하나님은 그의 아들이 고통 속에서 죽어가고 있을 때 아들과 함께 고통당한다(Mitleiden). 그의 침묵은 그가 함께 고통당하고 있다는 그의 언어이다. 그의 부재는 이러한 고통과 아픔 속에서 하나님이 우리와 함께하고 있다는 그의 역설적 현존이다. 이처럼 하나님은 은폐된 자이며 그 가운데서 고통당하는 자이다.

틸리케가 말하는 은폐된 하나님은 물론 종교개혁자 루터에서 나온 것이다. 그러나 히틀러를 제거하기 위한 지하저항운동에 직접 참여했던 틸리케는 제2차 세계대전의 묵시적 재앙과 아우슈비츠 앞에서 은폐된 하나님, 고통당하시는 하나님을 신학적 사유의 주변으로 밀어내는

---

49) ThE Ⅰ, 158.

것이 아니라 오히려 전면에 내세운다.[50] 어쩌면 우리에게 숨어 있는 하나님, 고통당하는 하나님, 무력한 하나님은 매우 낯설고 어두운 것일 수 있다. 왜냐하면 그리스도인들에게 하나님은 전능하고 자비로우며 우주만물의 주인이기 때문이다. 그런 존재가 어떻게 침묵하며, 숨어 있으며, 무능할 수 있을까?

틸리케는 화해론에서도 이러한 근본입장을 철저하게 관철시킨다. 십자가에서 예수의 죽음과 무덤으로부터 그의 부활은 하나님의 주권적인 화해행위이다. 여기서 틸리케는 바르트의 입장에 동의한다. 그러나 이 **효력**이 모든 사람에게 아무런 구별 없이 다 미친다는 보편화해로 틸리케는 나가지 않는다. 또한 낙관적 종말론의 견지에서 마지막 때에 모든 것이 회복될 것이라는 만유회복을 주장하지도 않는다. 대신 틸리케는 신의 주권적인 화해행위에 있어서 그의 은폐됨, 그의 고통을 결코 지나치지 않는다.

틸리케의 이러한 입장에서 회복적 정의의 기독교적 기초를 고민하며 연구하는 우리는 마지막 중요한 통찰을 발견한다. *화해는 극심한 고통이 수반되며 거기에는 마지막 한계가 존재한다*는 것이다. 화해는 가해자의 사죄와 피해자의 용서로 성립된다. 사죄와 용서는 말처럼 그렇게 쉽게 이루어지지 않는 행위들이다. 극심한 고통과 인내가 필요하다. 고통과 인내 없는 사죄와 용서는 화해가 아니라 '합의'이며 '가식'이다.

물론 사죄가 용서의 필수적 조건은 아닐 수 있다. 가해자의 사죄 없이도 피해자는 여러 동기에 의해 얼마든지 용서할 수 있고 형사적 고발도 취소할 수 있다. 그러나 그것이 진정한 화해일까? 이것은 비단 개인과 개인의 관계뿐 아니라 국가와 국가 사이에, 민족과 민족 사이에도 성립되는 원칙이다. 왜 그토록 한국은 일본에게 과거사의 반성을 촉구하는가? 그것은 미래지향적이지 않은, 너무 과거에만 연연하는 어리석

---

50) An, 같은 책, 225.

은 짓이 아닌가? 아니다! 결코 그럴 수 없다. 사죄와 속죄 없이 화해란 가능하지 않다. 이것이 신학이 보편화해, 만인구원을 주장할 수 없는 이유이기도 하다.[51] 속죄는 화해로 가는 첫걸음이다.

따라서 현대신학이 가지고 있는 성서의 속죄사상에 대한 직접적 혹은 간접적 혐오 내지 간과는 그리 정당한 것으로 보이지 않는다. 나의 죄책을 없애기 위해 양을 잡아 죽이고 또 '희생양'으로서 예수의 죽음이 나의 죄책을 없애는 효력이 있다는 성서의 소식이 현대인의 마음에 불쾌감을 일으킬 수 있다는 점이 전혀 이해되지 않는 것은 아니다. 그러나 성서가 우리의 의식과 도덕에 따라 재단될 것이 아니라 그 반대로 우리의 모든 실존이 성서의 빛 아래서 해석되어야 한다. "피흘림이 없은즉 사함이 없다"(히 9:22)는 말씀은 속죄와 용서와 화해 과정에서 발생하는 극심한 고통과 그 마지막 한계에 대한 지시이다.

---

51) EG Ⅲ, 607.

6.3 회복적 정의의 기독교적 기초

> 회복적 사법은 단지 형사사법체제 개혁의 길을 제시하는 데 그치지
> 않는다. 이것은 현대국가의 법체계, 시민들의 가정생활, 사회적 행동
> 양식 및 정치활동 전체에 걸친 개혁의 방안이다. 회복적 사법의 비전
> 은 **우리가 정의를 행하는 방식의 총체적 변화**에 관련되어 있다.
>
> — 브레이스웨이트(John Braithwaite)

이제 이번 장의 마지막 지점에 도달했다. 우리의 목적은 회복적 정의를 위
한 성서적·신학적 기초를 놓으려는 것이다. 앞에서 우리가 중세와 16세기 신
학의 고전적 거장들을 살피고, 현대신학의 대가들과 대화했던 것은 이 목적을
위해서이다. 그래서 우리는 이제 이러한 이해를 가지고 다시 기독교신학의 기
초이자 토대인 성서로 돌아가려 한다. 그리고 거기서 회복적 정의를 위한 신학
적 기초를 찾을 것이다. 그래서 우리는 구약과 신약에서 매우 의미 있는 기초
를 발견하는데, 구약에서는 '희생제사'이고, 신약에서는 '대제사장 예수'라는
표상이다. 물론 이것은 어디까지나 '대표적'인 선택일 뿐이다.

성서의 처음을 장식하는 다섯 권(창세기, 출애굽기, 레위기, 민수기, 신명기)
을 전통적으로 '모세오경'이라고 부른다. 윤리적 관점에서 우리의 관심을 끄는
것은 '모세율법'으로 통칭되는 복잡한 제의규정이다. 무엇보다 중요한 것은 율
법이 '눈에는 눈, 이에는 이'라는 응보적 처벌만을 목표로 하지 않는다는 것이
다. 이와 함께 속죄와 화해에 대해서도 분명하게 말한다. 엄밀하게 말한다면
율법에서 응보적 처벌은 속죄와 화해의 맥락에서 다루어지고 있다. 따라서 우
리는 이 구약의 속죄신학이 회복적 정의를 위해 무엇을 말해줄 수 있는지 검
토해야 한다.

신약에서 히브리서는 구약의 율법과 매우 긴밀한 관계에 있다. 히브리서의
중심사상은 예수가 십자가에서 구약의 율법과 제의가 의미하는 바를 성취했다

는 것이다. 그래서 히브리서 기자는 예수를 '대제사장'이라고 부르는데, 이러한 '대사제신학'은 신약성서 전체에서 매우 독특하고 그 유비를 찾기 힘들다.

출발점: 레위기 5대 제사

구약성서 출애굽기 다음에 레위기가 나오는데, 이 책은 복잡하게 보이는 고대 이스라엘의 제의(cult)와 의례(ritual)를 다룬다. 여기서 번제, 소제, 화목제, 속죄제, 속건제는 이스라엘 종교의 근본이 되는 다섯 가지 제사이다. 목적과 방법과 절차에 있어 이들은 각기 다르지만 공통적으로 다음의 세 가지 의미가 있다. **선물사상**(Gabengedanke), **공동사상**(Communigedanke), **속죄사상**(Sühnegedanke)이 그것이다.[52] 희생제사는 기본적으로 사람이 신에게 동물을 제물로 바치는 의식이다. 이로써 개인은 자신의 종교적 진실과 열망을 표현한다. 또 드려진 제물을 함께 먹음으로써 공동체의 결속력이 고양된다. 그러나 희생제의의 가장 본질적인 것은 무엇보다 속죄와 화해이다.

레위기에서 첫 제사로 등장하는 번제(burnt offering)가 이미 속죄의 강력한 모티프를 제공한다. "그는 번제물의 머리에 안수할지니 그를 위하여 기쁘게 받으심이 되어 그를 위하여 속죄(atonement)가 될 것이라(레 1:4)." 첫 제사 번제는 제사의 대표성을 드러내주는 총론적인 역할을 하고, 둘째 제사 소제(grain offering)는 보조적인 역할을 수행하고 있다는 점에서 레위기 제의의 핵심은 사실상 화목제(fellowship offering), 속죄제(sin offering), 속건제(guilt offering)에 있다.[53] 이들 제의는 세부적인 목적과 방법에서는 차이가 있지만 붙여진 명칭이 강렬하게 지시하듯이 모두 '속죄', 곧 발생한 죄책(罪責)을 제거해서 '화해', 곧 단절된 관계를 회복한다는 근본목적을 가진다. 다시 말해 *처벌만이 죄책을*

---

52) 폰 라트, 『구약성서신학 I』, 257.

53) Stefan Schreiner, Sühne III, in TRE 32, 521.

제거하는 유일한 길이 아니라는 것이다. 여기서 몇 가지 매우 중요한 질문이 제기된다.

첫째, 우리는 왜 성서가 속죄를 그렇게 강조하는지 그 이유에 대해 생각해야만 한다. 속죄는 죄를 전제한다. 죄 없는 속죄는 아무런 의미가 없기 때문이다. 둘째, 발생한 범죄행위를 율법에 따라 공정하게 처벌하면 되는 것이지 굳이 왜 속죄하는 제사의식이 필요한 것일까? 이것은 처벌행위, 곧 **응보적 정의의 효력과 한계**에 대한 질문이며 동시에 속죄의 필요성에 대한 질문이다. 셋째, '속죄' 내지는 '사죄'행위가 죄책을 소멸시킬 수 있는가? 그렇다면 어떤 구조를 통해 죄책이 소멸되는가? 이는 **사죄와 용서 사이의 효력과 한계**에 대한 질문이다. 마지막으로 속죄와 용서를 통해 성립된 화해를 정의라고 볼 수 있는가? 이것은 회복적 정의의 기독교적 기초가 공론장에서 보편성을 획득할 수 있는가에 대해 숙고하는 것이다.

죄와 속죄: 속죄의 본질

단도직입적으로 말해보자. 구약의 율법이 속죄의식을 매우 세심하고 중요하게 다루는 것은 *처벌만으로 죄의 문제가 근본적으로 해결되지 않는다*는 사실을 드러내준다. 출애굽기의 시내산 법전은 죄에 대한 공정한 **처벌**(punishment)을 강조한다. 반면, 그 다음에 나오는 레위기는 죄에 대한 처벌이 아닌 **속죄**(atonement)가 중심주제이다. 그런데 처벌과 속죄는 비록 현상적으로는 서로 반대되는 것으로 보이지만 그 중심에는 *발생한 죄책을 어떻게 해결할 것인가*의 문제가 있다. 그래서 먼저 우리는 죄가 무엇인지, 그리고 이 죄는 어떻게 해결되는 것인가에 대한 문제부터 살펴야만 한다. 왜냐하면 속죄란 단적으로 말해 죗값을 치루는 과정이기 때문이다.

성서는 죄를 철저하게 '관계적인 문제'로 파악한다. 사법적이고 윤리적인 죄의 개념은 모두 여기서 파생한다. 히브리어는 죄를 크게 두 가지로 말하는데, '하타트(חטאת)'와 '아샴(אשם)'이다. 전자는 대개 순전히 **종교적인 죄**(sin)를 의미하고, 후자는 종교적인 죄와 함께 **사법적인 죄**(guilt)를 지시한다. 물론 제정일치(祭政一致) 사회 속에서 이러한 구분이 오늘날처럼 언제나 명확한 것은 아니다.[54) 죄에 대한 이러한 근본적인 구분 위에 레위기의 다섯 제사 중 **속죄제**와 **속건제**가 서 있다. 종교적인 금지명령을 어겼을 경우에(레 4:2) 당사자는 신에게 해를 가했으므로 속죄제를 드려야 한다. "이같이 제사장이 그의 범한 죄에 대하여 그를 위하여 속죄한즉 그가 사함을 얻으리라(레 4:35b)." 속건제는 성물(聖物)에 대해 죄를 짓는 종교적인 경우 외에 강도질 같은 강력범죄의 경우에 드려져야 했다. 가해자는 희생제물을 드려 신으로부터 용서를 구할 뿐 아니라 피해자에게 본래 것의 오분의 일을 더해 배상해야만 한다(레 6:5). 이러한 구분은 물론 제정일치 사회 속에서도 종교적인 죄, 곧 신에게 해를 가하는 것과 사법적인 죄, 곧 이웃에게 해를 가하는 것을 세심하게 구분하고자 하는 의도를 보여준다.

신학에서 죄는 **죄책**(guilty)과 **오염**(pollution)으로 구성된다.[55) 죄책이란 발생한 범죄의 책임을 묻는 것으로 죄책이 있다는 것은 형벌을 받아야 한다는 의미이다. 죄의 오염이란 발생한 죄가 지니고 있는 여러 가지 영향력이다. 단적으로 말하자면 형벌을 통해 죄책은 제거되지만 그렇다고 죄의 그 영향력마저 제거되는 것은 아니다. 죄에 대한 이러한 세심한 구분 위에 속죄, 중보, 화해라는 화해신학의 중심개념이 서 있다.

다윗왕은 어느 날 한 여인이 목욕하는 모습을 본다(삼하 11:2). 그녀는 자신의 부하 우리아의 아내 밧세바였고, 우리아는 전장에 나가 있었다. 다윗은 성

---

54) 폰 라트, 같은 책, 266.

55) 벌코프, 『조직신학』, 449.

적 욕구를 참지 못하고 밧세바와 동침했고, 그녀는 곧 임신하고 만다. 다윗은 자신의 간음죄를 감추기 위해 사령관에게 비밀 편지를 내려 결국 우리아를 죽게 만든다(11:15). 그러나 완전범죄는 없는 법, 그 후 선지자 나단이 다윗에게 와서 그가 저지른 간음과 살인죄를 고발한다. 다윗은 침상을 눈물로 적실 정도로 진심과 비통으로 회개하며 하나님께 사죄한다. 그러자 하나님은 다윗의 진심 어린 회개와 사죄를 보고 용서한다. 그런데 문제는 그것이 끝이 아니었다. 다윗과 밧세바 사이에 낳은 아이는 죽고 다윗의 자녀들 사이에서는 근친상간과 골육상쟁이라는 더 큰 죄악이 발생한다. 다윗 자신도 아들 압살롬의 반역으로 수도에서 쫓겨나는 어려움을 당하고 만다.

우리는 여기서 죄책과 죄의 오염의 실체를 만나게 된다. 다윗은 진심 어린 회개와 사죄를 통해 신으로부터 용서를 받는다(삼하 12:13). 이것이 죄책의 제거이다. 그러나 그럼에도 그가 저지른 간통죄와 살인죄의 영향력, 곧 죄의 오염은 단번에 사라지는 것이 아니라 대를 이어 계속되고 있다. 좀 더 본질적인 것을 말한다면 다윗은 '속죄'는 했지만 '화해'는 하지 못한 것이다.

그렇다면 죄책은 어떻게 제거되는가? 일반적으로 죄책은 다음의 두 가지 방식, 즉 형벌과 합의를 통해 해결된다고 볼 수 있다. 먼저 **형벌**은 가해자에게 고통을 동반하는 육체적·경제적·사회적 제제를 가함으로써 죄책을 해결하려 한다. 현재 한국의 형법은 생명형(生命刑), 자유형(自由刑), 명예형(名譽刑), 재산형(財産刑)의 형벌을 규정하고 있다. 이는 "눈에는 눈, 이에는 이"라는 보복으로서 여기서 피해자와 가해자 사이의 관계, 가해자가 죄를 뉘우치는지 아닌지의 문제는 본질적으로 중요한 것이 아니다. 일사부재리(一事不再理)의 원칙이 말해주듯 형벌은 죄책을 제거한다. 다시 말해 한 범죄로 처벌받은 자는 그 범죄로 인해 또다시 처벌받지 않는다. 형벌로 죄책이 소멸되었기 때문이다.[56] 한편 **합의**는 피해자가 가해자로부터 돈(합의금)을 받고 가해자에 대한 (형사)

---

56) 김용세, 『회복적 사법과 형사화해』, 87.

처벌을 포기하는 것이다. 합의가 되면, 곧 가해자가 자신의 죄책을 돈으로 사면 이 죄책은 제거된다. 주로 교통사고나 폭행사건에서 많이 보이는데, 물론 살인이나 강도 같은 강력범죄에는 합의가 통하지 않는다. 이 합의는 사죄와 용서와는 전혀 다른 것이다. 가해자의 사죄와 피해자의 용서는 합의의 필수조건이 아니다. 그렇다면 속죄는 무엇인가? 왜 우리는 형벌과 합의 외에 속죄에 대해 생각해야만 하는가? 또 그것은 실제로 죄책을 제거할 수 있는가?

처벌과 속죄: 속죄의 필요성

기독교 신학이 죄를 철저하게 **관계적으로** 보고 있다는 점과 죄에 있어 **죄책과 그 오염**을 구분한다는 것은 속죄와 화해의 필요성을 날카롭게 부각시킨다.

1) 범죄는 하나님과 인간, 인간과 인간 사이의 관계를 단절시키는 것이다. 단순히 법 조항 하나를 어겼다는 것이 죄에 대한 규정의 전부는 아니다. 이렇게 죄를 관계적인 범주로 본다면 처벌의 한계는 곧 드러난다. 해를 끼친 가해자를 처벌하면 법의 정의는 만족되고, 피해자의 복수감정은 해소된다. 그러나 그렇다고 해서 단절된 관계마저 회복되는 것은 아니다. 다른 말로 하자면, 우리에게는 '출애굽기'만 필요한 것이 아니라 '레위기'도 필요하다. 죄는 본질적으로 **관계의 문제**이기에 처벌이 죄책은 제거할 수 있어도 그 깨어진 관계마저 회복시키지는 못한다.

성서에서 속죄는 가해자의 하나의 진지하고 특별한 행위를 통해 발생한 죄책을 해결하고자 한다.[57] 당연히 속죄는 죄인, 곧 가해자에게 필요한 행위이다. 그것은 사죄(謝罪), 곧 죄를 범한 인간이 자신의 죄를 인지하고 희생제의를 통해 신에게 용서를 구하는 것이다. 하나님은 회

---

57) EG II, 483.

개하고 사죄하는 자에게 아무 조건 없이 죄를 용서한다고 약속한다(사 55:7). 이렇게 **가해자의 사죄와 피해자의 용서**가 속죄의 근본구조이다. 이러한 구조는 종교적인 영역뿐 아니라 사회적인 영역에서도 원리상 같은 것이다.

사회적인 죄의 경우 죄인은 신에게만 죄를 지은 것이 아니라 이웃에게도 피해를 입힌 것이다. 따라서 죄인은 희생제의를 통해 신의 용서를 구해야할 뿐 아니라 또한 **피해를 당한 이웃에게도** 용서를 구해야 한다. 이렇게 레위기 제의는 속죄제와 속건제를 분명하게 구분한다. 이러한 이유에서 우리는 앞에서 살폈던 영화 <밀양>을 다른 관점에서 보고 다른 결론에 도달할 수 있는 것이다. 속죄의 필요성에 관해 우리는 먼저 다음과 같이 말할 수 있다. *죄는 처벌과 합의의 문제가 아니라 사죄와 용서의 문제이다.*

2) 처벌은 신학에서나 현실적 사법에서나 죄책을 제거하지만 그렇다고 죄의 파괴적 영향력마저 무력화시키지는 못한다. 우리는 이러한 양상을 '김길태 내러티브'를 통해 앞에서 이미 살펴보았다. 여중생을 강간해서 잔혹하게 살해한 김길태를 우리의 사법은 법에 따라 공정하게 처벌했다. 살인자는 평생을 감옥에서 보내야만 할 것이고 나이 들어 죽는다 해도 감옥에서 나오지 못할지도 모른다. 형벌을 통해 김길태 개인의 죄책은 해결되지만, 그가 저지른 범죄의 영향력은 유령처럼 우리 사회 곳곳을 배회하고 있다. 제2, 제3, 제4의 김길태가 속속 등장하며 그때마다 우리는 충격과 경악의 비명을 지를 뿐이다. 우리 모두가 김길태의 공범이란 자성의 외침이 나이브하게만 들리지 않는 이유이다.

신학이 '죄의 오염'이라고 말하는 범죄의 파괴적 영향력을 감소시키는 방법이 감시와 처벌의 강화에만 있지는 않다. '속죄', 곧 피해자의 회개와 사죄, 그리고 '화해', 용서에서 오는 가해자와 피해자의 관계회복이 범죄의 영향력을 감소시키는 매우 의미 있는 방법이라는 것이 점점 설득력을 얻고 있다.58) 물론 더 유용할 수 있다는 실용적 관점에서 우리가 속죄와 화해를 말하는 것이 아니다. 그 반대로서 성서가 일관되게 속죄와 화해를 우리에게 요구한다. 구약성서의 선지자 요나는 이러한 계기를 매우 드라마틱하게 보여준다.

야훼가 요나를 부른 목적은 니느웨(Nineveh)로 가서 니느웨 사람들의 회개를 촉구하라는 것이었다(욘 1:2). 그러나 요나는 신의 이러한 명령을 거부하고 자기가 가고 싶은 곳으로 간다. 왜냐하면 니느웨는 그의 조국 이스라엘을 멸망시킨 원수 아시리아의 수도였기 때문이다. 그러나 신은 결국 고집 센 선지자를 기어코 니느웨로 보냈고, 요나는 원수 같은 시민들에게 회개와 용서의 메시지를 전한다. 그러자 니느웨 사람들이 모두 자신들의 잘못을 회개하며 용서를 구한다. 그런데 정작 요나는 이러한 회개와 사죄의 울부짖음을 매우 싫어한다(욘 4:1). 요나가 원하는 것은 원수의 회개가 아니라 원수의 멸망이요, 복수였기 때문이다. 그러나 하나님은 비록 자신의 계약의 백성들을 멸망시키고 도륙한 니느웨 사람들이었지만 그들의 회개와 사죄를 받아들이고 이들을 용서한다. 우리는 이 요나의 이야기에서 무엇을 발견해야 할까?

3) 결론적으로 처벌만으로 죄의 문제가 근본적으로 해결될 수 없다는 인식은 성서 전체를 관통하며, 기독교의 십자가 신학은 여기서 서기도 하며 넘어지기도 한다.59) 성서의 핵심, 기독교 소식의 본질은 *하나님이 보낸 그의 아들 나사렛 예수가 십자가에서 죽었다가 다시 살아났다는 것이다*(요 3:16, 행 2:36, 롬 3:25). 십자가에서 예수는 신의 정의에 따라, 율법이 요구하는 것에 따라 사형선고를 받고 죽었다. 그러나 이러한 진노, 공의, 율법, 형벌이 성서와 기독교의 전부이자 본질은 결코 아니다. 그것은 어디까지나 자비, 용서, 부활, 화해로 가기 위한 전제이자 구속사적 '조건'일 뿐이다. 그러므로 성서와 복음을 들먹거리면

---

58) 김용세, 같은 책, 41.
59) KD IV/1, 78.

서 증오와 폭력과 보복을 외친다면 그것은 '실체'의 세계가 아니라 '그림자와 예표'의 세계에 여전히 살고 있다는 뜻이다. 이러한 이유에서 우리는 13세기의 십자군을 비판하는 데 결코 주저하지 않는다.

사죄와 용서: 속죄의 변증법적 구조

기독교의 속죄신학에 있어서 난해한 질문 가운데 하나는 *죄의 용서라는 효력이 어디서 발생하는가*이다. 신의 무한한 자비하심인가, 아니면 죄인의 참회와 사죄인가? 만일 신의 무한한 자비하심이라고 한다면 굳이 인간의 이지적 회개와 사죄는 불필요하다. 왜냐하면 신은 무한히 자비하므로 용서하는 것이 그의 일일 테니까. 반면, 인간의 회개와 사죄가 효력의 원인이라면 신의 용서는 조건적이고, 신은 무한히 자비로운 자가 되지 못한다. 회복적 정의의 관점에서 저 난해한 질문은 사죄와 용서가 실제로 죄책을 제거할 수 있는가에 대한 문제로 귀결된다. 레위기의 제의로 다시 가보자.

1) 속죄제사에 있어 무엇이 용서의 근거인가? 동물의 피인가, 아니면 가해자의 태도인가? 결론적으로 말하자면 성서에서 **가해자의 회개와 사죄**는 '결정적'으로 중요하다. 동물을 잡아 죽이는 '희생제의 자체'가, 양과 소의 피가 신의 용서를 유발시키는 것이 아니다. 속죄제물, 다시 말해 죄에 대한 '배상물'이 아니라 죄인의 심성과 태도가 결정적으로 중요하다. 이에 대한 성서적 증거는 무엇보다 아브라함이 모리아산에서 아들 이삭을 제물로 바치려는 유명한 이야기에서 발견된다.

신은 아브라함을 시험하기 위해 그가 백 세에 얻은 아들 이삭을 번제로 드리라고 명한다(창 22:2). 번제(burnt offering)란 레위기의 5대 제사 가운데 으뜸으로서 동물의 각을 떠서 불에 완전히 태우는 제사형식이다. 동물도 아닌 사람을 이런 식으로 제물로 드린다면 그것은 상상만 해도 끔찍할 것이다. 여기서 구약의 하나님은—아무리 그것이 '시험'이라 해도—사람을 제물로 바치라는 잔혹한 신이냐고 분노에 찬 질문을 던질 수도 있을 것이다. 그러나 전체적인 관점에서 보자면 창세기 22장의 이 유명한 이야기는 인신제사의 실행이 아닌 **인신제사의 금지**를 말하려는 것이다. 그리고 이 의도는 족장시대를 넘어 율법의 시대에 하나의 금지명령으로 확증된다. 아브라함이 이삭이 아닌 염소를 통해 제사를 드리는 마지막 장면은(창 22:13) 인간을 최고의 제물로 여기던 고대근동의 제사 관습과 날카롭게 대비된다. 그래서 역설적으로 아브라함의 이 "공포와 전율"은—여기서 키르케고르의 통찰은 매우 놀랍다—인신제사에 대한 통렬한 비판이다.[60]

그렇다면 인신제사에 대한 비판이 아브라함의 이 이야기가 의도하는 것의 전부일까? **제의의 관점**에서 보자면 아브라함은 하나님께 자신의 아들을 속죄의 제물로 드릴만큼 '실제로' 큰 죄악을 저지르지 않았다. 물론 모든 인간은 죄인이 아니냐고 말할 수도 있겠지만 그것은 지금 여기의 논의의 중심은 아니다. 가장 핵심적은 것은 *하나님이 아브라함에게 진정으로 요구하는 것이 과연 무엇인가*이다. 신이 요구하는 것이 정말 아브라함의 독자 이삭의 피인가? 만일 그렇다면 "아브라함과 이삭과 야곱의 하나님"은 인신제사를 즐기는 이방의 잔혹한 신과 별반 다를 바가 없을 것이다. 그러나 하나님은 독자의 가슴에 칼을 꽂으려는 충직한 아브라함을 급히 만류한다. 그리고 이렇게 말씀한다. "내가 이제야 네가 하나님을 경외하는 줄을 아노라(창 22:12b)." *하나님이 아브라함에게 요구하는 것은 제물이 아니라 그의 진정한 마음과 태도이다.* 제물이—설사 그것이 사람이라 해도—하나님을 만족시켜 그의 태도를 변화시키는 것이 결코 아니다. 만일 아브라함의 이 이야기에서 당신도 신을 만족시킬 만한 값진 제물을 드리라고 설교하는 자가 있다면 그는 아브라함과 이삭과 야곱의 하나님이 아닌 자신의 비열한 욕망을 드러

---

60) 비교: 쇠렌 키르케고르, 『공포와 전율』, 임춘갑 옮김(서울: 치우, 2011), 107.

내고 이방의 맘몬을 우상화하고 있을 뿐이다.

이러한 맥락에서 우리는 잠정적으로 다음과 같이 결론을 내릴 수 있다. 속죄에서 만일 동물을 잡아 죽이는 제의가 속죄와 용서의 근거라면 *그것은 성경적(biblical) 이라기보다는 오히려 이교도적(pagan) 이다.* 분노한 신을 만족시키기 위해 양을 잡아 제물로 드리고, 신은 이 기름진 선물에 만족해서 형벌을 거둔다는 발상은 성서와는 아무런 상관이 없다. 그래서 이스라엘이 속죄에 있어 **회개와 사죄라는 결정적 조건**을 잊은 채 희생제의라는 형식에만 집착했을 때 야훼는 예언자의 입을 통해 다음과 같이 이를 준엄하게 꾸짖는다. "너희의 무수한 제물이 내게 무엇이 유익하뇨 나는 숫양의 번제와 살진 짐승의 기름에 배불렀고 나는 수송아지나 어린양이나 숫염소의 피를 기뻐하지 아니하노라(사 1:11)." 하나님이 자신에게 반역하는 인간에게 근본적으로 요구하는 것은 동물의 피와 살이 아니라 진심으로 죄를 뉘우치는 회개와 여기에서 오는 사죄이다. 성서에서 하나님의 요구는 언제나 동일하다. "하나님께서 구하시는 제사는 상한 심령이라(시 51:17). *이렇게 죄인의 회개와 사죄는 속죄의 결정적 조건이다.*

2) 죄인의 회개와 사죄가 속죄의 '결정적' 조건이라면 신의 용서는 단지 이러한 인간의 제한된 반응에 대한 추인에 불과한 것인가? 회개와 사죄가 없다면 용서는 불가능한가? 이러한 질문은 우리의 사고를 매우 복잡하게 만든다. 여기서 우리에게 중요한 방향을 제시해주는 것이 성만찬 논쟁이다.

교회사에서도 복잡한 논쟁으로 손꼽히는 가톨릭과 개신교 진영 사이에서의 성만찬 논쟁은 죄와 사죄와 용서에 관한 신학적 사고를 정제하는 데 많은 도움을 준다. 여기서 우리의 목적이 성례전 신학을 세부적으로 기술하는 것이 아니므로 핵심적인 질문에 집중해보자. 성례전에서 세례의 '물 자체' 혹은 성찬식에서 '빵과 포도주 자체'에 죄를 용서해주는 힘이 있는 것인가? 아니면 **죄인의 진정한 회개와 신의 자비하심**에 용서의 근거가 있는 것인가?[61]

가톨릭 신학은 **화채설**(transubstantiation)을 통해 빵과 포도주 자체에 신비한 능력이 있다고 주장한다. 참여자의 주관적 상태에 상관없이 성례전이라는 의식 자체의 객관적 힘에 의해 죄가 용서된다. 반면, 종교개혁자들은 이러한 **성례전 객관주의**(sacramentalism)를 미신적이라고 단정했다. 특히 칼뱅은 성례전 이해에 있어 **공재설**(consubstantiation)을 주장했던 그의 선배 루터보다 더 근본적인 입장을 취했다. 그는 성례전의 가시적이고 물질적인 요소에 마성적 힘을 부여하는 입장을 철저하게 비판한다. 세례와 성찬은 "신의 말씀의 다른 형태"로서 말씀 안에 내주하는 성령이 죄 용서의 근원적 원인이며, 따라서 신의 자비하심과 성령을 신뢰하는 참여자의 신앙이 의식 자체보다 본질적이다.[62]

세례의 물이 죄를 씻는 것이 아니다. 그것은 어디까지나 '표징(sign)'이다. 죄를 사해주는 것은 말씀과 성령이다. 성찬식의 빵과 포도주가 믿는 자를 그리스도에게 연합시켜 주는 것이 아니다. 말씀과 성령이 믿는 자로 하여금 그 믿음을 준 자에게 연합시킨다. 단적으로 말한다면 *죄 용서의 근원은 하나님의 자비하심이다.* 죄인의 회개와 사죄는 이 근원적 자비와 긍휼을 효과 있게 하는 **질료적 원인**(causa materialis)으로서 이차적이다. 신의 자비와 오래 참음이 일차적이며 근원적이다.

이러한 기독교적 속죄 이해는 우리의 현실에서 피해자와 가해자 사이의 관계에 중요한 유비를 제공한다. 범죄를 원리적으로 피해자와 가해자 사이의 문제로 본다면 관계회복을 위한 보다 근원적인 원인은 피해자에게 있다. 만일 피해자가 가해자의 태도에 상관없이 용서한다면, 다시 말해 가해자의 죄책과 자신의 손실을 무효한 것으로 간주한다면

---

61) EG Ⅱ, 487.
62) Inst Ⅳ.17.11.

형식적으로 죄책은 제거되고 손실은 회복되는 것이다. 물론 **질료적으로** 그렇게 되는가는 다른 문제이다.

3) 이렇게 사죄와 용서는 **속죄의 변증법적 구조**를 형성한다. 우리는 응보적 정의와 회복적 정의의 두 맥락에서 이를 검토해보자. 응보적 정의에서 범죄는 정상(正常, normality), 곧 범죄 이전의 상태에 대한 부정이다. 그리고 형벌은 범죄에 대한 부정이다. 따라서 형벌은 부정의 부정이므로 죄책을 소멸시킨다. 그러나 이것이 다시 정상으로 가는지는 불분명하다. 왜냐하면 피해자에 대한 고려가 배제되기 때문이다.

반면, 속죄를 기초로 하는 회복적 정의에서 범죄는 정상에 대한 부정이다. 그리고 사죄는 범죄에 대한 부정이다. 따라서 사죄는 부정의 부정이므로 죄책을 소멸시키고 다시 정상을 회복한다. 왜냐하면 사죄는 피해자와의 관계를 분명하게 전제하기 때문이다. 속죄에서는 피해자의 입장도 고려된다. 범죄는 정상에 대한 '손실'로서 부정이다. 그리고 용서는 이 손실에 대한 부정이므로 부정의 부정으로서 정상을 회복한다.

위의 내용을 아래의 도식으로 정리할 수 있겠다. 응보적 정의를 넘어서려는 회복적 정의에 관한 논의는 완결된 것이 아니고 아직도 진행 중이다. 당연히 이 도식은 어떤 완성된 개념을 제시하려는 것이 아니다. 앞으로의 보다 효율적인 논의를 위해 하나의 모델을 제시하고자 할 뿐이다.

〈응보적 정의에서 죄와 처벌〉

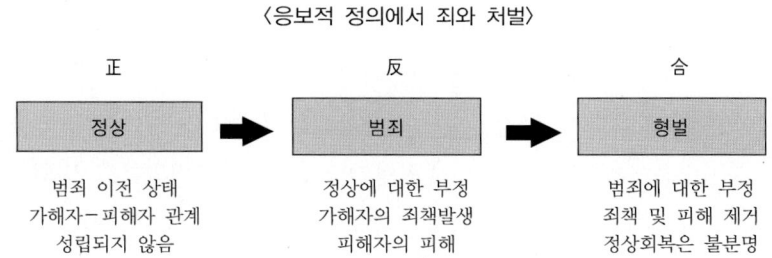

正	反	合
정상	범죄	형벌
범죄 이전 상태 가해자-피해자 관계 성립되지 않음	정상에 대한 부정 가해자의 죄책발생 피해자의 피해	범죄에 대한 부정 죄책 및 피해 제거 정상회복은 불분명

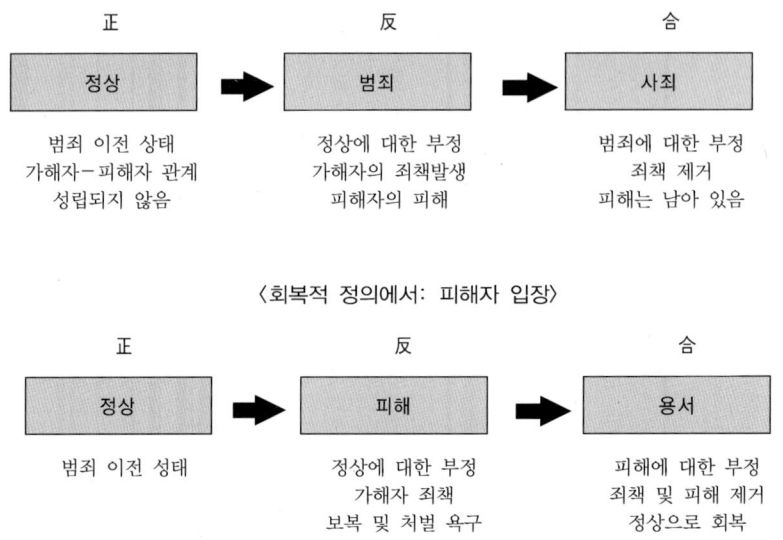

〈회복적 정의에서: 가해자 입장〉

正		反		合
정상	→	범죄	→	사죄
범죄 이전 상태 가해자-피해자 관계 성립되지 않음		정상에 대한 부정 가해자의 죄책발생 피해자의 피해		범죄에 대한 부정 죄책 제거 피해는 남아 있음

〈회복적 정의에서: 피해자 입장〉

正		反		合
정상	→	피해	→	용서
범죄 이전 성태		정상에 대한 부정 가해자 죄책 보복 및 처벌 욕구		피해에 대한 부정 죄책 및 피해 제거 정상으로 회복

중보와 중보자: 대제사장 예수

지금까지 우리의 주된 관심은 속죄신학에서 속죄의 변증법적 구조, 곧 사죄와 용서 사이의 관계를 살피는 것이었다. 그런데 구약에서 신약으로, 율법에서 복음으로, 약속에서 성취로, 그림자에서 실체로 넘어오면 '속죄'가 아닌 '화해'가 결정적인 문제로 등장한다. 다시 말해 구약의 속죄제사가 신약의 화해로 '지양'된다. 따라서 회복적 정의를 위한 기독교적 기초는 속죄가 아닌 이를 지양하는 것으로서, 다시 말해 **변증법적 완성**으로서 화해 위에 서 있어야 한다.[63]

신약에서 예수의 제자들은 예수의 죽음과 부활이라는 전대미문의 충격과 희망 속에서 레위기의 희생제의가 비로소 완성되었다고 믿었다. 예수는 유월절의 "어린양"이고(요 1:29), 하나님과 인간, 인간과 인간,

---

63) 제어, 『회복적 정의란 무엇인가』, 165.

인간과 세계 사이의 화해를 위한 "화목제물(롬 3:25, 5:10, 골 1:20, 요일 2:2)"이다. 구약의 제의는 그리스도의 희생과 죽음이라는 '실체'를 위한 '예표'였고, 십자가는 모든 구약예언의 성취이자 새로운 시대의 시작이었다. 이러한 '구속사적 변증법'을 가장 분명하게 보여주는 신약성서가 히브리서이다. 히브리서는 예수의 십자가에서 '제물'의 표상만을 보지 않고 예수를 "대제사장"으로 보는 '중재의 신학'을 전개한다.

예수는 단순히 '제물'이 아니라 "큰 대제사장"이다(히 4:15). 구약에서 대사제는 죄인과 하나님 사이를 연결시키는 역할을 했다(레 3:3). 죄인이 제물을 가지고 오면 제사장은 제물을 잡아 그 피로 신에게 제사를 드림으로써 속죄와 화목을 중재한다. 구약에서 대사제는 오직 아론의 자손들에게 세습되있다.

그런데 예수는 아론의 혈통으로 이어지는 구약의 대사제가 아니라 "멜기세덱의 반차"를 따르는 영원한 대사제이다(히 5:10). 구약의 대제사장은 동물희생을 매일 드려 속죄의 제사를 드렸지만, 대제사장 예수는 "염소와 송아지의 피로 하지 아니하고 오직 자기의 피로 영원한 속죄를" 이루었다(히 9:13). 히브리서 기자는 계속해서 대제사장 예수의 영원한 속죄 사역과 종말론적 심판을 연결시킨다.

> 오직 그리스도는 죄를 위하여 한 영원한 제사를 드리시고 하나님 우편에 앉으사 그 후에 자기 원수들을 자기 발등상이 되게 하실 때까지 기다리시나니 그가 거룩하게 된 자들을 한 번의 제사로 영원히 온전하게 하셨느니라(히 10:12~14).

이처럼 예수를 **영원한 대제사장**으로 규정하는 기독론은 히브리서만의 독특한 것으로, 신약성서 어디에도 이런 사상은 나오지 않는다. 예수를 제물로만 보지 않고 화해를 위한 대제사장으로 보는 히브리서의 독특한 이해는 회복적 정의를 위한 기독교적 기초에 관해 다음의 두 가지 중요한 관점을 말해준다.

1) 대제사장 기독론은 '희생제물(sacrifice)' 표상의 제한성과 수동성을

극복하고 예수를 속죄의 객체가 아닌 **속죄와 화해의 주체**로 파악하게 한다.[64] 이러한 맥락에서 예수의 죽음을 단순히 '희생양 모델'의 관점에서 해석하는 지라르(R. Girard)의 철학은 예수가 중보자로서 화해의 주체라는 사실을 충분히 반성하지 못한다. 지라르의 "희생양 메커니즘"에 의하면 위기 상황에서 인간의 본원적인 증오와 폭력이 한 희생양에게 가해짐으로써 그 증오와 폭력은 약화되고 순화된다. 신약성서에서 대사제 가야바는 여기에 대한 대표적인 경우이다. 그는 흥분한 군중들의 반역이라는 위기에 직면해 예수라는 한 사람을 죽게 하는 것이 온 민족이 다 죽는 것보다 낫다고 말하는데, 이는 전형적인 "희생양 메커니즘"의 단적인 예이다(요 11:50).[65]

지라르의 이러한 접근과 해석은 니체(F. Nietzsche)보다는 참신하게 들린다. 타인의 죄책을 제거하기 위해 무죄한 죄의 피를 요구한다는 속죄개념에 니체는 본능적인 혐오감을 표한다. 기독교의 근원이 "사회적 폐기물과 신경질환과 어린아이 같은 백치들"에게서 왔다고 단정하는 이 허무주의 철학자는 속죄에서 긍정적인 어떤 것도 발견할 수 없었다.[66] 반면, 현대 프랑스의 유신론적 철학자 지라르는 속죄에서 적어도 폭력과 화해 사이의 어떤 의미연관을 발견한다. 그러나 지라르의 '희생양 메커니즘'이 인상적이고 참신한 것은 사실이나 그것이 전부일 수는 없다. 히브리서의 핵심은 나사렛 예수는 단순히 폭력의 순화를 위해 바쳐진 희생양이 아니라는 것이다. 예수는 신과 인간(엡 2:16), 인간과 인간, 인종과 민족(골 3:11), 계급과 계층 사이의 "막힌 담"을 자신의 몸으로 헐고(엡 2:14) 다시 연결시킨 '중재자'이다.

'중재자'와 '제물'은 당연히 다른 차원이다. 제물은 피동적이며 비인격적이다. 그러나 중재자는 능동적이며 인격적이다. 예수는 자신의 몸

---

64) 벌코프, 『조직신학』, 312.

65) 르네 지라르, 『희생양』, 김진식 옮김(서울: 민음사, 2007), 186.

66) 칼 야스퍼스, 『니체와 기독교』, 이진오 옮김(서울: 철학과현실사, 2006), 46.

으로 영원한 제사를 "단번에(ein für allemnal)" 드렸다. 그래서 우리는 더 이상 구약에서처럼 속죄와 화목을 위해 희생제사를 드릴 필요가 없다(히 7:27). 이 영원한 중보자로 인해서 하나님과 인간 사이의 죄책은 제거되고, 단절된 관계는 회복되었다. 중보자 예수는 지금도 "하나님의 보좌 우편"에서 우리를 위해 중보의 기도를 하고 있다. 그리고 이 화해를 위한 중재의 사명은 이제 그리스도인에게 주어진다.

2) 히브리서의 대사제 신학은 속죄에 대한 **계몽주의적 비판**을 극복한다. 칸트는 기독교의 속죄신학에 대한 이성적 비판을 대표하는데, 그는 예수가 희생제물로서 타인의 죄를 위해 죽었고 그 희생으로 모든 이의 죄책이 해결되었다는 고전적 '대속이론'을 거부한다. 죄는 행위의 주체인 개인의 인격에 불가분적으로 결합되어 있으므로 죄책은 오로지 '당사자'만이 해결할 수 있다. 내가 지은 죄는 내가 죗값을 받아야지 다른 사람이 그것을 대신할 수 없다. 이러한 개인주의적 관점에서 기독교의 원죄와 대속개념은 거부된다.[67]

칸트와 칸트에 깊은 영향을 받은 이러한 개인주의적-인격적 관점은 물론 *개인의 자유와 권리를 옹호한다*는 긍정적인 면이 있지만 갈등과 범죄를 지나치게 개인의 문제로 국한시키므로 화해를 위한 중재의 자리를 원천적으로 제거해버린다는 결코 작지 않은 약점이 있다. 그래서 갈등상황 안에 있는 복잡한 **사회적 내러티브**는 인격이라는 추상적이고 고립된 범주 안에서 간과된다. 그 결과 사법에서 정의란 죄를 지은 당사자를 공정하게 처벌하는 것 외에 다른 길이 없다.[68]

그렇다면 대표자로서 타인의 죄책을 위해 대신 속죄하는 대속의 개념은 계몽된 우리 시대와는 아무런 상관이 없는 것일까? 1970년, 미국과 소련을 축으로 하는 냉전이 그 정점에 이르렀을 때 당시 서독 수상

---

67) Körtner, *Evangelische Sozialethik*, 123.

68) 회페, 『임마누엘 칸트』, 255.

빌리 브란트(Willy Brandt)는 폴란드를 방문해 제2차 세계대전 때 나치에 의해 학살당했던 전쟁피해자들을 기념하는 위령탑 앞에 무릎을 꿇었다. 이 유명한 사건을 대속의 관점에서 생각해보자.

1970년 12월 7일 바르샤바에는 비가 내리고 있었다. 서독의 수상 빌리 브란트는 공산진영에 속한 폴란드를 방문 중이었고, 그는 제2차 세계대전 당시 나치에 의해 목숨을 잃은 수많은 영령을 기리는 위령탑에 이르렀다. 그리고 전세계를 경악시킨 '그 사건'이 발생했다. 서독 수상이 갑자기 탑 앞에 무릎을 꿇고 눈을 감은 채 묵념을 하고 있는 것이 아닌가! '피해자' 폴란드 사람들뿐 아니라 '가해자' 독일 사람들도 모두 큰 충격을 받고 말았다. 브란트의 이 돌발행동을 '정치 쇼'라고 생각하는 사람은 아무도 없었다. 나중에 인터뷰에서 브란트는 그때 자신은 그렇게밖에 할 수 없었다고 회상했다. 브란트 자신은 비록 아우슈비츠의 전쟁범죄와 직접적으로 아무런 상관이 없었지만 가해자인 독일을 '대표'해서 피해자들에게 진심으로 사죄한 것이다. 그의 이 **사죄**로 인해 서독은 동서냉전의 칼바람 속에서 동독뿐 아니라 인접한 동유럽의 공산국가와 유대관계를 증진시킬 수 있었다. 사죄가 화해로 열매를 맺은 것이다. 그리고 세계는 노벨 평화상으로 브란트에게 화답했다.

순전히 칸트의 입장만을 따른다면 브란트의 행동은 윤리적으로 큰 의미가 없다. 브란트는 나치의 유대인 학살에 동조하지도 않았고 직접 참여하지도 않았다. 따라서 아우슈비츠의 학살이라는 범죄행위는 이를 명령한 히틀러와 그 명령을 집행한 나치 추종자들에게만 해당된다. 브란트 같은 제3자가 "대신 심심한 용서를 빕니다"라며 나설 문제가 전혀 아니다. 그런데 우리는 브란트의 이 행동을 위대하다고 찬미해 마지않는다. 왜 그럴까? 브란트의 사죄행위가 윤리적인 타당성을 갖기 위해서는 '개인'이라는 범주를 넘어서는 '중재와 대리(mediation and substitution)'라는 개념이 필요하다. 브란트는 한 개인이 아니라 가해자의 '대표'로서, 이들의 죄책을 '대리'해서 사죄한 것이다. 그리고 그것은 효력을 발생시킨다.

히브리서의 '대제사장 예수의 신학'은 개별적이고 고립적인 한 인격을 넘어서는 중재와 대리를 말한다. 영원한 대제사장 예수는 한편으로 **하나님의 편**을 대표한다. "그러므로 우리에게 큰 대제사장이 계시니 승천하신 이 곧 하나님의 아들 예수시라(히 4:14)." 대제사장 예수는 아론의 혈통으로 난 단순한 한 인간이 아니다. 그는 하나님의 아들로서 승천하신 영원한 대제사장이다. 동시에 예수는 죄인인 **인간의 편**을 대표한다. "우리에게 있는 대제사장은 우리의 연약함을 동정하지 못하실이가 아니요 모든 일에 우리와 똑같이 시험을 받으신 이로되 죄는 없으시니라(4:15)." 비록 예수는 죄 없는 신성을 지녔지만 한 사람의 참된 인간이기에 인간의 죄와 그 영향이 무엇인지를 알고 그것과 함께한다. 이렇게 중보자는 속죄와 화해의 주체이며 그 완성이다.

종합: 회복적 정의를 위한 기독교적 기초

십자가는 복음의 정수요, 본질이다. 그것은 속죄와 화해의 소식으로서 바울은 이 복음이 하나님의 정의라고 말한다. 거기에는 죄와 형벌, 죄책과 속죄, 중보와 화해라는 형식과 내용, 사실과 요구가 맞물려 있다. 지금까지의 이러한 연구들을 종합해서 이제 **회복적 정의의 기독교적 이념**을 세 가지 테제로 제안하려 한다.

1) 처벌과 용서와 화해의 변증법으로서 회복적 정의

복음은 하나님의 정의인데(롬 1:17), 이는 공의와 사랑, 처벌과 용서, 심판과 은혜가 통일되는 정의이다. 십자가는 **처벌**이다. 중보자로서 예수의 죽음은 죄에 대한 신의 부정, 죄인에 대한 신의 심판이다. *죄악은 처벌되어야 한다.* 죄악이 처벌되지 않는다면 그것은 정의가 아니다. 그러나 십자가는 **용서**이다. 처벌과 용서는 전혀 다른 것이다. 그것은 동이 서에서 먼 것처럼(시 103:12), 평행선이 서로 만날 수 없는 것처럼 전적으로 다른 것이다. 그런데 신은 자신의 아들을 처벌함으로써 죄인을 용서한다고 선포한다. 따라서 용서는 처벌이 전부가 아니라는 뜻이다. 그러므로 십자가는 **화해**이다. *처벌과 용서는 화해로 지양되고 종합된다.* 그래서 중보자의 인격 안에서 발생한 처벌과 용서를 통해, 그리고 죄인의 사죄를 통해 단절된 관계가 다시 회복된다.

이러한 기독교적 근본이해를 사법적 영역으로만 제한해서 적용할 필요는 없다. 물론 회복적 정의에 대한 논의는 먼저 범죄와 처벌을 다루는 응보적 사법의 영역에서 그 진가를 발휘한다. 전통적인 응보와 처벌의 한계를 알려주고 보다 건설적인 교정의 방향을 지시해주기 때문이다. 그러나 **분배정의의 영역**에서도 화해와 회복은 중요한 방향타이다. 공정한 분배가 정의의 기초이자 시작일 수 있지만 전부일 수는 없다. 경제적 불평등과 양극화의 문제를 '수량적으로(quantitative)'만 보지 말고 '관계적(relational)'으로 접근할 때 문제의 해결방안은 달라진다.

2) 중보의 정의로서 회복적 정의

처벌과 용서와 화해의 변증법이 기독교적 관점에서 회복적 정의의 '형식원리'라면 중보는 이 변증법적 과정의 매개(媒介, Vermittlung)이며 '운동원리'이다. 중보라는 매개와 운동인이 없으면 이 과정은 실현되지 않은 채 어떤 움직임도 효력도 없는 형식적 이념으로만 남을 뿐이다.

중보자 예수는 처벌과 용서를 매개한다. 인간의 대표로서 그는 신의 형벌을 받고 버림받는다. 이 중재로 타인의 모든 죄책은 제거된다. **형식적**으로 혹은 **논리적**으로 이것 자체가 이미 신의 용서이다. 그러나 **질료적**으로 혹은 **효과적**으로 용서는 죄인의 **사죄**를 통해 실제적 효력을 발생시킨다. 여기서 예수는 이제 사죄하는 자가 아니라 용서하는 자이다. 또 중보자 예수는 하나님과 인간 사이를 매개한다. 인간은 신을 대적하고, 신은 인간을 심판한다. 중보자는 인간의 반역과 신의 심판을 자신의 인격 안으로 모두 받아들임으로써 이러한 대립을 제거하고 화해를 이룬다.

우리의 사법도 중재(仲裁, arbitration)에 법적인 구속력을 부여한다. 갈등과 분쟁에서 제3자, 곧 중재자가 판단을 내리는데, 이 판단이 법적인 효력을 갖는 것이다.[69] 여기서 중재자는 판사가 아니라 갈등과 대립 가운데 있는 당사자들을 화해시키는 '중보자'이다. 이러한 중재 없이 피해자와 가해자 혹은 갈등 당사자들 사이의 관계회복은 사실상 불가능하다. 따라서 회복적 정의에 있어 중재자는 오로지 사법적으로, 범죄심리학적으로만 양성되어서는 안 되고, 보다 근원적인 종교적 접근이 필수적이다.[70]

중재가 오로지 사법의 영역에서만 필요한 것이라고 믿을 사람은 아무도 없을 것이다. 인간실존의 근본적인 구조, 그리고 그 객관화로서 사회구조 자체가 이미 중보를 필요로 한다. 왜냐하면 증오와 폭력을 낳는 갈등과 대립은 인간성의 본질에 속하는 것이고 인간이 만든 사회는 그 모든 영역에 있어서 그 영향 아래 있기 때문이다. 따라서 화해를 위한 중재의 역할은 우리 사회의 모든 영역으로 확대되어야 한다. 이것이 보다 정의로운 사회이다.

3) 교회와 역사의 목표로서 회복적 정의

교회는 화해사건의 증언자이다. 복음의 본질이자 목표로서 화해는 교회의 지속적인 선포를 통해 현실화된다. 그리스도인으로서 우리는 "화목하게 하는 직분"을 받았다. 따라서 교회는 십자가에서 일어난 하나

---

69) http://terms.naver.com/entry.nhn?docId=1143736&mobile&categoryId=200000270

70) Körtner, *Evangelische Sozialethik*, 125.

님의 화해사건을 증언해야 하는 책임과 의무가 있다. 지금도 도시의 밤을 밝히는 저 셀 수 없는 십자가는 분열과 대립, 욕망과 탐욕의 상징이 아니다! 하나님이 인간과 세상과 화해했다는 "기쁜 소식"의 상징이다. 그래서 이 소식은 교회에 자기반성과 자기비판을 항상 요구한다. 화해의 소식은 지금 교회가 어디에 있는지 또 어디로 가야 하는지를 가늠해주는 '신호등'과 같다. 바로 이것이 '교회는 항상 개혁되어야 한다(ecclesia semper reformanda)'는 16세기 개혁자들의 모토가 지금 우리에게 주는 메시지이다.

마르크스주의는 계급이 없는 사회가 역사의 종말이라고 생각하지만, 기독교의 역사신학은 화해가 **역사의 목표**라고 증언한다. 하나님은 자신을 인정하지 않고 계속 반역하는 인간과 화해했다. 그리고 타락한 세계와도 화해했다(고후 5:19). 이러한 종말론적 화해가 이루어지는 곳, 그곳이 역사가 가는 목표이다.

제7장 하나님의 나라와 정의
- 기독교적 정의론의 결론과 전망

쫓아오던 햇빛인데
지금 교회당 꼭대기
십자가에 걸리었습니다.

첨탑이 저렇게도 높은데
어떻게 올라갈 수 있을까요

— 윤동주의 시 <십자가> 중에서

'기독교와 정의'에 대한 우리의 담론은 이제 임시적으로 최종단계에 도착했다. 이 마지막 장은 "하나님의 나라와 정의"라는 제목을 달았는데, 그러나 이 장은 이 책의 다른 장들처럼 한 테마를 집중적으로 연구하려는 것이 아니다. 대신 지금까지의 세부적 논의를 결론적으로 종합해보고 다음 단계의 발걸음을 위한 전망을 제공하려는 것이다(여기서 필자가 생각하는 다음 단계란 '기독교와 국가'에 대한 것이다). 만일 기독교적인 관점에서 정의란 무엇인지 한마디로 말해달라는 요구를 받는다면 우리는 병렬적으로 다음과 같이 답을 할 수밖에 없을 것이다. 그것은 **화해를 위한 공정과 나눔과 회복의 과정**이라고. 이것이 기독교적 정의에 대한 하나의 이념이다. 당연히 다른 입장과 견해가 존재할 수 있으며 또 그래야만 한다.

언제나 결론은 새로운 시작점이다. 만일 화해를 위한 공정과 나눔과 회복의 과정이 기독교적 정의론의 이념이라면 여기에 두 가지 시급한 문제가 제기된다. 첫째, 이 담론은 사회의 일반적인 공론장에서 보편성을 획득할 수 있는가? 둘째, 그것은 어떻게 우리의 구체적인 현실 가운데서 실현되는가? 이러한 질문의 배후에는 결국 하나의 근원적인 물음이 존재한다. 권력은 무엇이고, 그것의 집행자인 국가는 무엇인가? 왜냐하면 **현실적인 권력의 문제**를 도외시한 채 아무리 정의에 대해 논의해도 그것은 현실에서 효력을 발휘할 수 없기 때문이다. 따라서 모든 정의담론은 국가와 권력의 문제와 무관하지 않으며, 기독교적 정의담론 역시 예외일 수 없다.

국가와 권력의 문제에 대한 전통적인 기독교적 이해는 "하나님의 나라"라는 성서적 표상 위에 있다. 사도바울은 하나님의 나라에 대해 다음과 같이 정의한다. "하나님의 나라는 먹는 것과 마시는 것이 아니요 오직 성령 안에 있는 의와 평강과 희락이라(롬 14:17)." 이것이 성서에서 하나님의 나라에 대해 개념적인 정의를 시도한 유일한 구절인데, **성령의 능력 안에 있는 정의와 평화와 기쁨**이 신국(神國)이라는 것이다. 이에 대한 해석의 스펙트럼은 물론 다양하다. 경건주의자들은 하나님의 나라를 철저히 **내면화**할 것이고, 급진주의자들은 극단적으로 **사회화**할 것이다. 그렇다면 우리의 해석의 입장은 무엇일까?

다윗 왕권: 정의와 권력

구약성서는 의심의 여지없이 정의와 권력의 불가분성을 증언한다. 정의는 한 권력을 정당한 것으로 만들고, 권력은 근본적으로 정의를 실현하는 힘이다. 구약은 정의와 권력이 가장 이상적으로 결합된 한 역사적 사례를 제시하는데, 그것이 바로 **다윗 왕권**이다. 이 다윗 왕권은 예수의 죽음과 부활에서 선취적으로 실현되는 종말론적 메시아 왕국의 뿌리이다.[1]

현대의 실증적 역사연구는 다윗과 그의 아들 솔로몬에서 전성기를 구가했던 이스라엘 왕국이 정말 구약성서가 말하는 대로 주위의 부족들을 거의 모두 제압했을 정도로 그토록 강력했는가에 대해서 의문을 제기한다. 이러한 회의는 강력했던 다윗-솔로몬 왕국의 존재에 대한 고고학적 또는 역사적 증거가 매우 빈약하다는 것에서 온다.[2] 성서의 기록을 의심의 여지가 없는 역사적 사실로 믿는 경건한 그리스도인에게 이러한 실증적 역사연구의 의심은 물론 매우 불편한 것이다. 그러나 '사실'과 '믿음'은 서로 배타적인 것이 아니다. 눈으로 보고, 손으로 만지는 것만을 사실로 인정할 수 있다고 말하는 극단적인 회의론자라도 결국 어떤 믿음에 의존할 수밖에 없다. 더욱이 지금 우리의 주된 관심은 다윗 왕국에 대한 고고학적 혹은 문헌학적 확증이 아니라 *다윗 왕국에서 정의와 권력은 어떻게 결합되고 있는가*이다. 다시 말해 '사실'이 아니라 '이념'이 우리의 연구과제이다. 성서에서 증언되는 다윗 왕권의 이념에 대해 몇 가지 중요한 특성을 살펴보자.

1) 다윗 왕권은 정의를 실현한다. 구약성서는 다윗 통치의 특성을 단적으로 이렇게 말한다. "다윗이 온 이스라엘을 다스려 모든 백성에게

---

1) 폰 라트, 『구약성서신학 II』, 237.
2) 노만 K. 갓월드, 『히브리성서 I』, 김상기 옮김(서울: 한국신학연구소, 2001), 416.

정의와 공의를 행할새(대상 18:14, 삼하 8:15)." 왕 다윗이 백성을 정의와 공의로 다스렸다는 것은 다윗이 도덕적으로 매우 훌륭했고 정치적 수완이 탁월했다는 뜻이 아니다. 그는 부하의 아내와 간통하고 이를 감추기 위해 부하를 죽음으로 내몰았다. 물론 다윗은 자신의 죄를 진심으로 회개하고 사죄하지만 정치가로서 다윗의 개인적 도덕성은 그리 칭찬받을 만한 것이 아니다. 정치적으로도 다윗은 인구조사를 감행해서 신의 격노를 유발시킬 정도로 그리 능수능란하지는 못했다. 이처럼 도덕적으로도 훌륭하지 못하고 정치적으로도 탁월하지 못했던 다윗의 통치에 대해 성서 기자들이 다윗은 정의와 공의로 백성을 다스렸다는 후한 점수를 준다. 이것은 단지 이들이 '어용'이었기 때문일까?[3]

다윗 왕국 통치의 도덕적·정치적 정당성은 하나님의 정의라는 초월성에서 온다. 다윗이 정의와 공평으로 통치했다는 것은 그가 야훼의 정의와 공평을 역사 속에서 실현했다는 의미이다. 단적으로 말한다면 다윗 왕권은 정의와 공평의 '주체'가 아니라 그것의 '객체'이자 '도구'이다. 성경 전체의 역사 속에서 다윗이 메시아의 모형이자 이상적인 왕으로 추앙되는 것은 그의 통치가 야훼의 통치에 가장 근접했기 때문이다. 그래서 주후 1세기경 나사렛 예수가 로마제국의 식민통치를 받고 있던 예루살렘 성으로 들어올 때 수많은 거주민이 나와 환영하며 이런 노래를 불렀다. "찬송하리로다 **오는 우리 조상 다윗의 나라여** 가장 높은 곳에서 호산나(막 11:10)." 즉, 예수의 오심은 다윗의 나라가 오는 것이며, 그것은 하나님의 통치가 오고 있다는 뜻이다.

모든 정치적 통치, 곧 *권력의 정당성은 정의의 실현에 있다*는 성서적 규범원리를 다원성에 기초하는 지금 우리의 공론장이 무시해서는 안 된다. 일반적인 정치학도 권력의 정당성을 정의와 관련시킨다. 정의가 없는 힘과 권력은 아우구스티누스가 재치 있게 말한 대로 "강도떼"와

---

3) 갓월드, 위의 책, 411.

다를 바 없을 것이다. 철학과 정치학에서 정의의 원천은 '자연법'이나 '이성'에 있다. 반면, 신학에서 정의의 원천은 초월적인 하나님이다. *세상의 정의는 하나님의 정의에서 나온 것이고 국가권력은 이를 실현하는 도구이다.* 비록 원천에 대한 규정은 다르겠지만 권력은 정의에 기초해야 한다는 요청은 크게 다른 것은 아니다.[4]

2) 다윗 왕권은 평화를 실현한다. 다윗 왕권과 평화의 관계는 무엇보다 다윗이 성전을 건축하고자 했으나 하나님이 이를 거절한 사건에서 대표적으로 보인다. 내부적인 반대세력을 평정하고 외부의 적국들을 복속시킨 다윗은 예루살렘에 성전을 건축하고자 했다. 그러나 신은 이를 거절한다. 그 이유는 다윗이 그동안 크고 작은 많은 전쟁으로 인해 땅에 많은 피를 흘렸기 때문이다(대상 22:8). 성전의 건축은 다윗의 아들 "평강의 사람" 솔로몬에게 넘어간다. 하나님은 다윗에게 이렇게 약속한다. "이는 내가 저의 생전에 평안과 안정을 이스라엘에 줄 것임이니라(22:9)." 다윗은 사실 왕으로서 자신의 나라에서 마음만 먹으면 못할 것이 없었을 것이다. 그러나 그는 신의 명령을 받아들인다. 이것이 무엇을 의미하는 것일까?

첫째, 전쟁은 피할 수 없는 것이지만 그렇다고 해서 그것이 신이 원하는 것은 아니다! 구약성서에 많은 전쟁이 나오고, 거기서 야훼는 종종 "전쟁의 신"으로 묘사된다. 그러나 그렇다고 해서 하나님의 본질이 전쟁과 학살에 있는 것은 아니다. 만일 야훼가 전쟁의 신이라면 다윗의 성전건축을 거절할 까닭이 없다. 너는 피를 너무 많이 흘리게 했으니 나의 집을 지을 수 없다는 것은 어불성설(語不成說)이다.

둘째, 정의는 평화와 밀접하게 관계된다. 평화를 나타내는 히브리어 '샬롬'은 언제나 **관계적인 개념**이다. 모든 적의와 대립이 소멸되어 완전한 화해가 있는 상태가 샬롬이다. 따라서 정의의 목표가 샬롬이며,

---

4) KLP, 184.

샬롬은 정의가 이루어진 상태이다.[5] 정의가 없는 평화는 강요된 침묵과 굴종이며, 평화가 없는 정의란 '강자독식(强者獨食)'의 형식적 '공정함'일 뿐이다.

예수와 하나님의 나라: 영적인 통치와 정치적인 통치

유대인들은 나사렛 예수에게서 다윗의 나라가 실현되기를 원했지만, 예수는 다윗의 왕국이 아닌 **하나님의 왕국**(ἡ βασιλεία τοῦ θεοῦ)을 선포했다. 주후 1세기 로마제국의 식민통치를 받고 있던 유대인들에게 다윗 왕권의 실현은 로마로부터의 정치적 독립을 의미했다. 예수의 출현 이전에 산발적인 독립투쟁이 있었지만 모두 실패했기에 유대인들뿐 아니라 예수의 추종자들도 예수에게서 다윗 왕국의 회복을 기대했다 (막 11:10, 행 1:6). 그런데 기대했던 독립혁명은 일어나지 않았고, 예수는 십자가에서 '반란선동죄'로 처형되었다. 그리고 예수는 부활해서 승천했고, 지상에는 회복된 다윗 왕국이 아닌 교회가 설립되었다. 그렇다면 국가와 정치권력에 대한 예수의 태도는 무엇이었는가? 또 그것이 지금 다원화된 사회 가운데 있는 한국의 교회에는 어떤 의미를 갖는가? 이 질문에 대한 답을 찾기 위해 우리는 신약성서에서 다음의 세 가지 사건을 주목하고자 한다.

1) 예수는 이렇게 외치며 공식적으로 역사에 등장한다. "때가 찼고 하나님의 나라가 가까이 왔으니 회개하고 복음을 믿으라(막 1:15)." 여기서 중요한 것은 예수가 '다윗의 나라'가 아닌 '하나님의 나라'를 선포했다는 사실이다. 그렇다면 다윗 왕국과 신의 왕국은 같은 것인가, 아니면 다른 어떤 것인가? 주후 1세기 '식민지 유대'에서 다윗 왕국은 매우 정치적인 의미를 가질 수밖에 없다. 다윗 왕국이 다가오고 있다는 것은 로마제국에 대항해 유대의 독립과 자유

---

5) 월터스토르프, 『정의와 평화가 입 맞출 때까지』, 251. 비교: 몰트만, 『희망의 윤리』, 362.

를 위한 '해방전쟁'이 다가오고 있다는 뜻이다. 반면, 하나님의 나라가 다가오고 있다는 것은 직접적인 정치적 해방이 아닌 **총체적인 존재의 해방**이 다가오고 있다는 뜻이다. 그래서 예수는 자신을 다윗 왕국의 실현으로 '제한'시키려는 모든 시도에 의식적으로 거리를 둔다. 따라서 예수가 선포한 하나님의 나라는 정치적 의미와 내용을 완전히 배제하는 것은 아니지만 그것을 넘어서는 보다 근원적이고 총체적인 것이다.

2) 예수의 대적자들은 나사렛에서 온 목수의 아들을 "총독의 다스림과 권세 아래"로 넘기려고 정치적으로 매우 예민한 질문을 던진다. "우리가 가이사[로마황제]에게 세를 바치는 것이 옳으니이까, 옳지 않으니이까(눅 20:22)." 그러자 예수는 "가이사의 것은 가이사에게, 하나님의 것은 하나님께 바치라"고 답한다(20:25). 의심의 여지없이 예수의 이 말씀에 하나님의 나라와 세상의 나라, 곧 교회와 국가, 영적인 권력과 정치적 권력 사이의 관계에 대한 근본이해가 들어 있다. 그래서 대적자들은 예수를 로마총독의 손에 넘기기 위해 결국 조작된 증거를 제시할 수밖에 없었다.

3) 요한복음에서 정치권력에 대한 예수의 태도가 보다 직접적으로, 극적으로 묘사된다. 유대인 적대자들에게 체포되어 일차적으로 모욕과 능욕을 당한 예수는 이제 최종심판을 받기 위해 총독 빌라도에게도 끌려왔다. 여기서 예수는 "내 나라는 이 세상에 속한 것이 아니다"고 단정한다(요 18:36). 그러자 로마의 총독은 "네가 왕이냐"고 예수에게 질문했고, 예수는 이렇게 답한다. "왕이니라 내가 이를 위하여 태어났으며 이를 위하여 세상에 왔나니 곧 진리에 대하여 증언하려 함이로라(18:37)." 예수는 왕이다. 그러나 그가 왕으로 있는 나라, 곧 신의 왕국은 이 세상에 속한 것이 아니다. 그것은 지상의 왕국과는 전혀 다른 어떤 나라이다.

위의 사례들은 국가와 정치권력에 대한 예수의 근본입장에 대해 무엇을 알려주는가? 정치와 종교의 '분리'인가, 혹은 정치에 대한 '혐오'인가, 아니면 오직 영적인 일에만 매진하라는 '도피'로의 호소인가? 여기에 대해 지금 자세한 것을 논할 수는 없고, 이는 아마도 다음 단계에서의 작업일 것이다. 그럼에도 핵심적인 것을 말하자면 **정치와 종교의**

구분(distinction between politic and religion)이 예수의 참된 의도일 것이다.

이스라엘은 그 시작부터 전형적인 신정(神政)국가였다. 이스라엘은 왕이 다스리는 나라가 아니라 하나님이 직접 다스리는 국가이다. 왕국 시대에도 왕은 존재했지만, 최고 통치자가 아니라 신의 '대리자'일 뿐이었다. 이러한 종교적·역사적 조건 속에서 예수는 **영적인 통치와 정치적인 통치의 구별**을 요구했다. 그리고 예수가 보다 세밀한 관심을 기울인 것은 영적인 통치였다. *예수에게 하나님의 나라는 신정국가라는 정치적 기구가 아니라 인간에게 총체적 해방이 이루어지는 영적인 통치였다.*[6] 정치권력에 대한 예수의 이러한 근본태도는 정치에 대한 무관심도 혐오도 회피도 아니다. 그것은 영적인 것과는 다르다는 구별이다.

정치신학의 관점에서 보자면 정치와 종교의 구분이라는 나사렛 예수의 요청은 가히 혁명적이다. 정치와 종교의 구분 혹은 분리는 두말할 필요 없이 '근대적 현상'이다. 서양 근대사에서 종교의 자유, 곧 통치자의 종교에 상관없이 개인이 스스로 어떤 종교를 선택할 수 있다는 생각은 1598년 공포된 "낭트칙령"에서 처음 발견된다.[7] 그 이전까지 개인이 종교를 선택할 수 있다는 것은 상상조차 할 수 없었다. 왜냐하면 종교는 개인적인 선택의 문제가 아니라 그 자체가 국가와 정치의 문제였기 때문이다. 이러한 생각이 얼마나 공고한 것인가는 1685년 낭트칙령이 결국 폐지되는 사건에서 분명하게 나타난다. 우리의 조선왕조에서도 정치와 종교는 사실상 하나였다. 유교는 종교이자 정치였다. 유교적 체계에서 왕은 하늘과 조상에 제사를 드리는 최고의 사제이자 동시에 최고의 정치적 통치자이다.[8]

---

6) R. 닉슨, 「율법의 완성: 복음서와 사도행전」, 『율법과 윤리』, 233.

7) 후스토, L. 곤잘레스, 『현대교회사』, 서영일 옮김(서울: 은성, 1995), 34.

8) 임계유, 『유교는 종교인가 2』, 안유경·금장태 역(서울: 지식과교양, 2011), 258.

바울과 하나님의 나라: 신국의 표지

바울은 그의 스승보다는 좀 더 자세한 '정치신학'을 우리에게 제공한다. 당시 세계의 수도 로마에 있던 교인들에게 보내는 편지(로마서)에서 바울은 이렇게 권면한다.

> 각 사람은 위에 있는 권세들에 복종하라 권세는 하나님으로부터 나지 않음이 없나니 모든 권세는 다 하나님께서 정하신 바라 그러므로 권세를 거스르는 자는 하나님의 명을 거스름이니 거스르는 자들은 심판을 자취하리라 다스리는 자들은 선한 일에 대하여 두려움이 되지 않고 악한 일에 대하여 되나니 네가 권세를 두려워하지 아니하려느냐 선을 행하라 그리하면 그에게 칭찬을 받으리라(롬 13:1~3)

바울은 지상의 모든 정치권력은 본질적으로 신에게서 유래하기 때문에 모든 사람은 여기에 복종해야 하며, 그리스도인도 예외는 아니라고 말한다. 또 "조세를 받을 자에게 조세를 바치고, 관세를 받을 자에게 관세를 바치고, 두려워할 자를 두려워하며, 존경할 자를 존경하라"고 권면한다(13:7). 동시에 바울은 에베소 교회에 보내는 편지에서 간접적인 방식으로 사탄의 도구가 되는 사악한 권력에 대한 투쟁을 독려하기도 한다. "우리의 씨름은 혈과 육을 상대하는 것이 아니요 통치자들과 권세들과 이 어둠의 세상 주관자들과 하늘에 있는 악의 영들을 상대함이라(엡 6:12)." 교회가 수행해야 할 전투의 대상으로 나오는 "통치자들과 권세들"은 지상의 정치권력을 의미한다. 문맥상 이 권력은 "이 어둠의 세상 주권자들과 하늘에 있는 악의 영들"과 관련성이 있다. 다시 말해 그것은 '악한 권력'으로서 교회는 이들에 대항해 투쟁을 전개해야한다. 이렇게 하나님의 나라와 세상의 나라, 교회와 국가는 **대립과 긴장의 관계**에 설 수도 있고 **상호인정과 협력의 관계**에 설 수도 있다.[9]

---

9) 브루스 케이, 「신약성경과 사회제도」, 『율법과 윤리』, 309.

이어서 우리가 주목해야 할 부분은 로마서 14장이다. 여기서 바울은 그의 스승과는 다른 차원에서 하나님의 나라에 대해 서술한다. 예수는 주로 '비유'를 통해 신국에 대해 설교했다. 하나님의 나라는 "마치 ……와 같다"는 식이다(마 13:44, 45, 47). 그런데 바울은 하나님의 나라를 '개념적'으로 말한다. "하나님의 나라는 먹는 것과 마시는 것이 아니요 오직 성령 안에 있는 의와 평강과 희락이라(롬 14:17)." 이렇게 바울은 **비유적**인 언어가 아닌 **개념적**인 언어를 사용해서 하나님의 나라에 대해 말한다.

하나님의 나라에 대한 술어로 나오는 "정의(δικαιοσύνη)"와 "평화(εἰρήνη)"와 "기쁨(χαρὰ)"은 바울의 편지들뿐 아니라 전체 성경에서도 매우 중요한 용어이자 개념들이다. 이들의 원천은 물론 구약성서이며, 바울은 십자가 사건을 통해 여기에 새로운 의미 차원을 확대한다. 따라서 우리는 다음과 같은 중요한 결론을 도출하게 된다. *바울은 정의와 평화와 기쁨을 성령론적으로 종합함으로써 예수가 선포한 하나님의 나라를 정의하고 해석하고 있다.* 여기서 "하나님의 나라"라는 성서적 표상의 두 가지 근본적인 토대가 발견된다. 신국은 첫째 **성령을 통해** 이루어지며, 둘째 하나님 나라의 표지는 **정의**와 **평화**와 **기쁨**이다.

하나님의 나라와 성령

하나님의 나라는 성령 안에서 이루어진다. 성급하게 정의, 평화, 기쁨이라는 술어로 가서는 안 되며, "성령 안에서(ἐν πνεύματι ἁγίῳ, in the Holy Spirit)"라는 부사어에 충분한 주의를 기울여야 한다. 여기서 헬라어의 여격은 의심의 여지없이 '도구적 여격'으로서 하나님의 나라는 **성령을 통해서** 이루어진다는 뜻이다. 다시 말해 성령을 통하지 않고 설사 정의가 실현되어 평화가 있다 해도 그것이 하나님의 나라는 아니다. 따라서 "정의가 실현되는 모든 곳에 하나님의 나라가 있다"는19세기 자유주의 신학의 낭만적 신국론은 성서보다는 당시의 철학적 희망에 근거하고 있는 것이다.[10]

성령을 통해 '하나님의 나라'와 '세상의 나라'는 구별된다. 이것이 **가이사의 것**과 **하나님의 것**을 구별했던 예수의 의도이다. 정치적인 것과 종교적인 것은 혼합될 수 없다. 종교가 정치를 지배하는 **신정정치**도 정치가 종교를 지배하는 **독재정치**도 성경적 정치원리에 위배되는 것이다. 이것이 아우구스티누스, 루터, 칼뱅 같은 교회의 위대한 스승들이 교회와 국가의 관계에 있어 말하고자 했던 참된 의도였다. 사도바울이 신국의 표지로서 언급하고 있는 정의, 평화, 행복은 세상의 나라에서도 의심의 여지없이 중요한 가치들이다. 현대 대부분의 민주국가들은 그들이 정의와 평화를 추구한다는 사실을 헌법으로 규정한다. 정의는 한 국가의 목표이며, 평화와 행복은 인류 공동체가 추구하는 목표이다. 그러나 그렇다고 해서 우리가 하나님의 나라와 세상의 나라를 혼동해서는 안 된다.

이런 이유에서 종교개혁 이후 개혁교회는 신정정치, 곧 교회가 직접 정치에 참여하는 것을 원리적으로나 실천적으로 반대했다. 왜냐하면 *영적인 통치와 정치적 통치는 구분되어야* 하기 때문이다. 교회는 **영적인 기관**(organus spiritualis)으로서 세상의 빛과 소금이지 '권력에의 의지'를 갖고 세상을 통치하는 정치적 기관이 아니다. 세상을 위한 통치는 **정치적 기관**(organus politicus)으로서 국가에 위임되었다. 그러므로 교회의 정의와 국가의 정의는 다르다. 하나님의 나라에서 정의는 성령을 통해 실현된다. 그러나 세상의 나라에서 정의는 공정한 법 집행 혹은 공평한 분배를 통해 이루어진다. 세상의 정의는 제도의 올바른 변화와 확립을 목표로 하지만, 성령을 통한 정의는 인격의 올바른 변화를

---

10) 손규태, 『개신교윤리사상사』(서울: 대한기독교서회, 1998), 128.

목표로 한다.[11] 따라서 복음을 가지고 직접 이 세상을 다스려보겠다는 발상은 중세적 망령이자 재세례파적 환각이다.

이러한 가운데 틸리케가 제안하는 '하나님 나라에 가까움'이라는 개념은 매우 유익하지 않을 수 없다. 틸리케는 이 개념을 예수가 예루살렘 성에 입성한 후 그의 반대자들과 벌이는 일련의 논쟁에서 발견한다. 예수는 로마 황제에게 세금을 바쳐야 하는가라는 정치적 문제(막 12:17)에 대해 토론하고 사두개파 사람들과는 부활이라는 신학적 문제(막 12:18 이하)를 가지고 논쟁한다. 그 후 모든 계명 중 가장 큰 계명이 무엇이냐는 율법에 관한 논쟁에서 서기관 중 한 명이 매우 통찰력이 있는 답을 제시하는데(막 12:33), 예수는 이 율법학자에게 "네가 하나님의 나라에서 멀지 않다"고 칭찬한다. 틸리케에 의하면 이 서기관은 하나님의 나라의 본질에 도달한 것은 아니다. 다만 하나님의 나라에 가까울 뿐이다.[12]

이처럼 인간이 역사 속에서 아무리 완벽한 제도를 만들었다 해도 그것이 하나님의 나라 그 자체일 수는 없다. 대신 교회는 *그것이 하나님 나라에 가까운가, 아니면 먼가*라는 **근사치적 평가와 판단**을 내려야만 한다. 예컨대 어떤 한 국가가 민주주의라는 정치제도를 잘 운영하고, 경제적으로도 빈부격차를 현격히 줄여 훌륭한 복지 시스템을 구현했다고 해도 그것이 그 자체로 하나님의 나라는 아니다. 그러나 이런 사회는 비록 하나님의 나라는 아니지만 그리스도의 왕국에 가깝다. 혹은 철학자나 사회학자들이 생각했던 이상적인 공동체, 예컨대 칸트의 "목적의 왕국(Reich der Zwecke)" 내지는 헤겔이 사유했던 "인륜성(Sittlichkeit)"의 현실로서 국가도 그 자체로 하나님의 나라는 아니다.

---

11) ThE II/2, 357.
12) ThE II/2, 305. 비교: KLP, 177.

정의와 평화와 행복

이제 바울이 하나님의 나라의 표지로서 제시하는 정의와 평화와 행복에 대해 생각해보자. 여기서 사용된 단어 '표지'는 성령을 통해 이루어지는 하나님의 나라의 '본질'이 외형적으로 가시적이고, 경험적으로 구현되는 현상적 측면을 의미한다.

1) "정의"는 성령을 통해 이루어지는 하나님의 나라의 첫 번째 표지이다. 우리는 이 정의가 무엇인가에 대해 지금까지 계속 토론하고 연구해왔으므로 다시 그것을 반복하는 것은 무의미할 것이다. 하나님의 나라의 첫 번째 표지가 정의라는 이 선언과 사실이 중요하다. 신국은 정의롭다. 정의가 물같이, 공의가 마르지 않는 강같이 흐르는 곳, 거기에— 근사치적으로—하나님의 나라가 있다. 불의와 불법이 횡횡하고 반칙과 변칙이 통용되는 곳, 온갖 차별과 압박이 있는 곳, 그곳이 하나님의 나라일 수 없다. 이처럼 하나님의 나라가 무엇이냐 혹은 정의가 무엇이냐 하는 이성을 자극하는 개념적 질문에 *하나님의 나라는 정의롭다*는 선포와 선언이 앞선다. 따라서 정의는 하나님의 나라에 의해 규정되고, 하나님의 나라는 정의를 통해 파편적으로 실현된다. 물론 이러한 변증법적 종합에 우리가 앞에서 계속 논의했던 정의의 응보적 차원, 분배적 차원, 회복적 차원이 속한다.

교회는 **근사치적 관점**에서 국가에 정의의 실현을 요구한다. 교회는 스스로가 권력을 장악하려 하지 않는다. 그러나 교회는 권력을 향해 정의의 실현을 요구하며 그 권력이 근사치적으로 *얼마나 하나님의 나라에 가까운가*를 판단한다. 만일 한 권력이 하나님의 정의를 부정한 채 자기 절대화라는 우상숭배의 길로 갈 때 교회는 단호히 '전투적 교회'의 사명을 감당해야 한다.

2) '평화'는 하나님 나라의 두 번째 표지이다. 바울이 사용하고 있는

헬라어 '에이레네'는 히브리어 '샬롬'의 번역이다. 하나님의 나라는 따라서 '샬롬의 나라'이다. 샬롬은 단순히 개인이 경건한 신앙심을 통해 얻게 되는 영적인 고요함의 상태만을 의미하지 않는다. 샬롬은 **통전적인**(holistic) 개념이다. 그래서 샬롬은 개인적이고 실존적이며, 정치사회적이고 공동체적인 평화를 모두 포괄한다.[13] 그래서 바울이 하나님의 나라의 둘째 표지로서 "평강"을 언급할 때 그 배후에는 다음과 같은 이사야 선지자의 선언이 있을 것이다. "공의의 열매는 화평이요 공의의 결과는 영원한 평안과 안전이라(사 32:17)." 이처럼 하나님의 나라에서 평화와 평안과 안전은 정의의 열매이며 결과이다.

교회는 이러한 신학적 인식을 가지고 세상의 왕국에 참여해야 한다. 이러한 참여는 물론 그리스도인이 스스로 정치적 조직을 만들고 정치 행동을 통해 이 땅 위에 신정국가를 건설하고자 하는 것이 아니다. 그 것은 헛된 미망이요, 나르시시즘의 환각이다. 대신에 우리는 "교회의 선지자적 사명(Wächteramt der Kirche)"의 이념적·실천적 중요성을 제기하고자 하는데, 이는 '너희는 세상의 빛과 소금(마 5:13~14)'이라는 그리스도의 말씀에 기초한다. 1997년 독일의 개신교협의회는 **교회의 선지자적 사명**에 대해 다음과 같은 테제를 발표했다. "교회는 스스로 정치를 하지 않는다. 다만 정치를 가능하게 만들뿐이다."[14]

물론 국가의 정책과 경제는 비록 하나님의 주권과 섭리하에 있다고 우리는 믿지만 그렇다고 해서 그것들이 성서와 신학을 통해 직접적으로 결정되고 운영되는 것은 아니다. 정치와 경제는 **그 자체의 고유한 법칙과 시스템**에 의해 움직인다.[15] 여기서 교회와 신학의 사명은 하나님 나라의 이념과 선지자적 영성으로 국가가 실현해야 할 정의가 무엇

---

13) 월터스토르프, 같은 책, 254.

14) Bernd Kirchschlager, *Kirche und Friedenspolitik nach dem 11. September 2001*(Göttingen: Ruprecht, 2007), 11. "Die Kirchen wollen nicht selbst Politik machen, sie wollen Politik möglich machen."

15) Helmut Thielicke, *Geschichte und Existenz. Grundlegung einer evangelischen Geschichtstheologie*(Gütersloh, 1964), 86.

인지 또 지금 국가는 그것을 올바르게 하고 있는지에 대해 근사치적으로 선포하는 것이다. 교회의 사명은 선포에 있다. 선포는 '정책제안'도 아니고 저널리즘의 '사설'도 아니다. 선포는 선포이다!

3) '기쁨'은 바울이 종합적으로 제시하는 하나님 나라의 세 번째 표지이다. 기쁨이라는 뜻을 지닌 헬라어 '카라'는 바울이 그의 편지에서 매우 빈번하게 사용하는 말 가운데 하나인데, 사도는 이 단어를 주로 신앙의 역설적 차원에서 사용한다. 기뻐할 수 없는 상황 속에서도 역설적으로 기뻐하라는 것이다.

하나님 나라에서의 기쁨은 정의와 평화와의 관계성 가운데서 존재한다. 카라는 단순히 필요가 채워져서 갖게 되는 감각적이고 조건적인 차원을 넘어서고 개인적으로 충만한 경건의식에서 오는 감정적이고 실존적인 차원도 넘어선다. 카라는 정의와 평화에서 오는 즐거움이요, 행복(Glückseligkeit)이다. 마음이 상한 자를 위로하고, 눈물 흘리는 자의 눈물을 닦아주고, 주린 자에게 먹을 것을 주고, 눈먼 자는 보게 하며, 억눌린 자에게는 자유를 줄 때 거기에 정의가 있으며, 평화가 있으며, 행복이 있다.

우리는 세상의 나라에 대해서도 비슷한 것을 요구할 수 있다. 거기에 정의와 평화와 행복이 있어야 한다! 그렇게 될 때 한 국가, 한 사회는 하나님의 나라에 좀 더 가까이 설 수 있는 것이다. 이런 맥락에서 현대의 민주국가들이 행복의 추구를 국민의 기본권으로 인정한다는 점은 대단히 의미 있는 일이 아닐 수 없다. 우리나라의 헌법도 **행복추구권**(Right to pursue happiness)을 명문화한다. "모든 국민은 인간으로서의 존엄과 가치를 가지며, 행복을 추구할 권리를 가진다."[16] 당연히 어떤 상태, 어떤 조건이 만족될 때 한 인간이 행복하다고 느낄 수 있는가에 대해서는 많은 논란이 있을 수 있지만, 국민 각자가 인간으로서 행

---

16) http://terms.naver.com/entry.nhn?docId=527233&mobile&categoryId=1595

복할 수 있는 권리를 갖는다는 것은 신의 의지와 상반되지 않는다.

정의와 평화와 행복의 공동체로서 하나님의 나라는 이 땅에서 직접적으로 실현되지 않는다. 교회 그 자체가 신국은 아니다. 그러나 교회는 영적인 방식으로 하나님의 나라에 가까이 가야 한다. 이것은 교회의 정체성이자 내적 선포이다. 국가는 더더욱 신국이 아니다. 그러나 국가는 정치적인 방식으로 하나님의 나라에 가까이 가야한다. 이것은 교회의 타자성이자 외적 선포이다. 교회는 본질상 정치적이 않기에 현실에서 가장 정치적일 수 있다.

에필로그

처음 이 책을 시작하면서 필자는 다음과 같은 질문을 던졌다. 공론장에서 정의에 대한 교회의 입장이 무엇이냐는 질문을 받았을 때 우리는 무슨 말을 해야 할까? 그리고 지금까지의 과정은 여기에 대한 가능한 답을 제출하려는 시도였다. 여기서 결과보다는 과정이 중요하다는 말은 정답을 찾지 못하는 무능에 대한 회피성 발언이 아니다. 그리스도인의 삶에서 구원이 완성이 아니라 과정이고 과제이듯이, 기독교윤리에서 정의는 '완결'이 아니라 언제나 '과제'이다.

교회와 신학이 말하는 "하나님의 나라"에서 가장 앞에 오는 표지가 정의이다. 정의가 하나님의 나라를 규정하며, 하나님의 나라는 정의를 구체적으로, 현실적으로 만든다. 그러므로 앞으로 우리의 과제는 하나님 나라의 신학을 통해 정의가 신국뿐 아니라 세상의 나라에서도 강물처럼 흐를 수 있도록 이론적 토대를 마련하고 가능한 실천적 제안을 하는 것이다. '기독교와 정의'는 이제 '기독교와 국가'라는 테마로 넘어가야 하고 거기서 정의를 구현하는 힘으로서 권력의 문제가 신학적으로 다루어져야 할 것이다.[1]

여기서 중요한 곳은 공론장이다. 만일 공론장이 이곳은 모든 특수성을 배제하는 곳이기에 기독교적 입장은 출입시킬 수 없다고 말한다면 그것은 자기모순이고 자가당착이다. 왜냐하면 기독교는 공론장의 전제인 다원성과 다양성의 한 실체이기 때문이다. 기독교 자체가 다원성의 한 형태인데 너는 종교적이니 빠지라는 것은 공론장을 독재자의 거수

---

[1] 참조: 신원하, 「라인홀드 니부어의 정의론과 정의 구현의 전략」, 『기독교윤리와 사회정의』, 174.

기로 만드는 것과 다르지 않다.

동시에 기독교 또한 공론장을 존중해야 한다. 우리와 다른 신념을 가지고 있다고 해서 또는 우리와 다른 신앙을 가지고 있다고 해서 저들은 모두 '마귀사탄의 자녀'라고 정죄하고 저주하는 것은 복음이 요구하는 자세와 태도가 아니다. 또 공론장을 '전도하는 자리'로 착각해서도 안 된다. 전도와 선교는 물론 기독교인에게 중요한 사명이다. 그러나 교회의 사회적 봉사를 전도를 위한 '수단'으로 봐서는 안 될 것이다. 봉사는 그리스도의 명령으로 그 자체가 사명이지 무엇을 위한 수단이 될 수 없다. 더 본질적인 질문은 이것이다. 무엇을 위해 전도를 하려 하는가? 하나님의 나라를 위해서인가, 아니면 많은 교인을 모으고 큰 교회를 만들어서 개인의 욕망을 채우려는 것인가?

공론장은 영적인 것과 세상적인 것, 수직적 차원과 수평적 차원, 교회와 사회가 만나는 지점이다. 그곳은 ─ 성서적으로 말한다면 ─ 우물가이다. 사마리아 여인이 예수 그리스도를 만난 곳, 이삭이 그랄의 목자들을 만난 곳, 야곱이 그의 아내를 만난 곳이 우물가이다. 지금 우리는 공론장이라는 우물가에서 구속을 기다리는 세상을 만나야 한다.

참고문헌

1. 외국어 원서

Althaus, P., *Die Theologie Martin Luthers,* Gütersloh: GV, 1963.

Barth, G., "Bergpredigt Ⅰ", In: TRE Ⅳ.

Barth, K., *Der Römerbrief,* Zweite Fassung, Zürich: ZV, 1954.

Bonhoeffer, D., *Nachfolge.* Hg. von Martin Kuske, München, 1987.

Bultmann, R., *Jesus Christus und die Mythologie: Das Neue Testament im Licht der Bibelkritik,* Hamburg: Furche, 1964.

Durkheim, E., "Contirbution to Morality without God", In *Selected Writings on Education,* Ed., W. S. F. Pickering, Abingdon: Routledge, 2006.

Enns, F., *Friedenskirche in der Ökumene: Mennonitische Wurzeln Einer Ethik der Gewaltfreiheit,* Göttingen: V&R, 2003.

Erdmann, P., *Theodizee. Eine allgemeine Einführung,* Nordstadt: Grin, 2004.

Forte, B., *The Essence of Christianity,* Grand Rapids: Eerdmanns, 2003.

Finkel, A., "Gerechtigkeit I", In: TRE(SA) I.

Fletcher, J., *Situations Ethics. New Morality,* Philadelphia: WM Press, 1996.

Frenschkowski, M., "Vision Ⅱ", In: TRE 35.

Frey, Ch., *Repetitorim der Ethik.* 3. Aufl, Waltrop: Spenner, 1997.

Götzelman, A., "Ökonomisierung als Herausforderung der Diakonie", In: ZEE 54, Gütersloh, 2010.

Hübner, L., "Diakonie im Sozialstaat-Diakonie im Sozialistischen Staat", In: ZEE 43.

Hume, D., *A Treaty of human Nature: An Attempt to introduce the experimental Methode of Reasoning into Moral Subject,* London: Edinburge, 1817.

Kant, I., *Grundlegung zur Metaphysik der Sitten,* surkamp taschenbuch wissenshcaft 56, Frankfurt am Main: Suhrkamp, 1974.

Kirchschlager, B., *Kirche und Friedenspolotik nach dem 11. September 2001,* Göttingen: Ruprecht, 2007.

Koch, T., *Zehn Gebote für die Freiheit,* Tübingen: JCB Mohr, 1995.

Koenen, K., *Heil den Gerechten, Unheil den Sündern,* Berlin: De Gruyter, 1994.

Körting, C., "Zehnt Ⅱ", In: TRE 36.

Körtner, U., *Evangelische Sozialethik,* Göttingen: V&R, 1999.

Luther, M., "Von der weltlichen Obrigkeit", In WA 11, 246-280.

Moltmann, J., *Politische Theologie-Politische Ethik,* Grünewald: GWV, 1984.

_____, *Theologie der Hoffnung. Untersuchungen zur Begründung und zu den Konsequenzen einer christlichen Eschatologie,* Gütersloh: GV, 2005.

Niebuhr, R., *Human Destiny,* John Knox Press, 1996.

Niesel, W., *Die Theologie Calvins,* Münster: Kaiser, 1957.

Nozick, R., *Anarchy, State and Utopia,* New York: Basic Books, 1974.

Pollock, J. M., *Ethical Dilemmas & Decisions in criminal Justice,* Belmont: Wadsworth, 2010.

Ramsey, P., *Basic Christian Ethics,* New York: Scribner, 1950.

Schmidt, W. H., *Einführung in das Alte Testament,* Berlin: De Gruyter, 1995.

Schröter, J., "Ein Neutestamentliches Votum", In: *Gerechtigkeit als Thema bilbischer Theologie,* Berlin: Humboldt Universität zu Berlin, 2010.

Spengler, O., *Der Untergang des Abendlandes,* München: CH Beck, 1998.

Strohm, Ch., *Johannes Calvin. Leben und Werk des Reformators,* München: CH Beck, 2009.

Tillich, P., *Liebe Macht Gerechtigkeit,* Berlin: De Gruyter, 1996.

Thielicke, H., *Geschichte und Existenz. Grundlegung einer evangelischen Geschichtstheologie,* Gütersloh, 1964.

_____, *Der Menschsein-Mensch Werden,* München: Pipper, 1976.

Thilly, F., *A History of Philosophy,* New York, 1961.

Tomlin, G., *Luther und seine Welt,* Freiburg: Herder, 2002.

Weber, M., "Über einige Kategorien der verstehenden Soziologie", In: *Methodologische Schriften,* Frankfurt am Main, 1968.

Witte, M., "Ein Altestamentliches Votum", In: *Gerechtigkeit als Thema bilbischer Theologie,* Berlin: Humboldt Universität zu Berlin, 2010, 7-42.

2. 번역서

Anselmus, 『인간이 되신 하나님』, 시리우스 총서 07, 이은재 옮김, 서울: 한들출판사, 2007.

Aristoteles, 『니코마코스윤리학』, 최명관 옮김, 서울: 창, 2008.

Arrington, R. L., 『서양윤리학사』, 김성호 옮김, 파주: 서광사, 2003.

Augustinus, A., 『신국론』, 문시영 옮김, 서울: 지만지고전출판, 2008.

Baker, R. W., 『자본주의의 아킬레스건』, 강혜정 옮김, 서울: 지식의 숲, 2007.

Bornkam, G., 『나사렛 예수』, 강한균 옮김, 서울: 대한기독교서회, 1973.

Brunner, E., 『정의와 사회질서』, 전택부 옮김, 서울: 대한기독교서회, 2003.

De Hean, Richard., 「하나님과 국가」, J. I. Packer, Ed., 『율법과 윤리』, 서울: 백
    합출판사, 1985, 19-67.

Dawkins, R., 『만들어진 신』, 이한음 옮김, 서울: 김영사, 2007.

Friedrich, G., 『예수의 죽음』, 박영옥 옮김, 서울: 한국신학연구소, 1988.

Foucault, M., 『감시와 처벌』, 오생근 옮김, 서울: 나남출판사, 2003.

Girard, R., 『나는 사탄이 번개처럼 떨어지는 것을 본다』, 김진식 옮김, 서울: 문
    학과지성사, 2004.

_____, 『폭력과 성스러움』, 김진식 · 박무호 옮김, 서울: 민음사, 1995.

_____, 『희생양』, 김진식 옮김, 서울: 민음사, 2007.

Gloege, G., 『신약성서의 맥』, 손규태 옮김, 서울: 한국신학연구소, 1983.

Gonzalez, J. L., 『초대교회사』, 서영일 옮김, 서울: 은성, 1995.

_____, 『현대교회사』, 서영일 옮김, 서울: 은성, 1995.

Gottwald, N., 『히브리성서 I』, 김상기 옮김, 서울: 한국신학연구소, 2001.

Habermas, J., 『사실성과 타당성』, 한상진 · 박영도 옮김, 서울: 나남, 2007.

Hawthorne, N., 『주홍 글씨』, 조승국 옮김, 서울: 문예출판사, 2004.

Haynes, S., 『성서비평방법론과 그 적용』, 김은규 · 김수남 옮김, 서울: 대한기독
    교서회, 2001.

Hick, J., 『하나님은 많은 이름을 가졌다』, 이찬수 옮김, 서울: 창, 1991.

Hebbletwaite, B., "Sozialismus", In: TRE 31.

Hegel, G. F., 『믿음과 지식』, 황성중 옮김, 대우고전총서 07, 서울: 아카넷, 2003.

Höffe, O., 『임마누엘 칸트』, 이상헌 옮김, 서울: 문예출판사, 1998.

Huizinga, J., 『호모 루덴스』, 이종인 옮김, 서울: 연암서가, 2010.

Jaspers, K., 『니체와 기독교』, 이진오 옮김, 서울: 철학과현실사, 2006.

Jeremias, J., 『신약신학 I』, 정충하 옮김, 서울: 새순출판사, 1997.

Johnston, D., 『정의의 역사』, 정명진 옮김, 서울: 부글, 2011.

Kaiser, W., 『구약 성경윤리』, 홍용표 옮김, 서울: 생명의말씀사, 2001.

Kant, I., 『실천이성비판』, 백충현 옮김, 대우고전총서 05, 서울: 아카넷, 2003.

Kaye, B., 「신약서신에 나타나는 법과 도덕」, 『율법과 윤리』, 257-290.

_____, 「신약성경과 사회제도」, 『율법과 윤리』, 293-316.

Käsemann, E., 『바울신학의 주제』, 전경연 옮김, 서울: 대한기독교서회, 1978.

Kierkegaard, S., 『공포와 전율』, 임춘갑 옮김, 서울: 치우, 2011.

Kobayasi, M.,『마이클 샌델의 정의사회의 조건』, 홍성민·양혜윤 옮김, 서울: 황금물고기, 2010.

Kouzma, M.,『헤겔 법철학 입문』, 임혜림 외 옮김, 서울: 중원문화, 2008.

Kreuzburg, W.,『칼 하임의 기독교윤리』, 강화철 옮김, 서울: 컨콜디아사, 1992.

임계유,『유교는 종교인가 2』, 안유경·금장태 역, 서울: 지식과교양, 2011.

Lehmann, P.,『기독교사회윤리』, 심일섭 옮김, 서울: 대한기독교출판사, 1988.

Leibniz, G. W.,『형이상학 논고』, 윤선구 옮김, 대우고전총서 027, 서울: 아카넷, 2010.

Lohse, E.,『신약성서 배경사』, 박창건 옮김, 서울: 대한기독교출판사, 1995.

_____,『신약성서신학』, 박두환 옮김, 서울: 한국신학연구소, 2002.

Macintyer, A.,『덕의 상실』, 이진우 옮김, 서울: 문예출판사, 1997.

_____,『윤리의 역사, 도덕의 이론』, 김민철 옮김, 서울: 철학과현실사, 2004.

Mill, J. S.,『공리주의』, 서병훈 옮김, 서울: 책세상, 2007.

Moltmann, J.,『십자가에 달린 하나님』, 김균진 옮김, 서울: 한국신학연구소, 1979.

_____,『희망의 윤리』, 곽혜원 옮김, 서울: 대한기독교서회, 2012.

Murray, J.,『기독교윤리』, 김남식 옮김, 서울: 성암사, 1975.

Niebuhr, R.,『도덕적 인간과 비도덕적 사회』, 남한우 옮김, 서울: 문예출판사, 2004.

Nietzsche, F.,『도덕의 계보』, 김정현 옮김, 니체전집 14, 서울: 책세상, 2005.

Nixon, R.,「율법의 완성: 복음서와 사도행전」,『율법과 윤리』, 231-254.

_____,「법 개념의 보편성」,『율법과 윤리』, 319-335.

Polkinghorne, D. E.,『내러티브, 인문과학을 만나다』, 강현석·이영효·최인자·김소희·홍은숙·강웅경 공역, 서울: 학지사, 2009.

Rad, V.,『구약성서신학 I. 이스라엘의 역사적 전승의 신학』, 허혁 옮김, 서울: 분도출판사, 1990.

_____,『구약성서신학 II. 이스라엘의 예언적 전승의 신학』, 1997.

Rawls, J.,『사회정의론』, 황경식 옮김, 서울: 서광사, 1990.

Ricoer, P.,『악의 상징』, 양명수 옮김, 서울: 문학과지성사, 1994.

Sandel, M.,『정의란 무엇인가?』, 이창신 옮김, 서울: 김영사, 2010.

_____,『왜 도덕인가?』, 안진환·이수경 옮김, 서울: 한국경제신문, 2010.

Sanders, E. P.,『예수와 유대교』, 황종구 옮김, 서울: 크리스찬다이제스트, 2002.

Stegemann, Eberhardt, Wolfgang,『초기 그리스도교의 사회사』, 손성현·김판임 옮김, 서울: 동연, 2009.

Stott, J.,『그리스도의 십자가』, 황영철·정옥배 옮김, 서울: IVP, 1992.

_____, 「예수님이 가르치신 도덕성」, 『율법과 윤리』, 71-149.

_____, 『현대사회문제와 그리스도인의 책임』, 정옥배 옮김, 서울: IVP, 2005.

Teehan, J., 『신의 이름으로』, 박희태 옮김, 서울: 이음, 2011.

Walterstorff, N., 『정의와 평화가 입 맞출 때까지』, 홍병룡 옮김, 서울: IVP, 2007.

Weber, M., 『프로테스탄티즘의 윤리와 자본주의 정신』, 박성수 옮김, 서울: 문예
     출판사, 1998.

Westermann, C., 『구약성서의 맥』, 김윤옥 · 손규태 공역, 서울: 한국신학연구소, 1983.

Wenham, G., 「구약성경에 나타난 은혜와 율법」, 『율법과 윤리』, 155-183.

_____, 「구약성경에 나타나는 율법과 법 제도」, 『율법과 윤리』, 187-227.

Wilson, D. S., 『종교는 진화한다』, 이철우 옮김, 서울: 아카넷, 2004.

Voltaire., 『관용론』, 송기형 옮김, 서울: 한길사, 2001.

Zehr, H., 『회복적 정의란 무엇인가?』, 손진 옮김, 서울: KAP, 2010.

3. 한국어 단행본

강영안, 『십계명 강의』, 서울: IVP, 2009.

김광기, 『사회는 무엇으로 사는가? 뒤르켐 & 베버』, 지식인마을-19, 파주: 김영
     사, 2007.

김균진, 『역사의 예수와 하나님의 나라』, 서울: 연세대출판부, 1994.

고범서, 『사회윤리학』, 서울: 나남, 1993.

김명신, 『혁신교육』, 서울: 동랑커뮤니케이션즈, 2010.

김상곤, 『행복한 학교, 유쾌한 교육혁신을 위하여』, 서울: 시대의창, 2010.

김정오, 『현대사상과 법』, 서울: 나남, 2007.

노세영, 『고대근동의 역사와 종교』, 서울: 대한기독교서회, 2000.

민경배, 『한국 기독교회사』, 서울: 대한기독교서회, 1973.

박상필, 『NGO학』, 서울: 아르케, 2010.

박은정, 「법의 이념으로서 정의」, 그리스도교철학연구소 편, 『현대사회와 정의』,
     서울: 철학과현실사, 1995.

박재순, 『열린 사회를 위한 민중신학』, 서울: 한울, 1995.

손규태, 『개신교윤리사상사』, 서울: 대한기독교서회, 1998.

송원근, 『재벌개혁의 현실과 대안 찾기』, 서울: 후마니타스, 2008.

신원하 편저, 『기독교윤리와 사회정의』, 서울: 한들출판사, 2000.

안계정, 『헬무트 틸리케의 삶과 신앙』, 파주: 한국학술정보, 2011.

오영교, 『실학의 정치. 사회개혁론』, 서울: 혜안, 2008.

유동식, 『풍류도와 한국의 종교사상』, 서울: 연세대출판부, 1997.

유석성, 「라인홀드 니부어의 정의론」, 『현대사회와 정의』, 서울: 철학과현실사, 1995.

윤대선, 『레비나스의 타자철학. 소통과 초월의 윤리를 찾아서』, 서울: 문예출판사, 2009.

육종수·김효진, 『법학 기초론』, 서울: 박영사, 2010.

이상원, 『21세기 십계명 여행』, 서울: 토기장이, 2000.

이승구, 『광장의 신학』, 서울: 합신대학원출판부, 2011.

이재성, 『열림과 소통의 문화생태학』, 대구: 계명대학교출판부, 2008.

이종근, 『메소포타미아의 법사상』, 삼육대학교출판부, 2003.

이진우, 「아리스토텔레스에게 있어 덕과 정의」, 『현대사회와 정의』, 서울: 철학과현실사, 1995.

임태수, 『민중신학』, 서울: 대한기독교서회, 2002.

장영익, 「범죄, 형벌 그리고 인권」, 『법과 사회정의』, 서울: 이화여대출판부, 2000.

조찬선, 『기독교죄악사. 상』, 서울: 평단문화사, 2000.

차성환·김덕환, 『독일 국가복지에서 민간복지단체의 역할과 의미』, 아산재단연구총서 제238집, 서울: 집문당, 2007.

최덕성, 『에큐메니칼 운동과 다원주의』, 서울: 현장과본문사이, 2005.

최신한, 『슐라이어마허. 감동과 대화의 사상가』, 서울: 살림, 2003.

현진권, 『복지논쟁』, 서울: 자유기업원, 2011.

한국철학사연구회 펴냄, 『한국실학사상사』, 서울: 다운샘, 2000.

4. 논문

김영한, 「선진한국과 기독교의 역할」, 『개혁주의 이론과 실천 창간호』(2011), 개혁주의이론실천학회편, 11-35.

_____, 「공정사회를 위한 기독교의 역할」, 『개혁주의 이론과 실천 2호』(2011), 개혁주의이론실천학회편, 11-39.

_____, 「경제정의와 기독교」, 『개혁주의 이론과 실천 3호』(2012), 개혁주의이론실천학회편, 11-39.

방인성, 「올바른 목회자 사례의 원칙과 총액제(연봉제) 도입의 필요성」, 『기독교윤리실천운동 목회자 세금납부 관련 자료집』, 2006.

정원섭, 「정의론과 공정성의 조건」, 『철학과 현실』 88권.

정현승, 「義務敎育의 無償性」, 『교육법학연구』 제17권 1호(2005. 6).

5. 사전류/주석

Gnilka, J., 『마르코복음』, 국제비평주석, 서울: 한국신학연구소, 2002.
Barth, G., "Bergpredigt Ⅰ", In: TRE 6.
Schreiner, S., "Sühne Ⅲ", In: TRE 32.

6. 신문/잡지/인터넷

"교회 물 흐리는 '불량목사'들", 《시사저널》 114호, 2011. 2. 24.
"대형 종교법인, 감사받고 재무정보 공개해야", 《한국일보》 칼럼, 2011. 4. 22.
"사형 제도에 대한 위헌법률심판제청사건(2008헌가23)에 관한 의견제출서", 국
　　가인권위원회, 2009. 7. 6.
《디지털 세정신문》, 2010. 9. 16.
《네이버 법률용어사전》 http://terms.naver.com/entry.nhn?docId=458287

성구색인

인명색인

개념색인

안계정 ──

1969년 12월(음력) 강원도 철원 출생
1998년 총신대학교 신학과 졸업(문학사)
2002년 대한신학대학원대학교 졸업(목회학 석사)
2004년 숭실대학교 기독교학대학원 졸업(신학 석사)
2005년 독일 하노버(Hannover)대학교에서 독일어시험(DSH) 합격
2006년 뮌스터(Munster)대학교 고전어 과정
2007년 보훔 루르대학교(Ruhr-University-Bochum)에서 프라이 교수(Prf. Dr. Christofer Frey)
     밑에서 박사논문 시작
2010년 신학박사 취득(박사학위논문 제목: 「Der christliche Glaube und dessen Verantwortung
     bei Helmut Thielicke」)

현) 안양대학교와 대신총회신학교에서 조직신학 및 기독교윤리학 강의
    <샬롬을 꿈꾸는 나비행동> 성명서 위원
    생수전원교회(담임 양재규 목사) 교육목사

주요 논저
『헬무트 틸리케의 삶과 신앙』(2011)
「조직신학과 교의학의 학문적 관계성에 대한 연구. 바르트, 벌코프, 판넨베르크, 틸리케를
중심으로」(2012)
「틸리케의 칼빈 해석과 수용. 성만찬론을 중심으로」(2011)
「존엄, 자유, 당위, 욕망」(2013)
「경제적 약자에 대한 한국교회의 책임」(2013)

기독교와 정의

초 판 인 쇄 ㅣ 2013년 6월 30일
초 판 발 행 ㅣ 2013년 6월 30일

지 은 이 ㅣ 안계정
펴 낸 이 ㅣ 채종준
펴 낸 곳 ㅣ 한국학술정보㈜
주 소 ㅣ 경기도 파주시 문발동 파주출판문화정보산업단지 513-5
전 화 ㅣ 031) 908-3181(대표)
팩 스 ㅣ 031) 908-3189
홈 페 이 지 ㅣ http://ebook.kstudy.com
E - m a i l ㅣ 출판사업부 publish@kstudy.com
등 록 ㅣ 제일산-115호(2000. 6. 19)

ISBN   978-89-268-4370-3 03230 (Paper Book)
          978-89-268-4371-0 05230 (e-Book)

이담 Books 는 한국학술정보(주)의 지식실용서 브랜드입니다.